21世纪会计系列规划教材

应用型

审计教学案例

刘桂良　郑毅　编著

Shenji
Jiaoxue Anli

东北财经大学出版社
Dongbei University of Finance & Economics Press

大连

图书在版编目（CIP）数据

审计教学案例 / 刘桂良，郑毅编著. —大连：东北财经大学出版社，2019.8
（21世纪会计系列规划教材·应用型）
ISBN 978-7-5654-3521-8

Ⅰ．审…　Ⅱ．①刘…②郑…　Ⅲ．审计学-高等学校-教材　Ⅳ．F239.0

中国版本图书馆 CIP 数据核字（2019）第 087075 号

东北财经大学出版社出版
（大连市黑石礁尖山街217号　邮政编码　116025）
网　　址：http：//www.dufep.cn
读者信箱：dufep@dufe.edu.cn

大连日升彩色印刷有限公司印刷　　东北财经大学出版社发行
幅面尺寸：185mm×260mm　　　字数：405千字　　　印张：17.5
2019年8月第1版　　　　　　　2019年8月第1次印刷
责任编辑：高　铭　王　丽　周　慧　　责任校对：王　慧
封面设计：冀贵收　　　　　　　　　版式设计：钟福建
定价：38.00元

教学支持　售后服务　　联系电话：（0411）84710309
版权所有　侵权必究　　举报电话：（0411）84710523
如有印装质量问题，请联系营销部：（0411）84710711

前 言

　　审计学是一门理论性与实务性都很强的学科，更是融法学、经济学、哲学、会计学、财务管理学、统计学、金融学、计算机等学科知识为一体的学科。合理运用现代工具、技术与方法，是实现经济监督、经济评价、咨询管理等审计功能的关键途径。

　　审计教学是将审计思维、制度博弈、法律制度、统计手段、会计与财务方法、计算机工具等知识综合运用的授予与讨论过程。审计案例教学是巩固审计、会计、财务等基础知识点及相关法律法规的途径，更是开发学生智慧、开阔学生视野、培养学生审计质疑思维的教学方法。本书旨在通过对案例的学习与讨论，使学生领悟审计思维与方法，全面掌握审计的基本概念、基本理论和基本技能，提升其分析问题和解决问题的能力，为胜任各种组织形式的会计与审计工作，以及进行审计理论研究打下坚实的基础。

　　本书收集了财务报告的整合审计案例、年度财务报告审计中的审计判断案例、事业单位的计算机审计案例、公司内部控制审计案例、公司经营管理审计案例、舞弊审计案例等。这些案例由湖南省风险导向审计研究基地主要研究成员带领湖南大学的研究生，经过多年的企业调研、市场分析、资料收集、理论提升编写而成。本书的出版得到了湖南省风险导向审计研究基地的资助，在这里一并感谢。

　　但由于时间仓促，作者学识有限，书中难免存在错漏之处，敬请各位读者批评、指正！

作　者

2019年6月

目 录

上篇 教学案例

>>>> **案例一　基于 N 公司财务报表整合审计案例**[①]

　　随着内部控制审计这一新业务的出现，财务报表审计与内部控制审计开始进入整合审计阶段，这对于提高审计效率、改善审计质量、控制审计风险具有十分重要的意义。本案例通过对 X 会计师事务所对 J 集团水泥板块的 N 公司实施的整合审计过程进行分析，描述了审计计划、审计实施以及审计完成三个阶段相关整合审计的关键整合点的审计流程。结合整合审计有关基础理论和业务规范等，去探讨整合审计流程的合理性、有效性，试图借鉴审计规范和实践经验，完善整合审计的理论与实务，引导学生理解整合审计的流程以及整合审计的基本理论。

　　X 会计师事务所是中国本土会计师事务所前十强，经过多年发展在业内树立了良好的专业形象，在业务领域已确立了财务审计、其他鉴证、管理咨询及税务咨询三大业务板块。目前已承接包括 1 家 H 股公司在内的 21 家上市公司的年报审计工作，其中几家大型上市公司成为该所开展整合审计业务的典型客户。X 会计师事务所 Y 分所承接了 J 集团下属的位于 H 省的 N 水泥公司（以下简称"N 公司"）2015 年年报审计项目——包括内部控制审计与财务报告审计，X 会计师事务所第一审计分部的 A 项目组具体负责该区域水泥企业的全部审计工作并按时出具审计报告。项目负责人依据整合审计的思路制订并实施了本次整合审计实施方案。

一、审计计划阶段

　　为了更好地完成本次审计工作，X 会计师事务所 N 公司项目小组制定了总体审计策略，其内容包括：审计范围、审计时间安排、审计人员安排、审计方法以及影响审计业务的重要因素（如重要性水平的确定）等。

（一）审计范围

　　本次审计范围包含 N 公司合并范围内子公司财务报表及其附注。原则上要求所有重要子公司均安排现场审计，但考虑之前年度的审计情况并结合 J 集团主审团队重点审计单位范围的安排，故选取 12 家水泥企业和 3 家混凝土运营中心子公司安排现场审计，此 15 家公司分布于中南五省（河南、广东、广西、湖南、湖北）及新疆地区。在安排现场审计的

---

　　① 作者：周兰、刘桂良。

公司中，2013年年审和2014年中期审计发现较多问题的公司、严重亏损的公司仍是审计的重点。

Y分所按照业规及J集团基本团队合作指引的要求，根据各组成部分对合并报告的影响，将N公司及其子公司的审计程度划分为：全面审计、专项审计和有限审计。现场审计以全面审计为主，而非现场审计则主要是有限审计。

(二) 审计时间安排

本次审计分为预审和年审两个阶段。要求2015年3月10日提交审计报告。预审阶段需完成风险评估、控制测试、部分分析性程序、汇总重大内部控制问题及提出拟解决方案，并与管理层沟通、编制管理建议等。年审阶段包括实物资产盘点、补充内控测试底稿、实施实质性程序、单体及合并试算平衡表填列、重大问题汇报与沟通等。预审阶段持续时间为2014年11月24日至2014年12月30日。年审阶段计划时间为2014年12月31日至2015年3月10日，这一阶段需完成基本审计工作，剩余时间用来整理报表附注及归档底稿。总体审计策略中关于时间安排主要包括三部分，即报告时间要求、执行审计工作时间安排和沟通的时间安排。考虑到内部控制的审计程序基本在预审阶段完成，审计报告的出具也不是本案例研究的重点，故仅对执行审计工作中预审部分和沟通的时间安排进行说明。

执行审计工作的时间安排见表1-1。

表1-1　　　　　　　　　　　　　　　执行审计工作的时间安排

审计日期	主要内容	协助部门	事务所相关责任人
2014年11月20日至12月28日	在执行内控审计的同时，执行预审工作，并根据相关数据，提供确定拟发函的银行询证函、往来询证函的联系方式和地址。完成汇总重大内部控制和审计问题，提出拟解决方案，并与公司管理层沟通	往来会计、业务员、银行出纳	刘强、张艺（实习）、刘向（实习）、肖龙、李军（实习）
2014年12月29日至2015年1月1日	公司盘点以及对下属公司进行现场监盘、抽盘	财务、物流负责人	刘强、张艺、刘向
2015年1月1日至10日	分子公司完成结账工作，编制2015年度财务报表，提请董事会要求各职能部门全力配合。请务必于2015年1月10日前出具财务报表（清单和套表）	各部、分子公司	刘强
2015年1月8日至12日	获取清单，编制银行询证函、往来询证函并直接邮寄或者亲自函证	各部、分子公司	外勤小组
2015年1月12日	审计小组进驻本部	公司报表组	外勤小组

续表

审计日期	主要内容	协助部门	事务所相关责任人
2015年1月12日	1.除监盘时已获取的各部、分子公司提交的2014年12月31日货币资金盘点表（需签字盖章）外，各部、分子公司还需提供2014年12月31日银行明细表、银行对账单及银行存款余额调节表 2.请7家公司（在此省略7家公司名称），提供个体套表、清单，以便项目组及时发出函证，这7家公司的对账单必须在1月12日前提交。同时，请财务公司甲会计复核上述7家公司的函证地址、联系人、联系电话以及函证时需要的领导签章及印鉴，确保发函的准确性	各部、分子公司	荣曜
2015年1月13日	请贵公司安排相关人员到中国人民银行打印所有母、子公司的"已开立银行结算账户清单"；存在借款业务的各公司请提供银行打印的"企业信用报告"。务必在2015年1月13日之前提交	母、子公司相关出纳	荣曜
2015年1月13日	各部、分子公司提交2014年12月31日盘点报告及盘亏盘盈处理结果	各部、分子公司	张艺
2015年1月13日	各部、分子公司上交手工明细清单、套表	各部、分子公司	刘强
2015年1月13日	各事业部、分子公司提交应收票据的盘点资料	各部、分子公司	荣曜
2015年1月13日	各部、分子公司提交所有本期新增土地、房屋建筑物产权证明的扫描件及相关入账凭证，请提供所有车辆行驶证扫描件，扫描件需提供到最后一次年检信息页	各部、分子公司	张艺
2015年1月13日	各部、分子公司提交政府补助相关文件	各部、分子公司	李军
2015年1月13日	各部、分子公司提交2014年12月31日在建工程进度表（包括工程项目清单、预算金额、完工百分比、预计完工日期等）	各部、分子公司	张艺
2015年1月13日	请提供2014年12月增值税纳税申报表及其他税种的完税凭证，如有不征税收入，请提供不征税收入说明，如有加计扣除，请提供加计扣除鉴证报告	各部、分子公司	梁登、张薇（实习）

续表

审计日期	主要内容	协助部门	事务所相关责任人
2015年1月13日	各部、分子公司提交2014年借款（含保理借款）明细表（含期初数、本期增加、本期减少数、期末数及本位币和人民币）及新增借款（含保理借款）合同扫描件和抵押、担保合同扫描件	各部、分子公司	刘向
2015年1月13日	N公司及各分子公司提供最新通过年检的营业执照、组织机构代码证、税务登记证扫描件（"三证合一"的提供最新的证照）	母公司、分子公司	张艺
2015年1月20日	各部、分子公司提交2014年存货跌价测试表	各部、分子公司	张艺
2015年2月5日	集团合并报表主表定稿及附注初稿	各部、分子公司	外勤小组
春节前	加计扣除鉴证报告	各部、分子公司	外勤小组
2015年2月18日至24日	过年		
2015年2月25日	将底稿和报告初稿提交事务所质检部进行复核		外勤小组、独立复核办
2015年3月1日	将复核过程中的初稿提交N公司进行复核		外勤小组、N公司
2015年3月1日至5日	质检部复核及答疑阶段		外勤小组
2015年3月6日	审计报告所需报表提交董事长、财务总监等盖章、签字	董秘办	外勤小组
2015年3月9日	提交正式的审计报告		外勤小组

（三）审计小组人员基本情况

A项目组成员基本保持稳定，经过常年审计业务的开展，对该审计项目积累了相当丰富的经验，并具有相应的专业能力，依照惯例，由事务所质量控制部通过电话会议与A项目组协调安排工作并对需要关注的领域进行重点强调。本次N公司审计项目负责人：刘强，执业时间6年。审计小组其他成员：荣曜、梁登，执业时间3年；肖龙，执业时间2年；张艺、刘向、李军、张薇，为本项目实习生，此前未曾有过事务所实习经验，事前也未经培训。

（四）重要性水平的确定

对于重要性水平（PM）的确定，主要是以中期经审阅后的营业利润作为计算基础，结合被审计单位（子公司）截至2014年10月30日的财务报表数据，按比例进行折算取整，实际执行重要性水平（TE）为PM的75%，细微错报（SAD）为PM的5%，其中母公司层面为PM的2.5%。以某一家水泥企业数据为例，其重要性水平的具体计算过程见表1-2。

表1-2　　　　　　　　　　　　　　　　　重要性水平计算过程　　　　　　　　　　　　金额单位：元

重要性水平计算指标	报表金额	比例
经常性业务收入	325 777 252.20	
比例	1.00%	
PM	3 257 772.52	
调整后PM	3 300 000.00	（取整数）
TE	2 475 000.00	75.00%
SAD	165 000.00	5.00%

（五）针对重点领域的审计方法

针对重点领域的审计方法见表1-3。

表1-3　　　　　　　　　　　　　　　　　针对重点领域的审计方法

重点领域	审计方法
公司营业收入76.62亿元，净利润6.06亿元。2014年转让3个水泥搅拌站，转让收入3.2亿元。 截至2014年12月31日，贵公司超过70%的收入来源于特种水泥与预制件。 我们把公司特种水泥与预制件的销售收入确认为重要审计事项，因为收入是贵集团评价业绩表现的关键指标之一，从而管理层可能存在提前或延后确认收入的情况	了解和评估管理层就特种水泥与预制件销售收入确认有关的关键内部控制的设计，以及该有关内部控制的实施和运行有效性； 检查主要客户的销售合同，以确定与收货和退货权有关的条款和条件，并根据通行的会计准则的要求评估公司的收入确认政策； 选择本年的销售记录样本并检查相应的产品交接单，以评估相关收入的确认是否与公司的会计政策一致； 通过抽样的方式，将财务报表日前后记录的特定交易与交接单进行比对，以评估相关的收入是否已记录在适当的财务报表期间； 检查本年度重大的或满足其他特别风险标准的与收入相关的会计记录的支持性文件；通过抽样的方式，直接向客户询证于财务报表日的应收款项余额及截至2014年12月31日的年度销售交易额

重点领域	审计方法
2014 年 12 月 31 日，公司的应收账款总额为人民币 3.84 亿元，计提的坏账准备为人民币 0.83 亿元。 公司基于管理层对预期信贷损失的估计计提坏账准备。这些估计考虑了公司客户的信用历史，目前的市场行情及客户具体情况。这些在很大程度上涉及了管理层判断。 公司计提坏账准备既针对个别债务中的特定因素，也基于对当前的因素作出调整的历史经验而进行组合计提。 将应收款项的可回收性列为重要审计事项，是因为在中国大陆地区从事建筑行业，无论是在过去还是在未来几年，均面临盈利能力和流动性的挑战，导致个别应收款项的回收风险增加	了解和评估管理层就信用控制相关的关键内部控制设计，该相关内部控制的实施和运行有效性，包括公司信用政策的实施； 坏账准备的计提； 针对应收款项账龄报告中对应收账款的分类，通过抽样的方式对个别分类项目与销售发票、客户合同及其他相关支持性文件比对； 了解管理层对于个别应收款项余额可回收性的判断标准，并评价管理层就该个别余额计提的坏账准备，参考个别债务人的财务状况、所在的行业、账龄、信用历史及其日后回款记录、抵债资产的价值（包括房产、第三方担保和收回的设备）以及用以评估是否存在任何纠纷或延迟付款安排的往来函件； 通过对管理层组合计提坏账准备估计准确性的追溯性复核，对其假设前提与估计进行评价，并基于公司的组合计提政策执行重新计算； 通过参照近期出售应收款项发生的实际损失，质询管理层对应收款项可回收性评估中所使用的关键参数和假设，以及抽样检查财务报表日后应收款项的回款情况
管理层有能力凌驾于控制之上操纵会计记录并编制虚假财务报表，由于管理层处于实施舞弊的独特地位，因此注册会计师执业准则要求我们将管理层凌驾于控制之上从而产生的舞弊风险作为特别风险	在我们的审计方法中，管理层凌驾于控制之上从而产生的风险被认定为一项特别风险。 按照我们的审计方法，公司和组成部分注册会计师都将执行适当的控制测试和实质性程序，包括对会计分录、结账后调整、会计估计、超出正常经营过程的重大交易或其他异常交易实施的程序。 检查合并会计分录及其他会计分录的完整性、真实性和准确性。由于很多重大的企业舞弊事件都涉及在编制合并财务报表过程中编制虚假的合并会计分录和其他会计分录，因此合并会计分录和其他会计分录通常为出现错报风险较高的领域。管理层已经制定了降低风险的控制措施，包括由不同人员分别对合并会计分录进行编制、入账和授权，而且只有某些经授权的人员才能进入并修改合并后的会计分录。 我们需复核管理层于年末及全年编制的合并会计分录和其他会计分录，以确保这些分录没有不合理的情况，而且已经过适当复核和授权，并有适当的审计证据

二、审计实施阶段

整合审计的关键整合点主要体现在风险评估和控制测试阶段。在对重点子公司进行风险评估时，Ｙ分所运用风险导向审计了解该公司及其环境，识别和评估财务报表层次重大错报风险和内部控制整体风险，然后将重点下移至重要账户、列报及相关认定，确定对应的重要流程及业务循环，进一步了解内部控制重要流程及业务循环，选择评估的认定层次重大错报风险的关键控制点进行测试，并根据测试结果调整和实施实质性程序。

(一) 了解被审计单位及其环境

考虑到连续审计，对于Ｎ公司下属水泥企业的管理团队、组织结构、企业文化等在以前年度审计中已进行了解并且未发生重大变化，故本次审计为节省时间未做详细了解，相关内容参照以前年度底稿。考虑到天气、厂区环境及时间等因素，在对水泥企业进行审计之前，审计项目组未安排走访观察，而是通过下发资料的方式让项目组成员大致熟悉水泥企业、混凝土企业的生产工艺流程。另由于此前审计未涉及计算机审计等方面，并未对用友NC等企业信息系统处理流程进行了解及评价。针对重点审计领域实施以下程序：

针对公司高管与治理层的了解：了解管理层授权流程；了解治理层职业能力；了解公司层面影响财务报告的内部会议纪要与内部控制。

针对公司经营战略与经营情况的了解：获取全年董监高会议纪要；了解本年度行业业绩最新排名以及市场份额；了解企业区域销售市场和竞争情况；了解水泥行业技术最新动态；了解公司本年度的财务状况等。

针对公司财务状况与绩效考核的了解：了解收入、成本、利润的变动情况；了解应收账款的周转率；了解同行业的收入、成本、毛利率平均水平；了解绩效考核方法、流程以及员工的反应等。

(二) 了解和评价业务层面内部控制

根据Ｘ会计师事务所控制同质化的规定：在一个集团内，从事相同的业务，面临相同的风险，针对风险设置了相同的控制，虽然因属于不同的单位，执行控制的人员不同，控制的小环境存在差异，但如果在集团层面存在一个有效的、统一的复核或者监督部门，且各单位控制的小环境基本相同，可以认为是同质化的公司（控制），选择测试的样本时，可以将这些同质化的控制作为一个总体，执行有效性测试时，对这些同质化业务流程的了解也只需记录一次。但是，项目组应当考虑多执行一些穿行测试来证明这种同质化，即要求对同质化内控公司群体做更多的内控了解。

Ｎ公司下属各子公司在销售、采购、生产、投资、筹资、人事等环节的控制权均由Ｎ公司统一掌控。基于内控同质化考虑，本次审计Ｎ公司下属各水泥企业作为虚拟"1"进行整体考虑，从整体中选取样本公司，根据选定的内控关键点分别进行内控了解及穿行测试，并对同质化的公司整体分配样本量进行内控有效性测试。水泥企业的生产经营活动划分为采购业务流程、生产与仓储业务流程、货币资金业务流程、销售业务流程、职工薪酬业务流程、固定资产业务流程、筹资业务流程、投资业务流程，这些业务流程涵盖了水泥企业所有重要业务、固有高风险领域及报表科目。根据重要性原则以及内控同质化要求，从金额和性质两个角度分析来源于财务报表的数据，对比审计计划中的重要性水平，以及重点审计领域，确定水泥企业主要交易类别和重要账户及相关认定。

针对这些主要业务流程，以整体"1"的方式进行内控了解和评价。通过对子公司整体层面以及内部控制制度规范的了解，审计小组以调查问卷的形式进行访谈，访谈对象包括生产技术部、供应部、销售部、品质管理部、财务部、熟料分厂、矿山分厂、水泥分厂负责人。由于审计经验丰富且审计 N 公司多年，审计小组认为单次访谈效率极高，无须安排过多访谈。审计小组对重点业务流程涉及的子流程和二级子流程的实际控制活动进行描述，并运用穿行测试进行验证，将流程描述内容、穿行测试程序记录整理后填入相应的"业务层面了解与评价内部控制"底稿中。

实施了解业务层面内部控制的主要程序，比如，针对重点审计领域应收账款实施的程序包括：①了解评价公司客户管理制度与信用评价情况；②了解评价客户财务状况与市场情况；③了解评价公司对账制度；④了解分析应收账款账龄；⑤分析应收账款的周转率。

实施穿行测试进一步证实对业务层面内部控制的了解，比如，在对采购业务流程执行情况进行了解的同时得到采购业务相关内部控制设计有效并得到执行的初步评价。根据内部控制初步评价和财务报表科目分析结果，完成"财务报表风险评估结果及其应对汇总表（10分法）"（10分法是针对报表项目以10月31日时点金额为依据，推算本年变动金额、金额变动幅度，结合报表项目的性质，按风险评估、控制测试、实质性分析程序、细节测试四个环节进行得分分配，总分为10分）。

以采购业务流程为例，实施的控制测试与实质性测试程序见表1-4。

表1-4   采购循环整合审计流程

内部控制目标	关键内部控制	常用的内部控制功能测试	常用的交易实质性测试
规范企业采购环节审批与处理、材料验收与入库、记录应付账款、对账与调整等流程的实际执行情况	采购计划的制订过程、供应商选择及档案管理、采购合同的签订、请购单的编制与审批、原材料验收入库、收到及未收到发票的账务处理、账龄分析报告及定期对账情况等实际控制活动	从采购部获取月度生产经营计划，检查是否经过相关人员审批；随机抽取一笔或几笔采购合同，检查采购合同是否后附合同会签审批单、是否有相关部门人员签字；根据采购合同标明的原材料种类，从磅房开具的采购磅单中随机抽取相同种类的过磅单，检查后附的验收单原材料名称是否与过磅单上的名称一致、是否有卸车验收人和司机签字；对部分特殊原材料检查质检部出具的检验报告及相关人员签名等	追查记账凭证、后附原材料费用报销单及相应的发票，核对其验收单、结算单是否一致，是否经过适当人员审批；电力结算需另检查电能月报表、电力发票、电费明细单，比对发票与电费明细是否存在差异；取得应付账款明细表，检查供应商对账单是否一致，存在差异进行调整是否经适当人员审批

在实施控制测试时，有些重要部门并未按要求及时提供所需资料，但审计小组认为这部分资料对于整个项目而言影响不大，因此并未给予足够的重视。另发现有些水泥企业对银行存款的管理非常严格，统一采用网银收付款项，没有库存现金。

（三）业务层面关键控制有效性测试——针对有效性设计实质性程序

通过前面确定的水泥企业主要交易类别、重要账户及认定，审计项目组将采购与付款循环、销售与收款循环、生产与仓储循环、固定资产循环、货币资金循环等作为本次控制测试的重大业务流程，在对这些流程进行了解及评价的基础上，选择能够被测试的操作性控制（留下痕迹）且在业务流程中属于重点控制目标的控制作为关键控制点。

控制测试的时间集中在12月上旬，对于人工控制测试样本规模的确定，具体见表1-5。

表1-5　　　　　　　　　　人工控制测试样本规模

控制（交易）频率	控制（交易）总次数	测试样本数	信赖值得分
每日多次	>250	25、40、60	3、6、6（1、2、3）
日	250	20、30、40	3、6、6（1、2、3）
周	52	5、10、15	3、6、6（1、2、3）
月	12	4	6（3）
季	4	2	6（3）
年	1	1	6（3）

基于水泥企业整体"1"的考虑，因为业务相同或相似，控制活动也相同或相似，每家水泥企业不必对每一个重要循环的关键控制点进行测试，只需选取一个或几个循环进行有效性测试。如何选取需要测试的循环，应主要依据风险评估结果。样本总量的分配参考"N公司及其下属子公司内控关键点及样本量分配"。截至2014年12月上旬，许多企业第四季度的记账凭证未及时装订，审计项目组出于对时间和效率的考虑，进行了期中测试，检查抽取的样本都集中在1—10月份已装订的记账凭证，而尽量避开选取未装订凭证的月份的样本。由于篇幅限制，对于八大业务流程内部控制点及样本量分配的具体内容不一一展开，仅汇总各业务流程内部控制关键控制点及样本量分配情况，见表1-6。

表1-6　　　　　　　业务流程内部控制关键控制点及样本量分配

主要业务流程	内部控制关键控制点	样本量分配
货币资金业务流程	5	9、9、45、45、45
销售与收款业务流程	3	48、48、8
采购与付款业务流程	3	54、54、54
生产与仓储业务流程	2	6、6
人事与工薪业务流程	2	2、2
固定资产业务流程	4	7、7、1、7
投资与筹资业务流程	4	4、4、4、4

以货币资金业务流程为例，需要测试的关键控制点为：现金盘点管理、银行存款余额

调节表的编制、收款、付款、费用支付，相应的控制目标分别为：确保账实相符防止现金流失、银行存款账实相符、已经收到的款项均正确记录、款项的支付经过适当的审批和记录、费用支付安全并经有效审批。结合之前对控制活动的了解以及考虑关键控制点的控制频率，明确了控制测试的内容，所需执行的控制测试程序有：第一，检查盘点表是否有出纳签字，是否有其他适当人员签字；第二，检查银行存款余额调节表编制是否正确，是否有适当人员的审核；第三，检查记账凭证中的收款金额是否与收款附件中的金额一致，凭证是否有适当人员的审核；第四，检查付款审批单是否经适当人员审批、支付金额是否与原始单据一致。按照 N 公司下属子公司内控关键点及样本量分配中对货币资金业务流程关键控制点及样本量的分配，每个需测试的水泥企业的分配量为 9、9、45、45、45，测试样本来源于 1—11 月的现金盘点表、银行存款余额调节表、收付款记账凭证、借支单、差旅费报销单等，采用随机抽样的方法，以检查为主、询问为辅获取所需样本，确认样本是否存在偏差并说明存在偏差的原因，由此推断总体，得出内部控制是否有效的结论，同时在相应的底稿中记录所有过程，进而完成对内部控制有效性的测试。

控制测试结果：通过现场监盘发现某些水泥企业的在建工程项目已经投产却仍挂账于在建工程而未转入固定资产、某些固定资产如旧设备已无法使用仍未进行报废或减值处理、部分备品备件实际数与账面数不符等情况，但注册会计师认为此处在建工程未转入固定资产为正常进度，报废设备减值影响不大，因此仍认为该控制可以信赖。

（四）控制测试结果对实质性程序的影响

综合以上控制测试的结果可以认为，销售收入的发生、准确性和完整性认定以及应收账款的存在和准确性认定的内部控制的运行是有效的，注册会计师可以对内部控制有较高程度的信赖，可以从实质性程序中获取较低程度的保证。对该项目实施下列细节测试：

1.应收账款函证

因控制测试后获得了较高程度的信赖，故注册会计师只需从细节测试中获取较低程度的保证。因此，注册会计师决定采用选取特定项目进行测试的方法选取函证样本，如注册会计师依据重要性水平以及经验获取以下函证样本：（1）应收账款余额 100 万元以上的；（2）年采购金额 5 000 万元以上的客户；（3）10 万元以上且账龄超过一年的应收账款。最终 35 家客户符合上述条件，总金额为 180 593 581 元，覆盖率为 47%，注册会计师对此予以函证。

2.函证结果

（1）26 家回函确认无误；

（2）3 家回函存在收款时间差异，即年末客户付款而被审计单位尚未收到，经查看次年一月初银行对账单确认无误；

（3）6 家没有回函。

前两项 29 家回函总金额为 130 272 566 元，函证的实际覆盖率为 34%。

对上述没有回函的应收账款 50 321 015 元实施替代程序，检查了期后收款情况。截至审计现场工作结束，收回货款 20 866 390 元，对剩余应收账款查看了相应的原始凭证（订单、发货单、发票；还款协议；与客户的往来信件等），没有发现差异。

3.应收账款余额函证及替代程序的总体覆盖率

应收账款余额函证及替代程序的总体覆盖率为 47%。由于上述内部控制测试获得的结论是相关内部控制运行是有效的，因此对于没有函证的53%应收账款实施实质性分析程序，且未发现误差，加上注册会计师判断重大错报风险水平较低，所以接受了一个较高的检查风险水平。因此，注册会计师采用审计抽样的方法予以函证，结果推断的错报未超过应收账款的可容忍错报。

4.验证应收账款账龄分析的准确性

注册会计师采取审计抽样的方法，选取40笔交易检查销售发票并验证是否记入正确的账龄期间。测试结果显示，没有发现错误，验证了公司应收账款账龄分析报告的准确性。

5.向总经理和销售经理询问他们对应收账款可回收性的评估

注册会计师重新计算了坏账准备的计提，对账龄较长而未计提坏账准备的应收账款余额，查看了其还款协议和实际付款记录。注册会计师发现有一笔339 465元账龄超过2年的应收账款，该客户签订还款协议承诺2014年12月31日之前支付100 000元，到审计现场工作时（2015年3月）仍未支付，目前被审计单位已停止向对方供货；另一笔133 287元账龄未满6个月的应收账款，该客户是一家连锁餐厅，因资金链出现问题，拖欠租金和供应商货款而被起诉，该笔货款很可能无法收回。上述两笔可能无法收回的应收账款共计472 752元。

通过实施一系列的实质性测试，审计小组未发现重大错报。

三、审计完成阶段

审计小组经过两个多月的外勤审计工作，终于完成了对N公司财务报告的审计以及相关内部控制的审计。

（一）审计小组汇总讨论

审计项目负责人召集小组全体成员汇报、讨论审计情况，项目负责人针对审计过程中在底稿中体现的内部控制、财务数据等方面存在的非重大问题进行汇总，并与管理层进行沟通，获取管理层声明。最后N公司审计项目负责人草拟了一份内部控制与财务报告无保留意见审计报告。

（二）审计小组向事务所汇报N公司审计情况

N公司审计项目负责人将审计工作底稿与审计报告初稿提交X会计师事务所质量监督部，一周后，事务所质量监督部同意了N公司审计项目负责人草拟的内部控制与财务报告无保留意见审计报告。最后，事务所签发了无保留意见审计报告。

四、结语

站在整合审计的角度，X会计师事务所对N公司及其下属子公司基本完成了整合审计关键整合点的审计过程。如何将财务报表审计中对内部控制的了解及测试延伸到整合审计，是本案例研究的重点。要达到整合审计的要求，从当前审计状况来看，很明显还存在许多问题，主要表现为一些程序未满足整合的要求，要么审计深度、广度不够，要么缺少某些环节。所以本案让我们不得不思考的是：

1.整合审计的要求是什么？

2.三个阶段的审计流程分别存在哪些问题？其原因是什么？应如何改进？

相关链接

1.整合审计业务流程图（如图1-1所示）

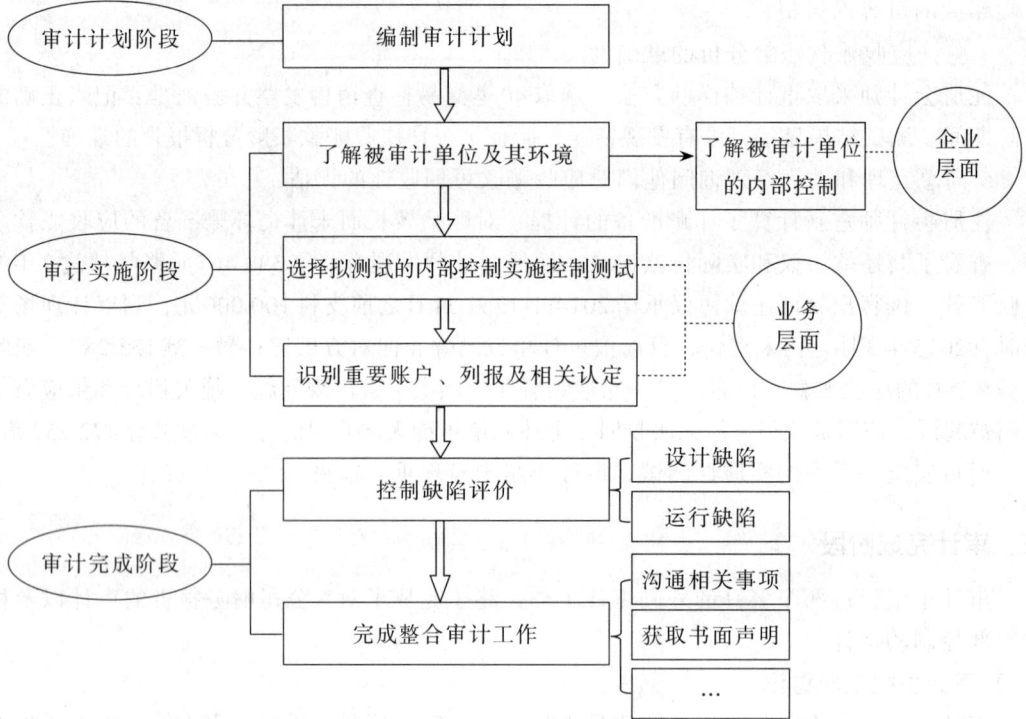

图1-1　整合审计业务流程图

2.水泥企业组织结构图（如图1-2所示）

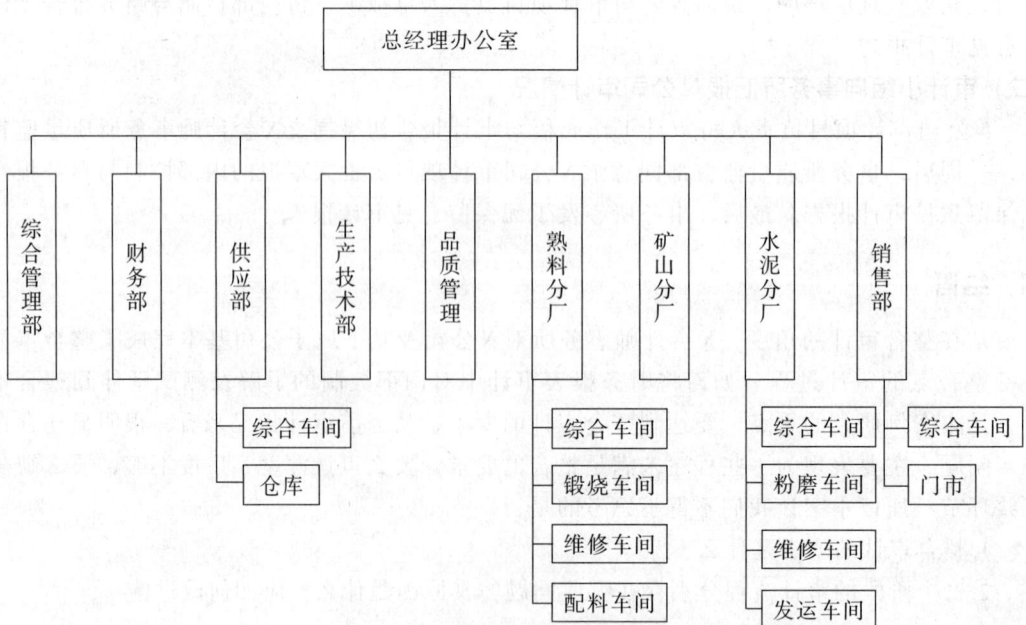

图1-2　水泥企业组织结构图

案例二 关键审计事项沟通中的审计程序案例
——基于GD公司资产后续计量的审计程序①

2017年，我国上市公司年度财务报告审计施行新《中国注册会计师审计准则第1504号——在审计报告中沟通关键审计事项》（以下称"新准则"），新准则更加清晰地表达了上市公司的资产计量等管理当局重大判断事项，给信息使用者带来更有用的决策信息。同时，通过信息透明来抑制管理当局的盈余操纵行为。本案例从GD公司2015年并购事项出发，以GD公司管理当局以及审计师对其资产后续计量问题的重要判断，分析2017年年度财务报告审计程序，以了解审计关键事项的识别与沟通程序，旨在引导学生理解关键审计事项的概念，熟悉和应用识别、沟通关键审计事项的技巧，更好地适应新准则下的审计工作。

一、案例背景

2015年年初，国际审计与鉴证准则理事会（IAASB）发布了新制定和修订的审计报告系列准则，改革审计报告模式、增加审计报告要素、丰富审计报告内容。其中，最大的变化是《国际审计准则ISA 701——在独立审计师报告中沟通关键审计事项》，这一准则使得报告使用者得以从审计报告中了解到与被审计单位和财务报表审计更为相关、更加对决策有用的信息。

2016年12月23日，经过广泛征求意见，发布《关于印发〈中国注册会计师审计准则第1504号——在审计报告中沟通关键审计事项〉等12项准则的通知》（财会〔2016〕24号），部分内容见表2-1。

表2-1   2016年新增及修改的审计准则（部分内容）

项目	名称	准则新增（变动）内容
新增审计准则	《中国注册会计师审计准则第1504号——在审计报告中沟通关键审计事项》	新增关键审计事项的定义、识别、沟通等内容，及其在审计报告中的位置等
修改的审计准则	《中国注册会计师审计准则第1501号——对财务报表形成审计意见和出具审计报告》	规定了审计报告中关键审计事项的位置，强调了注册会计师在审计报告中发表非无保留意见、增加强调事项段或其他事项段时审计报告的格式和内容的调整等
	《中国注册会计师审计准则第1502号——在审计报告中发表非无保留意见》	强调《中国注册会计师审计准则第1501号——对财务报表形成审计意见和出具审计报告》的报告要求在任何情形下均适用等
	《中国注册会计师审计准则第1503号——在审计报告中增加强调事项段和其他事项段》	增加了关于关键审计事项和补充信息之间的关系的规范；明确强调事项应不会导致非无保留意见、也未被确定为关键审计事项等

① 作者：杨天一、郑毅、刘桂良。本案例依杨天一毕业论文改编（湖南大学，2017年）。

续表

项目	名称	准则新增（变动）内容
修改的审计准则	《中国注册会计师审计准则第1151号——与治理层的沟通》	沟通的事项增加"影响审计报告形式和内容的情形"等
	《中国注册会计师审计准则第1324号——持续经营》	注册会计师应当评价审计证据并就持续经营假设的适当性得出结论等
	《中国注册会计师审计准则第1521号——注册会计师对其他信息的责任》	将其他信息界定为"年度报告中包含的除财务报表和审计报告以外的财务信息和非财务信息"等

新准则不仅改善了以往审计报告尤其是标准无保留审计报告信息含量过低的状况，为使用者提供了更多决策有用的信息，也进一步强化了风险导向的审计理念，规范了审计师对关键审计事项的处理，大大加强了对审计过程的规范与监督。同时，新准则对审计师专业胜任能力的要求也达到了一个新的高度。2018年1月1日起，所有股票在沪深交易所交易的上市公司（即主板公司、中小板公司、创业板公司，包括除A+H股公司以外其他在境内外同时上市的公司）、首次公开发行股票的申请企业（IPO公司），以及股票在全国中小企业股份转让系统公开转让的非上市公众公司（新三板公司）中的创新层挂牌公司、面向公众投资者公开发行债券的公司的审计，全面实施新准则。

GD公司是一家隶属电子设备制造业的深交所上市公司。2015年，GD公司选择了并购其上游设备供应商CSJ公司，进军智能装备制造领域，以提高经营业绩。我们选取2017年GD公司财务报告审计数据为例，分析其报表中涉及的资产计量问题与审计报告中相应的关键审计事项及其披露情况。

二、案例关键内容重现

（一）公司基本情况

GD智能集团股份有限公司（以下简称"GD公司"）成立于2009年4月，注册资本250万港元，2011年5月，在深圳证券交易所创业板挂牌上市。公司原属于消费电子精密结构件制造企业，在生产规模、技术研发、快速服务等各方面均居于行业领先地位。然而，随着电子产品精密结构件市场需求逐年升级，GD公司的业务范围随之不断"变轨"，先后于2011年投产强化光学玻璃、于2013年进军金属精密结构件及粉末冶金领域；同时，也正因为所在行业技术升级频繁，技术革新和电子设备型号更新换代、全球智能手机市场增速放缓，消费电子精密结构件市场需求发生重大变化，塑胶精密结构件市场开始萎缩，相关的原材料、生产设备及所生产产品的可回收价值均发生明显下跌。2015年，GD公司与某著名手机生产商签订一份大额合同，随即为了及时供货采购了大量的原材料，不久却遭客户宣布重新布局市场发展战略而单方面毁约，这一事件更使GD公司的处境雪上加霜。2015年上半年年报显示，GD公司出现严重亏损。面对行业革新浪潮的冲击，处在不利局面下的GD公司决定实施重大资产重组，以达到提升产业技术、改善公司财务状况的目的。

CSJ公司创立于2005年12月，公司设立时注册资本为50万元，后经多次增资，于

2014年达到4 000万元，是一家主要从事自动化、智能化精密加工设备的研发、生产、销售和服务的高新技术企业，在市场占有率、技术研发、客户资源、规模效应和售后快速响应等方面处于行业领先地位，在消费电子细分领域优势突出，公司盈利稳步上升。但2015年，国家几乎停止IPO的审批，独立申请上市困难重重。CSJ公司有着获取更广阔的融资渠道和发展空间的强烈需求，这一需要正与下游上市公司GD公司的并购意愿相符，因此两家公司很快达成一致，签订了并购协议与业绩对赌协议。

(二) GD公司资产计价相关的会计政策和会计估计

1. 并购CSJ公司估值及商誉初始计量

CSJ公司股东委托B评估公司进行全部权益价值的评估。B评估公司考虑到CSJ公司的经营模式，对本次收购标的采用了收益法进行评估，选用企业自由现金流折现模型确定公司价值（其中：评估收益额口径为企业净现金流量，则折现率选取加权平均资本成本（WACC）；并采用资本资产定价模型（CAPM）来确定公司权益资本成本）。B评估公司在对CSJ公司未来三年现金流的预计中，其收益的预计按20%的增长比例计算，后2年收益按35 000万元预计，获取CSJ公司前5年的预计收益分别为：2015年40 000万元、2016年48 000万元、2017年57 600万元、2018年与2019年均为35 000万元，得到CSJ公司全部权益价值的评估值为240 100万元，增值195 809.38万元，增值率为442.10%。最后，在资产评估报告的基础上，经谈判将并购交易价格最终确定为240 000万元，形成商誉165 000万元。

原持股CSJ公司5%以上的各大股东承诺：公司在重组实施完毕后3年（含当年）的业绩承诺期应分别实现不低于23 000万元、25 000万元、27 000万元的净利润。根据业绩承诺，如CSJ公司在盈利预测补偿期间任一会计年度未能实现承诺净利润总额，则各大股东应当首先以其所持GD公司股份进行补偿，不足的部分以现金补偿。补偿义务人内部各自承担的补偿比例取决于补偿义务人各自因本次交易所获得的交易对价占合计所获得的交易对价的比例。此外，若CSJ公司盈利预测补偿期间实际净利润总额超过承诺净利润总额，则CSJ公司应将超出部分30%的超额利润以现金方式奖励给CSJ公司业务骨干、核心技术人员、中高层管理人员等。

并购消息公布后，市场对此给出的反应不甚乐观。第一次停盘前后7个交易日股价变动如图2-1所示。

并购当年，由于计提了15 000万元的高额存货跌价准备，GD公司2015年年度报表中显示大幅亏损。紧接着，GD公司于2016年年初推出10转增30股的高送转方案，这一方案迅速引发热议。

从并购顺利完成当年的财务报表可见，相较于其2014年盈利7 000多万元，2015年GD公司却亏损了47 000多万元。GD公司产业转型升级成功应该能带来公司预期业绩，虽然表面上看来，并购并未使GD公司的业绩大幅转好，但仔细阅读财务报告可以发现，2015年存货、应收款项、商誉资产占总资产比例分别为18.54%、12.72%、8.84%，2015年共计提资产减值准备金22 217万元，比上年同期增加18 594万元，其中存货跌价准备计提达14 711万元，固定资产减值计提5 795万元，由此导致公司亏损，股价不涨反而下降。

至2017年，并购对GD公司财务情况的远期影响见表2-2。

单位：元

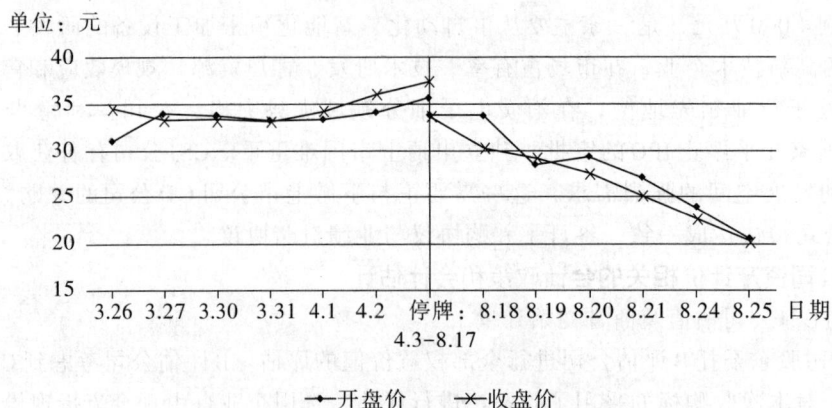

图2-1 第一次停盘前后7个交易日股价变动

表2-2 GD公司合并前后财务情况表 单位：元

项目	2014年 合并报表	2015年 合并报表	2016年 合并报表	2017年 合并报表
总资产	3 762 435 678	8 772 688 059	9 642 762 235	11 186 650 700
应收账款	669 277 375	1 116 131 009	1 192 002 402	1 611 429 686
存货	709 182 194	1 626 628 259	2 823 206 300	3 815 789 471
其中：原材料	36 759 273	104 393 962	165 438 348	165 210 363
在产品	217 021 569	800 807 967	872 891 792	1 579 342 052
库存商品	127 397 384	311 412 763	538 370 168	840 765 893
发出商品	288 145 399	483 796 459	1 159 726 927	1 185 301 244
商誉	—	1 653 523 650	1 653 523 650	1 653 523 650
总负债	2 268 866 804	3 788 533 588	4 521 329 074	5 576 266 356
净资产	1 493 568 874	4 984 154 471	5 121 433 161	5 610 384 344
营业收入	3 980 510 949	3 566 693 240	5 136 245 299	6 421 723 025
其中：主营业务收入	3 942 344 119	3 544 192 542		
投资收益	—	−30 373	2 167 937	25 998 842
净利润	73 236 584	−471 543 063	131 447 671	460 538 564

2.业绩承诺情况

并购三年期到，CSJ公司三年承诺全部实现：2015年度，CSJ公司经审计的归属于公司所有者的净利润为25 000万元，经审计的扣除非经常性损益后的净利润为30 000万元，达到承诺业绩。2016年度，CSJ公司经审计的归属于公司所有者的净利润为36 000万元，经审计的扣除非经常性损益和配套募集资金的效益及损益后的净利润为37 000万元，达到承诺业绩，并且大大超出了所承诺的最低标准。2017年度，CSJ公司经审计的归属于公司所有者的净利润为47 000万元，经审计的扣除非经常性损益和配套募集资金的效益及损益后的净利润为44 000万元，达到承诺业绩，并且大大超出了所承诺的最低标准。

3.商誉资产后续计量情况

GD公司并购CSJ公司，形成商誉165 000万元，2015年，GD公司合并财务报告中列报的商誉为165 000万元，商誉减值准备余额为0。在商誉减值准备说明中显示：按照商誉减值测试过程、参数及商誉减值损失的确认方法对商誉减值进行测试。经测试本期公司商誉不存在减值的情况。

2016年，GD公司合并财务报告中显示：截至报告期末，公司发行股份及支付现金购买资产形成的商誉为165 000万元，商誉减值准备余额为0。根据企业会计准则的规定，公司发行股份及支付现金购买的资产形成的商誉不作摊销处理，但需要在未来每年年度终了进行减值测试。由于CSJ公司超额完成其25 000万元业绩承诺，2016年实际归属于股东的净利润达36 000万元，与前一年度相比实现了16.7%的业绩增长；同时2016年度CSJ公司的营业收入达155 000万元，与前一年度的营业收入105 000万元相比实现了47.6%的大幅度增加，按照可回收金额与其账面价值孰低的原则，经过测试，本期公司商誉不存在减值的情况。如果CSJ公司未来经营状况恶化，将存在商誉减值的风险，从而对公司当期损益造成不利影响，那么公司将利用与CSJ公司在技术、人员、市场、资金等方面的互补性进行资源整合，通过充分发挥协同效应，保持并增强CSJ公司的竞争力，尽可能降低商誉减值的风险。因此，GD公司管理层认为：公司商誉不存在减值的情况，未计提商誉减值。

2017年度财务报告中显示：公司评估了资产组的可回收金额，经测试，商誉不存在减值。

2015—2017年商誉减值准备基本情况见表2-3。

表2-3   2015—2017年商誉减值准备基本情况表   单位：元

项目	期初余额	本期增加		本期减少		期末余额
		企业合并形成	其他	处置	其他	
2015年	—	1 653 523 650	—	—	—	1 653 523 650
2016年	1 653 523 650	—	—	—	—	1 653 523 650
2017年	1 653 523 650	—	—	—	—	1 653 523 650

4.并购当期及并购后的存货计量

2015年年报中关于资产减值损失的描述：报告期共计提资产减值准备22 217万元，比上年同期增加18 594万元。其中：报告期内计提存货跌价准备14 711万元，比上年同期增加13 116.57万元。因为受塑胶精密结构件市场需求及客户订单的影响，本着谨慎性原则，公司根据存货资产评估结论，2015年年底对塑胶精密结构件和强化光学玻璃存货计提大量存货跌价准备，主要集中于在产品与库存商品。

2016年计提存货跌价准备约3 038万元，主要集中于库存商品。

2017年计提存货跌价准备约5 290万元，主要集中于在产品与库存商品。

2015—2017年计提存货跌价准备情况见表2-4。

表2-4 2015—2017年计提存货跌价准备情况 单位：元

	原材料	在产品	库存商品	低值易耗品	合计
2015年					
期初余额	2 202 524	6 107 207	7 926 081	—	16 235 812
本期增加	7 385 462	110 122 604	29 568 588	33 533	147 110 187
本期减少	89 947	498 102	79 753	14	667 816
期末余额	9 498 039	115 731 709	37 414 916	33 519	162 678 183
2016年					
期初余额	9 498 039	115 731 709	37 414 916	33 519	162 678 183
本期增加	3 478 926	9 021 507	17 841 650	38 492	30 380 575
本期减少	9 076 279	114 118 384	34 166 075	33 519	157 394 257
期末余额	3 900 686	10 634 832	21 090 491	38 492	35 664 501
2017年					
期初余额	3 900 686	10 634 832	21 090 491	38 492	35 664 501
本期增加	—	33 158 255	19 737 820	—	52 896 075
本期减少	1 565 817	10 634 832	21 090 491	38 492	33 329 632
期末余额	2 334 869	33 158 255	19 737 820	—	55 230 944

（三）GD公司2017年度财务报告总体审计策略（主要内容）

1.审计项目基本情况

审计项目的时间与人员安排见表2-5。

表2-5 审计项目的时间与人员安排

执行审计内容	计划时间	执行地点
1.母公司审计时间安排		
盘点	2017年12月31日	DG
正式审计	2018年1月8日—2018年2月8日 2018年2月24日—2018年3月24日	DG
出具审计报告初稿	2018年3月25日—2018年3月31日	DG
2.子公司审计时间安排		
盘点	2017年12月31日	SZ
正式审计	2018年3月5日—2018年3月24日	SZ
出具审计报告初稿	2018年3月25日—2018年3月31日	DG

沟通的时间安排见表2-6。

表2-6 沟通的时间安排

沟通的对象	沟通的内容	沟通的时间	沟通地点
审计委员会	审计工作的性质、时间安排和范围	2018-1-10	DG
财务总监	公司经营情况	2018-1-10	DG
质控合伙人	审计人员与时间安排及与公司高级管理人员沟通情况汇报	2018-1-15	电话
项目组成员之间的沟通	项目情况、时间安排及其他需讨论事项	2018-1-8、随时	DG
管理层	审计中发现的问题，拟出具审计报告类型等	2018-3-20	DG
审计委员会	审计中发现的问题，拟出具审计报告类型等	2018-3-21	DG
质控合伙人	审计中发现的问题，拟出具审计报告类型等	2018-4-10	电话

2.审计风险评估及应对措施

（1）了解被审计单位及其环境

①公司所属行业：公司原系消费电子领域精密结构件一体化、模组化供应商，公司产品系消费电子领域手机、平板电脑等各类智能终端的重要载体与组成部分，主要受移动通信、移动互联网、消费电子产业的影响。按照证监会发布的《上市公司行业分类指引》（2012年修订），公司属于计算机、通信和其他类。公司产品的市场需求、发展趋势等主要受到智能手机等消费电子产品行业的影响。据市场研究机构IDC数据，全球智能手机市场增速放缓，其中中国市场趋于饱和，品牌厂商及供应链竞争加剧。在手机材质方面，塑胶精密结构件的需求减少，金属材质受到消费者的青睐。面对宏观经济下行、行业增速放缓以及手机材质由塑胶向金属转化的压力，公司管理层把握产业升级机遇，积极打造公司智能制造整体解决方案的能力，推动公司由生产制造向服务制造转型升级。

②公司布局的智能制造服务业务：在推进传统消费电子精密结构件业务结构转型及生产过程自动化的同时，公司把握制造业行业趋势，通过外延式并购参股、自建国家智能制造专项项目等方式，正在逐步布局智能制造服务业务、推进公司业务的转型升级。2015年公司通过发行股份及支付现金购买资产取得SZ市CSJ公司100%股权，进入数控机床等高端装备制造业。公司全资子公司CSJ公司是专业从事自动化、智能化精密加工设备的研发、生产、销售和服务的高新技术企业，属于《上市公司行业分类指引》（2012年修订）规定的"通用设备制造业（C34）——金属切削机床制造（C3421）"。

公司同时投资参股了AP工华科技有限公司（以下简称"AP工华"），快速切入国产系统软件行业；通过CSJ公司参股SZ市JY精密自动化科技有限公司（以下简称"JY精密"），涉足自动化生产线的研发、制造、服务行业。公司逐步构建了集高端数控机床、国产机器人、自动化设备、国产系统软件等于一体的智能制造产品和服务体系，后续还将进一步完善智能制造产业链的相关布局，逐步向智能制造系统解决方案服务商转型。

③公司所处行业的行业管理体制为政府职能部门的宏观调控结合行业自律组织的协作

规范。公司所处行业主管部门包括国家发展改革委、工业和信息化部。行业主管部门主要负责制定产业政策、引导和扶持行业发展及进行行业监管和宏观调控。行业协会侧重于行业内部自律性管理，主要包括中国电子组件行业协会、中国机床工具工业协会、中国机械工业联合会、中国机器人产业联盟等。

④全资子公司CSJ公司所处行业的行业管理体制为政府职能部门的宏观调控结合行业自律组织的协作规范，其所处行业主管部门包括国家发展改革委、工业和信息化部。行业主管部门主要负责制定产业政策、引导和扶持行业发展及进行行业监管和宏观调控。行业协会侧重于行业内部自律性管理，主要包括中国机床工具工业协会、中国机械工业联合会、中国机器人产业联盟等。

⑤行业政策：《国民经济和社会发展第十二个五年规划》《当前优先发展的高技术产业化重点领域指南（2011年度）》等产业指导政策均将移动通信产业、新材料产业作为国家重点支持、重点发展的产业。智能制造是我国制造业转型升级的基础产业，是《中国制造2025》确定的重点突破领域，是我国实现"制造强国"战略目标的主攻方向。大力培育和发展智能制造装备、软件、服务等产业对于加快制造业转型升级，提升生产效率、技术水平和产品质量，降低能源资源消耗，实现制造过程的智能化和绿色化发展具有重要意义。《国民经济和社会发展第十二个五年规划》《中国制造2025》等产业指导政策均将公司目前已经涉及的高端装备制造业、智能装备制造业列为国家重点发展的战略产业。

（2）了解目标战略以及相关经营风险

①公司战略：公司响应国家政策、把握行业发展趋势，构建了完善的智能制造产品和服务体系，消费电子产品精密结构件业务、高端装备制造业务、智能制造服务业务协同发展。

A.短期战略

消费电子产品精密结构件业务：落实精益生产，进一步提高金属精密结构件生产良率，增强盈利能力；在压铸、强化光学玻璃、粉末冶金等全资子公司建设自动化、智能工厂样板标杆车间，提升制造良率和效率；把握行业发展趋势，推进产品与客户结构优化，布局陶瓷、曲面玻璃等新产品和工艺，拓展精密结构件产品在医疗、虚拟现实、新能源汽车领域的应用。

高端装备制造业务：全资子公司CSJ公司基于金属加工设备，研发和完善五轴、直线电机等高端数控机床；拓展玻璃精雕、2.5D扫光等设备、3D热压玻璃设备、陶瓷加工设备等产品；基于与那智不二越的战略合作拓展六轴机器人产品；优化业务结构，促进产品销售。

智能制造服务业务：建设好国家智能制造示范点，与地方相关部门共同商讨3C制造企业地方（省级）等六项标准；打造智能工厂建设及智能制造营销的人才团队，充分利用政策机遇及支持，为其他制造业企业提供智能工厂自动化改造、整体智能工厂建设及其相关的产品和服务。

B.中期战略

消费电子产品精密结构件业务：推动金属、陶瓷、蓝宝石、曲面玻璃等精密结构件产品广泛应用于医疗、虚拟现实、新能源汽车等领域，促进公司整体盈利能力逐步提升。在制造环节广泛推广自动化、智能化生产，使公司制造良率和效率在行业内保持领先水平。

高端装备制造业务：通过自主研发及战略合作的方式，推动各类设备的智能化升级，形成差异化竞争优势；在国内市场大力拓展自主品牌的高端数控机床、工业机器人，使之在国内市场成为主流品牌；与JY精密合作，全面开展智能装备、自动化改造。

智能制造服务业务：基于国家智能制造示范点的建设经验，与国家相关部门共同制定3C制造企业、国家智能制造等六项标准并升级为行业标准，将智能工厂改造经验向3C行业进行推广，成为3C行业智能工厂建设的标杆服务商。

C.长期战略

消费电子产品精密结构件业务：推动液态金属、蓝宝石等新材料精密结构件产品广泛应用于医疗、虚拟现实、新能源汽车、军工、航天等领域；在精密结构件制造环节基本实现自动化、智能化，成为全球精密结构件制造行业的标杆示范车间。

高端装备制造业务：推动自主品牌的高端数控机床、工业机器人向新兴市场等海外地区拓展；与JY精密合作开展全面智能装备、智能自动化改造；成为3C市场高精密金属加工机床和智能装备整体解决方案的国内领军企业。

智能制造服务业务：将在智能工厂改造经验向3C行业进行推广的基础上，进一步拓展医疗、新能源汽车行业的智能制造服务业务，成为国内领先的智能制造系统解决方案服务商。

②了解相关风险

A.市场竞争加剧的风险

近几年，随着部分东南亚国家利用劳动力优势加入消费电子制造业，行业内市场竞争趋于激烈。受到宏观经济下行、人力成本上升等影响，塑胶产品制造业面临不利的外部环境，客户产品策略的调整、厂商间市场竞争加剧使产品销量及毛利率下降，对公司塑胶精密结构件业务造成明显冲击，如公司不能适时推进产品与制造的转型升级，将可能面临业绩下滑的风险。

B.客户集中的风险

公司消费电子精密结构件产品以世界500强及国内百强电子企业为主要服务对象，与三星、中兴、华为、TCL、OPPO等建立了长期稳定的战略合作关系。数控机床等制造装备业务主要以比亚迪等为服务对象。优质的客户资源决定了公司客户集中度较高，如某一客户生产经营状况发生重大不利变化或调整合作方式，可能影响公司当期经营业绩。

公司坚持实施大客户战略并积极开发新客户，扩大优质的客户群体，不断优化公司客户结构；同时通过产品和技术创新，增加新产品、新技术储备，较好地满足客户的各项需求，不断深化与新老客户的合作，从而预防客户集中的风险。

C.成本与费用增加的风险

公司的经营成本主要包括原材料、制造成本、人力成本等，若原材料价格、人力成本大幅上升，新投资项目固定资产折旧费用、待摊费用、产品试产及人机磨合费用过快增长，将对公司成本控制产生不利影响。

公司将充分发挥核心竞争优势，通过推动产品与制造升级提高产品附加值；同时完善和细化成本控制体系，持续推进经营革新，提高自动化水平，实施精细化成本控制、提高盈利能力。

D.管理风险

随着公司重大资产重组的实施完成，公司业务、机构和人员进一步扩张，将对公司现有管理团队提出更高的要求，公司在战略规划、制度建设、组织设置、运营管理、资金管理和内部控制等方面也将面临更大的挑战。如果公司不能根据市场情况及时调整发展战略、发展方向及业务定位，没有同步建立适应未来发展所需的管理体系，形成更加完善的约束和激励机制，可能对公司的运营管理产生一定的影响。

公司将继续加强人才的培养、引进和储备，建立有效的考核与激励机制，吸引和留住优秀的技术和管理人才；同时大力推进精益生产、加强企业文化建设，打造一个团结协作、充满活力的经营队伍，为公司持续发展提供保障。

E.收购整合风险

公司2015年度完成发行股份及支付现金购买资产后，需在发展战略、组织建设、企业文化、客户资源、技术创新等各个方面充分发挥协同效应，与CSJ公司共同发展。若公司没有同步建立有助于实现收购整合目标的管理体系，可能对本公司的经营业绩提升有一定的影响。

公司发行股份及支付现金购买CSJ公司100%股权后，将在保证CSJ公司运营独立的基础上积极推动双方优势互补、资源整合，并在技术研发、市场推广、资本与平台运作等多个重要方面实现更充分的合作，发挥协同效应，降低整合风险。

F.商誉减值风险

公司发行股份及支付现金购买资产形成了大额的商誉。根据企业会计准则的规定，本次交易形成的商誉不作摊销处理，但需要在未来每年年度终了进行减值测试。如果CSJ公司未来经营状况恶化，将存在商誉减值的风险，从而对公司当期损益造成不利影响。本次交易完成后，本公司将利用与CSJ公司在技术、人员、市场、资金等方面的互补性进行资源整合，力争通过发挥协同效应，保持并提高CSJ公司的竞争力，尽可能降低商誉减值风险。

（3）了解财务业绩的衡量和评价

①外部的衡量及评价

股东的期望：能够持续深入推进智能制造战略的实施，充分挖掘智能制造服务业务的业绩增长点。2017年度通过实现传统精密结构件业务转型和智能制造服务业务的发展，为业绩的长远增长提供保障。从长期来看，股东希望公司稳步推进转型升级，实现业绩长期内稳定持续增长，使股东从公司的成长中受益。

外部机构的评价：公司是SZ证券交易所创业板上市公司，为资本市场主体的关注和研究的对象。2016年度，证券公司投资研究机构就公司出具了十余份投资价值研究报告，均给出"买入"及以上的评级，对公司消费电子精密结构件业务转型、智能制造战略的前景给予积极的评价。

②被审计单位的衡量及评价

GD公司关键业绩指标见表2-7。

2017年1—9月，公司实现营业总收入[①]466 709万元，较上年同期增长31.86%；营业

[①] 本案例编写于2017年，处于新旧准则过渡阶段，被审计单位在本案例所关注的审计期间尚未执行新准则。

表2-7 GD公司关键业绩指标

指标	2015年	2016年	2017年（1—9月）
营业收入（万元）	356 669	513 860	466 709
利润总额（元）	−49 069	21 379	48 802
基本每股收益（元）	−2.14	0.09	0.29
加权平均净资产收益率（%）	−26.77	2.6	7.86

说明：由于企业还没完成年报的编制，所以以上财务数据是根据2017年9月30日财务报表编制的。利润49 384万元，较上年同期增长348.48%；利润总额48 802万元，较上年同期增长235.31%；净利润41 785万元，较上年同期增长423.52%。2017年1—9月，公司营业总收入较上年同期增长31.86%，其主要原因为：①公司数据机床等高端装备专注于中高档数控机床、自动化生产线等研发、应用及服务，在市场占有率、客户资源、规模效应和售后快速响应等方面处于行业领先地位，数据机床等高端装备相关收入的增长促进了公司营业收入的快速增长。②公司把握行业机遇，充分发挥自有数控机床品牌优势，根据市场需求调整金属精密结构件产能，通过开展精益生产，进一步提升金属精密结构件的生产良率，快速响应客户对于金属精密结构件产品的需求，促进金属精密结构件的产能释放以及订单稳定增长，进而带来营业收入的增长。

2017年1—9月，归属于上市公司股东的净利润同比增长423.52%，其主要原因为：公司继续深入推行精益生产，进一步提升金属精密结构件的生产良率，促进消费电子精密结构件产能释放，增强了金属精密结构件业务的盈利能力，对公司净利润产生有利的影响。

③对财务报表有重大影响的控股子公司情况

DG通信电子精密组件有限公司主要负责公司募集资金投资项目的实施与管理，其经营范围为研发、设计、生产、加工、销售通信产品、电子产品、发光二极管和触摸屏光电类产品的精密组件；生物工程材料及其他新型材料的研发、生产、加工与销售；与以上产品相关的生产自动化设备、软件的研发、生产、销售及服务；货物进出口、技术进出口（法律、行政法规禁止的项目除外，法律、行政法规限制的项目须取得许可后方可经营）。

DGHC金属科技有限公司的经营范围为研发、设计、生产、加工、销售五金零部件及其配套金属、塑胶部件；表面处理；新型有色金属合金材料的研发、加工与销售；模具设计与制造；货物进出口、技术进出口（依法须经批准的项目，经相关部门批准后方可开展经营活动）。

DGHJ粉末冶金有限公司的经营范围：一般经营项目：粉末冶金产品的研发、设计、生产、制造、销售，相关专用设备、工装模具及原辅材料的生产销售和技术咨询服务；通信产品、计算机、汽车配件及其零组件的研发、设计、生产、包装、加工、销售；与以上产品相关的生产自动化设备的研发、生产、销售，软件设计、销售；医疗器械的研发、设计；货物进出口、技术进出口（法律、行政法规规定禁止的项目除外，法律、行政法规规定限制的项目须取得许可后方可经营）。许可经营项目：医疗器械的生产、销售（一般经营项目可以自主经营；许可经营项目凭批准文件、证件经营）。

CSJ公司的经营范围：一般经营项目：机械设备的生产及销售；机器人与自动化设备、机械电子设备、工业机器人及数控机床的设计、开发、服务；光电技术及产品开发、制造、销售；机械加工；五金制品、机械零部件、机电设备的技术开发和销售；国内贸易，货物及技术进出口（法律、行政法规规定在登记前须经批准的项目除外）。许可经营项目：机械设备的生产；光电技术及产品制造；五金制品、机械零部件、机电设备的生产。目前实际经营范围主要是模具机和手机配件的零件机的生产与销售，主要产品为CNC加工中心机。该公司属于机械制造行业。

（4）被审计单位及所属行业分析

①被审计单位财务指标分析

被审计单位财务指标见表2-8。

表2-8 被审计单位财务指标

财务指标	2017年（1—9月）	2016年
净资产收益率（%）	7.85	2.60
销售毛利率（%）	7.92	0.23
销售净利率（%）	8.95	0.03
资产负债率	0.52	0.47
流动比率	1.37	1.42
速动比率	0.62	0.66
存货周转天数（天）	362	202
应收账款周转天数（天）	92	80

变动较大的财务指标的变动原因如下：公司数控机床等高端装备专注于中高档数控机床、自动化生产线等研发、应用及服务，在市场占有率、客户资源、规模效应和售后快速响应等方面处于行业领先地位，数控机床等高端装备相关收入的增长促进了公司营业收入的快速增长。

②被审计单位与行业内主要上市公司财务指标对比分析

GD公司2017年度净利润率、基本每股收益、净资产收益率指标低于行业内部分上市公司，主要是受到宏观经济下行、人力成本上升等的影响，公司塑胶精密结构件业务面临不利的外部环境，客户产品策略的调整、厂商间市场竞争加剧使产品销量及毛利率下降，塑胶精密结构件业务的不利变化对公司的营业收入和利润产生不利影响。

公司把握消费电子行业发展机遇，促进金属精密结构件产能释放，通过精益生产进一步提升金属精密结构件生产良率，同时整合塑胶精密结构件生产资源，全面推进原有消费电子精密结构件业务转型，增强公司的盈利能力。公司2015年至2016年先后通过对外投资方式快速进入数控机床等高端装备制造、自动化生产线制造与服务、国产系统控制软件等行业，通过自建国家智能制造专项项目积累了智能工厂建设经验，构建了完善的智能制造产品和服务体系，逐步向智能制造系统解决方案服务商转型。

③行业简要分析

GD公司的主营业务为消费电子产品精密结构件业务、高端装备制造业务、智能制造服务业务三大模块。具体情况如下：

A.消费电子产品精密结构件业务

据IDC机构数据，2016年全球智能手机出货量总数达到13.6亿台，同比增长4.7%。中国手机厂商华为、OPPO、VIVO等市场份额增长明显，稳居全球前五名，GD公司作为华为和OPPO的主要结构件供应商之一，相应订单也随之增长。

智能手机金属机壳的渗透率持续增长，大力向千元机渗透，与此同时，金属机壳的成本不断降低，从而带动包括CNC加工、金属打磨抛光在内的整体金属加工市场的发展，CNC等金属加工设备总体市场、自动化金属打磨设备代替人工打磨等市场也相应发展。品牌厂商为追求差异化竞争优势，在高端机型上开始应用3D曲面玻璃机壳，双曲面玻璃导致中框变薄，使用高硬度不锈钢材质的比例上升，CNC加工时间变长，有利于公司CNC加工业务及全资子公司CSJ公司的金属CNC设备业务的增长。

智能可穿戴设备市场呈稳步发展态势，菲比特（Fibit）、三星、华为、OPPO等品牌厂商持续推出新版的智能手表、智能手环产品。柔性屏技术的快速发展，对手机玻璃面板需求产生冲击，但对粉末冶金转轴业务来说是个利好的消息。公司及全资子公司在粉末冶金、陶瓷等领域布局已久，公司整合塑胶、硅胶、CNC、玻璃等各种工艺，为智能可穿戴产品提供一站式整体解决方案，成为各大可穿戴品牌厂商最主要的结构件综合供应商，业务发展形势良好。

公司发挥大客户战略优势，同时积极开发其他行业客户，拓展精密结构件产品在AR/VR、医疗、无人机、新能源汽车、可穿戴设备领域的应用，面临着广阔的市场空间。

B.高端装备制造业务

国家目前对国产数控机床等装备业高度重视，高档数控机床和机器人是《中国制造2025》规划中将拟重点突破及发展的领域。国家明确提出希望在2020年国产高档数控机床的市场占有率达到70%，相比现在不到20%的占有率，未来国产数控机床等装备业发展空间巨大。

受益于手机国产品牌国内市场份额大幅提升和国外市场份额的整体走高以及千元机以下金属机壳的大幅渗透；同时国内汽车行业快速发展，也使本公司其他机床销量同比去年大幅增长，CSJ公司的生产一直处于饱和状态。

智能制造的核心是智能装备，CSJ公司计划未来通过智能制造及大数据的采集、分析、应用，对设备进行智能化升级，从而形成产品的差异化竞争优势，公司数控机床等高端装备产品面临着良好的市场前景。

C.智能制造服务业务

根据《中国制造2025》的总体规划，实现智能制造是中国制造业转型升级的主要途径，也成为国家"十三五"规划的主要内容之一。目前在我国，从国家层面到各省市地方政府、社会、企业、科研院校等，智能制造都在如火如荼地进行中，未来包括国家、各地方政府、企业等各方面的投入将持续加大。市场研究机构初步预测，包括智能装备、软件、自动化、工程服务及其他配套等各项子市场在内的智能制造将有总计万亿级别的市场规模，智能制造市场未来发展前景广阔。

公司"移动终端金属加工智能制造新模式"项目是国家工业和信息化部全国首批智能制造专项项目，获得了国家和地方政府的大力支持，承担着草拟3C制造企业、行业、国家智能制造六项标准的任务。公司基于智能制造专项项目的建设经验，将继续完善集高端数控机床、国产机器人、自动化设备、国产系统软件等于一体的智能制造产品和服务体系，打造智能工厂系统集成总承包服务和整体智能工厂改造解决方案的能力，形成智能制造服务行业的领先优势。

（5）了解被审计单位在审计期间的重大变化及交易情况

①重要变化情况1（见表2-9）

表2-9　　　　　　　　　　　　　重要变化情况1

1	公司名称：GD智能集团股份有限公司
2	重大变化情况描述：收入快速增长
3	被审计单位的判断和账务处理情况：确认收入的依据
4	拟采取的审计策略：关注公司收入确认时点及收入的真实性

②重要变化情况2（见表2-10）

表2-10　　　　　　　　　　　　　重要变化情况2

1	公司名称：DGZC智能制造系统有限公司、DG智能制造孵化器有限公司
2	重大变化情况描述：公司使用自有资金投资设立全资子公司DGZC智能制造系统有限公司，从事智能制造系统集成服务业务。公司使用自有资金投资设立全资子公司DG智能制造孵化器有限公司，建设中小型科技企业的孵化平台
3	被审计单位的判断和账务处理情况：母公司确认长期股权投资
4	拟采取的审计策略：关注DGZC智能制造系统有限公司和DG智能制造孵化器有限公司的投资进展情况

③重要变化情况3（见表2-11）

表2-11　　　　　　　　　　　　　重要变化情况3

1	公司名称：CSJ公司
2	重大变化情况描述：2015年公司以募集资金和发行股份作为对价100%收购SZ市CSJ公司，负责公司模具机和手机配件的零件机的生产与销售
3	被审计单位的判断和账务处理情况：母公司确认长期股权投资
4	拟采取的审计策略：关注SZ市CSJ公司的商誉减值情况

④重要变化情况4（见表2-12）

表2-12　　　　　　　　　　　　　重要变化情况4

1	公司名称：DGHQ光学科技有限公司
2	重大变化情况描述：处置公司51%的股权，DGHQ光学科技有限公司不再纳入合并范围
3	被审计单位的判断和账务处理情况：母公司减少长期股权投资，并确认投资收益
4	拟采取的审计策略：关注DGHQ光学科技有限公司的处置情况和处置时点的确认

（6）针对重大错报风险的总体应对措施

①可能存在重大错报风险的领域1（见表2-13）

表2-13　　　　　　　　　　**可能存在重大错报风险的领域1**

1	可能存在重大错报风险的领域描述：营业收入
2	拟采取的应对措施：安排较有经验的审计人员负责销售与收款循环审计，母公司和子公司采用综合方案，核实销售收入的真实性和收入确认的时点，检查是否提前确认收入。结合银行存款的审计，审计人员独立到银行打印银行对账单（流水），抽查银行大额流水并与会计凭证及附件（如银行收、付款回单）进行核对

②可能存在重大错报风险的领域2（见表2-14）

表2-14　　　　　　　　　　**可能存在重大错报风险的领域2**

1	可能存在重大错报风险的领域描述：在建工程、固定资产、累计折旧
2	拟采取的应对措施：核实在建工程转固定资产的时点，是否延迟确认；测算固定资产折旧的计算是否正确，是否存在少计折旧的情况；测试固定资产是否存在减值的情况

③可能存在重大错报风险的领域3（见表2-15）

表2-15　　　　　　　　　　**可能存在重大错报风险的领域3**

1	可能存在重大错报风险的领域描述：存货、营业成本
2	拟采取的应对措施：安排较有经验的审计人员负责采购与付款循环审计，母公司和子公司采用综合方案，核实销售成本的真实性和完整性，核查生产成本的结转，进行产品成本的计价测试等

④可能存在重大错报风险的领域4（见表2-16）

表2-16　　　　　　　　　　**可能存在重大错报风险的领域4**

1	可能存在重大错报风险的领域描述：关联方交易
2	拟采取的应对措施：获取关联方交易类型、定价策略和目的，检查相关合同或协议，获取交易已经恰当授权和批准的审计证据

（7）对可能需要重点关注因而可能构成关键审计事项的事项所作的初步判断

①可能构成关键审计事项的事项1（见表2-17）

表2-17　　　　　　　　　　**可能构成关键审计事项的事项1**

1	事项描述：子公司CSJ公司高端装备制造业务的数控机床等产品销量持续增长，公司2017年前三季度实现营业收入46.67亿元，较上年同期增加11.28亿元，增长31.87%
2	初步判断：由于收入是公司的关键业绩指标之一，2017年1—9月收入总额上涨较大，从而存在管理层为了达到特定目标或期望而操纵收入确认时点的固有风险，因此我们初步将公司的收入确认识别为关键审计事项

②可能构成关键审计事项的事项2（见表2-18）

表2-18 可能构成关键审计事项的事项2

1	事项描述：2017年9月30日公司报表披露的存货和固定资产的总额为57.85亿元，占2017年9月30日公司报表资产总额的51.71%
2	初步判断：由于存货和固定资产涉及金额重大且减值测试需要管理层作出重大判断，因此我们初步将公司存货和固定资产的减值确认识别为关键审计事项

③可能构成关键审计事项的事项3（见表2-19）

表2-19 可能构成关键审计事项的事项3

1	事项描述：2015年公司以募集资金和发行股份作为对价100%收购SZ市CSJ公司，产生约16.54亿元的商誉
2	初步判断：由于商誉金额重大，且管理层需要作出重大判断，因此我们将商誉的减值识别为关键审计事项

3.审计重要性水平的确定

（1）合并报表重要性（见表2-20）

表2-20 合并报表重要性 单位：万元

项目	计划重要性	第一临界值	第二临界值
合并报表	1 060.00	53.00	—

（2）组成部分重要性（见表2-21）

表2-21 组成部分重要性 单位：万元

组成部分名称	计划重要性	第一临界值（明显微小错报）	第二临界值	控制关系性质
DG精密组件股份有限公司	500.00	300.00	—	
DGHS电子科技有限公司	30.00	18.00	—	全资子公司
DG通信电子精密组件有限公司	30.00	18.00	—	全资子公司
DGCJ金属科技有限公司	1.00	0.60	—	全资子公司
DGHJ粉末冶金有限公司	90.00	54.00	—	全资子公司
DGHJ粉末冶金有限公司东城分公司	0.40	0.24	—	全资子公司
DGWR电子有限公司	4.00	2.40	—	全资子公司
DGAK表面处理有限公司	0.10	0.06	—	全资子公司
前海JS（SZ）控股有限公司	0.10	0.06	—	全资子公司
B Co.，Ltd.	1.00	0.60	—	全资子公司
JS技术责任有限公司	0.60	0.36	—	全资子公司
DGHC金属科技有限公司	10.00	6.00	—	全资子公司

组成部分名称	计划重要性	第一临界值 （明显微小错报）	第二 临界值	控制关系 性质
DGZC智能制造系统有限公司				全资子公司
DG智能制造孵化器有限公司				全资子公司
SZ市CSJ公司	280.00	168.00	—	全资子公司
DG市CQ精密机械有限公司	1.00	0.60	—	全资孙公司
SZ市CZ自动化有限公司	0.50	0.30	—	全资孙公司
SZ市CSJ公司苏州分公司	0.10	0.06		全资孙公司
SZ市TQ机械有限公司	0.20	0.12		全资孙公司

（四）GD公司2017年度财务报告审计主要程序

1. 风险评估具体计划见表2-22。

表2-22　　　　　　　　　　　　风险评估具体计划

被审计单位名称：GD智能集团股份有限公司

被审计期间：2017年度

	签名	日期
编制	陈一莲	2018/1/7
复核	陈芝莲	2018/1/8

一、公司基本情况

1. 主营业务

生产和销售塑胶制品、塑胶五金模具、精冲模、精密型腔模、模具标准件。目前主要产品为精密模具及精密结构件，如手机和平板电脑等外壳

2. 经济业务的特点

公司产品具有专业化生产和定制化生产的特点。主要客户为大型消费电子产品生产商，相对强势，选择供应商的要求严格，但他们一旦确定供应商，很少更换

3. 处理经济业务所采用的信息系统情况

母公司换了SAP系统，其他公司用的是用友财务软件V8.9

二、组成部分注册会计师工作的情况

N/A

三、利用专家工作的情况

N/A

2. 执行风险评估的时间和人员安排（见表2-23）

表2-23　　　　　　　　　　执行风险评估的时间和人员安排

执行风险评估的内容	时间安排	人员安排	拟实施的程序
1. 了解被审计单位及其环境			
了解被审计单位行业状况、法律环境与监管环境以及其他外部因素	2018.1.8—3.31	文风	查阅、访谈

执行风险评估的内容	时间安排	人员安排	拟实施的程序
了解被审计单位的性质	2018.1.8—3.31	文风	查阅、访谈
了解被审计单位会计政策的选择和运用	2018.1.8—3.31	文风	查阅、访谈
了解被审计单位的目标战略以及相关经营风险	2018.1.8—3.31	文风	查阅、访谈
了解被审计单位财务业绩的衡量和评价	2018.1.8—3.31	文风	查阅、访谈
2.了解和评价被审计单位整体层面内部控制			
了解和评价被审计单位控制环境	2018.1.8—3.31	黄小娇	查阅、访谈
了解和评价被审计单位风险评估过程	2018.1.8—3.31	黄小娇	查阅、访谈
了解和评价被审计单位控制信息系统与沟通	2018.1.8—3.31	黄小娇	查阅、访谈
了解和评价被审计单位对控制的监督	2018.1.8—3.31	黄小娇	查阅、访谈
3.了解和评价被审计单位业务层面内部控制			
了解和评价被审计单位采购与付款循环内部控制	2018.1.8—3.31	张芯	查阅、访谈、穿行测试、控制测试
了解和评价被审计单位工资与人事循环内部控制	2018.1.8—3.31	王永泽	查阅、访谈、穿行测试、控制测试
了解和评价被审计单位生产与仓储循环内部控制	2018.1.8—3.31	张芯	查阅、访谈、穿行测试、控制测试
了解和评价被审计单位销售与收款循环内部控制	2018.1.8—3.31	王育英、卢旭	查阅、访谈、穿行测试、控制测试
了解和评价被审计单位投资与筹资循环内部控制	2018.1.8—3.31	王永泽	查阅、访谈、穿行测试、控制测试
了解和评价被审计单位固定资产与其他资产循环内部控制	2018.1.8—3.31	蓝科梦	查阅、访谈、穿行测试、控制测试
4.项目组对风险评估的讨论会议	2018.1.8—3.31	项目组全体人员	
5.进行风险评估的汇总及形成结论,并确定进一步的审计方案	2018.1.8—3.31	文风	

3.风险评估与审计测试程序（见表2-24）

表2-24 风险评估与审计测试程序

重要账户或列报	相关控制预期是否有效	了解控制索引号	识别的重大错报风险							拟实施的审计方案		备注
			存在/发生	完整性	权利和义务	计价和分摊/准确性	截止	分类	列报	控制测试	实质性程序	
一、风险评估和控制测试结论及拟实施的实质性程序												
采购与付款循环												
材料采购	是	T310					√			√	√	
应付账款	是	T310								√	√	
预付账款	是	T310								√	√	
管理费用	是	T310		√			√			√	√	
销售费用	是	T310		√						√	√	
工资与人事循环												
应付职工薪酬	是	T320									√	
生产与仓储循环												
存货	是	T330				√				√	√	
主营业务成本	是	T330		√		√				√	√	
存货跌价准备	是	T330				√				√	√	
销售与收款循环												
营业收入	是	T340	√			√	√			√	√	
应收账款	是	T340			√					√	√	
应交税费	是	T340				√				√	√	
筹资与投资循环												
长期股权投资	是	T350								√	√	
财务费用	是	T350								√	√	
固定资产与其他资产循环												
固定资产	是	T360	√	√		√				√	√	
在建工程	是	T360		√						√	√	
累计折旧	是	T360				√				√	√	
无形资产	是	T360								√	√	
货币资金循环												
库存现金	是	T370								√	√	
银行存款	是	T370								√	√	

续表

重要账户或列报	拟从控制测试获取的保证程度							拟从实质性程序获取的保证程度						
	存在/发生	完整性	权利和义务	计价和分摊/准确性	截止	分类	列报	存在/发生	完整性	权利和义务	计价和分摊/准确性	截止	分类	列报
采购与付款循环														
材料采购	高	低	高	高				低	高	低	低			高
应付账款	高	低	高	高				低	高	低	低			高
预付账款	高	低	高	高				低	高	低	低			高
管理费用	高	低		高	低	高		低	高			低	高	低	高
销售费用	高	低		高	低	高		低	高			低	高	低	高
工资与人事循环														
应付职工薪酬								高	高	高	高	高	高	高
生产与仓储循环														
存货	高	低	高	高				低	高	低	低			高
主营业务成本	高	低		高	低	高		低	高			低	高	低	高
存货跌价准备	高	低	高	高				低	高	低	低			高
销售与收款循环														
营业收入	高	低		高	低	高		低	高			低	高	低	高
应收账款	高	低	高	高				低	高	低	低			高
应交税费	高	低	高	高				低	高	低	低			高
筹资与投资循环														
长期股权投资	高	低	高	高				高	高	高	高			高
财务费用	高	低		高	低	高		高	高			高	高	高	高
固定资产与其他资产循环														
固定资产	高	低	高	高				高	高	高	高			高
在建工程	高	低	高	高				高	高	高	高			高
累计折旧	高	低	高	高				高	高	高	高			高
无形资产	高	低	高	高				高	高	高	高			高
货币资金循环														
库存现金	高	低	高	高				高	高	高	高			高
银行存款	高	低	高	高				高	高	高	高			高

二、执行实质性测试的时间和人员安排

业务循环	业务循环的具体项目	人员安排	执行的时间要求
采购与付款循环			
	材料采购、应付账款	张芯	2018.1.8—3.31
	预付款项、管理费用、销售费用	王永泽	2018.1.8—3.31
工资与人事循环			
	应付职工薪酬	王永泽、卢旭	2018.1.8—3.31
生产与仓储循环			
	存货、主营业务成本	张芯、万洁	2018.1.8—3.31
销售与收款循环			
	营业收入、应收账款	王小娇、卢旭	2018.1.8—3.31
	应交税费	王小娇	
固定资产与其他资产循环			
	固定资产、无形资产	蓝科梦	2018.1.8—3.31
筹资与投资循环			
	长期股权投资、财务费用	蓝兴、蓝科梦	2018.1.8—3.31
货币资金循环			
	库存现金、银行存款、其他货币资金	王永泽	2018.1.8—3.31
内控程序执行说明：			
CSJ公司等：采购与付款循环、生产与仓储循环、销售与收款循环、货币资金循环			
GD公司：全部内控循环			

（五）GD公司2017年度财务报告审计总结

1.审计项目基本情况（见总体审计策略）

2.被审计单位基本情况（见总体审计策略）

3.审计中发现的重要经济事项及其账务处理和项目组的判断情况

（1）重要经济事项1（见表2-25）

表2-25　　　　　　　　　　　　　　重要经济事项1

1	公司名称：GD智能集团股份有限公司
2	重大变化情况描述：部分存货发生减值
3	被审计单位的判断和账务处理情况：计提存货跌价准备
4	拟采取的审计策略：关注公司存货减值情况
5	审计结论：公司的列报及计量正确，可以确认

（2）重要经济事项2（见表2-26）

表2-26　　　　　　　　　　　　　重要经济事项2

1	公司名称：DGZC智能制造系统有限公司、DG智能制造孵化器有限公司、DG智能制造研究院有限公司
2	重大变化情况描述：公司使用自有资金投资设立全资子公司DGZC智能制造系统有限公司，从事智能制造系统集成服务业务；设立全资子公司DG智能制造孵化器有限公司，建设中小型科技企业的孵化平台；设立全资子公司DG智能制造研究院有限公司，从事智能制造领域内的技术开发等业务
3	被审计单位的判断和账务处理情况：母公司确认长期股权投资
4	拟采取的审计策略：关注DGZC智能制造系统有限公司、DG智能制造孵化器有限公司、DG智能制造研究院有限公司的投资进展情况
5	审计结论：公司的列报及计量正确，可以确认

（3）重要经济事项3（见表2-27）

表2-27　　　　　　　　　　　　　重要经济事项3

1	公司名称：DGHJ通讯科技有限公司、DGHS电子科技有限公司、DGWR电子有限公司、DGAK表面处理有限公司、DGCJ金属科技有限公司
2	重大变化情况描述：母公司吸收合并子公司情况
3	被审计单位的判断和账务处理情况：母公司确认长期股权投资
4	拟采取的审计策略：DGCJ金属科技有限公司除外，其他四个的吸收合并已完成，关注DGCJ金属科技有限公司吸收合并的进展情况
5	审计结论：公司的列报及计量正确，可以确认

（4）重要经济事项4（见表2-28）

表2-28　　　　　　　　　　　　　重要经济事项4

1	公司名称：SZ市CSJ公司
2	重大变化情况描述：2015年公司以募集资金和发行股份作为对价100%收购SZ市CSJ公司，产生约16.54亿元的商誉，如果CSJ公司未来经营状况恶化，将对公司财务报表产生重大影响
3	被审计单位的判断和账务处理情况：商誉减值测试
4	拟采取的审计策略：关注SZ市CSJ公司承诺利润完成情况，关注商誉的计算和减值测试
5	审计结论：公司的列报及计量正确，可以确认

（5）重要经济事项5（见表2-29）

表2-29　　　　　　　　　　　　　重要经济事项5

1	公司名称：SZ市CSJ公司
2	重大变化情况描述：CSJ公司高端装备制造业务的数控机床等产品销量持续增长，公司2017年度实现营业收入64.22亿元，较上年同期增加12.83亿元，增长24.97%
3	被审计单位的判断和账务处理情况：国内：发货单经客户签字确认后，月底按照客户的对账期间由营业代表与客户对账，客户确认对账信息无误后回复邮件，据此确认收入；国外：发货单由物流公司签收，报关出口后根据报关出口的金额确认收入
4	拟采取的审计策略：核实销售收入的真实性和收入确认的时点，检查是否存在提前确认收入的情形
5	审计结论：公司的列报及计量正确，可以确认

（6）重要经济事项6（见表2-30）

表2-30　重要经济事项6

1	公司名称：GD智能集团股份有限公司
2	重大变化情况描述：处置DGHQ光学科技有限公司51%的股权，报告期不再纳入合并范围，处置SZ市CZ自动化有限公司49%的股权，处置DGHJ粉末冶金有限公司30%的股权
3	被审计单位的判断和账务处理情况：减少长期股权投资，确认投资收益
4	拟采取的审计策略：对股权转让的会计处理和工商变更资料进行复核
5	审计结论：公司的列报及计量正确，可以确认

（7）重要经济事项7（见表2-31）

表2-31　重要经济事项7

1	公司名称：GD智能集团股份有限公司
2	重大变化情况描述：预留限制性股票、回购限制性股票
3	被审计单位的判断和账务处理情况：确认股本、资本公积的分摊额
4	拟采取的审计策略：对预留、回购限制性股票的会计处理和工商变更资料进行复核
5	审计结论：公司的列报及计量正确，可以确认

4.针对评估的财务报表层次重大错报风险执行应对措施的情况

（1）财务报表层次重大错报风险1（见表2-32）

表2-32　财务报表层次重大错报风险1

1	重大错报风险描述：营业收入、营业成本、应收账款、存货
2	执行应对措施的情况：核实销售收入的真实性和收入确认的时点，是否存在提前确认收入的情形。核实成本结转，是否存在少转成本的情形。核实销售费用及管理费用，防止企业少确认费用或利用费用跨期以达到利润增长的目的。核实应收账款的真实性，关注公司销售信用政策是否发生变化，应收账款回收是否存在风险，坏账准备计提是否充分等。核实存货的真实性，计价是否正确，存货跌价准备计提是否充分等
3	审计结论：公司的列报及计量正确，可以确认

（2）财务报表层次重大错报风险2（见表2-33）

表2-33　财务报表层次重大错报风险2

1	重大错报风险描述：在建工程、固定资产、累计折旧
2	执行应对措施的情况：核实在建工程转固定资产的时点，是否存在延迟确认的情况；测算固定资产折旧的计算是否正确，是否存在少计折旧的情况；测试固定资产是否存在减值的情况
3	审计结论：公司的列报及计量正确，可以确认

（3）财务报表层次重大错报风险3（见表2-34）

表2-34　财务报表层次重大错报风险3

1	重大错报风险描述：关联方交易
2	执行应对措施的情况：获取关联方交易类型、定价策略和目的；检查相关合同或协议；获取交易已经恰当授权和批准的审计证据
3	审计结论：公司的列报及计量正确，可以确认

5.针对评估的特别风险执行应对措施的情况

除收入的特别舞弊风险外，无其他特别风险，详见收入实测底稿和收入内控底稿。

6.在审计报告中沟通的关键审计事项

（1）关键审计事项1：收入确认（见表2-35）

表2-35　　　　　　　　　　　　　关键审计事项1：收入确认

1.关键审计事项描述	贵公司及其子公司（以下简称"GD公司）主要从事消费电子产品精密结构件业务、高端装备制造业务、智能制造服务业务。2017年度，GD公司确认的营业收入为人民币6 421 723 025.91元，同比增长24.97%，主要为国内高端装备制造产品产生的收入。GD公司对于国内销售的高端装备制造产品产生的收入是在商品所有权上的风险和报酬已转移至客户时确认的。根据销售合同约定，通常以设备运抵客户指定地点完成交付，在安装调试完成后取得客户签字确认的验收单并开具发票作为销售收入的确认时点。收入的金额按照本公司在日常经营活动中销售商品和提供劳务时，已收或应收合同或协议价款的公允价值确定。由于收入是GD公司的关键业绩指标之一，从而存在管理层为了达到特定目标或期望而操纵收入确认时点的固有风险，我们将GD公司的收入确认识别为关键审计事项
2.我们在审计中如何应对关键审计事项	了解和评价管理层与收入确认相关的关键内部控制的设计和运行有效性；选取样本检查销售合同，识别与商品所有权上的风险和报酬转移相关的合同条款与条件，评价GD公司的收入确认时点是否符合企业会计准则的要求；对本年记录的收入交易选取样本，核对发票、销售合同及出库单，评价相关收入确认是否符合GD公司收入确认的会计政策；就资产负债表日前后记录的收入交易，选取样本，核对出库单及其他支持性文件，以评价收入是否被记录于恰当的会计期间；检查本年度重大或满足其他特别风险标准的与收入确认相关的会计分录的相关支持性文件

（2）关键审计事项2：存货跌价准备（见表2-36）

表2-36　　　　　　　　　　　　　关键审计事项2：存货跌价准备

1.关键审计事项描述	GD公司合并财务报表2017年度存货账面余额为3 871 020 416元，存货跌价准备55 230 945元，账面价值3 815 789 471元，账面价值较高，占合并财务报表资产总额的34.01%。2017年度，公司计提的存货跌价准备金额为52 896 076元，年末累计存货跌价准备金额为55 230 945元。存货跌价准备的提取，取决于对存货可变现净值的估计。存货的可变现净值的确定，需要管理层对存货的售价，至完工时将要发生的成本、销售费用以及相关税费的金额进行估计。存货跌价准备对财务报表影响重大，为此我们将存货跌价准备识别为关键审计事项
2.我们在审计中如何应对关键审计事项	了解计提存货跌价准备的流程并评价其内部控制；对存货盘点进行监盘并关注"残次冷背"的存货是否被识别；通过检查原始凭证对存货货龄的划分进行测试；对管理层计算的可变现净值所涉及的重要假设进行评价，例如检查销售价格，至完工时发生的成本、销售费用以及相关税金等

（3）关键审计事项3：商誉减值评估（见表2-37）

表2-37　　　　　　　　　　　　　**关键审计事项3：商誉减值评估**

1.关键审计事项描述	GD公司合并财务报表2017年度商誉账面余额为1 653 523 650元，商誉减值准备余额为0。商誉金额较大，且由于评估商誉是否减值时所采用的主观判断以及估计未来现金流量具有固有不确定性，为此我们将商誉减值识别为关键审计事项
2.我们在审计中如何应对关键审计事项	了解商誉减值评估管理的流程和控制；评估管理层向外聘专家提供的数据的准确性及相关性；评估管理层采用的估值模型中关键假设的恰当性及输入数据的合理性；将预计未来现金流量现值时的基础数据与历史数据及其他支持性证据进行核对，并考虑其合理性；基于我们对事实和情况的了解，评估管理层在进行减值测试中预计未来现金流量现值时运用的重大估计和判断的合理性

7.重要性（同审计策略，无修改）

8.已审主要报表项目的分析性复核（见表2-38）

表2-38　　　　　　　　　　　　　**已审主要报表项目的分析性复核**

主要报表项目	与上期比较的增（+）减（-）幅度	增减变动原因	判断合理性
货币资金	-21.90%	主要是使用募集资金支付设备购置款	合理
应收票据	61.58%	主要是授信期内收到客户的商业汇票增加	合理
应收账款	37.83%	主要是授信期内主要客户销售额增长带来的	合理
预付款项	102.81%	主要是数控机床等高端装备制造业务预付供应商材料款增加	合理
存货	35.08%	主要是数控机床等高端装备产品销售大幅增长，产品验收确认周期长，在授信期内公司发出商品金额大幅增加；金属精密结构件产品工序长、单位成本高，各环节成本占用增加	合理
长期股权投资	35.09%	主要是所持SZ市JY精密自动化科技有限公司股权投资采用权益法核算以及与其逆流交易所产生的未实现内部交易损益	合理
短期借款	64.22%	主要是公司向银行借款增加所致	合理
预收款项	101.61%	主要是数控机床等高端装备制造业务预收客户的货款增加	合理
应付职工薪酬	54.85%	主要是计提KPI绩效奖金	合理
递延收益	-134.58%	主要是融资租赁业务增加	合理
财务费用	99.19%	主要是汇率变动的影响	合理
资产减值损失	80.50%	主要是授信期内应收账款余额增加，导致当期计提的坏账准备金额增加	合理
投资收益	1099.24%	主要是对联营企业的投资收益	合理

9. 对期后事项的审查情况

公司于2018年1月30日披露《关于重大事项停牌的公告》（公告编号：2018-013）、2月9日披露了《关于重大事项停牌进展的公告》（公告编号：2018-014），因筹划重大事项，经向SZ证券交易所申请，公司股票（证券简称：GD）于2018年2月2日（星期五）开市起停牌。公司在股票停牌期间，经与各方论证及协商，确认本次筹划的重大事项为：（1）为更好地梳理与定位公司旗下各业务模块之间的关系，发挥集约效应，公司拟对旗下消费电子精密结构件业务进行内部整合；（2）在内部整合的基础上，公司拟为消费电子精密结构件业务引入投资人，以优化其股权结构。根据《上市公司重大资产重组管理办法》的相关规定，公司初步确认本次筹划的重大事项构成重大资产重组；同时为更好地保护投资者合法权益，公司股票于2018年2月20日（星期二）开市起复牌，详见公司《关于筹划重大资产重组暨股票复牌的公告》（公告编号：2018-016），随后每五个交易日分别披露《关于重大资产重组进展的公告》。

截至2017年度财务报告披露日，公司正在积极推进本次重大资产重组的相关工作，与独立财务顾问CC证券股份有限公司等中介机构就重大资产重组的相关事项进行商讨、论证。

10. 对或有事项的审查情况

本年公司重大资产重组事项已完成，本次重大资产重组交易双方签订盈利预测补偿与奖励协议，如本次交易完成，补偿责任人向甲方承诺，如SZ市CSJ公司在补偿期间任何一个会计年度未能实现承诺净利润数额，则补偿义务人同意以所持上市公司股份及现金对上市公司进行补偿。补偿义务人应当首先以其所持上市公司股份进行补偿，不足的部分用现金补偿。根据公司与原股东夏某、凌某、何某、SZ市CSJ公司投资中心（有限合伙）签署的《盈利预测补偿与奖励协议》：SZ市CSJ公司业绩承诺期间2015年度、2016年度、2017年度实现的净利润分别不低于22 639万元、25 189万元、27 142万元。本年度SZ市CSJ公司经审计的扣除非经常性损益后的净利润为55 262万元，已达到承诺业绩。注：根据《公司发行股份及支付现金购买资产涉及的SZ市CSJ公司股东全部权益评估报告》等文件的规定，交易对方中的夏某、凌某、何某、SZ市CSJ公司投资承诺业绩不包含配套募集资金的效益及损益情况。

公司全资子公司CSJ公司部分客户采用融资租赁方式购入CSJ公司的设备产品，CSJ公司与相关融资租赁公司签订保证合同，为实现融资租赁合同项下的债权向融资租赁公司提供保证担保。截至2017年12月28日，CSJ公司提供保证担保责任的余额（含税）为338 085元；其中，担保余额（含税）338 085元为2015年11月29日前发生，其担保责任由CSJ公司原股东承担。

CSJ公司部分客户采用银行贷款方式购入CSJ公司的设备产品，CSJ公司与相关银行签订保证合同，为实现银行贷款合同项下的债权向银行提供保证担保。截至2017年12月28日，CSJ公司提供保证担保责任的余额（含税）为73 673 078元；其中，担保余额（含税）741 056.99元为2015年11月29日前发生，其担保责任由CSJ公司原股东承担。

CSJ公司部分客户采用委托贷款方式购入设备产品，CSJ公司与委托贷款机构签订保证合同，为客户的委托贷款提供保证担保。2017年度没有采用上述方式销售产品。截至2017年12月31日，CSJ公司提供委托贷款担保责任的余额为0。

CSJ公司部分客户采用融资租赁方式购入CSJ公司设备产品，CSJ公司与相关融资租赁公司签订回购合同，在客户逾期未支付租金的情况下按照回购协议规定的价格回购相关产品。2017年度采用上述方式销售产品的销售额（含税）为225 875 000元。合同规定，如在回购条件成立时，标的物已灭失，CSJ公司仍需按规定的回购价格支付给租赁公司。截至2017年12月31日，CSJ公司已经签订回购合同的回购担保责任余额（含税）为247 003 737元。上述回购担保责任余额中，2015年11月30日前CSJ公司为客户提供回购担保产生的担保责任由CSJ公司原股东承担，具体金额（含税）为741 057元；2015年11月30日后CSJ公司为客户提供担保产生的回购担保责任由CSJ公司承担，具体金额（含税）为246 262 680元。

11.审计结论

财务报告审计结论：可出具标准无保留意见的审计报告。

（六）GD公司2017年度财务报告审计的关键审计事项沟通

经审计，注册会计师出具了无保留审计意见，其中关键审计事项沟通如下：

关键审计事项是我们根据职业判断，认为对本期财务报表审计最为重要的事项。对这些事项的应对以对财务报表整体进行审计并形成审计意见为背景，我们不对这些事项单独发表意见。

1.收入确认

（1）事项描述

如财务报表附注5.38所示，GD公司合并财务报表2017年度营业收入为6 421 723 025元，较上年上涨25.03%。GD公司主要从事消费电子产品精密结构件业务、高端装备制造业务、智能制造服务业务，产品收入确认需满足以下条件：商品销售在商品所有权上的主要风险和报酬已转移给买方，GD公司不再对该商品实施继续管理权和实际控制权，与交易相关的经济利益很可能流入企业，并且与销售该商品相关的收入和成本能够可靠地计量时。

由于收入是GD公司的关键业绩指标之一，而存在管理层为了达到特定目标或期望而操纵收入确认时点的固有风险，我们将GD公司收入确认识别为关键审计事项。

（2）审计应对

与评价收入确认相关的审计程序包括：

①了解、测试与销售和收款相关的内部控制制度的设计和执行情况；

②将公司财务账面收入与进销存系统进行比对，核实收入的确认是否完整；

③抽查本期大额客户的购销合同或订单，检查订购货物的数量和单价等信息，确认本期收入确认金额的准确性；

④对本期客户按照细节测试统计抽样的方式选取样本量，对应收账款的期末余额及本期销售金额进行函证，以进一步检查本期销售收入确认的准确性，同时核对应收或预收账款余额是否与客户一致；

⑤将本期销售金额较大的品种的单价和毛利率与上期进行比对，核实本期变动是否合理；

⑥检查资产负债表日前后的收入确认情况，检查货物签收单据的签字时间，以检查是否存在跨期确认收入的情况。

2.存货跌价准备

（1）事项描述

如财务报表附注5.8所示，GD公司合并财务报表2017年度存货账面余额为3 871 020 416元，跌价准备为55 230 945元，账面价值为3 815 789 471元，账面价值较高，占合并财务报表资产总额的34.11%。2017年度，公司计提的存货跌价准备金额为52 896 076元，年末累计存货跌价准备金额为55 230 945元。存货跌价准备的提取，取决于对存货可变现净值的估计。存货可变现净值的确定，需要管理层对存货的售价，至完工时将要发生的成本、销售费用以及相关税费的金额进行估计。存货跌价准备对财务报表影响重大，为此我们将存货跌价准备识别为关键审计事项。

（2）审计应对

针对存货跌价准备，我们实施的审计程序主要包括：

①了解计提存货跌价准备的流程并评价其内部控制；

②对存货盘点进行监盘并关注"残次冷背"的存货是否被识别；

③通过检查原始凭证对存货货龄的划分进行测试；

④对管理层计算的可变现净值所涉及的重要假设进行评价，例如检查销售价格，至完工时发生的成本、销售费用以及相关税金等。

3.商誉减值评估

（1）事项描述

如财务报表附注5.16所示，GD公司合并财务报表2017年度商誉账面余额为1 653 523 650元，商誉减值准备余额为0。商誉金额较大，且由于测试商誉是否减值时所采用的主观判断以及估计未来现金流量的固有不确定性，为此，我们将商誉减值识别为关键审计事项。

（2）审计应对

针对商誉减值的评估，我们实施的审计程序主要包括：

①了解商誉减值评估管理的流程和控制；

②评估管理层向外聘专家提供的数据的准确性及相关性；

③评估管理层采用的估值模型中采用的关键假设的恰当性及输入数据的合理性；

④将预计未来现金流量现值时的基础数据与历史数据及其他支持性证据进行核对，并考虑其合理性；

⑤基于我们对事实和情况的了解，评估管理层在减值测试中预计未来现金流量现值时运用的重大估计和判断的合理性。

三、结语

本案例值得我们思考的问题包括：

1.什么是关键审计事项？为什么新审计准则要求在审计报告中增加关键审计事项？

2.如何确定关键审计事项？如何在审计报告中沟通关键审计事项？

3.结合案例材料，分析2017年度GD公司审计报告中关键审计事项的确定依据是什么？事务所对上述关键审计事项实施了什么审计程序？案例中事务所实施的审计程序和作出的审计判断是否恰当，为什么？

4.简要分析与资产计价政策有关的管理层的判断和注册会计师的判断之间的关系。

5.本案例给你带来哪些思考与启示？

相关链接

行业主要政策见表2-39。

表2-39　　　　　　　　　　　　行业主要政策

名称	颁布单位	颁布时间	主要内容
《国务院关于促进信息消费扩大内需的若干意见》	国务院	2013年	面向移动互联网、云计算、大数据等热点，加快实施智能终端产业化工程，支持研发智能手机、智能电视等终端产品，促进终端与服务一体化发展。 鼓励整机企业与芯片、器件、软件企业协作，研发各类新型信息消费电子产品
《产业结构调整指导目录（2011年本）》（2013年修正）	国家发展改革委	2013年	鼓励发展薄膜场效应晶体管LCD（TFT-LCD）、等离子显示屏（PDP）、有机发光二极管（OLED）、激光显示、3D显示等新型平板显示器件及关键部件。 将"三轴以上联动的高速、精密数控机床及配套数控系统、伺服电机及驱动装置、功能部件、刀具、量具、量仪及高档磨具磨料""机器人及工业机器人成套系统"列为鼓励类项目
《中华人民共和国国民经济和社会发展第十二个五年规划纲要》	全国人民代表大会	2011年	将"新一代移动通信、下一代互联网、三网融合、物联网、云计算、集成电路、新型显示、高端软件、高端服务器和信息服务"等新一代信息技术产品、"新型功能材料、先进结构材料、高性能纤维及其复合材料、共性基础材料"等新材料产业作为重点领域，推动其跨越式发展。 明确装备制造业发展的重点为"加强重大技术成套装备研发和产业化，推动装备产品智能化"；将高端装备制造作为推动其跨越发展的战略性新兴产业，"高端装备制造产业重点发展航空装备、卫星及应用、轨道交通装备、智能制造装备"
《当前优先发展的高技术产业化重点领域指南》	国家发展改革委、科技部、工业和信息化部、国家知识产权局	2011年	重点支持新一代移动通信系统（含移动互联网）的网络设备、智能终端专用芯片、操作系统、业务平台及应用软件，与新一代移动通信有关的设备关键配套件及测试仪器，宽带集群通信系统及设备。 优先发展注射成形、温压成形、喷射成形等先进粉末冶金技术，系列化高性能粉末冶金产品，纳米粉末冶金材料。 优先发展新型显示面板生产、整机模组一体化设计、玻璃基板制造等新型显示器件关键技术。 优先发展精密高效和成形设备、高精度数控机床及功能部件、机器人、快速制造技术及设备等先进制造业

续表

名称	颁布单位	颁布时间	主要内容
《外商投资产业指导目录》（2011年修订）	国家发展改革委、商务部	2011年	鼓励通信设备、计算机及其他电子设备制造业发展
《国家重点支持的高新技术领域》	科技部、财政部、国家税务总局	2008年	重点支持通信技术的发展，包括各类移动通信系统的配套技术。 重点支持新材料技术的发展，包括超细及纳米粉体及粉末冶金新材料工艺技术、功能玻璃制造技术等
《信息产业科技发展"十一五"规划和2020年中长期规划纲要》	工业和信息化部	2006年	未来5~15年重点发展网络和通信技术：围绕宽带多媒体、新一代移动通信、数字内容应用、农村通信、智能信息处理与智能通信等业务，重点开发下一代网络产品、新一代移动通信设备、宽带无线接入/数字集群设备、家庭网关、智能终端、智能信息处理和无处不在的通信网络设备、宽带多媒体网络设备和数字内容产品
《中国制造2025》	国务院	2015年	为实现制造强国的战略目标，瞄准高端装备等战略重点，引导社会各类资源，"依托优势企业，紧扣关键工序智能化、关键岗位机器人替代、生产过程智能优化控制、供应链优化，建设重点领域智能工厂/数字化车间"；重点"组织研发具有深度感知、智能决策、自动执行功能的高档数控机床、工业机器人、增材制造装备等智能制造装备以及智能化生产线"
《国务院关于加快培育和发展战略性新兴产业的决定》	国务院	2010年	明确到2020年，将包括高端装备制造产业在内的四大产业发展成为我国国民经济的支柱产业，同时强调"强化基础配套能力，积极发展以数字化、柔性化及系统集成技术为核心的智能制造装备"
《高端装备制造业"十二五"发展规划》	工业和信息化部	2012年	明确高端装备制造业到2015年实现销售收入超过6万亿元，在装备制造业中的占比提高到15%，智能技术及核心装置得到普遍推广应用，高端装备重点产业智能化率超过30%；到2020年实现销售收入在装备制造业中的占比提高到25%，成为国民经济的支柱产业；其中智能装备制造业"重点突破关键智能技术、核心智能测控装置与部件，开发智能基础制造装备和重大智能制造成套装备"

续表

名称	颁布单位	颁布时间	主要内容
《智能装备制造业"十二五"发展规划》	工业和信息化部	2012年	明确智能装备制造业到2015年实现销售收入超过10 000亿元，年均增长率超过25%，工业增加值率达到35%，重大成套装备及生产线系统集成水平大幅度提升；到2020年实现销售收入超过30 000亿元，实现装备的智能化及制造过程的自动化；重点推动高精度运动控制、高可靠智能控制等关键智能基础共性技术开发；重点发展重大智能制造成套装备，推动软硬件在数控/工业控制装备中的应用与推广

▶▶▶▶ 案例三　ML公司商誉减值审计案例
——是"商誉"还是"伤誉"？①

自2014年国务院出台文件旨在优化企业兼并重组市场环境以来，内外部环境为上市公司并购重组创造了宽松、有利可图及监管套利的条件。然而，上市公司并购重组高估值、高溢价、高业绩对赌承诺的现象，使商誉的数值与减值风险引人争议。并购埋下地雷，带来大额的商誉减值风险，"伤害"企业盈利，甚至转为亏损。企业享受着并购带来的体量激增驱动利润飞速扩张的"快感"，当然也要承受后续资产减值带来的"痛感"。在资本市场中，不少企业运用商誉减值进行盈余管理，不仅影响企业当期报表，更严重损害了投资者利益，使"商誉"成为了"伤誉"。在风险导向审计模式下，审计人员需要运用大量的职业判断，该职业判断的质量无疑影响着审计质量。本案例立足于ML公司并购HL金融的事件，从并购前后双方经营情况，到并购交易价格与商誉的初始计量，再到并购后的商誉计量情况，生动地还原了交易过程。随后分别介绍了公司管理层认定商誉未发生减值的思路和审计项目组对商誉减值测试程序的核心审计判断。本案例的研究与分析，可帮助学员将管理层职业判断与审计人员职业判断进行比较，深刻理解会计准则与审计准则及其尚存的不足之处。

2017年3月，春节的喧闹刚过，工作早已按部就班地展开。一份ML公司2016年度审计报告初版被放在了CFO的办公桌上。与这份报告一同出现的，还有会计主管和外部审计项目组经理，他们面露愁容，各有想法，此前已为ML公司年报中的商誉计量问题开过了不少会议。年报显示，截至2016年年底，商誉高达119 389.24万元，占总资产的52.85%，是净资产的1.04倍。同时，2016年营业利润为-6 991.23万元，净利润为10 585.11万元，商誉竟是净利润的11.28倍。办公室内，CFO眉头紧锁，沉默不语。他的脑海里浮现出并购前的豪言壮志，自2016年10月并购HL金融后，ML公司全面剥离原铜产业业务，本想借助并购第三方金融企业，彻底摆脱铜产业业务，实现稳步转型，创造空前收益。但由于内部整合不及时，合并经营远不敌预期。现实给公司上下泼了盆冷水，而眼下离年报披露的时间点越发接近，高额商誉引起各方的热切关注，ML公司CFO决定详细了解会计部及外部审计人员对商誉进行计量的过程，看看商誉究竟是否发生了减值。

一、并购交易双方经营情况

1.并购方

ML公司自2011年上市以来从事的主要业务为铜材贸易和漆包线、铜杆等铜材加工业务，经营范围较为单一，盈利能力主要由宏观经济景气程度和公司管理层根据铜价作出的经营策略决定。

受宏观经济政策影响，全球经济复苏缓慢，国内经济结构在调整中依然错综复杂。大宗物料价格大幅波动，行业竞争更趋激烈，市场需求低迷，给铜材行业企业的经营与发展

---

① 作者：梁晓宇、刘桂良。本案例依据梁晓宇毕业论文改编（湖南大学，2017年）。

造成了一定的压力。铜管材行业方面，国内铜管材市场产能饱和，产品同质化、产能过剩等产业结构性矛盾逐渐显现，国际市场壁垒频出，产品出口受阻，国内市场竞争激烈。

面对江河日下的行业发展趋势，ML公司的CFO抱着"壮士断腕"的决心，决定迈出重要的一步——实施重大资产重组，并购第三方支付企业HL金融有限公司，实现业务全面转型。未来，公司将以第三方支付业务为起点，通过内延式生产和外拓式发展，打造金融科技生态圈，完善金融科技产业链。充分利用第三方支付业务资质优势，加快北京、上海、广州、深圳四大运营中心的建设，努力拓展全国分公司的业务。公司将在第三方支付、保理、供应链、大数据、征信等业务的基础上，进一步搭建商业金融、科技金融、资产管理等创新金融领域的业务。通过2016年10月的重大资产重组，ML公司将从传统资产密集型制造业转型为金融科技互联网服务型的轻资产行业。ML公司发展历程如图3-1所示。

1998年 ML公司成立	2014年 ML公司增资扩股	2016年12月 业绩未达预期

2011年 ML公司深交所挂牌上市	2016年10月 并购HL金融，全面剥离原产业业务

图3-1　ML公司发展历程

ML公司2016年合并财务报表并入了HL金融有限公司，并购交易于2016年10月即2016年第四季度完成，2015年及2016年各季度利润情况见表3-1。

表3-1　　　　　　　ML公司2015年及2016年各季度利润情况　　　　　　　　金额单位：万元

项目	2016年 一季度	2016年 二季度	2016年 三季度	2016年 四季度	2016年 合计	2015年 合计	增减幅度 （%）
营业收入	171 973.94	65 409.78	24 767.45	2 103.17	264 254.34	445 507.74	-40.68
营业成本	170 122.15	64 089.01	24 392.35	2 190.70	260 794.21	457 153.93	-42.95
税金及附加	18.20	17.95	292.33	1 916.94	2 245.42	130.11	1 625.76
销售费用	105.45	11.81	50.45	79.23	246.94	272	-9.22
管理费用	1 665.20	2 171.11	3 355.06	1 533.71	8 725.08	8 246.63	5.80
财务费用	1 307.18	735.30	-6.40	312.03	2 348.11	9 675.39	-75.73
资产减值损失	3 101.23	30.99	-2 909.36	1 093.53	1 316.39	-156.9	-938.98
公允价值变动损益	800.02	-37.15	—	—	762.87	-762.87	-200.00
投资收益	-687.46	23.82	4 331.33	—	3 667.69	536.96	583.05
营业外收入	238.33	189.06	80.28	22 488.88	22 996.55	31 735.27	-27.54
营业外支出	145.88	68.54	15.83	654.44	884.69	573.91	54.14
所得税费用	-1 282.00	247.18	1 672.92	3 897.50	4 535.60	501.11	805.12
净利润	-2 858.46	-1 786.38	2 315.88	12 913.97	10 585.01	620.92	1 604.72
归属于母公司所有者的净利润	-2 823.96	-1 217.74	2 134.25	12 953.73	11 046.28	866.22	1 175.23
少数股东权益	-34.50	-568.64	181.63	-39.76	-461.27	-245.28	-88.05

并购交易顺利完成的第四季度财务数据波动明显，全年整体盈利水平呈现出突飞猛进的态势。铜材业务经营亏损，第一、二季度处于亏损状态。第三季度将原铜产业剥离，投资收益的确认使得企业实现盈利。2016年第四季度，ML公司的收入和成本急速下降，而费用却未同比例削减，这导致本季度营业利润为负，但由于剥离铜材资产带来较多的营业外收入，第四季度整体净利润反而比前三季度高出较多。2016年度与2015年度相比，报表数据显示，并购后业绩有大幅度提升，净利润是2015年的16.04倍，扭转了前期低迷的铜加工行业的颓势。

2016年12月31日，ML公司合并资产负债表及利润表核心数据见表3-2。

表3-2 　　　　　　　　　　2016年ML公司合并报表核心数据 　　　　　　　　　金额单位：万元

报表项目	期末金额/本年度	期初金额/上年度	变动（%）
应收账款	951.55	31 856.34	−97.01
存货	—	27 952.23	
固定资产	556.47	25 895.52	−97.85
在建工程	—	2 972.82	
无形资产	5 060.10	8 509.68	−40.54
商誉	119 389.24	—	
资产总计	225 483.55	211 705.29	6.51
短期借款	11 288.70	85 804.30	−86.84
其他应付款	59 537.72	27.96	212 838.91
其他流动负债	30 783.78	25.80	119 216.98
负债合计	110 567.68	99 056.00	11.62
所有者权益合计	114 915.87	112 649.29	2.01
营业利润	−6 991.23	−30 039.32	−76.73
利润总额	15 120.72	1 122.04	1 247.61
净利润	10 585.11	620.93	1 604.72

资产方面，完全剥离铜材业务，导致存货、固定资产、在建工程基本减至零，同时"打包式"的资产出售产生较大的营业外收入；负债方面基本持平。利润表方面，2015年度与2016年度营业利润均为负数。

2016年1—8月，由于ML公司拟出售原铜产业板块业务以及筹备收购HL金融，构成重大资产重组事项，故在此期间停牌。2016年8月初，ML公司申请复盘，复盘开盘当日收盘价为24.49元。自2016年8月复盘起至2017年3月27日报出2017年度第一季度业绩快报，即并购交易前后ML公司的股价（收盘价）走势图如图3-2所示。

2016年5月停牌期间，ML公司公告了收购HL金融的收购方案（预案），随后于2016年9月发布了收购方案（修改稿），于2016年10月14日公告并购交易进展，于2016年11月

单位：元

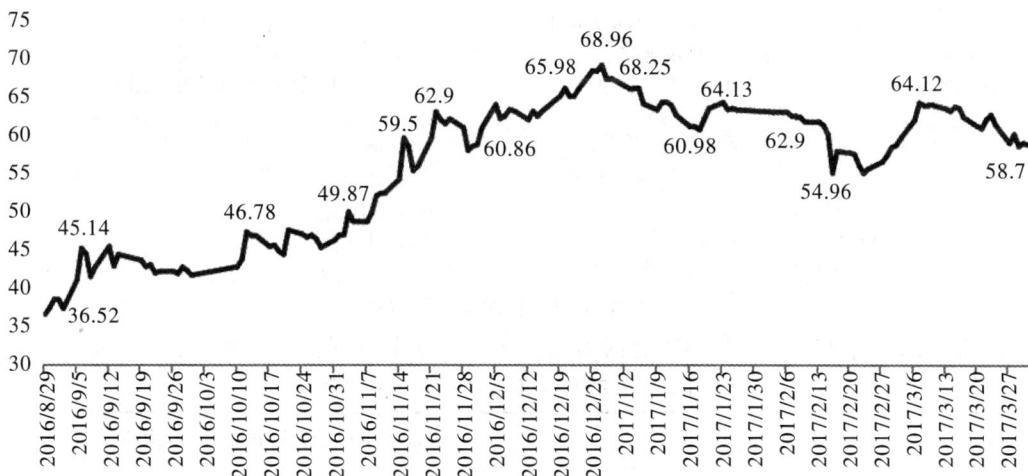

数据来源：新浪财经网统计数据。

图 3-2　并购方交易前后股价走势图

7 日正式完成工商登记变更，期间股价从 36.52 元上升至 49.78 元，涨幅 36.31%。截至 2016 年 12 月 31 日，ML 公司的股价已高达 67.26 元，是复盘价格 36.52 元的 1.84 倍。望着扶摇直上的股票市值，ML 公司的 CFO 大感欣慰，高兴地在会议上说："并购使得我们成功脱离铜业的下坡路，转型的同时还大大提升了股价，真好！真好！"

但 2017 年 3 月 27 日，ML 公司公告 2017 年度第一季度业绩快报，多项财务指标并不乐观，股价自峰值 68.96 元下降至 58.70 元，下降幅度达 14.88%。望着 2016 年第四季度以及 2017 年第一季度的业绩，ML 公司的 CFO 坐不住了，股东们近日来的连连质问、猜疑，让他开始思索"为何并购并未达到预期呢"。

2. 被并购方

HL 金融有限公司成立于 2000 年，其前身为某市银监局的银行外包备案企业，主要从事 ATM 外包服务业务，为银行、银联提供 ATM 机的采购、布放、系统开发、运营维护等服务。2011 年正式进入综合金融服务市场。

HL 金融的核心优势无疑是中国人民银行授权的第三方支付资格，这是 ML 公司愿意收购并转型的基础，也是 ML 公司最看好的王牌优势。根据 HL 金融有限公司的组织架构图（如图 3-3 所示），其拥有的子公司包括甲支付科技有限公司、乙商业保理有限公司。截至 ML 公司收购 HL 金融之时，实际经营主体仅为甲支付科技有限公司，乙商业保理有限公司尚未实际开展经营活动。

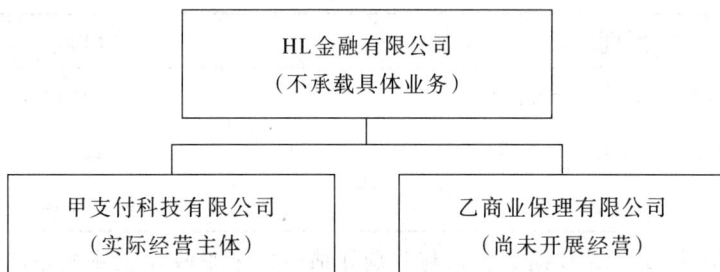

图 3-3　HL 金融有限公司组织结构图

从 HL 金融的发展动态时间轴来展现此次并购事件，如图 3-4 所示。

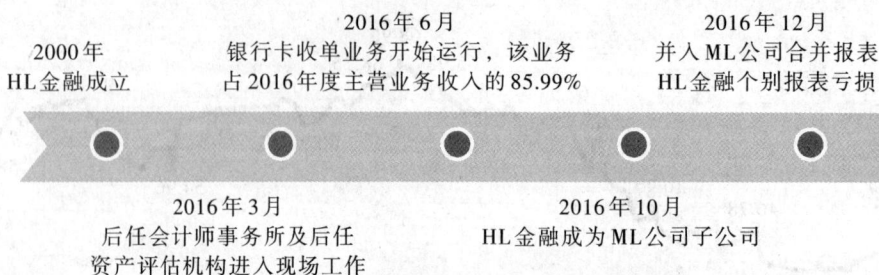

图 3-4 HL金融发展历程图

截至 2016 年 12 月 31 日，HL 金融有限公司各项业务发展情况见表 3-3（经审计）。

表 3-3 　　　　　　　　　　　　HL金融2016年度各项业务发展情况　　　　　　　　　　　单位：万元

项目	2016年度营业收入
银行卡收单业务	3 300.93
互联网支付业务	526.46
ATM 机业务	11.46
跨境业务	筹备中
征信业务	筹备中
互联网小贷业务	筹备中
营业收入合计	3 838.85

核心业务占比高。HL 金融 2016 年度营业收入主要来源于银行卡收单业务和互联网支付业务，分别占比 85.99% 和 13.71%。银行卡收单业务自 2016 年 6 月开始运行，与 HL 金融合作的服务商数量快速增加。在互联网支付业务方面，HL 金融已积累了多年的行业经验，2016 年为大宗交易所和电商平台等客户提供网关支付、快捷支付等多种互联网支付服务。

跨境业务和征信业务正紧锣密鼓地筹备着。在跨境业务方面，聘请了专业的管理人才和技术人才，完善了跨境交易系统。在征信业务方面，采购了系统软件和硬件设备，截至 2016 年年底正在公安局进行备案工作。在互联网小贷业务方面，正在向区金融局申请，待批准后设立筹备。

截至 2016 年 12 月 31 日，HL 金融利润情况见表 3-4（经审计）。

表 3-4 　　　　　　　　　　　　　　HL金融2016年度利润情况　　　　　　　　　　　　单位：万元

期间	净利润
2016年1—10月（合并前）	-975.61
2016年11—12月（合并后）	-266.83
合计	-1 242.44

HL 金融 2016 年度呈现亏损状态，与并购评估时的未来收益预测相差甚远。并购交易完成后的 10—12 月，HL 金融业并未呈现出业绩攀升的态势。

二、并购交易价格与商誉初始计量

并购的准备工作已全面展开，与此同时，ML公司发布公告，声称由于原聘请的会计师事务所与资产评估机构均不能满足本次工作的时间安排，经董事会审慎研究提议：①聘请全新的审计团队Z会计师事务所及W资产评估机构为本次重组提供鉴证及评估服务，与X证券公司维持聘用关系。②解聘已连续5年负责年报审计的原会计师事务所，聘请Z会计师事务负责2016年的年报审计工作；解聘原资产评估机构，由W资产评估机构全面接手评估工作。

W资产评估公司接受ML公司委托，对HL金融有限公司股东全部收益价值进行了评估，并于2016年3月出具了W评报字（2016）第1号评估报告，内容概要如下：

HL金融有限公司股东全部权益价值评估报告

W评报字（2016）第1号

评估目的：股权收购

评估对象：HL金融有限公司经审计的全部资产与负债

评估基准日：2016年3月31日

评估方法：资产基础法、收益法

评估结果：

①总资产账面价值为208 507 505.47元，评估值为1 621 705 903.24元，评估增值1 413 198 397.77元，增值率为677.77%。

②总负债账面价值为60 222 608.10元，评估值为60 222 608.10元，无评估增值。

③净资产账面价值为148 284 897.37元，评估值为1 561 483 295.14元，评估增值1 413 198 397.77元，增值率为953.03%。

④通过收益法与资产基础法相结合的方法评估得出，HL金融有限公司于本次评估基准日股东全部权益价值评估值为1 561 483 295.14元。

本次纳入评估范围的全部资产和负债与经济行为涉及的评估对象和评估范围一致，评估基准日会计报表经Z会计师事务所审计，并出具无保留意见审计报告。

ML公司拟以支付现金的方式购买HL金融有限公司股东所持90%的股权，现金的来源是出售原铜材板块业务所得。ML公司与同省某新材料科技有限公司签署资产出售协议，将母公司除部分其他应收款（专指政府补助部分）外的其余全部流动资产、持有的从事铜业的两家子公司股权组成资产包，按经评估并确认的交易价格147 000.00万元成交，截至2016年8月，ML公司完成所有铜材业务的交割。根据W评报字（2016）第1号评估报告，HL金融有限公司100%股权的评估价值为156 148.33万元，经交易双方协商一致，HL金融有限公司90%股权作价14 000.00万元。本次交易后，HL金融有限公司成为上市公司控股子公司，由于此次交易标的公司资产总额及交易金融均超过5 000万元，且达到上市公司对应指标的50%，故本次交易为重大资产重组交易。具体计算见表3-5（其中资产总额、净资产额与营业收入取自HL金融有限公司2015年度审计报告）。

并购交易价格在双方友好谈判后确定为14 000.00万元，HL金融有限公司100%股权评估价值为156 148.33万元。与并购时取得的HL金融可辨认净资产的公允价值份额比较，

表3-5 　　　　　　　　　　　　**收购HL金融构成重大资产重组** 　　　　　　　　金额单位：万元

项目	标的资产	交易金额	上市公司	财务指标占比
资产总额	29 093.07	140 000.00	211 705.29	66.13%
净资产额	8 000.05	140 000.00	99 853.67	140.21%
营业收入	3 706.36	—	445 507.74	0.83%

并考虑递延所得税负债的影响，形成商誉119 389.24万元。ML公司采用分期付款的方式支付重组的现金对价，交易后5个工作日内支付首期款项112 000万元，剩余28 000万元款项待HL金融的部分业务获取中国人民银行批准文件后支付。截至2016年10月，并购重组交易完成，双方尚未签订额外的对赌协议。

三、管理层的商誉减值测试

为测试商誉减值，ML公司将商誉所属的子公司HL金融作为一个资产组，其可回收金额按照预计2017—2021年的现金流量现值确定，未来现金流量则是基于ML公司管理层作出的2017—2021年的财务规划确定的。ML公司首先预计了HL金融2017年的经营情况。在预测的过程中，2017年1—3月采用实际已发生的数据，4—12月采用预测数据，核心数据参数见表3-6。

表3-6 　　　　　　　　　**ML公司对HL金融2017年度业绩预测表** 　　　　　　　　单位：万元

业务类型	参数	2017年1—3月（实际数）	2017年4—12月（预测数）	2017年合计数（预测数）
支付业务	营业收入	1 828.71	46 029.44	47 858.15
	营业成本	1 472.74	30 038.83	31 511.57
	营业费用	751.51	4 902.84	5 654.35
	净利润	−255.97	8 347.31	8 091.34
保理业务	营业收入	259.43	17 160.57	17 420.00
	营业成本	—	8 319.50	8 319.50
	营业费用	2.04	3 908.75	3 910.79
	净利润	191.51	3 317.48	3 328.99
合计	营业收入	2 088.14	63 190.01	65 278.15
	营业成本	1 472.74	38 358.33	39 831.07
	营业费用	753.55	8 811.59	9 565.14
	净利润	−64.46	11 664.79	11 420.33

2017年1—4月，HL金融各项业务实际经营情况见表3-7（未经审计）。

虽然HL金融2017年1—4月实现的收入仅占全年预测收入的4.03%，但ML公司的管理层仍认为HL金融的实际经营主体（甲支付科技有限责任公司）凭借中国人民银行颁发的全牌照优势，在4月部署工作完成后，将逐步实现预测数。

表 3-7　　　　　　　　　　　　HL金融各项业务实际经营情况　　　　　　　　金额单位：元

项目	2017年1—3月收入	2017年4月收入	2017年1—4月收入	2017年1—4月已实现收入占预测收入比例
互联网支付业务	1 856 012.68	314 349.51	2 170 362.19	4.58%
银行卡收单业务	16 431 082.78	3 308 975.96	19 740 058.74	
ATM业务	4 622.64	—	4 622.64	—
保理业务	2 594 339.62	1 829 192.45	4 423 532.07	2.54%
合计	20 886 057.72	5 452 517.92	26 338 575.64	4.03%

ML公司的控股股东公司为表示对HL金融有限公司的信任，于2017年4月自愿作出业绩补偿承诺，并于2017年4月26日与公司签署了相关协议，承诺收购标的2017年、2018年预测净利润数额分别不低于11 400万元、21 800万元，低于承诺的净利润由控股股东公司以现金方式补偿。基于未来两年的利润承诺，公司的经营风险有所降低。

基于上述乐观前景，管理层将2017—2021年营业收入增长率确定为1 605%、86%、22%、18%、11%，并采用一定的折现率，在确定折现率时考虑了公司的债务成本、长期国债利率、市场预期报酬率等因素。资产组超过5年的现金流量以零增长率为基础计算。根据减值测试的结果，ML公司认为HL金融净资产公允价值未低于投资成本，无须计提商誉减值。截至2016年12月31日，合并商誉未发生减值，商誉披露金额仍为119 389.24万元。

2016年12月31日报表显示，商誉占总资产的52.85%，是净资产的1.04倍。同时，2016年营业利润为-6 991.23万元，净利润为10 585.11万元，商誉竟是净利润的11.28倍，ML公司的报表在2016年度发生了大的逆转。

四、审计项目组的商誉减值测试

Z会计师事务所（特殊普通合伙）是一家大型综合性服务机构，具有执行证券、期货等线管业务资格，已从事多年制造业、金融业等行业的审计鉴证工作。2016年10月，ML公司公告称："鉴于公司在筹划实施重大资产出售重组事项、重大资产购买重组事项已聘请Z会计师事务所，为增强公司审计工作的独立性与客观性、延续性，确保重大重组工作后续事项的顺利实施，满足2016年报审计工作时间安排等方面要求，提议由Z会计师事务所担任公司2016年度审计机构。"故Z会计师事务所是以"后任会计师事务所"的身份承接2016年度审计工作的。

项目组定于2016年11月至2017年3月在现场完成年报审计工作，此时间长度使得项目组有足够的时间完成审计工作。基于前期的了解，项目组认为ML公司的重大错报风险较小，项目组选择利润总额作为重要性水平确定的基准，计划的重要性水平按照利润总额的5%确定，故计划的重要性水平为756万元，实际执行的重要性水平为567万元。

1.复核管理层的商誉减值测试

项目组成员根据准则的规定，结合ML公司的具体情况，复核管理层的商誉减值测试记录。

职业判断1：复核资产组的划分。 截至2016年12月31日，ML公司已将原从事铜材业务的部分完全从公司剥离，在并购HL金融后（自2016年11月起），公司的业务仅剩第三方支付业务，而HL金融本身不承载具体的经营活动，其子公司甲支付科技有限公司是实质的经营活动主体。故ML公司管理层将商誉所属的子公司HL金融作为一个资产组，采用收益法对HL金融股东全部权益价值进行评估，审计项目组认可该分类结果。

职业判断2：复核总部资产和商誉的分摊。 自2016年10月并购后，ML公司已全面脱离原有铜加工产业业务，全面进行HL金融的金融科技互联网服务，保留原有总部部分管理职能，对人员进行了大幅度的调整，HL金融所在的实际经营主体（甲支付科技有限公司）成为独立产生现金流的资产组，ML公司管理层将并购时产生的商誉和总部资产进行分摊，得出HL金融的资产组账面价值为154 805万元，审计项目组认可其分配结果。

职业判断3：复核管理层商誉减值测试的思路。 比较基准为包含分摊商誉、总部资产的资产组账面价值154 805万元。管理层采用收益法对HL金融的未来业绩进行评估，评估得出的资产组的区间值与实际执行的重要性水平进行比较，并考虑错报的影响程度。由于目前的审计工作无法获取充分、适当的审计证据来评价管理层对商誉未计提减值是否恰当，因此考虑利用参与并购重组的W资产评估机构出具的第二份评估报告，帮助获取截至2016年12月31日商誉认定是否存在错报的审计证据。

2.利用外部专家的工作

项目组拟利用评估机构的工作，聘请W资产评估机构对HL金融有限公司股东全部权益在2016年12月31日的市场价值进行评估。W资产评估机构接受委托后在约定时间内向项目组出具了W评报字（2017）第100号评估报告。项目组拟利用最新出具的评估报告，结合公司提供的商誉减值测试的相关资料，给出合理的商誉估值区间。

项目组分析了公司管理层的商誉减值测试过程和所依据的业绩增长假设，并与并购时评估机构出具的W评报字（2016）第1号评估报告进行了复核比较，分析了评估咨询报告中相关评估假设。公司管理层对未来5年的业绩增长假设设定了一个区间，根据W评报字（2017）第100号评估报告，评估机构在管理层预测数据的基础上进行了必要的分析、判断和调整，确信管理层相关预测的合理性，并出具了乐观情况及保守情况下的两份评估意见供审计人员参考。收购时的评估报告与商誉减值审计时的评估报告的差异见表3-8。

评估机构截至2016年年底对HL金融的乐观预测表见表3-9。

评估机构截至2016年年底对HL金融的保守预测表见表3-10。

W资产评估机构对HL金融有限公司全部权益在2016年12月31的市场价值进行评估。根据评估报告，在较为乐观的业绩增长假设下，HL金融有限公司全部权益在2016年12月31日的估值为191 000万元；在较为保守的业绩增长假设下，HL金融有限公司全部权益在2016年12月31日的估值为152 000万元，因此W资产评估公司对HL金融有限公司全部权益在2016年12月31日的估值结论为152 000万元至191 000万元之间。

表 3-8　　　　　　　　收购时的评估报告与商誉减值审计时的评估报告的差异　　　　　金额单位：万元

报告	项目	2017年	2018年	2019年	2020年	2021年
W评报字（2016）第1号	收入	111 158.71	143 514.08	166 778.90	182 414.60	182 414.60
W评报字（2017）第100号		47 858.15	82 641.83	109 995.94	137 321.08	156 899.09
W评报字（2016）第1号	成本	66 142.31	85 324.52	98 185.69	106 528.69	106 528.69
W评报字（2017）第100号		31 511.57	54 303.14	72 376.29	90 445.26	103 384.55
W评报字（2016）第1号	毛利率	40.50%	40.55%	41.13%	41.60%	41.60%
W评报字（2017）第100号		34.16%	34.29%	34.20%	34.14%	34.11%
W评报字（2016）第1号	营业费用占收入比	12.85%	12.63%	12.57%	12.29%	12.29%
W评报字（2017）第100号		3.25%	3.14%	2.84%	2.51%	2.19%
W评报字（2016）第1号	管理费用占收入比	8.50%	8.12%	7.51%	7.33%	7.33%
W评报字（2017）第100号		8.56%	8.06%	7.18%	6.44%	5.64%
W评报字（2016）第1号	净利润	15 549.85	21 057.00	26 079.15	29 800.66	29 800.66
W评报字（2017）第100号		8 091.34	13 985.32	19 521.95	25 403.87	30 309.92

表 3-9　　　　　　　　评估机构截至2016年年底对HL金融的乐观预测表　　　　　金额单位：万元

项目	2017年	2018年	2019年	2020年	2021年	2022年及以后
营业总收入	47 858.15	82 641.83	109 995.94	137 321.08	156 899.09	156 899.09
营业总成本	37 404.70	63 978.47	83 944.54	103 419.70	116 456.32	116 456.32
营业利润	10 453.45	18 663.36	26 051.40	33 901.38	40 442.77	40 442.77
利润总额	10 453.45	18 663.36	26 051.40	33 901.38	40 442.77	40 442.77
净利润	8 091.34	13 985.32	19 521.95	25 403.87	30 309.92	30 309.92
净利润增长率	0.00%	72.84%	39.59%	30.13%	19.31%	0.00%
归属于母公司的损益	8 091.34	13 985.32	19 521.95	25 403.87	30 309.92	30 309.92
股权自由现金流	448.73	9 538.16	16 133.68	22 036.65	27 957.68	30 309.92
折现系数	13.50%	13.50%	13.50%	13.50%	13.50%	13.50%
收益现值	419.00	7 791.00	11 516.00	13 744.00	15 237.00	99 962.00
经营性资产价值						148 669.00
总部资产、商誉分摊						191 000.00

表3-10　　　　　　评估机构截至2016年年底对HL金融的保守预测表　　　　金额单位：万元

项目	2017年	2018年	2019年	2020年	2021年	2022年及以后
营业总收入	31 401.77	68 011.15	92 241.57	116 417.68	133 180.63	133 180.63
营业总成本	26 463.33	54 013.25	71 932.08	89 168.64	100 082.63	100 082.63
营业利润	4 938.44	13 997.90	20 309.49	27 249.04	33 098.00	33 098.00
利润总额	4 938.44	13 997.90	20 309.49	27 249.04	33 098.00	33 098.00
净利润	3 955.08	10 486.22	15 215.52	20 414.62	24 801.34	24 801.34
净利润增长率	—	165.13%	45.10%	34.17%	21.49%	0.00%
归属于母公司的损益	3 955.08	10 486.22	15 215.52	20 414.62	24 801.34	24 801.34
股权自由现金流	-1 703.53	5 797.98	12 206.85	17 417.60	22 767.41	24 801.34
折现系数	14.44%	14.44%	14.44%	14.44%	14.44%	14.44%
收益现值	-1 592.00	4 736.00	8 713.00	10 863.00	12 408.00	81 795.00
经营性资产价值						116 923.00
总部资产、商誉分摊						152 000.00

项目组审计人员进一步对乐观情况下的评估结果进行了细节性测试，结果见表3-11。

表3-11　　　　　　　　　　审计项目组审阅专家评估结果

增长率	2018年	2019年	2020年	2021年	2022年及以后
营业总收入	72.68%	33.10%	24.84%	14.26%	0.00%
营业总成本	71.04%	31.21%	23.20%	12.61%	0.00%
营业利润	78.54%	39.59%	30.13%	19.30%	0.00%
利润总额	78.54%	39.59%	30.13%	19.30%	0.00%
净利润	72.80%	39.60%	30.10%	19.30%	0.00%
归属于母公司的损益	72.84%	39.59%	30.13%	19.31%	0.00%
股权自由现金流	2025.59%	69.15%	36.59%	26.87%	8.41%

在乐观情况下的评估结果中，营业总收入、营业总成本逻辑钩稽，利润增长趋势自2019年后开始缓慢下降，2017—2018年无疑是突飞猛进的两年。对于2017—2018年业绩

预测的超速增长期，审计人员开始仍抱有疑虑，对HL金融的未来经营情况的判断偏主观性。但2017年4月业绩承诺的签订促成了审计人员的进一步判断。ML公司的控股股东承诺收购标的2017—2018年预测净利润数额分别不低于11 400万元、21 800万元，低于部分用现金支付的方式予以补偿。在乐观情况下，2017—2018年预测净利润数额分别为8 091.34万元、13 985.32万元，分别占承诺净利润的70.98%、64.15%。审计人员评估了业绩承诺的补偿支付可行性后，认为2017—2018年的业绩预测具有一定的保障，最终认同了乐观情况下的评估结果。

3.初步审计结论

审计项目组的底稿记录如下：ML公司将包含分摊商誉的资产组的可回收金额按照预计未来现金流量的现值确定，未来现金流量基于管理层作出的2017—2021年的财务规划确定，并采用一定的折现率，在确定折现率时已考虑了公司的债务成本、长期国债利率、市场预期报酬率等因素。资产组超过5年的现金流量以零增长率为基础计算。审计项目组利用专家的工作，聘请W资产评估机构为商誉减值审计提供数据支持，根据2017年3月W评报字（2017）第100号评估报告，HL金融有限公司全部权益在2016年12月31日的估值为152 000万元至191 000万元之间。我们认为管理层对于第三方支付业务较为乐观的业绩增长假设具备合理性，并按估值的上限值191 000万元作为分摊商誉的资产组的可回收金额，从而认为包含分摊商誉的资产组的可回收金额高于资产组账面价值154 805万元，故不需要计提商誉减值。ML公司提供了已实施及拟实施的措施及经营计划，包括聘用更具行业经验的关键管理人员及已签署的市场推广合作协议等资料。综上，截至2016年12月31日，商誉无须计提减值准备。

即使拟相信乐观的评估预测报告，打算认可管理层不计提商誉减值准备的处理，可一想到商誉这把"悬顶之箭"可能随时"酿成大祸"，审计项目负责人的心里还是不停在打鼓。

五、结语

并购埋下地雷，带来大额的商誉减值风险，"伤害"企业盈利，甚至使企业转为亏损。企业在享受并购带来的体量激增驱动利润飞速扩张的"快感"，当然也要同时承受后续资产减值带来的"痛感"。在资本市场中，不少企业运用商誉减值进行盈余管理，不仅影响企业当期盈利，更严重损害了投资者利益，使"商誉"成为了"伤誉"。商誉的初始确认以及后续计量的准则规定具有主观性、模糊性与复杂性，给外部审计人员带来了执业上的重重阻碍，审计人员在商誉审计过程中的审计判断显得尤为重要，究竟是"商誉"还是"伤誉"，报表背后是否隐藏着管理层的粉饰动机，我们不得不思考：

1.如果你是ML公司的CFO，ML公司不计提商誉减值准备的依据是什么？

2.如果你是Z会计师事务所合伙人，你认为商誉是否应计提减值准备？

3.如果你是Z会计师事务所的质量控制部部长，你认为审计执业过程有何改进之处？

相关链接

ML公司2015—2016年资产负债表见表3-12。

表3-12 　　　　　　　　　　ML公司2015—2016年资产负债表　　　　　　　　　　单位：万元

项目	2016年期末金额	2015年期末金额
流动资产：		
货币资金	42 743.95	40 894.14
交易性金融资产	—	2 136.90
应收票据	—	16 326.46
应收账款	951.55	31 856.34
预付款项	387.56	13 378.04
应收利息	8.03	—
其他应收款	38 819.31	30 144.93
存货	—	27 952.23
其他流动资产	8 241.94	943.95
流动资产合计	91 152.34	163 632.99
非流动资产：		
可供出售金融资产	8 500.00	9 576.00
固定资产	556.47	25 895.52
在建工程	—	2 972.82
工程物资	—	52.22
无形资产	5 060.10	8 509.68
商誉	119 389.24	—
长期待摊费用	179.59	—
递延所得税资产	516.35	984.33
其他非流动资产	129.46	81.73
非流动资产合计	134 331.21	48 072.30
资产总计	225 483.55	211 705.29
流动负债：		
短期借款	11 288.70	85 804.30
应付账款	1 504.30	1 565.61
预收款项	0.46	273.28
应付职工薪酬	347.85	361.23
应交税费	4 952.28	924.38

续表

项目	2016年期末金额	2015年期末金额
应付利息	1 000.55	1 860.66
应付股利	—	541.17
其他应付款	59 537.72	27.96
其他流动负债	30 783.78	25.80
流动负债合计	109 415.64	91 384.39
非流动负债：		
递延收益	—	7 671.61
递延所得税负债	1 152.03	—
非流动负债合计	1 152.03	7 671.61
负债合计	110 567.67	99 056.00
所有者权益：		
股本	21 958.30	21 958.30
资本公积	51 987.25	50 899.33
盈余公积	4 354.48	2 936.63
未分配利润	33 687.84	24 059.41
归属于母公司所有者权益合计	111 987.87	99 853.67
少数股东权益	2 928.01	12 795.62
所有者权益合计	114 915.88	112 649.29
负债和所有者权益总计	225 483.55	211 705.29

ML公司2015—2016年利润表见表3-13。

表3-13　　　　　　　　　　　ML公司2015—2016年利润表　　　　　　　　　　单位：万元

项目	2016年度	2015年度
一、营业总收入	264 254.34	445 507.74
其中：营业收入	264 254.34	445 507.74
二、营业总成本	275 676.12	475 321.16
其中：营业成本	260 794.20	457 153.93
税金及附加	2 245.41	130.11
销售费用	246.93	272.00
管理费用	8 725.08	8 246.63

续表

项目	2016年度	2015年度
财务费用	2 348.11	9 675.39
资产减值损失	1 316.39	−156.90
加：公允价值变动收益	762.87	−762.87
投资收益	3 667.69	536.96
三、营业利润	−6 991.22	−30 039.33
加：营业外收入	22 996.55	31 735.27
减：营业外支出	884.60	573.91
四、利润总额	15 120.73	1 122.03
减：所得税费用	4 535.61	501.11
五、净利润	10 585.12	620.92
归属于母公司所有者的净利润	11 046.28	866.22
少数股东损益	−461.16	−245.30
六、综合收益总额	10 585.12	620.92
归属于母公司所有者的综合收益	11 046.28	866.22

本案例可以参考的其他有关资料目录见表3-14。

表3-14 　　　　　　　　　　　　其他有关资料目录

资料序号	资料名称
1	《企业会计准则第39号——公允价值计量》
2	《企业会计准则第8号——资产减值》
3	《财务报告职业判断框架》
4	《注册会计师职业判断指南》

>>>> 案例四　大厦将倾风云变，繁花凋零现危机
——债券违约带来的审计思考①

"11CC债"是CC太阳能科技股份有限公司（以下简称"CC太阳"）于2012年发行的公司债券，其2014年利息将无法于原定付息日按期全额支付，仅能够按期支付共计人民币400万元。至此，"11CC债"正式宣告违约，并成为国内首例违约的公募债券。"11HH01"是HH风电科技（集团）股份有限公司（以下简称"HH风电"）于2011年12月发行的公司债券，同样在2014年经历违约危机，其通过提前回购的方式，虽经历危机却未构成严格意义上的债券违约。本案例以上述两家公司为主线，围绕"11CC债"和"11HH01"发行主体展开，从二者高评级过审发债到审计报告变脸、审计程序执行不力至违约受监管处罚的全过程，描述了"11CC债"和"11HH01"的违约事件始末。

2014年成为中国的债市违约元年。债市违约潜在的可能性被"11CC债"点燃，该事件成为中国债市首例利息违约案例，被认为是中国债市刚性兑付的终结，并逐渐蔓延至私募债、短融券等。一波未平、一波又起，行业向下现金断，担保过载难自保，中小企业私募债告急，自2014年以来，已经有数只债出现不同程度的兑付危机并实质违约，首当其冲的便是CC太阳的"11CC债"和HH风电的"11HH01"。这场债券违约风暴中折射出的是中国债市刚性兑付神话的破灭，与此同时，这两家公司发债后业绩报告、审计报告迅速变脸，是它们外部审计中审计程序的执行不力，还是审计判断、审计评估的关注缺失？

一、债市风云变幻

近年来，我国债券市场发展速度较快。从2004年末债券市场的总量不足5万亿元，到2015年中债券市场规模已达39.8万亿元，位列世界第三。尽管这样，我国债券市场发展空间依然很大。2014—2016年3年的债券违约风潮中，违约数量和金额在2014—2015年2年中持续递增。自2014年"11CC债"违约后，市场开始出现少量债券逾期的情况。2015年的违约笔数和金额明显上升，累计违约24笔、金额为128.7亿元。我国经济转型尚未完成，整体经济环境下行，债券违约趋势很可能会延续。且近年我国经济增速会进一步放缓，传统制造业去产能和部分城市房地产去库存任务艰巨，下游产业需求低迷，使得处于中上游的强周期产业产能过剩，造成产品销量及价格持续下滑，最终使得这些强周期产业盈利能力大幅下降，债务负担加重，再加上过于依赖银行融资，成为了违约高发地带。违约主体集中在钢铁、能源燃料、金属、重工业、建材、农产品等强周期行业，也有少量食品、餐馆、服装、鞋类等弱周期行业。

二、发债风光无限

1.CC太阳能科技股份有限公司

XX集成科技股份有限公司（前身为CC太阳能科技股份有限公司）是一家新能源企

---

① 作者：陈柳絮、陈晓雯、余玲、邱张妍、李威、刘桂良。本案例依据陈柳絮毕业论文改编（湖南大学，2017年）。

业，主要产品是单晶硅、多晶硅太阳能组件及太阳能灯具，其中硅太阳能组件大部分出口欧美国家。

为了偿还公司的银行借款，使财务结构得到改善、财务费用能够降低，补充流动资金，CC太阳能科技股份有限公司于2011年发行了额度为10亿元、期限为5年的公司债券"11CC债"，票面利率为8.98%。该债券基本情况见表4-1。

表4-1   "11CC债"基本信息表

债券简称	11CC债
债券全称	CC太阳能科技股份有限公司2011年公司债券
债券代码	112061.SZ
债券类型	公司债券
发行期	2012-03-07至2012-03-09
期限	5年
发行规模（亿元）	10
票面利率（%）	8.98
特殊条款	调整票面利率，回售
偿债保障	无担保，专项偿债流动资金支持协议，银行授信额度

此债券主承销商是ZX建投证券股份有限公司，评级机构是PP资信评估有限公司，会计师事务所是TJ会计师事务所（特殊普通合伙）。经评级机构综合评定：发行人的主体信用等级为AA，该级别反映了发行主体偿还债务的能力很强，受不利经济环境的影响很小，违约风险很低。2011年，PP资信评估有限公司基于CC太阳的运营环境、经济状况及财务实力等因素综合评估该债权，评定其信用等级为AA，并在信用评级报告中指出了公司近年产能稳步扩张，业务规模大幅增加且订单充足，但是同时也指出了公司因业务扩张导致营运资金需求增加，有一定的流动资金压力。AA级别反映了本次债券的信用质量很高，信用风险很低。2012年，PP资信评估有限公司根据CC太阳的行业环境、企业经营状况以及2011年财务报表审计意见，将CC太阳长期信用等级AA和"11CC债"信用等级AA列入信用评级观察名单。2013年，PP资信评估有限公司将该债券的信用等级下调为CCC。会计师事务所对CC太阳2008—2010年度财务报告出具了"标准无保留意见"的审计报告，2011—2012年则为"保留意见"，2013年为"无法表示意见"。

2.HH风电科技（集团）股份有限公司

HH风电是一家专业化高新技术企业。作为中国第一家自主开发设计、制造销售风电机组的企业，其产品能够适应全球不同环境条件与风资源的大型陆海与潮间带，且率先自主开发出全球领先的5MW、6MW系列风电机组，创造了中国风电设备制造业的多个第一和奇迹。截至2015年，实现累计风电装机容量16 240MW，海上风电装机容量170MW，出口装机容量381MW，在国内市场排名第二。

HH风电于2011年12月27日发行了额度为26亿元、期限为5年的公司债券"11HH01"。根据募集说明书，拟将本期债券募集资金中的23亿元（约占89%）用于偿还银行贷款、优化债务结构；剩余3亿元（约占11%）拟用于补充流动资金，改善资金状况。该债券基本情况见表4-2。

表4-2   "11HH01"基本信息表

债券简称	11HH01
债券全称	HH风电科技（集团）股份有限公司
债券代码	122115.SH
债券类型	公司债
发行期	2011-12-27至2011-12-29
期限	5年
发行规模（亿元）	26
票面利率（%）	7
特殊条款	调整票面利率，回售
偿债保障	无担保，流动资金支持，银行授信额度

HH风电发行本期"11HH01"的主承销商是R证券有限责任公司、X证券股份有限公司、Q证券有限公司，评级机构是LH信用评级有限公司，会计师事务所是LL会计师事务所有限责任公司。经评级机构综合评定：本公司的主体长期信用等级为AAA，评级展望为稳定，本期债券的信用等级为AAA。评估报告中指出，公司所在行业发展迅速，产业链体系好，全球竞争力大，产业增长迅速，订单多；同时也指出，受政策影响，公司整体盈利水平容易波动且公司集中采购容易被供应商影响。上述信用等级表明，HH风电偿还债务的能力极强，基本不受不利经济环境的影响，违约风险极低。2012年，LH信用评级有限公司将债券等级调整为AA+，于2013年调整为AA。会计师事务所对该公司2008—2012年度财务报告出具了"标准无保留意见"的审计报告，2013年出具了"保留意见"的审计报告。

三、审计过程问题重重

1.CC太阳审计过程

（1）审计机构选聘

TJ会计师事务所已连续5年担任公司审计机构，审计内容包含2010年上市招股说明书中3年财务报告、2010年度财务报告和2011年度财务报告。早在2011年3月，公司股东大会已经发出决议，决定继续由TJ会计师事务所担任2011年度审计机构。续聘TJ会计师事务所担任公司2012年度审计机构的有关决议也在2012年5月召开的2011年度股东大会被审议通过了。

2012年11月，公司董事会发布公告称：公司2012年度审计机构将由TJ会计师事务所改聘为DX会计师事务所，变更的原因是原审计机构因其业务发展调整主动提出该提议。随后，第七次临时股东大会于11月底召开，会议表决通过了由TJ会计师事务所改聘为DX会计师事务所的议案。TJ会计师事务所2010年度、2011年度的审计费用均为60万元每年，公司改聘 DX 会计师事务所后支付 2012 年度的审计费用增至 200 万元。

（2）审计程序执行

①环境因素影响审计法

两家会计师事务所均对环境因素保持了足够的重视，充分考虑了海外市场、相关政策、调查诉讼等环境因素的变化，即欧洲债务危机、欧洲光伏补贴政策变动以及国际光伏市场萧条、欧美对中国光伏企业展开"双反"调查的情况；在前期对海外应收账款及其坏账计提保持了应有的谨慎性，并将结果反映在了当年的审计意见中。

CC 太阳与一些境外公司已合作或拟合作投资境外电站。由于 CC 太阳对相关境外投资公司和电站项目公司不具有控制权，未将上述境外公司纳入 CC 股份公司 2011 年度财务报表合并范围。截至 2011 年 12 月 31 日，CC 太阳账面与上述境外公司及其关联方有关的应收账款余额为 1 652 081 465 元，对该等应收账款已经计提坏账准备 168 471 006 元。尽管 CC 太阳已与上述境外公司及其关联方就该等应收账款的回收计划达成一致意见，但由于欧债危机对电站项目融资造成的影响以及对电站项目所在地区太阳能补贴政策造成的不确定性，TJ 会计师事务所认为 CC 太阳能否收回以及将在何时收回该等应收账款仍存在不确定性。

截至 2012 年 12 月 31 日，CC 太阳对境外客户的应收账款余额为 239 650 万元，已计提坏账准备 48 619 万元。受国际市场环境及欧美"双反"的影响，光伏行业整体经营困难，公司境外客户应收账款多数还款困难，DX 会计师事务所同样认为无法判断该等款项收回的可能性及坏账准备计提的合理性。

2014 年 4 月 3 日，债权人上海 YH 金属材料有限公司以 CC 太阳不能清偿到期债务，并且资产不足以清偿全部债务、明显缺乏清偿能力为由，向上海市第一中级人民法院提出对 CC 太阳进行破产重整的申请，截至 2013 年审计报告日尚未受理。DX 会计师事务所认定此情形表明存在可能导致公司持续经营能力产生疑虑的重大不确定性。

②分析性复核审计法

根据光伏行业账期长、账款大的特点，审计师利用分析性复核审计法，敏感地注意到了境外子公司在合并情况和相关数据上的异常，关注了公司关联方的境外业务，极为重视应收账款函证这一审计程序的执行。经分析性复核后认为，境外合作项目和境外客户的巨额应收款项存在极大不确定性，难以获得足够的审计证据进行收入和销售数据的确认，应收账款的计价与分摊存在问题；并且对于境外子公司审计范围遭遇限制的情况，认为其无法获取充分、适当的审计证据。

CC 太阳于 2011 年度销售的太阳能组件最终可能用于其投资或拟投资的境外电站。对该等可能最终用于公司投资或拟投资的境外电站的太阳能组件而于 2011 年度确认的收入及相应的销售毛利数据，TJ 会计师事务所表示其未能获取充分、适当的审计证据加以核实。

对于 CC 太阳纳入合并范围的境外子公司 S 公司，截至 2012 年 12 月 31 日，其资产总额为 69 326 万元，净资产为 6 043 万元，2012 年度实现营业收入 1 971 万元，净利润-655 万元。DX 会计师事务所表示其未能获取满意的审计证据，以证实该组成部分的财务状况及经营成果公允反映。

截至 2013 年 12 月 31 日，CC 太阳应收 38 户境内外客户款项余额为 238 597 万元，已计提坏账准备 92 522 万元。该等应收款项多数已逾期，2013 年度仅收回 11 525 万元，CC 太阳也未采取有效的催收措施。DX会计师事务所对这些应收款项实施了函证程序，但未能取得债务人的回函确认，也无法实施其他替代审计程序，以获取证实期末应收款项余额及坏账准备计提金额充分、适当的审计证据。

③抽样审计与详细审计法

通过抽样审计与详细审计相结合的审计方法，审计师关注到了公司生产情况、账户与资产的异常，通过多方了解和实地观察，了解到了关于公司的诉讼情况和资产、账户查封等情况，观察到了企业生产线停工的情况，认识到了公司真正的现状，对公司的持续经营能力存疑。

CC太阳因本部及洛阳、九江、上海等多条生产线处于停产状态，部分境外电站运营受当地政策影响，本期计提固定资产及在建工程减值准备24 562万元。由于公司生产经营正常化存在重大不确定性，DX会计师事务所认为无法判断固定资产及在建工程减值准备计提是否充分。

截至2012年12月31日，CC太阳的资产总额为757 575万元、负债总额为637 942万元，营运资金为-94 576万元，2011年度、2012年度连续出现大额亏损，累计未分配利润-147 833万元。受光伏行业整体低迷的影响，公司生产经营严重萎缩，主要银行账户及资产已被冻结、质押、抵押或查封，财务状况面临极大的流动性风险。截至财务报告批准报出日，银行借款逾期37 948万元，另欠供应商货款及其他债务不能按时支付，多家银行及供应商等债权人起诉该公司要求偿还债务，涉及金额181 473万元。尽管CC太阳已在财务会计报告"附注十二、其他重大事项"中披露了持续经营能力的改善措施，但DX会计师事务所认为上述情况仍然可能导致公司持续经营能力存在重大不确定性，可能无法在正常经营过程中变现资产、清偿债务。

CC太阳2013年度继续发生巨额亏损，截至2013年12月31日累计未弥补亏损达292 308万元，营运资金和归属于母公司的股东权益为负数，当期损益及资产负债金额还可能因审计范围受限产生影响。公司生产经营管理陷于停滞，逾期借款137 952万元，应付债券不能按期付息，供应商货款无力偿付，银行账户和主要资产处于被冻结、抵押或查封等涉诉状态。上述情形表明存在可能导致公司持续经营能力产生疑虑的多项重大不确定性。虽然CC太阳对持续经营能力进行了评估，但DX会计师事务所未能获取相应的证据作为支持，以判断公司固定资产、在建工程等资产的账面价值是否应当以其可回收金额列示，并对资产和负债进行重新分类。因此，DX会计师事务所认定无法判断CC太阳继续按照持续经营假设编制2013年度财务报表是否适当。

（3）审计报告

对CC太阳2011年度财务报告，TJ会计师事务所作为已连续审计5年的审计机构，最终出具了保留意见。对于2012年度财务报告，DX会计师事务所作为新任审计机构，对其出具了保留意见的审计报告。对于2013年度财务报告，任职第二年的DX会计师事务所出具了无法表示意见的审计报告。2010—2013年CC太阳审计报告情况见表4-3。

（4）事件后续发展

2012年3月7日发债之后，公司于4月16日预报2011年亏损6 000万元。10月，证监会上海证监局对CC太阳2011年年报进行专项检查后对公司发布责令整改的决定，指出公司《电站公司管理协议》以及海外电站担保信息披露不充分。

表4-3　　　　　　　　　2010—2013年CC太阳审计报告情况

审计年度	2010年	2011年	2012年	2013年
审计机构	TJ会计师事务所	TJ会计师事务所	DX会计师事务所	DX会计师事务所
审计意见类型	标准无保留意见	保留意见	保留意见	无法表示意见

2013年1月17日，公司发布公告称2012年预计亏损9亿~11亿元，并披露公司面临流动性风险，大多数资产已被质押、抵押或查封。同月22日，证监会上海稽查局因CC太阳涉嫌未按规定披露信息，对公司立案调查。

2014年3月，CC太阳公告表示，公司在"11CC债"原定付息日（2014年3月7日）的第二期利息不能按期全额支付，仅能按期支付共计人民币400万元。至此，"11CC债"构成违约。同年6月，上海一中院裁定受理申请人YH公司对*ST CC的破产重整申请，并指定北京市J律师事务所上海分所、BB会计师事务所（特殊普通合伙）上海分所担任管理人。2014年8月18日，公司召开第一次债权人会议，审议通过了《财产管理方案》，管理人将对闲置、报废、短期内难以加以利用且需要持续计提资产折旧损失或者对提高公司重整效率具有积极作用的财产处置变现。此次重整将通过公开招标方式遴选投资人，管理人结合公司的实际情况对意向投资人进行了综合考察，最终确定由江苏XX能源有限公司等9家单位组成的联合体作为公司重整案的投资人。

2014年12月22日，中国某资产管理公司和上海某投资管理中心发出保函，以每手面值1 000元派发本息合计1 116.40元，"11CC债"本息全额受偿。24日，上海一中院裁定确认公司重整计划执行完毕，并裁定终结公司破产程序。截至重组计划执行期满，出资人权益调整方案、债务清偿方案和经营方案得到很好的执行，"11CC债"本金、利息、复利、罚息等均已成功兑付。

2.HH风电审计过程

（1）审计机构选聘

在2010—2014年期间，HH风电换会计师事务所较为频繁，且审计费用变化较大。HH风电的审计机构在2013年由审计了3年以上的LL会计师事务所换为RR会计师事务所，审计费用提高了近3倍，且当年被第一次出具了保留意见；RR会计师事务所的审计任期只有1年，2014年（违约年）HH风电进行了"大所换小所"，由在中注协《2014年会计师事务所综合评价前百家信息》中排名第3位的RR会计师事务所换为了排名第14位的ZZ会计师事务所，且审计费用未降低。2010—2012年HH风电审计情况见表4-4。

（2）审计程序执行

2015年11月5日，证监会因HH风电处罚LL会计师事务所的决定书中提到，LL会计师事务所在2012年及以前年度对HH风电进行审计时，在审计程序执行方面存在下列问题：

①识别、评估舞弊风险因素存在缺陷

2011年，受国家风电行业政策的较大影响，HH风电整体业绩出现大幅下滑，未见注册会计师执行相关审计程序以获取相应审计证据的风险识别轨迹，注册会计师对"竞争激烈或市场饱和，且伴随着利润率的下降""客户需求大幅下降，所在行业或总体经济环境中经营失败的情况增多"的风险评估结果是"不存在"，其风险评估结果与当时企业所处的行业状况明显不符。

表4-4　　　　　　　　　　　　2010—2012年HH风电审计情况表

债券名称	11HH01		
股票名称	HH风电		
股票代码	601558		
年度	2010年	2011年	2012年
审计机构	LL会计师事务所	LL会计师事务所	LL会计师事务所
审计任期	3年		
审计费用（万元）	95	95	95
审计机构当年排名	15	15	17

②了解、评价销售与收款循环内部控制设计和有效性测试存在缺陷

注册会计师没有根据企业自身特点，对确认销售收入的流程控制点，如客服部提供的项目日动态表、货到现场后设备的验收单进行描述或测试。

③执行收入循环审计程序存在缺陷

LL会计师事务所在有效性测试与了解、评价销售与收款循环内部控制设计中，没有根据HH风电自身特点进行相关描述和测试，比如未对货到现场后设备的验收单进行描述或测试，也未对销售事项进行交叉测试。在销售与收款循环审计程序的执行中，存在以下情况：

第一，吊装单可靠性问题。HH风电确认收入的关键证据即吊装单，注册会计师未对吊装单的可靠性进行合理判断。根据HH风电2011年审计底稿，大部分吊装单仅有个人签字，而无业主方的盖章确认，注册会计师未对签字人员是否有权代表业主方签署吊装单进行有效验证；大部分吊装单未注明吊装日期，对于其吊装完成时点以及确认当期收入的合理性，注册会计师未予以充分关注。在吊装单存在上述严重不确定性的情况下，注册会计师未向公司索取项目日动态表、发货验收单等资料予以比对判断，未对吊装情况获取进一步的审计证据。

第二，集中确认及合同执行问题。虚增或提前确认收入项目中有部分项目合同执行情况异常，吊装单标注日期或收入确认时点为临近资产负债表日，公司存在资产负债表日前集中确认收入的情形。在审计底稿中未见注册会计师对上述情况的原因进行关注和分析，并追加必要的审计程序予以解决。

第三，发货单问题。根据HH风电披露的确认收入的会计政策，"货到现场后双方已签署设备验收手续"是确认销售收入的依据之一，根据HH风电2011年审计底稿，注册会计师未取得货物发运、验收手续相关证据，未能按照公司既定的会计政策履行相应的审计程序。

第四，函证问题。注册会计师在审计计划中将应收账款函证作为重点审计程序，在执行函证程序时存在以下问题：a.将甘肃HDYM风力发电有限公司（218 544 000元）、GH能源投资有限公司（165 652 300元）、DT新能源有限公司（59 202 042元）作为函证样本，但实际未发函。b.函证金额不完整，未对应收账款余额中未开具发票但已确认销售收入部分金额进行函证。c.回函比例过低，回函确认金额占年末应收账款

余额比例仅为17%。函证程序虽已执行，但未对应收账款余额、收入确认的真实性进行有效验证。

第五，替代测试问题。注册会计师称他们对于应收账款开票部分通过函证程序加以确认，而对于未开票部分、未回函客户以及未函证的样本采取了替代测试，替代测试中查看了吊装单、合同和项目回款凭证。但其替代测试存在以下问题：未对部分未发函的函证样本进行替代测试。其替代性程序依赖的核心证据吊装单存在严重缺陷，在审计底稿中未见注册会计师对合同执行情况异常、无回款的项目予以关注和分析，并追加实施必要的审计程序予以解决。

第六，截止性测试问题。注册会计师在审计计划中将"进行期末截止性测试，结合公司的期后发生额，检查公司收入确认的截止性"作为收入应履行的重点审计程序，但注册会计师未有效执行截止性测试，没有对收入确认的关键依据吊装单进行有效验证，其对截止性样本选择的解释缺乏专业判断和应有的职业谨慎。

④分析性复核阶段存在缺陷

复核过程是指为了确保审计结论更真实可靠，在应有的审计程序执行完毕、审计底稿完成后，再次检查之前的工作是否都达到了风险导向审计的要求。分析性复核主要是分析和发现比率、趋势等方面的异常变动，有利于降低审计风险、提高审计质量。若在复核时，注册会计师发现个别指标波动异常，应检测审计程序是否合适并追加适当的审计程序。在审计实务中，针对一些重点审计领域实施的审计程序可能存在漏洞，诸如有些企业未发函，回函金额不完整，替代性测试执行不当等，这些问题都能通过分析性复核程序发现并及时予以解决。若漏洞仍存在，证明此次分析性复核程序执行不到位。

注册会计师温某、王某未能适当关注分析性复核程序，未充分利用比较分析法、比率分析法和趋势分析法对企业的数据进行评估，导致出现部分关键审计证据缺失和虚假的情况，比如其未能发现HH风电在2011年年报上的利润值是不符合实际情况的，未能再追究其利润产生变化的原因。温某始终认为：他已复核这一系列文件，包含总体审计策略、具体审计计划、总结报告、最后的审计报告等，也跟管理层就一些重大问题进行了沟通，但也认同确实只阅览了极少项目的工作底稿，未关注风险评估程序、内控相关测试等多项工作底稿。同为在现场负责工作的签字注册会计师王某，也未仔细复核相关工作底稿。其在执行审计程序时没有及时发现HH风电的财务舞弊，均出具了标准无保留意见的审计报告。

（3）审计报告

LL会计师事务所对HH风电2008—2010年的年报进行了发债审计，并于2010—2012年对HH风电进行年终审计，均出具了标准无保留意见审计报告。具体情况见表4-5。

（4）事件后续发展情况

根据LL会计师事务所违法行为的事实、性质、情节与社会危害程度，依据《中华人民共和国证券法》的有关规定，证监会决定：

第一，责令LL会计师事务所改正，没收业务收入95万元，并处以95万元罚款；

第二，对温某、王某给予警告，并分别处以10万元罚款等。

根据HH风电公司违法行为的事实、性质、情节与社会危害程度，依据《中华人民共和国证券法》的有关规定，证监会决定：

表4-5   2010—2012年HH风电审计意见表

债券名称	11HH01		
股票名称	HH风电		
股票代码	601558		
年度	2010年	2011年	2012年
审计机构	LL会计师事务所	LL会计师事务所	LL会计师事务所
审计意见类型	标准无保留意见	标准无保留意见	标准无保留意见

第一，责令HH风电改正，给予警告，并处以60万元罚款；

第二，对韩某等人给予警告，并分别处以30万元罚款；

第三，对常某等人给予警告，并分别处以10万元罚款；

第四，对韩某等采取相应的市场禁入措施。

2012年3月6日晚，HH风电称由于会计差错导致其2011年虚增利润1.68亿元。5月底，HH风电称其当天收到关于公司涉嫌违反证券法律法规的证监会立案调查书。6月，HH风电面临来自美国司法部的诉讼，如败诉可能面临最高数十亿美元的罚金。HH风电在债券发行完成后随即变为亏损。2012年公司亏损5.83亿元，2013年累计净利润继续亏损，面临违约危机。2014年8月29日，HH风电全资子公司江苏HH拟出资不超过7亿元以购买部分"锐01暂停"的方案，最终遭到债券持有人大会表决否决。2014年11月，"11HH01"进入回售期，最终公司通过出售部分应收账款和让渡23.87%的股权获得17.8亿元资金并筹措数亿元余款，完成了"11HH01"的利息兑付，偿还了回售本金。

2014年，虽然公司实现了业绩上的扭亏为盈，但依然面临着重重困难。同时，公司面临债券回售兑付压力，经营业绩的下滑及资金的紧张引发市场对HH风电的偿债能力和可持续经营能力的担忧。2015年5月，HH风电被上海证券交易所撤销退市风险警示，恢复正常交易，公司债券也于同月恢复上市交易，但HH风电在资金回款、处置库存物资、恢复银行融资、解决重大诉讼事项等方面依旧面临重重困难。在多重因素的影响下，2015年公司净利润亏损达到了44.5亿元。2016年10月28日，HH风电发布的三季报显示，前三季度净利润为-6.6亿元，预计HH风电2016年1—12月的累计净利润为亏损。HH风电发行的"11HH02"债券于2016年12月27日到期，上交所于2016年12月27日终止其在上交所市场的上市交易。

四、结语

面对债券违约危机，"11CC债"虽后来通过重组实现兑付但已构成实际违约；"11HH01"通过出售应收账款和让渡股权获得资金并筹措数亿元提前回购，虽未违约却频频被曝存在严重的财务舞弊。两家公司的偿债能力和经营业绩可见一斑，但却都通过层层审核成功发行债券。本案例值得我们思考的问题包括：

1.从财务结构和盈余质量来看，在发行债券的前后几年中，这两家公司的偿债能力到底如何呢？

2.对比分析两家公司的审计机构所采用的审计程序，没有关注审计风险的HH风电其问题出在什么地方，成功实现兑付的CC太阳其审计控制程序的优势又在哪里？其中存在哪些未识别的风险？

3.为了预防债券违约风险，应当采取哪些审计防范措施？

>>>> **案例五 知否，知否，应是函证未做好**①

根据证监会通报的2018年度审计机构基础审计程序（函证）专项检查情况，会计师函证情况令人担忧！存在问题较大，函证控制不到位的问题最为突出，未对部分账户实施函证也未记录不予函证的理由，在未回函、回函不符、回函异常或不可靠时未采取措施获取进一步审计证据等问题也较为突出。我们来回顾一下财务报告审计中的函证程序案例，试图让大家在真正意义上对函证的本质有所了解，并可以正确运用该审计程序。

一、案例背景

FG公司主要从事鞋履、商务休闲装等的生产及销售，曾经颇具知名度。2013年12月，FG在中国香港主板上市。上市之后，公司业绩就出现颓势。2017年上半年，FG总营收仅为4.08亿元，与三年前的2014年相比，跌幅高达64.9%，亏损1 088.73万元，具体如图5-1所示。

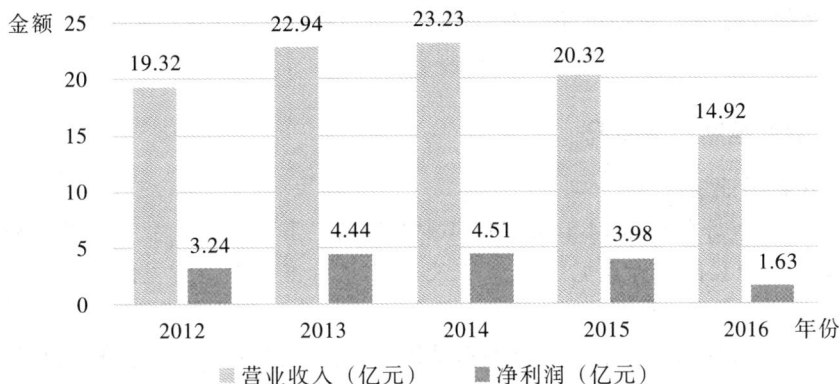

图5-1 FG历年总营收与净利润走势

2015年4月22日，FG发行了"14FG"债券，本金金额8亿元，期限5年，前3年票面利率为6.3%。该债券附第3年年末发行人上调票面利率选择权和投资者回售选择权，回售兑付日为2018年4月23日。债券远未到期，违规担保就东窗事发。2016年9月13日，FG因需核查对外担保情况，债券停牌，风险初次显现。后来的信息证实，违规担保的对象主要包括其母公司FG集团及其关联方，构成关联方交易。2017年1—7月，FG发生担保履约，银行存单被划转用于归还被担保人的借款，金额共计16.15亿元。

2018年2月底，风险的盖子被进一步揭开，FG证实：公司资金拆借金额（含担保已被银行划扣履约的金额）合计至少为42.29亿元；加上相关资产减值等因素，公司至少存在49.09亿元资产很可能无法收回。截至2017年年底，FG可动用的活期存款及流动资金不足1亿元。2018年2月底，公司再次发生担保履约，银行存单及其产生的利息被划转用于归还被担保人的借款及其利息，金额合计为1.58亿元。还原整个过程，市场知悉FG的违规担保事宜是在2016年，但相关问题早在2014年就已经发生。

此外，FG也存在掩盖股改业绩承诺款未真实履行的情况，虚构付款33 482万元购入

---

① 编者：刘桂良、雷建洪、郭云萍、李梦茹，本案例依据证监会相关处罚结果整理。

面值 34 705 万元的银行承兑汇票。并且，FG 通过票据贴现、票据置换及用票据支付预付款的交易，导致 2016 年年度财务报表中虚增资产占资产总额的 62%，虚增营业收入和利润分别占营业收入、利润总额的 10%、90%。在对应收账款等项目进行函证时对函证过程失去控制，严重违反审计准则的规定，造成审计重大失误。

BB 事务所是世界上最大的专业服务机构之一，在全球超过 140 个国家或地区设有分支机构，在国际上享誉颇久。BB 事务所在中国大陆提供的服务包括：审计、内部审计、信息风险管理、税务、财务咨询。BB 事务所于 2015 年、2016 年担任 FG 公司的审计工作，于 2017 年 3 月 17 日辞任。

除了 BB 事务所外，"14FG"债券能顺利发行，也离不开券商、评级机构的"帮忙"。"14FG"债券的保荐人、主承销商、债券受托管理人为 GJ，该债券的评级机构为 DJ。DJ 出具的 2014 年 FG 公司的主体信用等级为 AA，债券信用等级为 AA。2017 年 8 月，DJ 在发现 FG 存在未披露对外担保的情况下，仍维持了公司 AA 的评级。在 FG 违规担保受到证监会等相关单位的警示后，DJ 才开始下调评级，逐步由 AA 调到 CC 级。CC 级的含义，大致可以理解为在破产或重组时可获得保护较小，基本不能保证偿还债务。

在 FG 债券事件中，受损的不仅仅是债权人。自 2015 年 3 月以来，FG 港股股价下跌 47%，市值蒸发 38 亿港元，股票投资者也惨遭血洗。

二、事务所函证程序实施情况

1. 银行存款函证情况

BB 事务所在审计公司 2014 年和 2015 年财报时称"我们相信，我们已获取充足、适当的审计证据，作为我们审计意见的基础"，并给出了标准无保留意见的审计报告，并没有提及担保事宜。

FG 主要以银行存款质押的方式对外提供担保，被担保方主要为母公司 FG 集团及数家商贸公司。银行存款是审计师审计的重点，最有效、直接的审计方法是函证。BB 事务所对 FG 2014 年及 2015 年的银行存款的审计工作底稿中显示，对部分银行的定期存款"是否被质押、用于担保或存在其他使用限制"事项未实施函证，也未在审计工作底稿中说明未函证的理由。

2017 年 3 月中旬，BB 事务所辞任 FG 公司的年报审计工作，并披露了 FG 存在对外担保的情形，FG 债券已经停牌，且 FG 在 2016 年 9 月的公告中已经披露，因公司下属子公司存在向关联方提供担保的情形，将延迟发布 2016 年中期业绩。而截至 2016 年 6 月 30 日的中期审阅期间，BB 事务所发现首次有资料显示 FG 公司一家附属公司可能曾将其存款质押予相关银行，为本公司关联人士借取的贷款提供担保。

2. 应收账款函证情况

BB 事务所在对 FG 实施应收账款函证时，是在 FG 集团总部安排 FG 集团工作人员与审计项目组成员一起填写询证函快递单并寄出，而 FG 集团各子公司的询证函则由审计人员填制好询证函，由 FG 集团下属子公司在各地自行寄出。审计人员要求 FG 集团将发函的快递底联全部寄回并由 FG 集团转交 BB 事务所，或由 FG 集团子公司直接寄回 BB 事务所总部。

函证结果在 BB 会计师事务所 2015 年年报审计工作底稿显示，通过传真取得的 9 家不同单位的询证函回函上所记录时间，最早为2016年某日下午3：44，最晚为同日下午3：49，中间间隔仅5分钟。针对询证函回函（均系传真件）时间高度集中情况，会计师未对回函情况实施核验、分析识别等追加审计程序。

同时，BB事务所收到的6家单位的询证函回函，有4家盖章为非"鲜章"，2家为"鲜章"，还存在供应商名单与盖章公司名单不符等情况；数家供应商回函均是同样的邮寄信息；不同地区供应商回函由同一快递员收件；回函存在大量回函的快递单连号或号码接近、发函与回函快递单号接近的情形。BB事务所未设计和实施追加的审计程序予以核验，审计工作底稿中亦没有更多的说明。

BB事务所审计工作底稿未按拟定的选样标准进行发函。审计项目组对应收账款函证发函的选取标准定为10万元以上全部发函，10万元以下随机抽取。但在实施函证程序的过程中，审计人员未严格执行拟定的发函标准，对部分10万元以上的供应商未进行函证。原拟定的涉及FG集团总部的发函清单共有供应商228家，实际发函54家。原先拟定的发函清单计划应向200家供应商发函，但发函快递单统计实际发函为97家。

审计工作底稿中保留的函证发出快递单和回函快递单均不完整，事务所选取的某产品的31个客户进行函证，函证的发出快递单留存25份，缺失6份，占比19.35%，而对应的该6家公司，均存在销售业务虚假的情形。回函快递单缺失8份，占比25.81%，其中对应的7家公司存在销售业务虚假的情形。事务所在函证时未按照审计准则的要求核实被询证者的姓名等信息的真实性，函证发出后未采取与客户电话联系等方式对函证进行跟踪确认。

3.应收票据的函证情况

证监局调查发现FG应收票据置换业务相关的较大资金往来账户，存在当期开立、当期销户，大额交易发生额仅一收一付，且金额同为6 200万元等异常现象。BB事务所实施的审计程序仅为获取销户申请书一项，未获取银行对账单，也未实施函证等进一步的审计程序以证明相关资金的真实性和准确性。

此外，FG也存在虚构付款33 482万元购入面值34 705万元的银行承兑汇票。并且，FG通过票据贴现、票据置换及用票据支付预付款的交易，上述票据均无前手的背书记录，且存在FG与银行提供的票据复印件的票面信息、票面样式、印章位置不一致，相关票据在承兑银行查无相应票号的情况。BB事务所在审计中并未实施查询票据承兑银行并获取银行确认函的审计程序，在审计工作底稿中也未说明未执行该项审计程序的原因。

证监会有关人士表示，在FG公司债券发行审计与年度财务报告审计过程中，函证程序运用不当，致使对投资者构成极大误导，证监会本着"一个不能少"的原则，不仅仅对BB事务所提出警示和处罚，也对同行业会计师事务所在执业过程中应当重视"函证"这一基本程序进行再次提醒。

三、函证结果判断争辩：谁来买单？

BB事务所收到证监会警示函的消息公布后，针对BB事务所未函证FG银行存款的债券担保情况，多位网友表达了自己的看法，主要分为两类。其中一类观点认为：

"在2014—2015年审计年度，BB事务所已经强制要求全部项目的银行存款函证使用共享中心发函，统一的模板，统一的收发流程，即使在极特殊情况下手发函证也会使用统一模板，哪个项目组闲得自己做模板，银行回资信证明的，也怪项目组么，那几家银行都这么回的？"

"事务所不是有保留发函扫描件吗？证明发函时有函证相关信息，只是银行背景硬要按自家格式回函，找出来怼给证监会让证监会和银监会沟通才是有效办法啊！"

"统一的函证模板上都有质押担保情况的条目，银行用自己的模板回函没有说明书情况也能算事务所的锅？"

……

这类网友认为真实情况可能是BB事务所实际是函证了银行存款的质押担保情况，只是银行习惯用自己的模板回复，考虑到早年银行回函模板并没有质押担保说明的情况下，银行自己模板可能没有回复银行存款的质押担保情况，那么银行配合事务所再出一份函证的可行性比较低，因此银行的回函制度也要承担或多或少的责任，并不是BB事务所全责。

另一类观点则认为：

"本次处罚的关键在于'未在审计工作底稿中说明未函证的理由'，不能只关注银行自有模版的问题。"

"这是明显的审计范围受限，而既没有跟进，也没有采取任何替代程序。"

"发函模板也不是万能的，这么大的定期存款应该再做点审计程序，往年说不定就质押了，以前的审计报告可能就有，发函模板如果你不填它这栏直接显示斜杠或者无，银行不会仔细看的。"

这类观点认为无论真实情况是不是银行回函模板的问题，作为注册会计师，面对如此巨额的银行存款，在确定其有没有质押担保情况时，至少要追加审计程序以及在审计工作底稿中作出说明，但是BB事务所并没有，因此BB事务所被监管是合情合理的。

此外，针对BB事务所的应收账款、应收票据函证程序中的做法，网友的看法也争辩不一。有的网友这样说：

"对FG集团审计时，时间那么紧，利用子公司的人员帮忙也是不得已，如果时间充裕就不会了。"

"有的10万元以上的供应商本来信誉就很好，长期合作，也不用全部发函，这样还提高了工作效率。"

"FG集团询证函是集团人员与审计人员一起填写，审计人员也可以有效控制询证函呀，不一定是失去独立性。况且，回函快递单丢失也不是审计人员的错啊，如果是快递员丢了，审计也没有办法。"

"应收票据有异常现象，因为审计人员的审计是抽查，况且审计是合理保证，有个别重大错报没有查出来，只要审计程序都做了，就是可以免责的。"

而有网友却不同意以上观点，他们这么认为：

"如果发函时间紧，一开始审计程序就不用制定那么低的发函标准，少做函证多做替代程序，独立性是万万不能丢的。""审计人员和集团人员一起填询证函也可以，但是填完后审计人员要进行核对，检查金额、地址、联系方式，并且审计人员一定要独立寄出，不能让FG公司的人寄出去。"

"函证是实质性程序的一种，函证如果未收到被询证方的回函，注册会计师应当实施替代审计程序。更有甚者，替代程序不能提供 CPA 需要的审计证据。在这种情况下，如果未获取回函，CPA 应当确定其对审计工作和审计意见的影响。BB 事务所却并未按规定执行。"

"虽然审计是合理保证的，但这不是减轻审计人员没有实施应实施审计程序而导致的未发现重大错报的理由。""BB 事务所根本没有按照审计准则的要求对函证加以控制。首先，对于短时间段内的集中回函，没有引起警惕，试想哪有这么巧合的事情？其次，函证程序不合规，事务所应当对函证全过程予以控制，从制作函证、发函、收回函证全过程根本就不能让被审计单位参与，何况是协助事务所发函、回收函证呢？无可辩驳，BB 事务所应当承担审计责任。"

"在选择函证项目时，除了需要考虑金额较大的项目外，还需要考虑风险较高的项目。BB 事务所针对当期开立、当期销户的银行账户，应当予以关注，即便这个账户涉及的资金并不重大，但风险较高。"

BB 事务所此次审计究竟失败在何处？是否承担责任？这在网络上引起了广泛的讨论。

四、结语

本文由 BB 会计师事务所收到证监会警示出发，回顾了 BB 会计师事务所对 FG 的审计程序过程以及专家公众不同的意见，同时整理了不同类型的函证审计不规范案例。对此，提出以下问题：

1. 对于 BB 会计师事务所未对 FG 公司存在银行存款抵押的情况进行审计，是银行的责任还是审计师的责任？审计师是否履行了审计准则？函证银行回函证据的适当性如何？

2. 在审计函证的过程中，未收到回函或回函不符，应采取什么措施？

3. 审计师如何分析函证回函结果？

4. 审计师如何控制函证过程？

>>>>> **案例六   基于审计专业判断的公司资产组减值测试案例**①

资产及资产组的减值测试，对重资产型公司的财务报表影响重大。在B发电有限公司（以下简称"B公司"）年度财务报告审计中，审计师针对资产组给出的审计结论是"不存在减值"。但在会计师事务所的执业质量检查中发现，审计师在对B公司资产组进行减值测试时，其审计专业判断的过程与结果存在问题，包括信息收集的质与量较差、审计专业判断标准模糊、审计人员专业判断结果说服力弱等。此案例旨在引导学员思考审计人员在审计专业判断过程中存在的不足，以及影响审计人员审计专业判断质量的内在及外在原因，以对案例中资产组减值审计专业判断提出相应的改进意见。

一、案例背景

2006年2月财政部颁布了《企业会计准则第8号——资产减值》，并规定上市公司于2007年1月1日起正式实施。该准则首次提出了"资产组"的概念，资产组减值同资产减值一样，给企业带来了很大的影响，受到会计理论界和实务界的普遍关注。这种影响主要体现在两个方面：一方面，资产在会计报表中的数额通常很大，由于外部及内部环境的变化导致资产减值的变动具有不确定性，企业全面实施资产减值制度以后，资产中不实的部分被进一步挤干，资产质量将得到改善；另一方面，在实行资产减值制度的上市公司中，很多企业利用资产减值制度，通过在某一会计年度内计提巨额资产减值准备，充分释放经营压力，进行报表操控，实施盈余管理。

审计专业判断是一个连续的、贯穿整个审计过程、渗透审计各个层面的思维活动，是一种抽象的、受到多种因素影响的、与审计人员能力息息相关的素质。由于资产减值涉及诸多会计估计、假设以及管理层的主观判断，这对审计人员的专业判断能力要求很高，然而较高的审计专业判断能够帮助审计师更好地、更加高效地实现审计目标，控制审计风险。

水力发电企业是典型的重资产型公司，公司资产由大量不可移动或者挪为他用的大坝、专有设备等构成，资产价值的公允性与计量的准确性直接关系到整个公司财务报表的可信程度。针对发电企业的资产组减值审计，在审计具体事项时，审计专业判断就显得尤为重要。2014年，R会计师事务所接受委托，对ZD投资集团进行审计。

二、案例回顾

（一）事务所的基本情况

R会计师事务所系国内一家大型会计师事务所，拥有多家网络分所，业务种类丰富全面，其前身系Z会计师事务所。Z会计师事务所于2013年发生一次重大合并，由此变更为如今的R会计师事务所。

B公司的审计项目自2008年以来就由Z会计师事务所（R会计师事务所前身）负责。该事务所委派的项目组及其主要负责人也是同一批审计人员。对于连续审计项目，2013

---

①   作者：刘桂良、杨寄秀、陈柳絮、张晴、梁晓宇、张洁。本案例依据杨寄秀毕业论文改编（湖南大学，2016年）。

年正好是审计准则要求更换会计师事务所的年份，但是由于事务所合并事项发生，该项目直接由合并后的 R 会计师事务所的同一批审计人员承接。

（二）审计客户的基本情况

B 公司为水力发电生产企业，系 2004 年 4 月 13 日由 WL 电力有限公司与 ZN 勘测设计研究院共同投资设立，现主要负责两个内部核算电厂（H 水电厂、T 水电厂）的生产经营管理。

其中，H 水电厂建于 20 世纪末，已完成竣工结算，目前处于稳定运营状态，该电厂历年发电量稳定，各项财务数据及运营数据变动不大。

T 水电厂是公司近年设立的电厂，位于沅水干流上游，H 省 H 市 T 镇下游约 3.5 千米的 D 祠。自 2003 年正式启动，2004 年完成实物量调查，2005 年 3 月副坝开工，2008 年 4 月完成项目核准，2009 年 4 月完成用地审批并复工建设，2013 年首台机组发电。T 水电厂的开发任务以发电为主，兼有航运等综合利用效益，属于一等大型工程，航运按 50 吨级船只过坝设计，设计货运量 20 万吨/年，航道等级Ⅶ级。T 水电厂正常蓄水位 250 米，相应库容 12.49 亿立方米，调节库容 6.15 亿立方米，库容系数 0.037，具有不完全年调节性能。电站安装 4 台单机容量为 200 兆瓦的混流式水轮发电机组，2 台单机容量为 15 兆瓦的混流式水轮发电机组，总装机容量 830 兆瓦，保证出力 128.9 兆瓦，多年平均电量 21.31 亿千瓦时，年利用 2 664 小时。

水力发电企业不同于火力、风力发电企业，更加不同于其他类型的企业，主要有以下财务特征：

（1）发电成本低、效率高。

（2）建设投资额较大、工期长、回收期长。

（3）发电不均衡，易受多种因素影响。

（4）企业资产主要为固定资产，并且这些固定资产相互之间的协同作用力大、关联程度高。

（三）审计专业判断的运用

本次对 B 公司的审计是 ZD 投资集团年审项目下的子项目。在审计业务承接阶段需要运用审计专业判断的事项主要包括两个方面：第一，是否接受业务委托；第二，会计师事务所的审计人员是否具备专业胜任能力和独立性。R 会计师事务所运用专业判断，对是否承接业务委托以及项目组是否具备专业胜任能力与独立性进行了记录与评估。

背景 1：该审计客户为该事务所的重要客户之一，业务的收费占整个会计师事务所收入比例未达到 10%，但是对于 R 会计师事务所下属该部门来说，该业务的收入达到了部门业务收入的 80%，一旦失去该审计项目，对于该部门的正常运行影响重大。

背景 2：该审计项目自 2008 年以来就由 Z 会计师事务所（R 会计师事务所前身）进行审计。2013 年本该更换事务所，由于事务所合并，该项目直接由原来的 Z 会计师事务所更改为合并后的 R 会计师事务所进行审计，并仍由原班人马负责。

背景 3：在与公司管理层初步沟通的过程中，管理层暗示由于当年水量较为均匀而且丰富，公司利润情况非常不错，已经完成预算数目，希望会计师事务所人员对财务报表进行润色，以达到上级考核的目标：既不要出现低于预算的情况，也不要超出预算数的

30%；这样就可以为下一年的目标制定降低基数，有利于下一年度的目标考核和绩效评价。

背景4：B公司由谷一及柳四带队审计，整个年审工作分为两个阶段：预审阶段为2014年11月1日至2014年11月15日；年审现场工作阶段为2014年12月15日至2015年1月30日；整个集团报表审计项目组的成员由R会计师事务所员工与实习生构成，具体情况见表6-1。

表6-1　　　　　　　　　　　　审计项目组成员构成情况表

序号	姓名	性别	职位	专业	从业年限	是否为注册会计师	是否为连续审计
1	周大	男	高级经理	财务	15年	是	是
2	谷一	男	经理	财务	10年	是	是
3	李二	男	经理	金融	8年	否	是
4	吴三	男	外聘专家	会计	5年	是	否
5	柳四	男	助理	会计	4年	否	是
6	甲	女	实习生	会计	在校生	否	否
7	乙	女	实习生	会计	在校生	否	否
8	丙	女	实习生	会计	在校生	否	否
9	丁	女	实习生	会计	在校生	否	否
10	戊	女	实习生	会计	在校生	否	否

背景5：在项目组成员中，项目组负责人周大、项目组主要成员李二自会计师事务所承接ZD投资集团审计工作以来，一直负责该项目的审计；二人因此见证了现在职的财务负责人如何从普通职员晋升为公司财务负责人的，三人私交甚好；二人所在部门一直从事发电企业、电网企业的审计工作，具有一定的行业专长。

背景6：公司财务负责人提出，集团公司有意从R会计师事务所中聘请一位常驻专家，作为集团公司的财务顾问，负责帮助公司打理日常财务事宜，组织财务人员培训，以提高公司财务核算水平。

基于以上记录的背景信息，R会计师事务所填制了业务承接阶段专业判断表，见表6-2。

会计师事务所认为：该审计项目组多次承接该项审计业务，并且多次从事类似电厂、电网项目的审计，对此行业的审计项目有一定的经验，具备专业胜任能力，可以很好地承接业务；另外，通过自我评价与会计师事务所合伙人的复核，该项目组成员符合审计准则关于独立性的规定，不需要采取措施防范独立性的威胁，审计项目组成员可以承接和从事相应的审计工作，符合相关的质量控制要求。

表6-2　　　　　　　　　　　　　**业务承接阶段专业判断表**

背景	审计专业判断结果	理　由
背景1	不存在因经济利益而对独立性产生不利影响	未对客户产生重大依赖
背景2	不存在合规风险	合并后的会计师事务所是一个新的主体，符合审计准则中的相关规定
背景3	可能存在重大错报风险	管理层可能不诚信，有应对业绩考核而粉饰报表的动机
背景4	不存在因时间压力而产生对专业胜任能力的不良影响	项目组成员有足够的时间应对审计项目
背景5	项目组具备专业胜任能力	项目组有足够的经验，有一定的行业专长
	不存在因密切关系产生对独立性的不利影响	项目组能够较好区分工作与生活，且不属于审计准则中列举的禁止范围
背景6	可能影响独立性	审计人员不得代行管理层职责，但是这只是一个构想，并未实施

三、风险评估程序

2014年11月，事务所接受委托后，审计项目组到现场进行预审工作。R会计师事务所在与管理层及财务报表编制关键人员的沟通中了解到以下事项：

尽管已经实现首台机组的发电，但是新修的T水电厂尚未真正建成：电厂共设4组机组，设备配备未完成；与电厂配备的生活区、副坝等尚有施工队员在现场进行工作，未实际完工；往来船舶运输设备尚未安装完毕。目前实际发生的建造成本已经超过电厂设立时的项目概算成本，管理部门未对其资产组进行减值测试，也不承认资产组存在减值。基于此，项目组负责人向B公司索取了当年资产负债表、利润表（见案例后面的相关链接），以及T水电厂的概算成本、内部核算资料，以进一步了解被审计单位的情况。T水电厂概算资料见表6-3。

T水电厂内部会计核算资料见表6-4。

由于为连续审计，根据项目组的经验以及预审了解的被审计单位的情况，即便识别出实际成本已超支的情况，再加上被审计单位经营状况等未发生较大改变，审计项目组仍将其重大错报风险定为较低水平。

表6-3 　　　　　　　　　　　　 T水电厂概算资料 　　　　　　　　　　 金额单位：万元

编号	工程或费用名称	投资额	占总投资的比例
Ⅰ	枢纽工程	235 154.29	26.93%
一	施工辅助工程	34 063.74	3.90%
二	建筑工程	103 125.55	11.81%
三	环境保护和水土保持工程	3 193.99	0.37%
四	机电设备及安装工程	81 295.69	9.31%
五	金属结构设备及安装工程	13 475.32	1.54%
Ⅱ	建设征地和移民安置补偿	352 007.81	40.33%
一	建设征地和移民安置——水库淹没处理	348 361.72	39.91%
二	建设征地和移民安置——建设场地	3 646.09	0.42%
Ⅲ	独立费用	152 916.73	17.52%
一	项目建设管理费	43 110.53	4.94%
二	生产准备费	1 756.34	0.20%
三	科研勘测设计费	32 462.01	3.72%
四	其他税费	75 587.85	8.66%
	Ⅰ、Ⅱ、Ⅲ部分合计	740 078.83	84.78%
Ⅳ	基本预备费	21 471.16	2.46%
	工程静态投资合计	761 549.99	87.24%
Ⅴ	建设期价差	24 192.22	2.77%
一	工程价差	23 471.32	2.69%
二	价差预备费	720.90	0.08%
Ⅵ	建设期利息	87 209.42	9.99%
	总投资	872 951.63	100.00%

表6-4　　　　　　　　　　　　T水电厂内部会计核算资料　　　　　　　　　　单位：元

项　目	2014年12月31日	2013年12月31日
其他应收款	11 520 607	7 683 089
存货	844 152	—
固定资产原价	33 365 285	27 694 602
减：累计折旧	8 664 461	6 533 963
固定资产净值	24 700 824	21 160 639
减：固定资产减值准备	—	—
固定资产净额	24 700 824	21 160 639
在建工程	10 398 259 814	7 212 608 410
资产总计	10 435 325 397	7 241 452 138

四、资产减值审计实质性程序

(一) 减值迹象的判定过程

根据获取的资料，由于目前T水电厂的实际建造成本为1 043 532.54万元，超过表6-3中T水电厂项目概算数872 951.63万元，审计人员根据企业会计准则中的"内部证据表明资产经济效益明显低于预期"判断资产组出现了减值迹象，提请公司进行资产组减值的相关处理。

(二) 资产组的认定过程

项目组成员根据准则的规定，结合自己的专业知识与经验，确定了以下几个资产组认定的原则：收入独立原则、强化资产管理原则、关联性原则、最小化原则、可操作性原则、相对固定原则。

审计项目组成员通过内部会议讨论，并向R会计师事务所内部专家进行咨询，确定了资产组认定的基本思路和流程：首先，初步确定资产组。初步确定资产组时主要考虑的是管理层的管理偏好以及实体资产的表现形式。其次，检验和测试初步确定的资产组是否能够独立产生现金流量，"是"则进入下一步测试，"否"则返回第一步重新认定。最后，判断初步确定的资产组是否为可区分的最小单位的资产组合。

资产组现金流的判断过程如图6-1所示。

项目组成员在审计过程中发现：（1）企业已对单个电厂独立建立账套，进行独立核算，并且会计资料较为健全；（2）在与管理层沟通时，管理层无其他特殊的经营安排，认定单个电厂为独立资产组；（3）电厂性质特殊，资产专用性较强，并且要所有资产一起使用才能发挥较好的效用；（4）如果将其中某项资产单独进行减值认定，无法产生独立的现金流；（5）T水电厂尚处于筹建阶段，尚未进行竣工结算，通常电厂购入的材料、物资都是为电厂的进一步建设而准备的，都与电厂相关且预计都会投入到电厂的建设中。

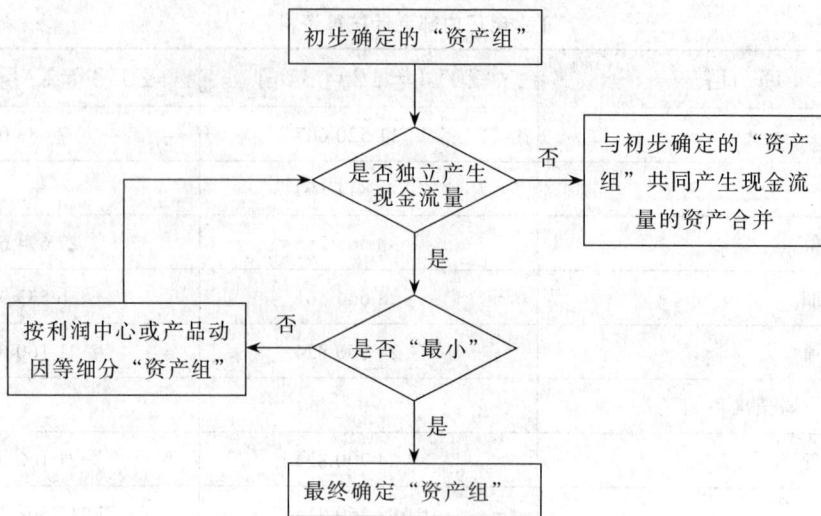

图6-1 资产组现金流的判断流程图

项目组根据流程图结合收集的信息判定：T水电厂由主坝、副坝、电站厂房、引水系统、通航建筑物和河湾地块防渗工程组成，以上资产只有组合在一起才能发挥电厂生产发电的功能，因此将T水电厂整体认定为一个资产组。

（三）减值测试的审计专业判断过程

1.T水电厂资产组账面价值的确定

审计项目组根据企业会计准则，结合自身从业经验等，确定了T水电厂账面价值金额确认的流程：首先，根据公司和T水电厂的会计核算资料，确定T水电厂的构成部分以及各构成部分的账面价值；然后，分析T水电厂资产组是否存在需要将总部资产和商誉分摊的情形，如果有，使用合理的方法分摊至T水电厂资产组；最后，将前两部分的账面价值合计作为资产组的账面价值，作为与减值测试测算的可回收金额比较的基础。

T水电厂资产组账面价值计算的具体过程如下：

首先，资产组账面价值的计算比较简单，根据公司会计核算资料，T水电厂资产组的账面价值测算见表6-5。

表6-5 　　　　　　　　　　　　**T水电厂资产组账面价值测算表** 　　　　　　　　　　　单位：元

项　　目	2014年12月31日	2013年12月31日
其他应收款	11 520 607	7 683 089
存货	844 152	—
固定资产	24 700 824	21 160 639
在建工程	10 398 259 814	7 212 608 410
账面价值合计	10 435 325 397	7 241 452 138

然后，总部资产和商誉的分摊：

B公司共两个电厂，未设立实体总部，只是在核算过程中设立了本部核算的账套，因未涉及人员及实务资产，故总部资产分摊至资产组的金额为0。

B公司成立以来，未发生企业合并事项，无合并产生的商誉，故商誉分摊至资产组的金额为0。

最后，将前两部分的价值进行合计，得出该资产组2014年年末的账面价值为10 435 325 397元。

2.可回收金额的测算

可回收金额通常包括两种计量属性：公允价值与未来现金流量现值。企业会计准则规定以二者中较高者作为可回收金额。审计人员考虑了T水电厂的实际情况：T水电厂所处地理位置特殊，且每个电厂在进行选址时都有其特定的地理优势，该种优势无法复制，难以找到可比发电厂的价值作为对比；电厂在建造时考虑到水量和效益的问题，通常电厂与电厂之间相距甚远，用上下游的电厂进行对比也缺乏可比性；电厂整体资产较大，且市场中未发现进行电厂交易的事项，难以确定其成交价格和公允价值。

综合考虑以上因素，审计项目组成员决定：以电厂的未来现金流量现值作为其可回收金额，未来现金流量现值的计算主要考虑其未来可以带来的收入以及运营电厂所要发生的成本。

在使用未来现金流量现值作为资产组的可回收金额时，主要的工作是预测未来的现金流量，包括现金流入的预测、现金流出的预测、折现率的预测以及折现年限的预测等。以下为具体内容：

（1）现金流入的预测

T水电厂资产组的现金流入主要为收到的与电网公司结算的上网电费和政府补助。

上网电费的计算公式为：资产组第n年的现金流入=第n年上网电量×第n年上网电价。审计项目组人员收集了上网电量与上网电价的信息：发电厂上网电量与实际的装机容量、电量的实际需求有关，T水电厂的上网年发电指标由H省电网公司分配，实际上网电量难以预测，且电力能源属于特殊的产品，虽然可以在一定程度上进行控制，但是由于其不能保存，又受到客观水量、气候等的影响，因此公司的实际产能难以预测；上网电价由国家统一制定。

电厂另一部分收入来源于政府补助，现如今国家大力发展清洁能源，对于水力发电等清洁能源的补贴规模有增无减，且目前水力发电的规模占总发电量的比例约为20%～30%，水力发电替代火力发电的潜力巨大。

项目组根据企业目前的装机容量，以2014年的发电量为基准数，以年递增5%的速度为发电量的增长数，增长至装机容量的90%后稳定增长（90%的发电效率主要参考的是H水电厂稳定运营后的效率水平）。项目组考虑到电价制定的不可控性，假设电价的年增长率为5%。政府补助的金额以2014年的实际发生数为基准，保持不变。

（2）现金流出的预测

T水电厂资产组的现金流出主要为实现现金流入所必需的预计现金流出，主要包括运营电厂所必需的投入、涉及的税金以及其他与电厂运营相关的付现费用。

项目组根据行业特征及企业历史数据，以2014年数据为基础：假设职工薪酬年增长率为5%；根据有关政策，确定水资源费与库区维护基金的提取比例为当年发电量的0.2%；修理费以2014年数据为基数，年增长率为5%；相关税金为售电收入的1%；其他经营成本包括销售费用、管理费用等需要付现的费用，为售电收入的5%。

（3）折现率的选择

在折现率的选择上，通常首选的是资产组的市场利率，如果市场利率无法获得或者难以适用，则应当使用替代的利率作为折现率，如企业的加权平均资本成本、边际资本成本、借款利率等。

电力行业属于我国的基础产业之一，主要与宏观经济的发展情况相适应。电力行业经过长期的发展，已经趋于较为稳定的情况。在本案例中，由于电力行业的特殊性，项目组根据资产组的实际情况谨慎选择，选取了集团公司整体的必要报酬率作为资产组的折现率，考虑到发电公司对未来不同期间的风险差异或者利率的期间结构反应不敏感，折现期间使用单一的折现率。项目组最终选取10%为折现率。

（4）折现年限的预测

在本案例中，项目组根据可行性研究报告中项目投资收益测算表以及ZD投资集团对电厂资产的折旧年限50年的规定，最终确定，电厂的折旧年限为50年。

项目组对T水电厂资产组未来现金流量现值的测算见表6-6。

表6-6　　　　　　　　　T水电厂资产组未来现金流量现值测算表

年　份	N	N+1	N+2	…	备　注
1.现金流入					现金流入=1.1+1.2
1.1售电收入					售电收入=1.1.1×1.1.2
1.1.1单位电价					
1.1.2售电量					
1.2其他流入					因水电为清洁能源，主要为政府补助
2.现金流出					现金流出=2.1+2.2+2.3
2.1经营成本					经营成本=2.1.1+2.1.2+2.1.3
2.1.1职工薪酬					年现金成本递增5%
2.1.2水资源费与库区维护基金					根据发电量测算，因地域差异有所不同，为0.2%
2.1.3　修理费					年现金成本递增5%
2.2　税金及附加					根据售电收入测算，为售电收入的1%
2.3　其他经营成本					包含管理费用、销售费用等付现费用，为售电收入的5%
3.净现金流量					净现金流量=现金流入-现金流出
4.折现系数					折现率为10%
5.净现金流量现值					净现金流量现值=净现金流量/（1+10%）
6.净现值					净现值=$\sum$净现金流量现值

在预计了资产组的未来现金流量和折现率后，资产组未来现金流量的现值只需将该资产组的预计未来现金流量按照预计的折现率在预计的资产组使用寿命里加以折现即可确定。表6-7为审计复核时的具体计算结果。

表6-7　　　　　　　　　　　　　　净现值计算表　　　　　　　　　　　　　　金额单位：万元

年份	2014年	2015年	2016年	...	2053年
1.现金流入	62 758.29	69 168.08	76 234.88	...	2 811 383.58
1.1售电收入	62 534.58	68 944.37	76 011.17	...	2 811 159.87
1.1.1单位电价(万元/万千瓦时)	0.42	0.44	0.46	...	2.82
1.1.2售电量(万千瓦时)	148 891.85	156 336.44	164 153.26	...	998 282.80
1.2其他流入	223.71	223.71	223.71	...	223.71
2.现金流出	48 904.02	5 1546.20	54 340.69	...	471 402.14
2.1经营成本	45 151.94	47 409.54	49 780.02	...	302 732.55
2.1.1职工薪酬	43 683.40	45 867.57	48 160.95	...	292 886.33
2.1.2水资源费与库区维护基金	297.78	312.67	328.31	...	1 996.57
2.1.3修理费	1 170.76	1 229.30	1 290.76	...	7 849.65
2.2税金及附加	625.35	689.44	760.11	...	28 111.60
2.3其他经营成本	3 126.73	3 447.22	3 800.56	...	140 557.99
3.净现金流量	13 854.27	17 621.88	21 894.19	...	2 339 981.44
4.折现系数	1.00	1.10	1.21	...	41.14
5.净现金流量现值	13854.27	16 019.89	18 094.37	...	56 871.89
6.净现值	1 622 145.60				

注：本表数据采用Excel计算，与手工计算略有差异。

据此，项目组认为：T水电厂资产组的可回收金额为1 622 145.60万元，高于资产组的账面价值10 435 325 397元。资产组未发生减值，不用对资产组计提减值准备。

五、结语

水力发电企业的公司资产由大量不可移动或者挪为他用的大坝、专有设备等构成，资产价值的公允性与计量的准确性直接关系到整个公司财务报表的可信程度。对于资产的计量，只有越接近其真实价值，才能越有利于报表使用者作出明智的决策。因此，应当根据资产未来可以带来的现金流入调整资产的账面价值，使其反映资产和企业的真实情况，以提供决策有用的信息。

资产减值制度反映了资产的风险所在，能够更好地保护利益相关者的利益。审计人员在进行资产组减值测试审计时应当有足够的专业胜任能力与明确的审计目标，能够独立运用专业判断对管理层在作出会计估计时是否存在偏向、所依据的信息是否可靠以及管理层是如何作出这些会计估计的领域作出合理判断，发表相应的审计意见。在本案例中，R会计师事务所的做法看似符合会计准则的规定，但是其是否真的达到了相应的标准呢？这还有待进一步商榷。

1.针对上述对发电企业资产组减值进行的审计，其审计专业判断是否存在问题？若存在，其原因是什么？

2.如果按照理想的审计专业判断进一步分析该资产组，那么它是否存在减值迹象？如果存在，如何计算其减值金额？

3.从长远看，如何提高资产组减值审计专业判断的质量？请为此提出建议。

相关链接

B公司资产负债表与利润表分别见表6-8和表6-9。

表6-8　　　　　　　　　　　　　　　　资产负债表　　　　　　　　　　　　　单位：元

项　目	2014年	2013年
流动资产：		
货币资金	1 439 783	5 711 719
应收账款	95 665 192	49 669 904
应收利息	1 737 737	
应收股利		
其他应收款	28 370 005	9 175 978
存货	2 315 983	1 976 777
其中：原材料	1 553 774	1 754 434
库存商品（产成品）		
其他流动资产		
流动资产合计	129 528 700	66 534 378
非流动资产：		
固定资产原价	12 372 400 400	1 963 736 998
减：累计折旧	1 162 503 914	839 894 974
固定资产净值	11 209 896 486	1 123 842 024
减：固定资产减值准备		
固定资产净额	11 209 896 486	1 123 842 024
在建工程	300 000	8 110 556 544
工程物资		

续表

项　目	2014年	2013年
固定资产清理		
非流动资产合计	11 210 196 486	9 234 398 568
资产总计	11 339 725 186	9 300 932 946
流动负债:		
应付账款	581 011 677	42 693 703
预收款项		
应付职工薪酬	845 608	1 201 544
应交税费	−43 659 943	−96 883 084
其中: 应交税金	−62 451 034	−97 753 183
应付利息	177 030 977	71 031 089
应付股利		
其他应付款	138 573 469	2 055 299 771
一年内到期的非流动负债	392 000 000	392 000 000
其他流动负债		
流动负债合计	1 245 801 788	2 465 343 023
非流动负债:		
长期借款	5 407 040 000	5 713 040 000
应付债券		
长期应付款	736 634 420	
递延所得税负债	238 033	
非流动负债合计	6 143 912 453	5 713 040 000
负债合计	7 389 714 241	8 178 383 023
所有者权益（或股东权益）:		
实收资本（股本）	3 800 000 000	975 000 000
国家资本	3 800 000 000	975 000 000
其中: 国有法人资本	3 800 000 000	975 000 000
实收资本（或股本）净额	3 800 000 000	975 000 000
资本公积		

续表

项　目	2014年	2013年
盈余公积	23 645 766	23 399 664
其中：法定盈余公积	23 645 766	23 399 664
一般风险准备		
未分配利润	126 365 179	124 150 259
归属于母公司所有者权益合计	3 950 010 945	1 122 549 923
所有者权益（或股东权益）合计	3 950 010 945	1 122 549 923
负债和所有者权益（或股东权益）总计	11 339 725 186	9 300 932 946

表6-9　　　　　　　　　　　　　　　利润表　　　　　　　　　　　　　　　单位：元

项　目	2014年度	2013年度
一、营业总收入	908 437 014	309 049 495
其中：营业收入	908 437 014	309 049 495
利息收入		
已赚保费		
手续费及佣金收入		
二、营业总成本	904 847 072	221 738 391
其中：营业成本	436 834 032	144 836 466
营业税金及附加	11 707 606	5 946 074
销售费用		
管理费用		
其中：研究与开发费		
财务费用	456 305 434	70 955 851
其中：利息支出	410 049 448	70 971 239
利息收入	129 052	50 219
汇兑净损失（净收益以"-"号填列）		
资产减值损失		
其他		
加：公允价值变动收益（损失以"-"号填列）		
投资收益（损失以"-"号填列）	1 737 737	

项　目	2014年度	2013年度
其中：对联营企业和合营企业的投资收益		
汇兑收益（损失以"-"号填列）		
三、营业利润（亏损以"-"号填列）	5 327 679	87 311 104
加：营业外收入	2 310 962	407
其中：非流动资产处置利得	32 286	
非货币性资产交换利得		
政府补助	2 237 111	
债务重组利得		
减：营业外支出	485 023	717
其中：非流动资产处置损失	485 023	
非货币性资产交换损失		
债务重组损失		
四、利润总额（亏损总额以"-"号填列）	7 153 618	87 310 794
减：所得税费用	4 692 595	21 760 445
五、净利润（净亏损以"-"号填列）	2 461 023	65 550 349
归属于母公司所有者的净利润	2 461 023	65 550 349
少数股东损益		

▶▶▶▶ 案例七　B公司商誉减值吗？[①]

　　商誉不能独立于其他资产产生现金流，需结合资产或资产组进行减值测试。本案例采用收益法对A公司所属有商誉的水泥业务企业于估值基准日模拟合并口径的资产组组合的整体价值进行测试，并通过比较测试出的整体价值与账面价值的高低进行减值测试。但是由于存在合并日商誉评估方法与商誉减值测试时评估方法的不一致、非上市公司被上市公司合并产生的资本市场效益差异以及资产组的增值或减值受到各单项资产增值和资产组商誉的同向"作用"等因素的影响可能导致评估价值与账面价值在时点上和范围上的异同，从而产生结果上的差异。本案例在此基础上进一步探究准则的修正方案，以图消除差异。

一、背景简介

（一）公司背景

　　金华A有限责任公司成立于2009年11月，注册资本10亿元人民币，水泥年产能达1 950万吨，熟料1 240万吨，目前下辖水泥企业13家，是环浙中南地区的专业化水泥企业。公司主营业务范围为水泥及制品生产、研发、销售和技术服务，产品销售半径除涉及生产企业周围的本地市场外，还涵盖温州、台州、宁波、丽水等地区，辐射福建、安徽、江西等周边省城市场。金华A有限责任公司秉承善用资源的理念，科学布局，力争把企业打造成"创新绩效型、资源节约型、环境友好型、社会责任型"的"四型"企业。

　　B股份有限公司是大型央企C公司在1984年以联合重组和资产运作方式组建成立的，注册资本100亿元人民币，于2006年3月23日在中国香港联交所挂牌上市。公司主营业务包括水泥、轻质建材、玻璃纤维及复合材料、工程服务四大板块，现水泥年产能达1.5亿吨，为全国水泥行业领军企业。B公司传承"和谐、绩效、责任"的企业文化，在CRM战略导向下，通过管理整合和精细化运营，已成为行业内一支优秀的水泥航母舰队。

　　在面对区域产能严重过剩、金融危机带来的宏观经济不景气、固定资产投资下降的不利影响下，B公司不得不寻求新的出路。在管理层的多方探讨下，终于一致认为重组联合实现资源优化配置才是水泥行业结构调整的未来方向。于是，在2009年B公司股东大会通过决议，决定并购正在快速发展的A公司。为顺利实现B公司提出的将A公司作为战略布局一员的构想，B公司委托X资产评估公司对A公司申报的股东全部权益进行评估，希望能以公允、合理的对价合并A公司。在实施了包括实地查勘、市场调查与询证、评定估算等必要的评估程序后，X资产评估公司的评估小组最后确定评估的价值类型为市场价值，并决定用市场法进行估算。最后，B公司在X资产评估公司的评估结果基础上支付了一定的溢价，并如愿以偿地收购了A公司。至此也宣告B公司从此走上了一条"资本运营、联合重组、管理整合、集成创新"的发展道路。

　　由于在此之前，B公司和A公司不存在任何关联方关系，故此次合并属非同一控制下的控股合并，由此产生的商誉应根据《企业会计准则第8号——资产减值》的要求，至少于每年年终进行一次减值测试。于是，B公司于2009年8月31日委托W国际资产评估有

---

　　① 作者：刘桂良、邹昌洋、黄湘豫、何丹凤、罗欢、杨向玉、邓雅洁。该案例2016年入库中国专业学位教学案例中心案例库。

限公司根据有关法律、法规和资产评估准则，对A公司所属有商誉的水泥业务企业的全部资产与负债形成的资产组组合的权益进行估值，以测试商誉是否减值。

（二）B公司合并A公司时的评估方法与商誉评估的结果

1.合并日的评估方法选择

2009年8月，X资产评估公司在接受B公司的委托后，使用了市场法对A公司申报的股东全部权益进行评估，其评估目的为合理确定A公司股权转让的对价。市场法是指利用市场比较的思路，即利用与被评估企业相同或者相似的已交易企业价值或上市公司的价值作为参照物，通过被评估企业与参照物之间的对比分析，以及必要的调整，来估测被评估企业整体价值的评估思路。当时的评估对象为A公司全部股东权益，具备市场法使用条件，故市场法为评估的选用方法。

2.合并日的A公司商誉评估价值以及商誉测试日的账面价值情况（见表7-1）

表7-1　　　　　　　　　　合并日企业商誉评估情况表　　　　　　　　单位：人民币万元

项　目	金　额
合并日合并对价公允价值	320 000
合并日被合并方可辨认净资产公允价值	294 390.86
合并日商誉评估价值	25 609.14
减值测试日商誉账面价值	25 609.14

二、案例概况

（一）商誉减值测试思路

目前，企业会计准则及准则解释中阐述的商誉减值测试的基本程序是：

第一步，对不含商誉的资产组或资产组组合进行减值测试，计算其可收回金额，并与其账面价值进行比较，如果其可收回金额小于其账面价值，则将两者之差确认为该资产组或资产组组合的减值损失，并按照资产组中除商誉外的其他各项资产的账面价值所占比重分摊，按比重抵减其他各项资产的账面价值。

第二步，如果第一步的测试结果是资产组或资产组组合的可收回金额大于其账面价值，则要对包含商誉的资产组或资产组组合进行减值测试，比较这些相关资产组或资产组组合的账面价值（包含所分摊的商誉的账面价值部分）与其可收回金额，若前者大，则将其差额确认为商誉减值损失；如果是对合并资产负债表上的商誉进行减值测试，则最后将商誉减值损失在可归属于母公司和少数股东权益部分之间按比例分摊，确定母公司的商誉减值损失。

本文将目前准则中对合并资产负债表中商誉减值测试的流程及方法用图7-1来表示：

（二）商誉减值测试方法的选择

企业合并所形成的商誉，至少应当在每年年度终了进行减值测试。由于商誉难以独立产生现金流量，应当结合与其相关的资产组或者资产组组合进行减值测试，这些相关的资产组或者资产组组合应当是能够从企业合并的协同效应中受益的资产组或者资产组组合。因此本次估值对象为金华A有限责任公司所属有商誉的水泥业务企业于估值基准日模拟合并口径的全部资产与负债形成的资产组组合的权益。

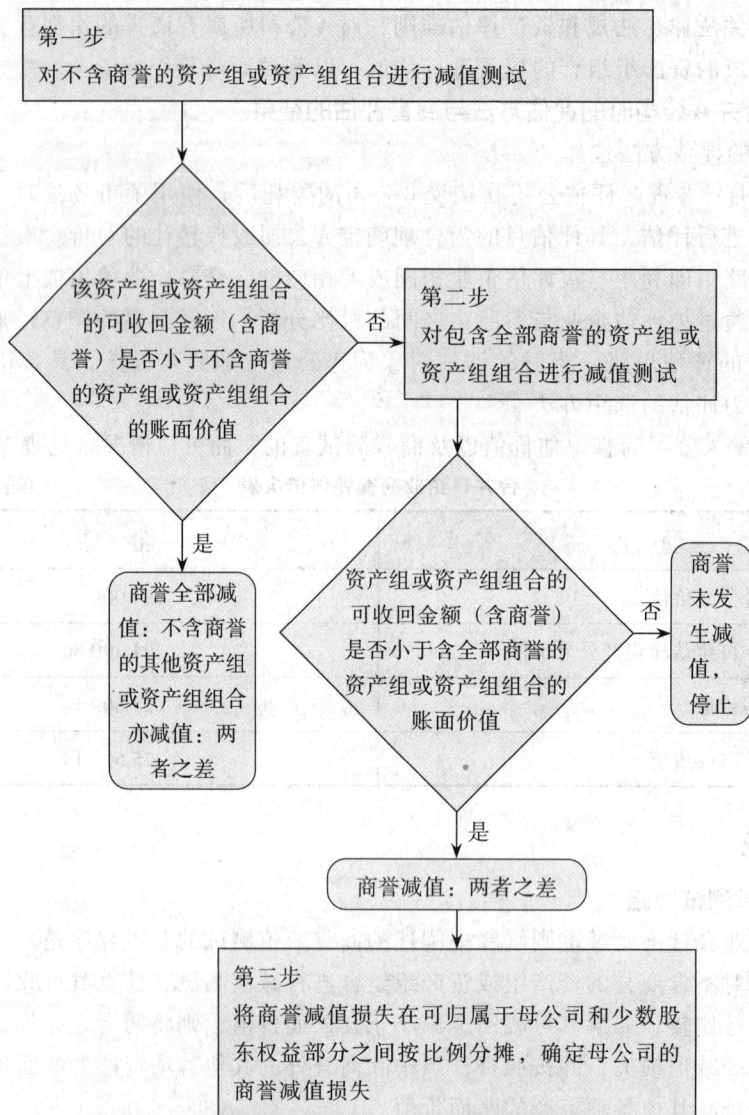

图7-1 合并资产负债表中商誉减值测试流程及方法

减值测试日可选择的基本方法包括市场法、收益法和成本法。

市场法是以现时市场上的参照物来评价评估对象的现行公允市场价值，它具有评估角度和评估途径直接、评估过程直观、评估数据直接取材于市场、评估结果说服力强的特点，而出于对市场规律及公允价值的认可，本次评估本应选择市场法，但由于我国的市场经济尚处于起步阶段，信息公开化程度不够高，在资本市场中不存在足够数量的与评估对象相同或相似的参考企业，或者在资本市场上不存在足够多的交易案例，故本次评估不具备使用市场法评估的条件。

相对而言，成本法的局限性更显著。在评估中，成本法仅是将各部分资产价值简单加和，没有充分考虑各项资产和负债组合成为一个整体企业所发挥的总体收益能力。如某部分资产未能发挥充分的功能就可能影响企业整体收益能力的发挥，造成企业整体资产的损失，从而影响了股东的权益；或者某部分资产虽然重置成本很高，但是未能在企业的收益中充分体现，致使资产效率低下或闲置浪费。在商誉减值测试中，由于对各单项资产的评估难以准确把握经济贬值和功能性贬值的发生和影响程度，也就加大了保证减值测试准确性的难度。

对于投资者来讲，企业的价值在于预期企业未来所能够产生的收益。投资者在取得收益的同时，还必须承担风险。根据经济学的预期效用理论，收益法就是通过预测目标企业未来所能产生的收益，并根据获取这些收益所面临的风险及所要求的回报率，对这些收益进行折现，得到目标企业的当前价值，收益法的评估结论具有较好的可靠性和说服力。但是使用收益法还应具备以下三个前提条件：①被评估企业具有持续经营的基础和条件。②经营与收益之间存有较稳定的关系。③未来收益及风险能够预测及可量化。

根据资产减值准则的规定，资产减值测试应当估计其可收回金额，然后将所估计的可收回金额与其账面价值比较，以确定是否发生了减值。资产可收回金额的估计，应当根据其公允价值减去处置费用后的净额与资产预计未来现金流量的现值两者之间较高者确定。

在本次评估中，依据估值目的和持续经营的基本假设，考虑所评估资产的特点，首先采用收益法进行评估，以确定资产预计未来现金流量的现值。先判断收益法评估结果是否低于账面价值，如果不低于，则可以认为企业不存在商誉减值，整个测试工作就可以完成了。如果出现收益法结果低于账面价值的情况，则还需要考虑估算组成资产组的资产公允价值减去处置费用后的净额，测试该净额是否低于账面价值，以最终确定企业是否存在商誉减值。

（三）商誉减值测试的判断与计算模型

1.商誉减值的判断

运用收益法，评估A公司所属有商誉的水泥业务企业于估值基准日模拟合并口径的全部资产形成的资产组组合的价值，将评估结果与该资产组的账面价值（合并日市场法评估结果）比较，若评估价值不低于账面价值，则推论得出商誉不存在减值现象。即：

$$EV = \sum_{i=1}^{n} \frac{C_i}{(1+r)^i} + A_1 - L_1 + A_2 - L_2$$

$$EB = FVL$$

其中：EV代表商誉减值评估日的资产组价值；C代表企业自由现金流量；A_1、L_1、A_2、L_2分别代表溢余资产价值、溢余负债价值、经营性资产价值、经营性负债价值；EB代表评估日资产组账面价值；FVL代表合并日资产组的公允价值。

当EV≥EB时，商誉未发生减值；

当EV<EB时，发生的减值在资产组和商誉之间进行分摊。

2.商誉减值测试流程

本次估值选定的收益口径为企业自由现金流量，通过对企业整体价值的评估来间接获得资产组组合的权益价值。

本次估值以若干年度内的企业自由现金净流量作为依据，采用适当折现率折现后加总计算得出企业整体经营性资产的价值，然后再加上溢余资产、非经营性资产价值减去有息债务得出资产组组合价值。

计算公式如下：

资产组组合价值=企业整体价值−付息债务

企业整体价值=经营性资产价值+溢余资产价值−溢余负债价值+非经营性资产负债净值

经营性资产价值=明确的预测期期间的现金流量现值+明确的预测期之后的现金流量（终值）现值

3.收益期的确定

本次估值采用永续年期作为收益期。其中，第一阶段为2013年1月1日至2017年12月31日。在此阶段根据被评估企业的经营情况及经营计划，收益状况处于变化之中。第二阶段自2018年1月1日起为永续经营，在此阶段被评估企业将保持稳定的盈利水平。

4.预测收益的确定

本次将企业自由现金流量作为企业预期收益的量化指标。

企业自由现金流量指的是归属于包括股东和付息债务的债权人在内的所有投资者的现金流量，计算公式为：

企业自由现金流量=税后净利润+折旧与摊销+利息费用×（1−所得税税率）−资本性支出−营运资金增加

（1）营业收入、成本费用、营运资金追加：

资产组组合内的2013—2017年收入（主营业务收入、其他业务收入、营业外收入）、成本费用（主营业务成本、其他业务成本、税金及附加、销售费用、管理费用、财务费用、营业外支出）、营运资金追加的预测均在以2010—2012年的历史数据进行调查核实和分析的基础上，结合各水泥业务企业2013年预算情况进行。

（2）税金：

由于各公司不享受企业所得税优惠政策，所得税税率为25%。

（3）资本性支出：

资本性支出是指企业为维持正常经营在建筑物、机器设备、运输车辆、土地使用权等资产方面的再投入，根据公司现有情况，预计了未来年度的资本性支出。

（4）未来年度净现金流量：

在上述数据的基础上，进行未来年度净现金流量预测（见表7-2）。

表7-2　　　　　　　　　　未来年度净现金流量预测　　　　　　　　金额单位：人民币万元

项　目	2013年	2014年	2015年	2016年	2017年	稳定增长年份
营业收入	423 665.16	425 909.70	439 048.28	449 772.79	460 349.29	460 349.29
营业成本	318 089.05	320 819.49	327 839.6	335 768.56	343 241.53	343 241.53
毛利率	24.92%	24.67%	25.33%	25.35%	25.44%	25.44%
税金及附加	4 310.84	4 247.93	4 400.99	4 488.28	4 580.91	4 580.91
销售费用	22 740.96	23 708.52	24 648.44	25 633.04	26 617.96	26 617.96
管理费用	16 902.78	17 415.68	17 947.87	18 507.56	19 694.77	19 694.77
财务费用	11 468.33	11 468.13	11 467.92	11 468.70	11 468.47	11 468.47
资产减值损失	—	—	—	—	—	—
投资收益	—	—	—	—	—	—

续表

项　　目	2013年	2014年	2015年	2016年	2017年	稳定增长年份
营业利润	50 153.20	48 249.95	52 743.46	53 906.65	54 745.65	54 745.65
营业外收支净额	6 384.34	6 182.56	6 434.11	6 617.21	6 780.76	6 780.76
利润总额	56 537.54	54 432.51	59 177.57	60 523.86	61 526.41	61 526.41
所得税费用	14 450.91	13 956.54	15 159.82	15 489.16	15 753.24	15 753.24
净利润	42 086.63	40 475.97	44 017.75	45 034.70	45 773.17	45 773.17
加：折旧	19 511.81	19 621.12	19 733.02	19 844.77	19 957.03	19 957.03
摊销	2 698	2 672.06	2 672.06	2 672.06	2 672.06	2 672.06
利息费用	7 471.01	7 468.04	7 467.88	7 467.72	7 467.55	7 467.55
减：资本性支出	22 209.81	22 293.19	22 405.09	22 516.84	22 629.10	22 629.10
营运资金追加额	−8 512.73	240.61	1 408.46	1 149.66	1 133.8	
自由现金流量	58 070.37	47 703.39	50 077.16	51 352.75	52 106.91	53 240.71

5.折现率的确定

（1）权益资本成本的确定：

本次估值采用资本资产定价修正模型（CAPM）来确定公司权益资本成本Re，计算公式为：

$R_e = R_f + \beta_L \times (R_m - R_f) + a$

其中：R_f为无风险报酬率；β_L为权益的系统风险系数；$(R_m - R_f)$为市场风险溢价；a为企业特定风险调整系数。

A.风险系数β_L的确定。

$\beta_L = [1 + (1-T) \times D/E] \times \beta_U$

其中：β_L为具有被评估企业目标财务杠杆的β系数；β_U为可比企业卸载财务杠杆后的算术平均β系数；D为被评估企业债务的市场价值；E为被评估企业权益的市场价值；T为所得税税率，为25%。

根据WIND资讯，选取可比企业12家，得到算术平均值$\beta_U = 0.7055$；根据企业运营及贷款情况，D/E为0.4690。

代入得：

$\beta_L = [1 + (1-T) \times D/E] \times \beta_U = [1 + (1-25\%) \times 0.4690] \times 0.7055 = 0.9537$

B.市场风险溢价的确定。

市场风险溢价既可以依靠历史数据估算，又可以基于事前估算。

具体到我国A股市场的风险溢价，由于股市2001—2005年下跌较大、2006—2007年上涨较大、2008年又大幅下跌，股市波动幅度较大，直接通过历史数据得出的股权市场风险溢价不再具有可信性。

对于市场风险溢价，参考行业标准，选用纽约大学经济学家Aswath Damadoran公布的比例，最近更新的比例将中国的市场风险溢价（R_m-R_f）定为7.05%。

C.无风险报酬率的确定。

无风险报酬率是对资金时间价值的补偿，理论上，这种补偿分两个部分：一部分是无通货膨胀、无风险情况下的平均利润率，是转让资金使用权的报酬；另一部分是通货膨胀附加率，是对因通货膨胀造成购买力下降的补偿。在实务中，无法将这两种补偿分开，它们共同构成无风险利率。因此，为考虑两方面的影响，我们选用国债的到期收益率的算术平均值作为无风险报酬率。

根据WIND资讯，无风险报酬率为3.81%。

D.个别企业风险系数a为1%。

根据以上数据，得出：

$R_e=R_f+\beta_L \times （R_m-R_f）+a=3.81\%+0.9537\times7.05\%+1\%=11.53\%$

（2）债务资本成本的确定：

按有息债务加权平均利率计算得出：

债务资本成本=6.32%

（3）折现率的确定：

本次估值收益额口径为企业自由现金流量，则折现率选取加权平均资本成本（WACC）确定。

$WACC=R_e \times W_e+R_e \times （1-T）\times W_d$

其中：R_e为公司普通权益资本成本；R_d为公司债务资本成本；W_e为权益资本在资本结构中的百分比；W_d为债务资本在资本结构中的百分比；T为公司有效的所得税税率。

$$WACC=R_e \times W_e+R_d \times （1-T）\times W_d$$
$$=11.53\%\times68.07\%+[6.32\%\times（1-25\%）\times31.93\%]$$
$$=9.36\%$$

6.其他指标：

（1）溢余资产价值见表7-3。

表7-3 溢余资产价值 单位：人民币万元

项 目	金 额
其他应收款	17 877.51
长期股权投资	5 672.99
合 计	23 550.50

（2）溢余负债价值见表7-4。

表7-4 溢余负债价值 单位：人民币万元

项 目	金 额
其他应付款	25 021.99
一年内到期的非流动负债	21 586.04
长期应付款	21 611.39
合 计	68 219.42

（3）非经营性资产见表7-5。

表7-5　　　　　　　　　　　　　　　非经营性资产　　　　　　　　　　　　单位：人民币万元

项　目	金　额
应收利息	2 702.03
应收股利	1 849
应付利息	2 902.60
应付股利	737
非经营性资产净值	911.43

（4）付息债务价值见表7-6。

表7-6　　　　　　　　　　　　　　　付息债务价值　　　　　　　　　　　　单位：人民币万元

项　目	金　额
银行借款	42 520
其他应付款	95 546
合　计	138 066

7. 测试结果

结合以上数据资料，代入公式，最终评估结果见表7-7。

表7-7　　　　　　　　　　　　　　　评估结果表　　　　　　　　　　　　金额单位：人民币万元

项　目	2013年	2014年	2015年	2016年	2017年	稳定增长年份
营业收入	423 665.16	425 909.70	439 048.28	449 772.79	460 349.29	460 349.29
营业成本	318 089.05	320 819.49	327 839.6	335 768.56	343 241.53	343 241.53
毛利率	24.92%	24.67%	25.33%	25.35%	25.44%	25.44%
税金及附加	4 310.84	4 247.93	4 400.99	4 488.28	4 580.91	4 580.91
销售费用	22 740.96	23 708.52	24 648.44	25 633.04	26 617.96	26 617.96
管理费用	16 902.78	17 415.68	17 947.87	18 507.56	19 694.77	19 694.77
财务费用	11 468.33	11 468.13	11 467.92	11 468.70	11 468.47	11 468.47
资产减值损失						
投资收益						
营业利润	50 153.20	48 249.95	52 743.46	53 906.65	54 745.65	54 745.65
营业外收支净额	6 384.34	6 182.56	6 434.11	6 617.21	6 780.76	6 780.76
利润总额	56 537.54	54 432.51	59 177.57	60 523.86	61 526.41	61 526.41
所得税费用	14 450.91	13 956.54	15 159.82	15 489.16	15 753.24	15 753.24

续表

项 目	2013年	2014年	2015年	2016年	2017年	稳定增长年份
净利润	42 086.63	40 475.97	44 017.75	45 034.70	45 773.17	45 773.17
加：折旧	19 511.81	19 621.12	19 733.02	19 844.77	19 957.03	19 957.03
摊销	2 698	2 672.06	2 672.06	2 672.06	2 672.06	2 672.06
利息费用	7 471.01	7 468.04	7 467.88	7 467.72	7 467.55	7 467.55
减：资本性支出	22 209.81	22 293.19	22 405.09	22 516.84	22 629.10	22629.10
营运资金追加额	-8 512.73	240.61	1 408.46	1 149.66	1 133.8	
自由现金流量	58 070.37	47 703.39	50 077.16	51 352.75	52 106.91	53240.71
折现率	9.36%	9.36%	9.36%	9.36%	9.36%	9.36%
折现年限	0.5	1.5	2.5	3.5	4.5	
折现系数	0.9562	0.8744	0.7996	0.7311	0.6686	7.1432
企业实体现金流量	55 526.89	41 711.84	40 041.7	37 544	34 838.68	380309.04
企业实体现金流量	589 972.15					
加：溢余资产	23 550.50					
非经营性资产净值	911.43					
减：溢余负债	68 219.42					
付息债务	138 066					
企业全部资产价值	408 148.66					
资产组合账面价值	294 390.86					
收益法评估增值额	113 757.80					
收益法评估增值率	38.64%					

三、结语

金华 A 有限责任公司所属有商誉的水泥业务企业于估值基准日模拟合并口径的全部资产与负债形成的资产组组合的估值为 408 148.66 万元，人民币大写金额为：肆拾亿捌仟壹佰肆拾捌万陆仟陆佰元整，估值较资产组账面价值增值 113 757.80 万元，增值率为 38.64%。收益法评估结果不低于账面价值，可以认为企业不存在商誉减值。

虽然减值测试得出了最终结论，但资产评估事务所高级项目经理们在进行评估复核时，提出了自己的疑问：

项目经理 D 提出了疑问："B 公司已经在中国香港联交所挂牌上市，属于上市公司，而 A 公司在未合并之时属于非上市公司，B 公司在收购 A 公司之后，必然引起股价的上涨，由此将引起A公司企业价值持续增长，按照商誉减值测试方法，可收回金额必然不会少于账面价值，那是不是就不存在商誉减值的问题呢？"项目经理D的问题一经提出，随即引发了大家对该案例的更深一步审视。

随着讨论的深入，资产评估事务所高级项目经理决定，针对此案例展开一场讨论会，大家可以就案例中可能存在的问题，说出自己的见解。此时，参与评估的评估员小F也说出了他在评估过程中一直十分纠结的顾虑，他说："在企业进行合并时，相关的资产组或者资产组组合应当是能够从企业合并的协同效应中受益的资产组或者资产组组合，资产组或者资产组组合的增减值会不会对商誉的增减值产生影响呢？"

同时，看到评估结果的B公司G总经理表示总体满意，但是对评估报告中评估方法的运用还存在着一个疑问："在B公司合并A公司时，评估报告中对A公司股东权益价值评估采用的是市场法，而在测试商誉减值时，却是采用收益法对企业价值进行评估，试问，前后采用不同的评估方法对项目进行评估，是否会造成商誉减值测试不够准确？"

那么，如果我们作为公司管理层，如何确认这个商誉减值问题。

相关链接

1.估值依据

本次估值工作中所参照的法规依据、具体行为依据、产权依据和取价依据包括：

（1）主要法律法规

①《中华人民共和国公司法》（2006年1月1日施行）

②《中华人民共和国企业所得税法》（自2008年1月1日起实行）

（2）准则依据

①资产评估准则——基本准则（财政部财企〔2004〕20号）

②资产评估职业道德准则——基本准则（财政部财企〔2004〕20号）

③资产评估准则——评估报告（中国资产评估协会中评协〔2007〕189号）

④注册资产评估对象法律权属指导意见（试行）（中国注册会计师协会会协〔2003〕18号）

⑤资产评估准则——企业价值（中国资产评估协会中评协〔2011〕189号）

⑥资产评估价值类型指导意见（试行）（中国资产评估协会中评协〔2007〕189号）

⑦企业会计准则（财政部财企〔2006〕3号）

⑧以财务报告为目的的评估指南（试行）讲解（中国资产评估协会中评协〔2007〕169号）

（3）产权证明文件、重大合同协议

①企业营业执照、税务登记证、组织机构代码证等

②车辆行驶证

③房屋所有权证、国有土地使用证

④建设用地规划许可证，建设工程规划许可证、开厂证、施工许可证

⑤重要设备购买合同、建筑工程合同、工程决（结）算书、工程（设备）竣工验收报告

⑥重大资产的付款凭证

⑦其他产权证明文件

（4）主要参考资料

①wind资讯金融终端

②估值基准日经营预测资料

③A公司提供的资产组组合内水泥业务企业经天职国际会计师事务所（特殊普通合伙）审计的估值基准日财务报表

④国家国库券利率、银行贷款利率等资料

⑤统计部门资料

⑥其他与估值有关的资料等

2.资产组组合模拟合并财务报表范围（见表7-8）

表7-8　　　　　　　　　　资产组组合模拟合并财务报表范围

序号	单位名称	成立日期	法定代表人	经营范围
1	a水泥有限公司	2003.7.21	石明	生产、销售新型干法熟料水泥
2	b建材有限公司	2001.8.27	石明	水泥制造、建材批发零售
3	c水泥有限公司	1999.8.2	石明	水泥制造销售、水泥纸袋加工、普通货物运输
4	d水泥有限公司	2001.3.20	将洪	普通硅酸盐水泥产销
5	e水泥有限公司	1998.9.28	石明	生产销售水泥、丝制品
6	f水泥有限公司	2003.8.19	姜顺	水泥生产、销售、水泥用石灰岩开采、销售；水泥配料用岩开采、销售、水泥配料用砂岩开采、销售
7	g水泥有限公司	2002.11.1	石明	通用硅酸盐水泥生产、销售、混凝土矿物外加剂来料加工、销售
8	h水泥有限公司	2006.1.10	石明	水泥粉磨、销售
9	i水泥有限公司	2004.2.27	将萌	水泥、熟料生产销售
10	j制造有限公司	2000.3.21	石明	普通硅酸盐水泥、纸袋纸制造、销售
11	k水泥有限公司	2007.9.30	将萌	水泥，水泥制品研发及销售；水泥、水泥制品生产及石灰采选
12	l有限公司	2006.10.2	石明	水泥粉磨、商品混凝土、结构构件、建筑石料的生产、仓储及售后服务
13	m水泥有限公司	1998.12.8	张星	资本运营与管理、管理技术咨询、科技咨询设计、水泥、水泥制品、水泥机械设备、建材、新型建材、钢球、钢锻、锰钢件、助磨材料、氧气、非金属材料、物业管理、运输、安装、维修；市场经营租赁

3.资产组组合模拟合并资产、负债及权益状况

资产组组合内水泥业务企业 2010—2012 年的模拟合并资产、负债及权益状况见表 7-9。

表 7-9　　　　　　　　资产组组合内水泥业务企业 2010—2012 年的
模拟合并资产、负债及权益状况　　　　　　单位：人民币万元

序号	会计科目	2010-12-31	2011-12-31	2012-12-31
1	一、流动资产合计	244 973.28	218 317.07	165 314.68
2	二、非流动资产合计	458 911.05	464 263.46	453 102.98
3	可供出售金融资产	—	—	—
4	持有至到期投资	437.50	—	—
5	长期应收款	—	—	—
6	长期股权投资	6 180.01	6 292.24	5 872.99
7	投资性房地产	—	—	—
8	固定资产	355 992.15	348 644.98	340 247.21
9	在建工程	19 873.15	33 296.40	28 330.65
10	工程物资	—	—	—
11	固定资产清理	—	—	—
12	生产性生物资产	—	—	—
13	油气资产	—	—	—
14	无形资产	67 964.55	68 348.02	66 501.25
15	开发支出	—	—	—
16	商誉	1 290.98	1 291.38	1 291.38
17	长期待摊费用	455.92	195.92	187.39
18	递延所得税资产	6 716.79	6 194.52	5 947.82
19	其他非流动资产	—	—	4 724.29
20	三、资产总计	703 884.33	682 580.53	618 417.66
21	四、流动负债	344 294.56	280 085.27	276 735.22
22	五、非流动负债	130 995.64	79 114.77	47 291.58
23	六、负债总计	475 290.20	359 200.04	324 026.80
24	七、净资产	228 594.13	323 380.49	294 390.86

4.资产组组合内水泥业务企业2010—2012年的模拟合并损益状况见表7-10。

表7-10　　　　　　　　　资产组组合内水泥业务企业2010—2012年的
模拟合并损益状况　　　　　　　　　　　单位：人民币万元

项目	2010年度	2011年度	2012年度
一、营业总收入	396 339.57	597 665.95	403 532.74
其中：营业收入	396 339.57	597 665.95	403 532.74
其中：主管业务收入	390 400.81	593 637.01	399 979.28
其他业务收入	5 938.76	4 028.94	3 553.46
二、营业总成本	353 011.98	430 177.14	362 557.48
其中：营业成本	297 872.39	374 643.32	307 752.57
其中：主营业务成本	292 963.04	371 531.20	305 092.37
其他业务成本	4 909.35	3 112.12	2 660.20
税金及附加	2 589.99	4 703.66	3 733.94
销售费用	17 104.06	21 472.59	21 212.74
管理费用	14 203.84	16 557.61	15 136.45
其中：研究与开发费	—	—	—
财务费用	16 549.05	12 980.65	14 045.50
其中：利息支出	18 985.77	15 173.91	16 787.00
利息收入	2 721.88	2 465.35	2 035.81
汇兑净损失	—	—	—
资产减值损失	4 692.65	−180.69	676.24
其他			
加：公允价值变动收益	—	—	—
投资收益	342.97	−3 263.54	301.59
其中：对联营企业和合营企业的投资收益	112.61	112.22	139.68
三、营业利润	43 670.56	163 225.27	41 276.85
加：营业外收入	8 237.96	13 584.80	14 107.57
其中：非流动资产处置利得	34.39	1 089.14	78.86
非货币性资产交换利得		0.01	—
政府补助	7 371.65	12 051.79	12 656.79
债务重组利得	—	—	—
减：营业外支出	2 026.67	5 548.69	752.60
其中：非流动资产处置损失	334.99	437.59	87.03
非货币性资产交换损失	—	—	—
债务重组损失	—	—	—
四、利润总额	49 881.85	171 261.38	54 631.82
减：所得税费用	10 083.77	44 958.98	12 990.15
五、净利润	39 798.08	126 302.40	41 641.67

5.子公司在合并日收益法下的资产价值见表7-11。

表7-11　　　　　　　　　　　子公司在合并日收益法下的资产价值　　　　　金额单位：人民币万元

序　号	单位名称	金华A公司持股比例	2009年账面净资产值	2009年商誉价值
1	a	100%	20 447.83	11 927.20
2	b	100%	2 835.59	958.78
3	c	100%	7 099.69	3 250.70
4	d	100%	23 551.44	6 769.92
5	e	100%	38 814.87	18 655.78
6	f	100%	91 262.67	16 635.56
7	g	100%	2 090.04	1 955.55
8	h	100%	−515.83	1 819.95
9	i	100%	26 552.02	9 037.77
10	j	100%	1 853.86	397.27
11	k	100%	80 800.46	850.13
12	l	100%	257.49	2 134.23
13	m	100%	72 416.62	9 968.3
14	合计		367 466.75	84 361.14

6.子公司资产价值变动表见表7-12。

表7-12　　　　　　　　　　　　　子公司资产价值变动表　　　　　　　　　　单位：人民币万元

序号	单位名称	2009年账面净资产值	2012年账面净资产值	资产增值	2012年商誉价值
1	a	20 447.83	20 618.79	170.96	11 942.58
2	b	2 835.59	2 902.36	66.77	974.16
3	c	7 099.69	7 191.68	91.99	3 266.08
4	d	23 551.44	23 740.76	189.32	6 785.3
5	e	38 814.87	39 094.49	279.62	18 671.16
6	f	91 262.67	91 852.55	589.88	16 650.94
7	g	2 090.04	2 152.4	62.36	1 970.93
8	h	−515.83	−568.89	−53.06	1 835.33
9	i	26 552.02	26 759.09	207.07	9 053.15
10	j	1 853.86	1 914.83	60.97	412.65
11	k	80 800.46	81 328.45	527.99	865.51
12	l	257.49	309.01	51.52	2 149.61
13	m	72 416.62	72 895.02	478.4	9 983.68
14	合计	367 466.75	370 190.54	2 723.79	84 561.08

7.收入预测

（1）主营业务收入预测

资产组组合内水泥业务企业的主营业务收入为熟料和水泥销售收入。

根据历史年度的价格变动规律，一般3～5年为一个价格周期，整个水泥销售价格在经历了2012年1～9月份的持续探底后，于2012年年底有小幅反弹，自2013年起水泥价格下降趋缓并企稳，2014—2017年价格小幅上涨，在对水泥价格走势整体研判的基础上，结合各水泥业务企业2013年的财务预算，测算以后年度的主营业务收入见表7-13。

表7-13　　　　　测算以后年度的主营业务收入　　　金额单位：人民币万元

产品	项目	2013年度	2014年度	2015年度	2016年度	2017年度
熟料	销售量（万吨）	403.39	373.90	374.20	374.49	374.79
	销售单价（元/吨）	238.80	248.73	258.73	267.46	277.46
	销售收入（万元）*	97 327.72	93 000.23	96 817.42	100 160.51	103 989.50
水泥325	销售量（万吨）	704.86	689.80	697.02	701.42	704.82
	销售单价（元/吨）	251.73	258.45	263.74	269.16	274.29
	销售收入（万元）*	177 433.14	178 280.60	183 831.58	188 793.49	193 321.89
水泥425	销售量（万吨）	876.21	864.00	865.50	867.00	868.50
	销售单价（元/吨）	258.51	264.64	272.55	278.39	284.68
	销售收入（万元）*	226 506.40	228 647.00	235 889.50	241 362.00	247 248.00
水泥525	销售量（万吨）	59.97	56.02	56.02	56.02	56.02
	销售单价（元/吨）	281.54	287.94	293.92	298.92	304.32
	销售收入（万元）*	16 884.02	16 130.50	16 465.60	16 745.70	17 047.80
资产组组合内内部抵销收入		-96 327.72	-93 000.23	-96 817.42	-100 160.51	-103 989.50
合计		420 823.56	423 058.10	436 186.68	446 901.19	457 617.69

注：*存在尾差调整。

（2）其他业务收入预测

经调查分析，2010—2012年的其他业务收入主要为资产组组合内各水泥业务企业的零星材料销售收入，根据历史数据及各水泥业务企业2013年财务预算，确定2013年至2017年其他业务收入数据见表7-14。

表7-14　　　　　　　　　　2013年至2017年其他业务收入数据　　　　　　单位：人民币万元

项目	2013年度	2014年度	2015年度	2016年度	2017年度
材料销售等	2 841.60	2 851.60	2 861.60	2 871.60	2 731.60
合计	2 841.60	2 851.60	2 861.60	2 871.60	2 731.60

（3）营业外收入预测

营业外收入主要是各子公司生产的普通硅酸盐325水泥享受资源综合利用有关增值税即征即退的优惠政策而形成的。对于增值税即征即退收入，按照《国家税务总局对利用废渣生产的水泥熟料享受资源综合利用产品增值税政策的批复》（国税函〔2003〕1164号）和《财政部、国家税务总局关于部分资源综合利用及其他产品增值税政策问题的通知》（财税〔2001〕198号）的规定，以各水泥业务企业2013年财务预算为基础，根据各公司325水泥在2013年至2017年期间销售收入、销售成本的预测结果进行测算，对于其他项目，特别是政府补贴收入具有很大的不确定性，在预测年度不再进行测算，营业外收入2013年至2017年预测数据见表7-15。

表7-15　　　　　　　　　营业外收入2013年至2017年预测数据　　　　　　单位：人民币万元

序号	项目名称	2013年度	2014年度	2015年度	2016年度	2017年度
1	补贴收入	—	—	—	—	—
2	增值税退税	7 140.34	6 933.56	7 180.11	7 358.21	7 516.76
3	保险赔偿收入	—	—	—	—	—
4	无须支付的各项应付款	—	—	—	—	—
5	罚款收入	—	—	—	—	—
6	盘盈利得	—	—	—	—	—
7	其他	70.00	75.00	80.00	85.00	90.00
8	债务重组利得	—	—	—	—	—
9	处置固定资产利得	—	—	—	—	—
10	预计负债转回收入	—	—	—	—	—
11	违约赔偿收入	—	—	—	—	—
	合计	7 210.34	7 008.56	7 260.11	7 443.21	7 606.76

8.成本费用预测

（1）主营业务成本预测

资产组组合内水泥业务企业的主营业务成本由直接材料、燃料费、电力费、直接人工和制造费用组成。预测结果见表7-16。

表 7-16   主营业务成本预测   金额单位：人民币万元

产品	项目名称	2013 年度	2014 年度	2015 年度	2016 年度	2017 年度
熟料	直接材料	16 942.87	13 193.16	13 668.95	14 164.72	14 654.72
	燃料	41 172.21	41 505.40	41 945.91	42 660.16	43 393.25
	电力	7 030.62	7 175.02	7 351.94	7 533.20	7 718.52
	直接人工	746.82	781.01	820.40	861.81	905.28
	制造费用	7 926.91	8 096.52	8 285.92	8 482.25	8 679.30
	成本合计	73 819.43	70 751.12	72 073.12	73 702.15	75 351.07
	毛利率	23.37%	23.92%	25.56%	26.42%	27.54%
	销售数量	403.39	373.90	374.20	374.49	374.79
	单位成本	183.00	189.22	192.61	196.81	201.05
水泥325	直接材料	106 156.38	106 164.97	109 999.45	113 609.46	117 079.47
	燃料	119.91	126.72	129.25	131.83	134.47
	电力	13 352.43	13 694.40	14 048.67	14 351.33	14 637.99
	直接人工	2 042.34	2 140.11	2 245.59	2 356.40	2 472.59
	制造费用	8 307.73	8 541.35	8 789.64	9 000.92	9 242.13
	成本合计	129 978.79	130 667.55	135 212.60	139 449.94	143 576.66
	毛利率	26.74%	26.71%	26.45%	26.14%	25.73%
	销售数量	704.86	689.80	697.02	701.42	704.82
	单位成本	184.40	189.43	193.99	198.81	203.71
水泥425	直接材料	163 225.11	164 785.83	168 876.90	173 335.31	177 837.46
	燃料	406.60	421.74	430.17	438.77	447.55
	电力	17 527.73	17 883.06	18 180.00	18 481.95	18 788.99
	直接人工	2 357.01	2 473.65	2 598.51	2 729.53	2 867.17
	制造费用	10 135.34	10 382.92	10 610.77	10 867.90	11 135.10
	成本合计	193 651.78	195 947.19	200 696.35	205 853.46	211 076.27
	毛利率	14.50%	14.30%	14.92%	14.71%	14.63
	销售数量	876.21	864.00	865.50	867.00	868.50
	单位成本	221.01	226.79	231.88	237.43	243.04

续表

产品	项目名称	2013年度	2014年度	2015年度	2016年度	2017年度
水泥525	直接材料	10 458.71	9 856.50	10 037.15	10 244.10	10 454.78
	燃料	—	—	—	—	—
	电力	1 405.7`	1 426.57	1 447.78	1 469.33	1 491.25
	直接人工	116.10	121.90	128.00	134.40	141.12
	制造费用	708.55	721.19	734.33	747.99	762.20
	成本合计	12 689.07	12 126.16	12 347.25	12 595.82	12 849.25
	毛利率	24.85%	24.82%	25.01%	24.78%	24.63%
	销售数量	59.97	56.02	56.02	56.02	56.02
	单位成本	211.59	216.46	220.41	224.85	229.37
内部抵销成本		−94 480.16	−91 152.67	−94 969.86	−98 312.95	−102 141.95
合计		315 658.91	318 339.35	325 359.46	333 288.42	340 711.30

注：部分数据有尾差调整。

（2）其他业务成本预测

确定2013年至2017年其他业务成本预测数据见表7-17。

表7-17　　　　　2013年至2017年其他业务成本预测数据　　　单位：人民币万元

项　　目	2013年度	2014年度	2015年度	2016年度	2017年度
材料销售等	2 430.14	2 480.14	2 480.14	2 480.14	2 530.23
合计	2 430.14	2 480.14	2 480.14	2 480.14	2 530.23

（3）税金及附加预测

资产组组合内各水泥业务企业的税金及附加包括营业税、资源税、城市维护建设税、教育费附加及地方教育附加和水利建设基金。

根据对各公司的收入成本预测结果，对2013年至2017年的税金及附加预测见表7-18。

表7-18　　　　　　2013年至2017年的税金及附加预测　　　单位：人民币万元

序号	税　　种	2013年度	2014年度	2015年度	2016年度	2017年度
1	营业税	16.58	16.58	16.58	16.58	9.08
2	综合规费	—	—	—	—	—
3	资源税	900.00	900.00	900.00	900.00	900.00
4	城市维护建设税	1 532.63	1 499.80	1 573.24	1 611.88	1 658.33
5	地方教育附加	608.20	595.13	624.11	639.32	655.38
6	水利建设基金	519.43	518.34	535.30	549.36	563.91
7	教育费附加	734.00	718.08	751.76	771.14	794.21
合计		4 310.84	4 247.93	4 400.99	4 488.28	4 580.91

（4）销售费用预测

资产组组合内各水泥业务企业的销售费用主要包括包装费、运输费、装卸费、保险费、折旧、工资、福利费等。

结合各水泥业务企业2013年财务预算，对各公司未来年度的销售费用预测见表7-19。

表7-19　　　　　　　　　　　　　未来年度的销售费用预测　　　　　　　　　　单位：人民币万元

序号	项　目	2013年度	2014年度	2015年度	2016年度	2017年度
1	包装费	10 523.44	10 910.26	11 317.18	11 742.98	12 143.48
2	运输费	286.68	297.52	308.34	319.27	330.74
3	装卸费	1 389.83	1 445.36	1 503.36	1 563.94	1 627.23
4	保险费	83.75	86.45	89.16	91.99	94.89
5	展览费	11.86	12.19	12.52	12.87	13.22
6	广告费	234.09	239.47	245.06	250.87	256.91
7	销售服务费	5.46	5.62	5.79	5.97	6.14
8	工资	3 975.46	4 252.52	4 472.30	4 705.12	4 951.84
9	福利费	556.56	584.39	613.61	644.29	676.51
10	业务经费	57.04	59.90	62.81	65.77	68.88
11	委托代销手续费	59.90	21.48	22.56	23.68	24.87
12	修理费	21.48	1 139.07	1 187.87	1 238.90	1 292.28
13	办公费	77.35	80.63	84.04	87.53	91.16
14	交通费	157.52	163.01	168.76	174.78	181.08
15	差旅费	191.47	199.13	207.08	215.33	223.90
16	招待费	354.62	365.10	375.96	387.22	398.89
17	电话费	63.78	66.37	69.05	70.96	73.79
18	水电费	1 521.91	1 568.74	1 615.04	1 663.39	1 710.03
19	其他	1 592.42	1 663.42	1 737.37	1 814.97	1 896.39
20	折旧	545.34	547.89	550.58	553.21	555.73
21	摊销	—	—	—	—	—
	合计	22 740.96	23 708.52	24 648.44	25 633.04	26 617.96

（5）管理费用预测

资产组组合内各水泥业务企业的管理费用主要包括管理人员工资及职工福利费、社会保险费、房产税、城镇土地使用税、排污费、业务招待费、办公费、劳动保护费、无形资产摊销费、折旧、工会经费、职工教育经费等。

结合各水泥业务企业2013年财务预算，对未来年度的管理费用预测见表7-20。

表7-20　　　　　　　　　　　未来年度的管理费用预测　　　　　　　　单位：人民币万元

序号	项　目	2013年度	2014年度	2015年度	2016年度	2017年度
1	折旧	1 027.54	1 030.86	1 034.22	1 037.56	1 040.84
2	摊销	2 447.01	2 421.08	2 421.08	2 421.08	2 421.08
3	工资	3 680.41	3 864.43	4 057.65	4 260.54	4 473.56
4	职工福利	567.19	595.55	625.33	656.59	689.42
5	社会保险费	623.10	654.26	686.97	721.32	840.22
6	住房公积金	207.62	218.00	228.91	240.35	246.83
7	工会经费	384.15	447.30	469.45	492.72	501.64
8	职工教育经费	312.32	327.77	344.00	361.05	378.94
9	劳动保护费	45.80	48.28	50.83	53.44	56.17
10	保险费	50.09	52.87	55.74	58.69	231.91
11	其他职工补助及奖金	—	—	—	—	—
12	修理费	217.23	227.66	238.46	249.65	379.50
13	低值易耗品摊销	16.70	17.28	17.87	18.45	187.59
14	存货盘亏及毁损	—	—	—	—	—
15	业务招待费	812.51	848.91	886.69	925.92	985.17
16	差旅费	146.49	152.36	158.52	164.95	319.63
17	交通费	353.92	368.14	382.96	398.41	414.53
18	办公费	227.97	237.02	246.47	256.34	403.36
19	水电费	299.28	312.95	327.22	342.11	413.94
20	房产税	637.54	639.44	641.51	641.51	641.79
21	城镇土地使用税	1 285.27	1 285.27	1 285.27	1 286.33	1 287.42
22	印花税	138.03	137.52	141.58	145.18	148.89
23	车船税	0.34	0.34	0.34	0.34	0.34
24	租赁费	86.99	90.38	91.80	93.23	94.68
25	诉讼费	19.80	19.85	19.91	19.97	20.03
26	聘请中介机构费用	237.21	236.83	239.09	241.28	242.50

续表

序号	项 目	2013年度	2014年度	2015年度	2016年度	2017年度
27	咨询费	48.13	45.95	46.87	47.52	48.30
28	董事会会费	27.79	28.30	28.83	29.37	29.92
29	排污费	871.95	895.61	922.26	950.57	977.30
30	广告宣传费	58.54	60.32	61.97	63.79	65.69
31	散装基金	300.20	306.29	312.65	319.30	326.23
32	物业管理费	62.98	66.09	69.88	73.80	77.89
33	绿化费	111.47	115.83	120.87	126.08	243.77
34	河道维护管理费	5.22	5.38	5.54	5.70	5.88
35	综合规费	62.58	64.46	66.39	68.39	70.44
36	技术服务费	—	—	—	—	—
37	环保验收测验费	—	—	—	—	—
38	警卫消防费	92.98	96.82	101.69	105.91	110.12
39	消防管理费	25.20	25.96	26.73	27.54	28.36
40	环境保护费	5.40	5.56	5.73	5.90	6.08
41	各项基金	202.04	212.31	219.84	229.66	238.76
42	其他	1 203.79	1 252.45	1 306.75	1 367.02	1 046.05
	合 计	16 902.78	17 415.68	17 947.87	18 507.56	19 694.77

（6）财务费用预测（见表7-21）

表7-21　　　　　　　　　　　　　财务费用预测　　　　　　　　　单位：人民币万元

项 目	2013年度	2014年度	2015年度	2016年度	2017年度
借款利息	9 949.73	9 949.73	9 949.73	9 949.73	9 949.73
其他财务费用	1 518.60	1 518.40	1 518.19	1 518.97	1 518.74
合 计	11 468.33	11 468.13	11 467.92	11 468.70	11 468.47

（7）营业外支出预测

营业外支出主要系各企业生产经营过程发生的水利建设基金，赔偿金、违约金及罚款支出，捐赠支出等。对于其他项目则根据各企业的历史数据和2013年财务预算进行测算。营业外支出2013年至2017年预测数据见表7-22。

表7-22　　　　　　　　　　　**营业外支出2013年至2017年预测数据**　　　　　　单位：人民币万元

序号	项目名称	2013年度	2014年度	2015年度	2016年度	2017年度
1	捐赠支出	186.00	186.00	186.00	186.00	186.00
2	罚款支出					
3	资产报废、毁损损失					
4	水利建设基金					
5	非流动资产处置损失					
6	非常损失					
7	盘亏损失					
8	赔偿金、违约金及罚款支出					
9	综合规费					
10	其他	640.00	640.00	640.00	640.00	640.00
	合计	826.00	826.00	826.00	826.00	826.00

9.资本性支出预测

资本性支出是指企业为维持正常经营在建筑物、机器设备、运输设备、电子设备、土地使用权等资产方面的再投入。根据公司情况，预计未来年度的资本性支出见表7-23。

表7-23　　　　　　　　　　　**预计未来年度的资本性支出**　　　　　　单位：人民币万元

项目	2013年度	2014年度	2015年度	2016年度	2017年度
房屋建筑物	4 503.87	4 535.35	4 566.62	4 596.99	4 626.97
机器设备	14 292.74	14 368.84	14 447.22	14 526.41	14 606.43
运输设备	498.24	498.87	499.51	500.58	501.72
电子设备	216.96	218.06	219.67	220.79	221.91
无形资产摊销	2 698.00	2 672.07	2 672.07	2 672.07	2 672.07
合计	22 209.81	22 293.19	22 405.09	22 516.84	22 629.10

10.营运资金追加预测

根据资产组组合内水泥业务企业经审计后的2010—2012年模拟合并财务报表，各期营运资金占当年营业收入的比例见表7-24，本次预测以该指标的三年平均数作为预测营运资金的基础。

表7-24　　　　　　　　　　　**各期营运资金占当年营业收入的比例**

指标名	2010年度	2011年度	2012年度	2013年度
营运资金/营业收入	12.17%	6.64%	13.36%	10.72%

　　根据对资产组组合内各水泥企业审计后的资产、负债、收入和成本费用的分析以及对未来经营期内各年度收入与成本的估算结果，可得各年营运资金增加额，见表7-25。

表7-25　　　　　　　　　　　　　**各年营运资金增加额**　　　　　　　　　单位：人民币万元

项目	2013年度	2014年度	2015年度	2016年度	2017年度
营运资金	45 416.91	45 657.52	47 065.98	48 215.64	49 349.44
营运资金追加额	−8 512.73	240.61	1 408.46	1 149.66	1 133.80

>>>> **案例八　海运费舞弊之"审技"** ①

受政治、天气、地缘等因素的影响，LZ公司海运费价格波动极大，招标标准不确定，加上公司信息系统不稳定，海外事业部的海运部主任利用这些特性，隐秘操纵海运费招标进行舞弊。针对海运费的特殊性和舞弊审计的谨慎性，审计部长借海外事业部总经理任期经济责任审计的名义，实施了剑指海运费舞弊的审计。面对海运费数据缺失的情形，审计人员通过调研分析、离职员工访谈、中标标底公司比较分析等方式，最终获取舞弊审计证据，破获海运费舞弊事项。

一、案例背景

LZ公司始创于20世纪90年代初，主要从事各类工程机械、重型车辆、能源装置的研发制造。近年来，LZ公司的产品远销中东、南美、东南亚以及欧美等高端市场，并在东南亚、欧洲等多个地区建立子公司。2006年后，LZ公司采取事业部制，公司海外事业部下设海运部，主要负责与海运公司接洽运输业务，分析数据并定期完成业务分析报告，并且处理海外和国内客户投诉，解决纠纷。公司董事会下设审计部，负责全公司任期经济责任审计、经营审计、供应链审计、工程全过程审计。LZ公司部门结构图如图8-1所示。

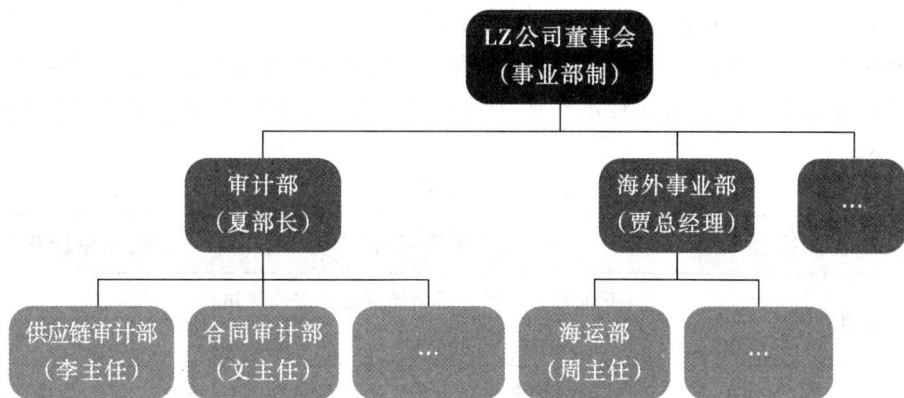

图8-1　LZ公司部门结构

二、案例回顾

1.疑窦丛生难入手

（1）金牌会员之谜

2017年3月的一天，LZ公司审计部夏部长听闻海外事业部下的海运部周主任是上海某高尔夫球会所金牌会员。夏部长陷入沉思，周主任的薪资收入似乎与高尔夫球会所金牌会员的会费不匹配，到底是什么收入支撑着周主任如此高额的文娱消费呢？带着疑虑，夏部长立即向董事长申请对海外事业部实施专项审计，并获董事长的批准。

① 作者：刘桂良、肖竹兰、骆文硕、王璐璐、刘宇蔚、胡若彬、张博洋。该案例2018年入库中国管理教学案例中心案例库。

（2）海运费之谜

初步调查后，夏部长发现海运费审计难度较大。海运费，即远洋运输货物时，运输公司向企业收取的费用。海运费没有明确的价格衡量标准，原因在于：一是涉及多条国际航线，受港口、天气、政治环境影响，运输费用存在差异；二是专业性较强，海运费包括基本费率和附加费，基本费率是指每一计费单位货物收取的基本运费，附加费由燃油附加费、转船附加费等多项费用组成。多因素综合导致海运费审计存在谜团。

（3）销售费用之谜

审计小组调取近几年的海运费资料，发现本公司海运费价格居高不下，海运费占销售费用的比重不断增长，且供应商几乎不更换。审计小组越来越觉得蹊跷……

2.醉翁之意不在酒

得到董事会批准后，审计小组紧急召集供应链审计部李主任和合同审计部文主任讨论如何开展本次审计。李主任提议对海外事业部海运部实施全面审计，重点分析海运费定价的合理性，以发现海运费招标中的舞弊。而文主任说，合同审计最有效，俗话说羊毛出在羊身上，海运部舞弊行为很可能产生在海运费合同中。夏部长思考后提出：进行合同审计，重点是对海运部合同签订的合规性、合法性进行核查，但考虑到海运费合同多数为框架合同，主观解释权较大，加上合同保密性较高，并不利于获取审计证据，文主任继续说：干脆直接对海运部进行舞弊审计。夏部长思考了半天提出：我们不能打草惊蛇，那样要获取审计证据会更加困难。一番讨论后，夏部长最终决定对海外事业部总经理进行任期经济责任审计，实质上重点针对海运部舞弊审计。

为做好海外事业部总经理任期经济责任审计，供应链审计部李主任亲自带队负责这次审计，并初步拟定了以核实海运部海运费舞弊事项为本次审计目标，制订了初步审计方案，见表8-1：

表8-1　　　　　　　　　　　　　　　　　审计方案

步骤	执行程序	经济责任审计程序	舞弊审计程序
I	下达通知书	下达贾总经理的任期经济责任审计通知书，通知海外事业部做好相关准备	舞弊审计
II	实地考察	熟悉海外事业部业务流程，观察海外事业部的设备、职员以及业务情况，对被审计单位的业务活动获得感性认知	考察海运部的业务流程，重点了解海运费的招标程序与最终的供应商与价格
III	分析程序	计算财务报表数据的相关比率、趋势变动，评价财务信息进而对贾总经理工作效益进行考核	重点关注不同年份、不同供应商及行业海运费价格，了解波动情况
IV	测试内部控制执行的有效性	评价下属企业和部门信息系统控制的有效性、恰当性	重点检查海运费招投标报价系统的运行情况
V	实质性程序测试	检查会计记录的相关纸质、电子记录等文件，验证财务报表所包含或已经包含的信息	重点检查海运费原始单据和凭证

3.妙施"审技"破谜团

（1）实地考察的实施技巧

审计小组考虑到离职员工中有部分因不满上级工作而辞职，更愿意透露相关信息，于是着手调查离职员工档案信息，挑选有代表性的员工进行访谈（见相关链接1）。同时兵分两路，一组以审计部门的名义正常谈话，另一组假借纪委的名义询问海运部周主任工作情况，互为犄角，收获颇丰。审计小组调查发现，除了"金牌会员"事件之外，周主任生活奢靡，经常开顶级豪车出入高档酒楼。同时，LZ公司的海运费一直是以招投标的形式进行的，公司内部有一套自行设计的信息系统，自动选取各公司最低报价来决定最终承运的供应商。实地调查为后来的审计奠定了良好的基础。

（2）分析程序的实施技巧

审计小组了解到海运费专业性较强，价格较难确定，难以核实合同数字的真伪。因此，传统的分析程序和实质性程序测试均无法达到理想的效果。李主任向夏部长汇报，商讨修订审计方案。审计小组决定利用同期的市场平均数据作为审计标准，判断合同金额的正确与否。但是海运费可能涉及商业机密，难以搜集到同行业真实数据。最终，李主任创新地采用了以下审计方法：

第一，充分利用人脉资源，以合作调研的名义，协同同行做大数据研究，以获取同行业、同期间的海运费数据。

第二，与海运公司数据比较。审计小组联系两家著名的海运公司进行学术调研，获取行业平均数据。通过两个月的"学术调研"，审计小组最终获得海运费数据。删除类似于加急订单等缺乏代表性且不便对比的数据后，最终选取海外事业部2016年1月至9月这半年多的数据，并以同行业和海运公司数据的平均值为标杆，对LZ公司的海运费进行审计，结果见相关链接2。审计小组对比参考数据发现本公司海运费偏高，而海运费一直是以招投标形式进行的，选取最低报价来决定最终承运的供应商，数据相差如此之大，初步断定海运费有异常。

（3）内部控制有效性判断的实质性测试

LZ公司总部自行设计了一套招投标报价系统，各海运公司投标时将自身报价发到指定邮箱，系统在到期日会自动对有关数据进行核算排名，并将综合报价中最低的报价信息发送给海运部周主任。但是在周主任的授权下，这半年里，海运部只部分使用甚至完全未使用该报价系统，取而代之的是以人工收发邮件的方式来确定供应商。在这种情况下，审计小组无法从系统里获取投标公司及其报价相关信息。于是，李主任决定调查报价邮箱以获取供应商的报价信息。审计中却发现周主任的邮箱中关于与供应商往来的沟通报价函均已经被有意删除，关键信息无法获得，导致无法确认周主任是否对全部供应商发出邀约，更不能确认收到各个供应商回函的时间以及具体价格等。

审计小组只能再次调整审计方案，寻找新的突破口。李主任决定将目标锁定在供应商身上：既然是供应商发送的回函，一定会存有相应的邮件往来记录。于是审计小组以对贾总经理进行任期经济责任审计的名义，要求各个供应商提供具体每一单回函时间以及价格的邮件。审计人员通过对贾主任任职期间的所有交易进行分析，发现XL供应商在时间上几乎总是最后一个进行报价，并且报价最低，部分几笔虽然不是报价最低，但是均采取二次报价达到价格最低，从而取得海运业务的承运资格（见相关链接3）。除此之外，审计人员还发现 MSH 供应商在报价策略上似乎有些不同。由于海运费是由运费和港杂费两部分组成的，运费价格取决于箱型、数量、单价等因素，这家供应商并不像 XL 公司一样在每项费用上均为最低：对于需求量较多的箱型，MSH 公司的报价都低于其他竞争者，而对于需求量较少的箱型，MSH 公司的报价往往稍高于其他竞争者（见附相关链接4），在单独比对合同中各项目的运费时无法发现 MSH 公司报价存在的问题，但综合计算运费时可以发现 MSH 公司综合运费的报价是所有供应商中最低的，因此 MSH 公司多次中标，进行承运。恰巧这两家供应商均为海运部的长期合作对象。

在审计证据面前，海运部的经办人及贾总经理最终承认，获取其他投标公司报价后，将价格透露给 XL 供应商 和 MSH 供应商，使得这两家供应商长期中标，进而与其达成某种交易牟取私利，致使公司近几年累计损失高达上千万元。

三、结语

历经数月的调查与分析，审计小组妙用策略，挖掘出受贿案及其背后的海运费舞弊手法。最终公司开除了海运部周主任，也对贾总经理进行降级处理。同时，在内审部门的建议下，海外事业部的招投标流程采用全新系统，海运费数据自动上传至公司总部数据库以备核查，并安排专业人士定期检查。

回顾本次审计案例，夏主任总结出如下几个问题供审计部讨论：在开展本次审计调查前如何选择审计种类和审计实施途径；审计过程中如何识别企业串标行为带来的审计风险；企业内部控制失效的原因及改进对策；内部审计在企业价值管理中的作用。

相关链接

1.近三年海运部离职员工登记表 （见表8-2）。

表8-2 近三年海运部离职员工登记表

序号	姓名	工龄（年）	岗位	离职时间	离职原因	是否访谈
1	余**	8	后勤	2016.1	公司辞退	×
2	陈*	8	销售	2016.1	公司辞退	×
3	王*	11	管理	2016.1	公司辞退	×
4	陆*	3	宣传	2016.1	公司辞退	×
5	张**	5	管理	2016.1	公司辞退	×
6	杨**	15	管理	2016.2	公司辞退	√
7	李*	9	商业	2016.2	公司辞退	×
8	汪**	7	销售	2016.2	公司辞退	×
9	裴**	10	市场调研	2016.3	公司辞退	√

序号	姓名	工龄（年）	岗位	离职时间	离职原因	是否访谈
10	鲍**	12	行政	2016.4	公司辞退	×
11	周*	2	市场调研	2016.4	公司辞退	√
12	丁*	2	管理	2016.4	公司辞退	×
13	刘**	6	行政	2016.4	公司辞退	×
14	赵*	4	行政	2016.4	公司辞退	×
15	钱**	10	会计	2016.1	个人原因	√
16	彭*	7	销售	2016.1	个人原因	√
17	熊**	9	后勤	2017.1	公司辞退	×
18	汤**	1	设计	2017.1	公司辞退	×

注：在离职员工登记表中选取5位有代表性的员工进行访谈，原因如下：

（1）选取6号杨**的原因是工龄较长，可能更清楚海运业务存在的问题；

（2）选取9号裴**和11号周*的原因是"市场调研"工作内容更容易了解到海运价格问题；

（3）选取15号钱**和16号彭*的原因是个人辞职，且离职时间与海运费出现问题的时间吻合，可能存在隐情。

2.2016年1—9月地欧线LZ公司集装箱执行价格见表8-3。

表8-3　　　　　　　　2016年1—9月地欧线LZ公司集装箱执行价格　　　　　　　　单位：美元

到达港时间	土耳其		意大利	
	箱　型	执行价格	箱　型	执行价格
1月	40GP/HQ	1 500	40HQ	2 100
2月	40GP/HQ	1 560	40HQ	2 231
3月	40GP/HQ	1 478	40HQ	2 150
4月	40GP/HQ	1 555	40HQ	2 058
5月	40GP/HQ	1 300	40HQ	2 140
6月	40GP/HQ	1 615	40HQ	2 098
7月	40GP/HQ	1 666	40HQ	2 187
8月	40GP/HQ	1 587	40HQ	2 201
9月	40GP/HQ	1 564	40HQ	2 130

2016年1—9月地欧线集装箱市场平均价格见表8-4。

表8-4　　　　　　2016年1—9月地欧线集装箱市场平均价格　　　　　单位：美元

到达港时间	土耳其		意大利	
	箱　型	市场价格	箱　型	市场价格
1月	40GP/HQ	400	40HQ	560
2月	40GP/HQ	410	40HQ	588
3月	40GP/HQ	478	40HQ	620
4月	40GP/HQ	630	40HQ	590
5月	40GP/HQ	538	40HQ	680
6月	40GP/HQ	570	40HQ	700
7月	40GP/HQ	600	40HQ	844
8月	40GP/HQ	430	40HQ	790
9月	40GP/HQ	540	40HQ	920

某地区集装箱1—9月价格详表见表8-5。

表8-5　　　　　　某地区集装箱1—9月价格详表　　　　　金额单位：美元

月份	招标最低价	某海运公司L均价	市场询价综合价	某海运公司M均价	取最低值	合同价	差异比例
1	2 150	2 610	/	2 439	2 150	2 150	0
2	/	2 820	/	2 856	2 820	2 150	-31%
3	2 100	1 913	/	1 778	1 778	2 150	17%
4		1 089	/	1 185	1 089	2 100	48%
5		1 728	/	1 944	1 728	2 100	18%
6	/	630	/	641	630	2 100	70%
7		1 386	850	1 305	850	2 100	60%
8	/	1 386	1 700	1 609	1 386	2 100	34%
9	/	1 575	1 150	1 620	1 150	2 100	45%

3.XL海运单票单询核查表（部分）见表8-6。

表8-6　　　　　　　　　　　　XL海运单票单询核查表（部分）　　　　　　　　金额单位：美元

序号	报价记录	HAN海运		MSH海运		XL海运	
	箱型	单价	数量	单价	数量	单价	数量
	20GP	900	1	950	1	900	2
	40GP	1 750	12	1 875	15		
1	40HQ	1 750	8	1 875	4	1 700	18
	40OT	3 800	1	3 750	1	3 700	1
	总价	39 700		40 325		36 100	
	报价时间	5月15日9：27		5月15日11：06		5月15日15：52	

序号	报价记录	WEQ海运		YUQ海运		XL海运	
	箱型	单价	数量	单价	数量	单价	数量
	20GP	370	1	230	1	300	1
2	40HQ	900	2	650	2	600	2
	40OT	1 520	2	1 300	2	1 600	2
	总价	5 210		4 130		4 700	
	报价时间	9月5日14：50：45		9月5日14：51：07		9月5日15：02	

序号	报价记录	ZHY海运		YSD海运		XL海运		XL海运（二次报价）	
	箱型	单价	数量	单价	数量	单价	数量	单价	数量
3	40HQ	270	8	520	8	380	8	200	8
	40OT	1 500	1	1 780	1	1 300	1	1 800	1
	总价	3 660		5 940		4 340		3 400	
	报价时间	8月16日		8月17日		8月18日		8月19日11：38：58	

注：

（1）询价时间9月5日09：50：18；

（2）询价要求9月5日15：00前反馈，逾期5分钟视同放弃；

（3）XL海运总是最后报价；

（4）YUQ海运价格最低，但业务交予XL海运承运。

4.MSH海运单票单询核查结果（部分）见表8-7。

表8-7 MSH海运单票单询核查结果（部分） 金额单位：美元

合同号	货物品名	型号及其他	数　量	起运港
EX-1304051	塔机	TC6015A-10	2	上海

报价过程及材料如下：				
箱型	数量	HAN海运	TUOB海运	MSH海运
20GP	1	900	856	900
40GP	5	1 775	1 706	1 700
40HQ	4	1 775	1 706	1 200
40FR	1	7 500	7 600	9 000
总价		24 375	23 810	23 200
报价时间		4月11日16：29：32	4月12日14：54：56	5月7日10：28：57

合同号	货物品名	型号及其他	数　量	起运港
EX-1306093	塔机	TC6016A-8 支腿固定式	2	上海

报价过程及材料如下：			
箱型	数量	DONG海运	MSH海运
40GP	5	1 750	1 650
40HQ	10	1 750	1 650
40FR	1	6 850	7 050
询价时间	7月4日16：24：51	33 100	31 800
报价时间		7月5日10：43：03	7月5日13：46：06

资料来源：LZ公司内部审计人员据相关数据整理得到。

5.LZ公司2014—2016年度合并利润表

（1）2014年合并利润表（见表8-8）

表8-8 2014年合并利润表 单位：元

项　目	本期发生额	上期发生额
一、营业总收入	25 851 195 135.57	38 541 775 254.36
其中：营业收入	25 851 195 135.57	38 541 775 254.36
利息收入		
已赚保费		

续表

项　目	本期发生额	上期发生额
手续费及佣金收入		
二、营业总成本	25 187 339 255.54	34 052 011 429.98
其中：营业成本	18 641 595 484.36	27 300 089 843.06
利息支出		
手续费及佣金支出		
退保金		
赔付支出净额		
提取保险合同准备金净额		
保单红利支出		
分保费用		
税金及附加	228 129 224.12	270 855 257.72
销售费用	3 035 566 833.69	3 631 169 614.06
管理费用	1 929 816 921.18	1 953 446 392.73
财务费用	745 449 218.34	−136 448 074.66
资产减值损失	606 781 573.85	1 032 898 397.07
加：公允价值变动收益（损失以"−"号填列）	−11 774 410.55	3 423 993.72
投资收益（损失以"−"号填列）	10 840 292.86	41 048 721.73
其中：对联营企业和合营企业的投资收益	7 199 956.92	41 557 533.91
汇兑收益（损失以"−"号填列）		
三、营业利润（亏损以"−"号填列）	662 921 762.34	4 534 236 539.83
加：营业外收入	414 044 510.94	245 535 385.48
其中：非流动资产处置利得	8 831 514.15	8 642 432.20
减：营业外支出	213 827 377.25	257 861 136.27
其中：非流动资产处置损失	19 702 293.58	30 221 746.71

续表

项　目	本期发生额	上期发生额
四、利润总额（亏损总额以"–"号填列）	863 138 896.03	4 521 910 789.04
减：所得税费用	235 264 127.45	570 029 454.77
五、净利润（净亏损以"–"号填列）	627 874 768.58	3 951 881 334.27
归属于母公司所有者的净利润	594 068 242.20	3 838 972 797.15
少数股东损益	33 806 526.38	112 908 537.12
六、其他综合收益的税后净额	–207 117 858.21	–51 573 806.65
归属母公司所有者的其他综合收益的税后净额	–207 117 858.21	–51 573 806.65
（一）以后不能重分类进损益的其他综合收益		
1.重新计量设定受益计划净负债或净资产的变动		
2.权益法下在被投资单位不能重分类进损益的其他综合收益中享有的份额		
（二）以后将重分类进损益的其他综合收益	–207 117 858.21	–51 573 806.65
1.权益法下在被投资单位以后将重分类进损益的其他综合收益中享有的份额		
2.可供出售金融资产公允价值变动损益	3 055 824.65	–793 691.15
3.持有至到期投资重分类为可供出售金融资产损益		
4.现金流量套期损益的有效部分		
5.外币财务报表折算差额	–210 173 682.86	–50 780 115.50
6.其他		
归属于少数股东的其他综合收益的税后净额		
七、综合收益总额	420 756 910.37	3 900 307 527.62
归属于母公司所有者的综合收益总额	386 950 383.99	3 787 398 990.50
归属于少数股东的综合收益总额	33 806 526.38	112 908 537.12
八、每股收益：		
（一）基本每股收益	0.08	0.50
（二）稀释每股收益	0.08	0.50

（2）2015年合并利润表（见表8-9）

表8-9　　　　　　　　　　　　　　**2015年合并利润表**　　　　　　　　　　单位：元

项　目	本期发生额	上期发生额
一、营业总收入	20 753 346 644.02	25 851 195 135.57
其中：营业收入	20 753 346 644.02	25 851 195 135.57
利息收入		
已赚保费		
手续费及佣金收入		
二、营业总成本	21 425 307 008.37	25 187 339 255.54
其中：营业成本	15 145 955 937.59	18 641 595 484.36
利息支出		
手续费及佣金支出		
退保金		
赔付支出净额		
提取保险合同准备金净额		
保单红利支出		
分保费用		
税金及附加	102 758 809.07	228 129 224.12
销售费用	2 501 551 583.15	3 035 566 833.69
管理费用	1 700 890 773.40	1 929 816 921.18
财务费用	1 263 300 181.40	745 449 218.34
资产减值损失	710 849 723.76	606 781 573.85
加：公允价值变动收益（损失以"–"号填列）	–16 553 316.92	–11 774 410.55
投资收益（损失以"–"号填列）	83 377 146.21	10 840 292.86
其中：对联营企业和合营企业的投资收益	30 372 873.65	7 199 956.92
汇兑收益（损失以"–"号填列）		
三、营业利润（亏损以"–"号填列）	–605 136 535.06	662 921 762.34
加：营业外收入	720 989 725.82	414 044 510.94
其中：非流动资产处置利得	122 076 073.54	8 831 514.15
减：营业外支出	82 566 857.45	213 827 377.25

续表

项 目	本期发生额	上期发生额
其中：非流动资产处置损失	11 566 210.68	19 702 293.58
四、利润总额（亏损总额以"－"号填列）	33 286 333.31	863 138 896.03
减：所得税费用	−57 871 087.92	235 264 127.45
五、净利润（净亏损以"－"号填列）	91 157 421.23	627 874 768.58
归属于母公司所有者的净利润	83 467 424.87	594 068 242.20
少数股东损益	7 689 996.36	33 806 526.38
六、其他综合收益的税后净额	−469 854 518.52	−207 117 858.21
归属母公司所有者的其他综合收益的税后净额	−469 854 518.52	−207 117 858.21
（一）以后不能重分类进损益的其他综合收益		
1.重新计量设定受益计划净负债或净资产的变动		
2.权益法下在被投资单位不能重分类进损益的其他综合收益中享有的份额		
（二）以后将重分类进损益的其他综合收益	−469 854 518.52	−207 117 858.21
1.权益法下在被投资单位以后将重分类进损益的其他综合收益中享有的份额	9 087.86	
2.可供出售金融资产公允价值变动损益	789 669.61	3 055 824.65
3.持有至到期投资重分类为可供出售金融资产损益		
4.现金流量套期损益的有效部分		
5.外币财务报表折算差额	−470 653 275.99	−210 173 682.86
6.其他		
归属于少数股东的其他综合收益的税后净额		
七、综合收益总额	−378 697 097.29	420 756 910.37
归属于母公司所有者的综合收益总额	−386 387 093.65	386 950 383.99
归属于少数股东的综合收益总额	7 689 996.36	33 806 526.38
八、每股收益：		
（一）基本每股收益	0.01	0.08
（二）稀释每股收益	0.01	0.08

（3）2016年合并利润表（见表8-10）

表8-10　　　　　　　　　　　　　2016年合并利润表　　　　　　　　　　　单位：元

项　目	本期发生额	上期发生额
一、营业总收入	20 022 516 698.58	20 753 346 644.02
其中：营业收入	20 022 516 698.58	20 753 346 644.02
利息收入	0.00	0.00
已赚保费	0.00	0.00
手续费及佣金收入	0.00	0.00
二、营业总成本	21 957 269 755.74	21 425 307 008.37
其中：营业成本	15 244 686 881.99	15 145 955 937.59
利息支出	0.00	0.00
手续费及佣金支出	0.00	0.00
退保金	0.00	0.00
赔付支出净额	0.00	0.00
提取保险合同准备金净额	0.00	0.00
保单红利支出	0.00	0.00
分保费用	0.00	0.00
税金及附加	225 403 151.26	102 758 809.07
销售费用	2 445 960 816.81	2 501 551 583.15
管理费用	1 733 987 462.91	1 700 890 773.40
财务费用	1 035 457 864.77	1 263 300 181.40
资产减值损失	1 271 773 578.00	710 849 723.76
加：公允价值变动收益（损失以"－"号填列）	155 786 925.77	−16 553 316.92
投资收益（损失以"－"号填列）	−24 485 097.81	83 377 146.21
其中：对联营企业和合营企业的投资收益	10 367 323.90	30 372 873.65
汇兑收益（损失以"－"号填列）	0.00	0.00
三、营业利润（亏损以"－"号填列）	−1 803 451 229.20	−605 136 535.06
加：营业外收入	938 906 704.25	720 989 725.82
其中：非流动资产处置利得	660 452 758.54	122 076 073.54
减：营业外支出	150 680 906.38	82 566 857.45

项 目	本期发生额	上期发生额
其中：非流动资产处置损失	48 552 114.94	11 566 210.68
四、利润总额（亏损总额以"–"号填列）	–1 015 225 431.33	33 286 333.31
减：所得税费用	–110 417 031.86	–57 871 087.92
五、净利润（净亏损以"–"号填列）	–904 808 399.47	91 157 421.23
归属于母公司所有者的净利润	–933 697 485.65	83 467 424.87
少数股东损益	28 889 086.18	7 689 996.36
六、其他综合收益的税后净额	–672 052 417.89	–469 854 518.52
归属母公司所有者的其他综合收益的税后净额	–672 052 417.89	–469 854 518.52
（一）以后不能重分类进损益的其他综合收益	0.00	0.00
1.重新计量设定受益计划净负债或净资产的变动	0.00	0.00
2.权益法下在被投资单位不能重分类进损益的其他综合收益中享有的份额	0.00	0.00
（二）以后将重分类进损益的其他综合收益	–672 052 417.89	–469 854 518.52
1.权益法下在被投资单位以后将重分类进损益的其他综合收益中享有的份额	0.00	9 087.86
2.可供出售金融资产公允价值变动损益	–774 855.34	789 669.61
3.持有至到期投资重分类为可供出售金融资产损益	0.00	0.00
4.现金流量套期损益的有效部分	0.00	0.00
5.外币财务报表折算差额	–671 277 562.55	–470 653 275.99
6.其他	0.00	0.00
归属于少数股东的其他综合收益的税后净额	0.00	0.00
七、综合收益总额	–1 576 860 817.36	–378 697 097.29
归属于母公司所有者的综合收益总额	–1 605 749 903.54	–386 387 093.65
归属于少数股东的综合收益总额	28 889 086.18	7 689 996.36
八、每股收益：		
（一）基本每股收益	–0.12	0.01
（二）稀释每股收益	–0.12	0.01

>>>> 案例九　A公司生产线招投标审计案例[①]

B公司为国内从事机械制造的A公司的一家分公司，2016年B公司整体搬迁至新工业园区。新园区新建的生产线是瑞士标准的世界先进水平的独特生产线，国内无参考标准，瑞士供应商报价奇高。A公司审计部反复运用调研、询价、沟通等审计手段，采用拆分招标、密封报价的方式，创新性地提出子产线理论拆分的方法，通过与中标企业进行商务谈判，最终以低于瑞士报价7 400多万元的价格成功建成新的生产线，实现了内部审计的增值功能。

A公司下属B公司需要整体搬迁至新工业园区。在搬迁之初，公司选择引进瑞士最新生产线，而该生产线的瑞士供应商报价奇高，企业无法承受。公司决定在国内寻找更合适的供应商，但国内没有前例，更没有参考标准。面对B公司新建的生产线，2017年12月8日，A公司组织召开B公司生产线安装投产的汇报会议，审计部长赵建国汇报生产线招投标审计的工作成果：四家中标企业的最终报价合计为13 560万元，比瑞士报价节约7 400多万元。A公司副总裁高度赞扬这次招投标审计，在面对国内无参考标准、国外报价过高的情形下，审计部克服一切困难，运用一系列审计手段，圆满完成招投标审计。

一、案例背景

A公司是我国一家传统机械制造企业，主要从事工程机械的研发制造，经过几年时间的发展，成长为行业翘楚。2010年年初，A公司内部成立了一个技术研究院，专门负责技术研发。B公司是A公司在C市的一家分公司，拥有多年的技术沉淀和机械制造经验。B公司产业园区建在C市市区，近几年C市为了贯彻"蓝天计划"，要求重工业企业搬迁至新工业园。

2016年4月28日，A公司副总裁就此组织召开一次新园区新建生产线安装投产的主题会议，行政部分别通知技术部、工程部、审计部、财务部等部门集中开会，讨论这次B公司搬迁至新园区的建设问题。

副总裁在大致介绍了B公司生产园区要搬迁新建的项目情况后，直接进行分工，"技术部负责新园区生产线的技术支持；工程部负责园区的整体规划，基础设施新建；财务部根据已经拟定的预算进行分配，以及根据各部门实际进度拨付资金……最后，审计部负责生产线的招投标审计。"这时，审计部长赵建国露出一脸严肃，副总裁便说："赵部长，这次你们部门的任务艰巨，要做好心理准备。这次的生产线不同以往，由于采用国际最先进技术，设计方案没有标准，在国内也无法找到可供参考的案例，采购价格区间很难估测，采购价格标准难以确定。你们部门的任务是在财务部资金预算内完成这次招投标审计，务必让公司的成本降到最低，保证性价比最高。"赵部长犹豫地说："克服困难，力争做到性价比最佳。"副总裁继续提议："你们可以与公司前年收购的瑞士公司多联系，以获取他们的先进技术信息与技术标准。"会议之后，赵部长成立了一个生产线审计专项小组，亲自

---

① 作者：刘桂良、雷建洪、赵红杰、万叶萌、韩镒、李威。该案例2018年入库中国管理教学案例中心案例库。

主持此次生产线招投标审计工作，并结合招标部门给出的招投标流程，确定招投标审计的重点领域，具体如图9-1所示。

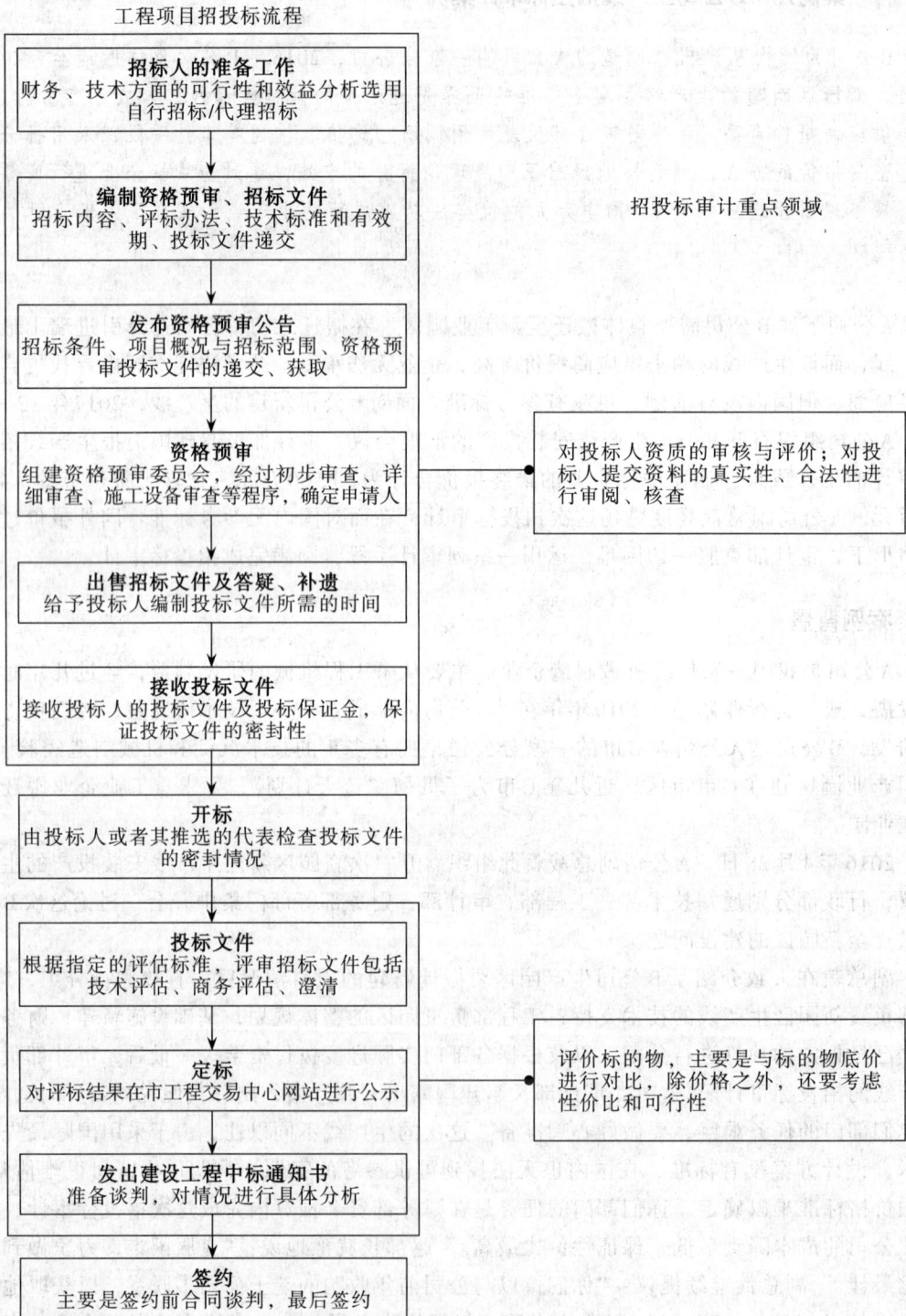

工程项目招投标流程

招投标审计重点领域

招标人的准备工作
财务、技术方面的可行性和效益分析选用自行招标/代理招标

编制资格预审、招标文件
招标内容、评标办法、技术标准和有效期、投标文件递交

发布资格预审公告
招标条件、项目概况与招标范围、资格预审投标文件的递交、获取

资格预审
组建资格预审委员会，经过初步审查、详细审查、施工设备审查等程序，确定申请人

对投标人资质的审核与评价；对投标人提交资料的真实性、合法性进行审阅、核查

出售招标文件及答疑、补遗
给予投标人编制投标文件所需的时间

接收投标文件
接收投标人的投标文件及投标保证金，保证投标文件的密封性

开标
由投标人或者其推选的代表检查投标文件的密封情况

投标文件
根据指定的评估标准，评审招标文件包括技术评估、商务评估、澄清

定标
对评标结果在市工程交易中心网站进行公示

评价标的物，主要是与标的物底价进行对比，除价格之外，还要考虑性价比和可行性

发出建设工程中标通知书
准备谈判，对情况进行具体分析

签约
主要是签约前合同谈判，最后签约

图9-1 项目招投标流程图和招投标审计重点领域

二、"标"新审计遇困惑，拆分产线立新招

1.解析任务，"标"新审计立"程"规

审计部长赵建国带着副总裁下达的任务步履沉重地回到了自己的办公室，决定先召开一次部门会议，结合传统工程项目招投标审计的关注点和方法，讨论本次审计方案。

4月29日，赵部长主持审计部第一次会议。"这次审计的任务为新建生产线，公司高层决定让我们审计部负责新园区生产线的招投标审计。新园区是一个智能化工厂，年度规划是单班年产值50亿元、年产500台，采用自制、内部配套、专业外包相结合的生产模式，通过新招标生产线的导入，实现对质量、弹性需求、效率、环保的全面提升，以产线为中心进行物流拉动，备有一定量的安全库存作为缓冲，按需进行配送，输送距离相对要短，占地面积降低50%，按照实际情况分期施工。目前，只有国际上承建过类似的生产线，该项目国际、国内均没有相应的招投标审计案例，所以摆在我们面前的最大问题就是没有可以借鉴的项目，而公司的资金预算只有1.36亿元，我们需要在预算内完成此次招投标，务必使这次招标性价比最佳，大家说说自己的想法吧。"

"赵部长，您刚刚说国外有公司承建过类似的生产线，那直接让他们帮我们生产就行了。"李明说道，"昨天我听到要进行招标审计的消息，特意查了一下，瑞士有一家业内老牌企业，他们具有国际一流水平，生产过这种先进的生产线，并且可以提供后续一条龙服务，他们开始给的价格是2.8亿元，经过我们和他们多次谈判，给出的价格底线是2.1亿元。"

组员们七嘴八舌地讨论起来。副部长钱丰反应迅速："我们可以采用询价法旁敲侧击，先去找供应商们探探底，找一些和我们经常有交易往来的供应商侧面了解一下类似生产线的价格，他们对市场比较熟悉，而且公司与他们不存在明显的利益冲突，如果我们找他们询价，很可能获得一些有价值的信息。"

"还可以去了解一下业内同规模公司的情况，对他们类似的工厂、生产线项目进行调研。大家充分利用自己的人脉关系，以学术调研的名义，跟业内的朋友沟通交流，获取相关的数据。同时，将我们的有关数据也拿给对方参考，信息互通，数据共享，对方公司也不会反感。规模较小的也要调研一下，有一定的参考价值。"李明说出自己的想法。

赵部长接着说："既然这样，那我们就三管齐下。一是与海外技术研究院联系，获取国外具有这项先进技术资质的企业的相关生产线的价格；二是大家通过多种途径进行调研、询价，收集国内同行业供应商、同等规模以及规模小一点的企业类似生产线的价格；三是配合招标部门开展一次预招标，评价供应商资质，获取价格信息，然后我们再进行下一步，讨论采用哪种方式有效，能够满足公司的要求。"会议结束后，赵部长让钱丰根据已有的讨论结果，结合传统招投标审计的关键点，拟订了初步的审计方案（见表9-1）。

表 9-1   审计方案

主要事项	审计方法	相关负责人
了解项目，收集相关信息，包括报价、工艺，获取足够的审计证据	（1）审计沟通，与瑞士公司沟通，获得国外类似生产线的价格、工艺、技术信息，获得关于国外生产线具体情况的答复。明确国外生产线直接引进国内的风险，风险是哪个方面的，以及审计的应对方法。（2）市场调研、询价，获得国内同行业供应商、同等规模以及较小规模的企业类似生产线的价格、工艺等信息。考虑供应商在生产线原有成本的基础上进行加成定价，加成高，生产线的价格偏高，审计风险增加。以参观、学习的名义前往同行业的公司调研，注意保密性。（3）比较法，通过对相同或类似的被审招投标项目的实际与计划、本期与前期、本企业与同类企业的数额进行对比分析，检查有无异常情况和可疑问题，以便为跟踪追查提供线索	赵建国、钱丰、李明
公开招标前，项目立项的必要性，财务、技术方面的可行性和效益分析，在行政主管部门等级报建	合法合规性审计。项目资金是否已落实，招标人是否具有与招标项目相匹配的资质。招标信息发布的媒介是否合规。招标信息发布的时间、发布范围是否合规合理，是否存在限制投标人竞争的情况	李明
公开招标阶段，接受投标单位资格预审申请确定申请人。接收投标人的投标文件，保证投标文件的密封性。开标时，由投标人或其推选的代表检查投标文件的密封情况，也可以由招标人委托的公证机构检查并公证	（1）审计核查，对投标人的经营资格、专业资质、财务状况、技术能力、管理能力、业绩、信誉等方面评估审查，以判定其是否具有参与项目投标和履行合同的资格及能力，直接淘汰实力不足竞标的供应商；（2）制定严格的竞标程序，考虑到竞标的固有风险，制定严格的竞标程序，有序竞标，保证竞标充分，供应商竞争越多，价格方面越有下降空间	赵建国、钱丰、李明
公开招标开标之后，如果出现标价比预算高的情况，应该重点关注原因和寻找解决办法	分析法，通过分解被审项目的内容，以揭示其本质和了解其构成要素的相互关系。在对项目招投标展开审计时，要针对审计组组织的每一次招标出现的差异进行分析，找出原因	钱丰、李明
在招标过程中，尤其是评标阶段，遇到审计组无法独立解决的技术问题	利用外部专家服务。利用外部专家服务是为了获取相关、可靠和充分的审计证据，保证审计工作的质量，审计组邀请公司技术研究院专家参与审计	赵建国
如果需要进行多轮招标以达到公司预算，而进行多次招标之后的价格仍然高出预算	逆查法，是指按照经济活动进行的相反顺序，从终点查到起点的审计方法。在项目招投标审计时，一般情况都是沿着招投标流程来审计的，其实也可以逆向进行，转变思路，可获得意想不到的结果	赵建国、钱丰、李明
定标阶段，确定中标企业之后，对相关文件、标书再次予以确定，并就后续生产线的安装、售后等进行沟通	商务谈判，审计组在执行审计的过程中，需要与被审的生产线供应商进行谈判，生产线除了价格以外，还有技术、工艺、安装、售后等一系列的环节，这些环节虽然没有明确标价，但也需要单独拿出来展开审计，进行谈判	赵建国、钱丰、李明

2.投石问路，拆分思路立新招

第一次会议结束后，Ａ公司审计专项小组组织预招标（第一次招标），对投标人的经营资格、专业资质、财务状况、技术能力、管理能力、业绩、信誉等方面评估审查，以判定其是否具有参与项目投标和履行合同的资格及能力，随后对符合条件的投标人进行开标、评标等流程。5月7日，第一轮招标结束，审计部召开第二次会议。李明将供应商的第一轮竞标报价结果、从海外技术研究院获取的国外5家符合要求企业的生产线价格情况、4家供应商的询价结果、同行业同规模的4家企业和同行业规模相对较小的3家企业的调研结果进行了如下汇报，具体见表9-2。

表9-2　　　　　　　　　　　　　第一次招标、询价和调研结果　　　　　　　　　　　单位：亿元

第一轮竞标报价		国外供应商		国内供应商				
				供应商询价		同行业同规模		同行业较小规模
A 企业	1.90	瑞士	I 企业	2.10	N 供应商	2.10	R 企业	1.90	V 企业	1.00
B 企业	1.85		J 企业	1.58	O 供应商	3.00	S 企业	2.20	W 企业	1.30
C 企业	2.10	意大利	K 企业	2.20	P 供应商	2.60	T 企业	1.80	X 企业	1.15
D 企业	2.00		L 企业	2.00	Q 供应商	2.50	U 企业	2.40		
E 企业	2.50		M 企业	2.15						
F 企业	2.25									
G 企业	2.00									
H 企业	2.30									

如表9-2所示，我们在全国范围内发起第一轮竞标，投标人参加竞标，其中8家符合资质的供应商报价分别是1.90亿元、1.85亿元、2.10亿元、2.00亿元、2.50亿元、2.25亿元、2.00亿元、2.30亿元。

我们与海外技术研究院联系，获得了5家国外企业的类似生产线价格，其中瑞士的I企业、J企业的价格分别是2.10亿元、1.58亿元，意大利的K企业、L企业、M企业的价格分别是2.20亿元、2.00亿元、2.15亿元。

我们对4家拥有技术资质的供应商进行了询价，询价结果是N企业、O企业、P企业、Q企业的价格分别是2.10亿元、3.00亿元、2.60亿元、2.50亿元。

我们对同行业同规模企业和同行业较小规模企业的类似生产线价格进行了收集和研究分析，得到同行业同规模的R企业、S企业、T企业、U企业的类似生产线价格分别是1.90亿元、2.20亿元、1.80亿元、2.40亿元，同行业较小规模的V企业、W企业、X企业的类似生产线价格分别是1.00亿元、1.30亿元、1.15亿元。

国外的5家企业中只有瑞士的J企业与预算价格差距较小，但在海外技术研究院给我们回复的反馈文件中，对瑞士这家J企业相对较低的生产线价格作出了解释。J企业生产规模较小，近几年经营状况不太稳定，加上机器设备老化、部分技术员工离职，虽然他们之前有过生产这类生产线的经验，但现在可能达不到我们的标准，性价比不高。

国内只有那些规模较小的企业低于我们的预算价格，虽然他们的报价低于预算，但就

算将其与预算的差价用在扩大规模和提升工艺上，他们的生产线设计标准和我们也相差太远，简单地复制再改进，也提升不了多少，这样建造出来的生产线的规模、生产工艺远远达不到公司的要求。

听完李明的汇报，看到这些报价，再对比1.36亿元的项目预算，赵建国头大不已，揉了揉太阳穴，看着下边议论纷纷的组员们，说道，"根据结果来看，各供应商的报价远高于预算价格，瑞士的J企业生产线不达标，国内那些规模较小的企业的生产线同样达不到公司的要求。大家谈一谈我们该如何应对。"

"我们不能申请再追加预算吗？具有相应技术资质的供应商的生产线报价都远高于预算，在保证质量的情况下，大幅降低价格很难，价格太低可能就无法满足性能要求了。如果能追加预算，我们还能通过继续招标和谈判将供应商的报价压一压，完成这次的任务。"钱副部长问道。

"公司决策层面的计划是不能轻易变动的，追加这个项目的预算就可能会减少其他项目的投入，也会涉及各个部门的资金分配问题。且近几年行业遇冷，行情不佳，公司连年亏损，经营状况不善，追加预算会增大公司的经营压力，这个方法暂不予考虑。"赵建国回复道。

会议室里，审计部在持续讨论着如何降低价格、节约成本，但是大家始终无法想出一个合适的办法。

不知不觉讨论到了午餐时间，赵部长宣布先吃饭再讨论。

在A公司员工食堂，大家还在继续谈论这件事。这时，技术研究院的一位工程师吴迪凑了过来说："好热闹，说啥呢？"李明瞥了瞥吴迪，把事情一五一十地介绍了一下。

"这事儿啊，你们咋不试把它拆开来招标呢？"吴迪脱口而出。"拆开？生产线还能拆开吗？""当然可以，本来生产线就是由几条子产线组成的，各自独立生产，互不影响。"

大伙忽然云开雾散，立马集合在会议室里，会议继续进行。赵建国电话询问了技术研究院院长，确定这个生产线可以拆分成几条子产线，没有技术上的障碍，于是赵部长决定拆分成子产线后再进行招标，可以就招标部分重新制作标书。

李明补充："如果把生产线拆分的话，设计方案由谁提供呢？既然分成了几个部分，不作为一个整体就不能由同一家公司来提供方案，每家供应商的设计思路不一样，提供的方案肯定不同。咱们最初是想从国外引进，国外比国内技术先进，我主张借鉴国外的方案。"钱部长争辩道："不行，瑞士那边工艺或许是最先进的，但是在国内可能会水土不服。他们的工人、零部件应该都不一样，如果照搬他们的，我们的工人还是中国的做事思维，包括我们的功能、工艺方面确实都会有一定的差距。"

"让各供应商提供设计方案的话，供应商可能会为了增加自己的产品销售，恶意加长生产线。"李明提出自己的观点。赵部长想了想，"那就让咱们公司技术研究院出设计方案，再提供给供应商，让他们报价。我跟技术研究院沟通一下。"赵建国宣布休会，晚上继续。

晚上会议室讨论会继续，赵部长直入主题，告诉大家："下午与研究院院长讨论，他认为不行，说每家供应商的产品和技术工艺都不相同，生产线的设计方案肯定会有差异，他们设计出方案也没法用，但后来经过技术研究院与原园区厂长沟通交流之后，认为该拆分方案可行，且有三种拆分方案可以选择：按技术可以拆成X、Y两条子产线；按流程可以拆成 H、I、J、K 四条；按工艺可以拆成 Ⅰ、Ⅱ、Ⅲ、Ⅳ、Ⅴ、Ⅵ 六条。不过生产线拆分得越细，后续的安装调试成本越高，平均每多细分一条会增加 100 多万元的成本。不过我们可以按照这几种分类让供应商提供设计方案，并检查供应商的方案文件，保证供应商提供的设计方案的可行性、合理性，同时，询问专家对设计方案的意见。然后，交由技术研究院确定固化方案后再进行招标，最后选择总价最低的拆分方案。关于固化方案，就是我们把整条生产线拆分为相应的 2、4、6 个部分，那后面的招标就按这个方案进行，分不同部分报价，竞标不再是针对整条生产线了。"

最后，赵部长安排李明将拆分生产线的招标审计方案进行完善，审计部开始准备第二轮的竞标。

三、产线拆分报价超预算，理论拆分部件破僵局

由于生产线工程复杂，需要较高技术、工艺，每次招标都要对竞标企业展开资质审核。核查投标人的资质后，再组织第二次招标。在招标过程中，审计组须严格按照招投标程序进行，控制流程的风险，保证招投标的合规性。第二轮招标方案完成后，赵建国立即吩咐李明，让他通知有意向进行竞标的企业再次准备竞标。"这次招标我们采用固化方案，让竞标企业按子产线进行报价。提醒参与竞标的企业，每个部分我们最多只评选 2 家企业入围。要给参与的企业造成一种压力，最多只让 2 家入围，他们会有更大的竞争压力，他们之间的竞争应该更为激烈，为了能够中标，势必降低价格，以获得承揽权。"李明连连点头。

新生产线技术要求高，并且国内没有可供借鉴的案例，对于竞标企业的资质要求也水涨船高，能够入选的企业有限。5 月 12 日，第二次招标按计划进行，审计部在竞标截止后，收集标书，进行了开标，有 8 家企业入围。第二次招标报价表见表 9-3。

表 9-3　　　　　　　　　　　　第二次招标报价表　　　　　　　　　　　单位：万元

子产线	公司	报价	子产线	公司	报价	子产线	公司	报价
AI子产线	P公司	6 845	H子产线	U公司	3 190	Ⅰ子产线	X公司	2 550
	V公司	6 800		V公司	3 578		W公司	2 745
	X公司	7 250		—	—	Ⅱ子产线	P公司	2 055
	W公司	6 900	I子产线	W公司	2 267		Z公司	2 280
	—	—		X公司	2 028	Ⅲ子产线	O公司	3 250
	—	—		—	—		V公司	3 420
BI子产线	Y公司	14 500	J子产线	W公司	9 010	Ⅳ子产线	Y公司	5 540
	O公司	13 839		Y公司	7 221		U公司	5 300
	V公司	14 200		—	—	Ⅴ子产线	W公司	1 700
	Z公司	15 650	K子产线	V公司	4 079		X公司	1 650
	—	—		Z公司	4 829	Ⅵ子产线	P公司	1 540
	—	—		—	—		O公司	1 980
合计	22 900	20 639	—	19 684	16 518	—	17 665	16 345

第二次招标的情况汇报。5月20日，审计部召开第三次会议。赵建国看到报价时，感到情况不妙，向大家说："2条子产线的方案报价远超于其他方案，6条子产线的方案虽然价格略低于4条子产线的方案，但技术研究院之前说过生产线拆得越细，后续的安装成本基本上递增。对比两个方案的最低报价，高出的安装成本自然远高于173万元，这样看来拆分成4条子产线的方案暂时最佳。"

"把生产线分项招标之后，价格应该大幅下降，毕竟整条生产线招标时，生产线报价只有一个。分项招标之后，价格由四个部分组成，应该降低很多。"赵建国安慰大家："毕竟价格和第一次招标相比，已经有了一定的降低，至少说明拆分的思路是正确的，只是还需要改进让价格进一步降低。本来拆分的这个想法是源自公司技术研究院的建议，下午的会议可以把熟悉生产线的专家请到这里旁听，让专家再给出一些意见。"

上午的会议结束后，赵建国安排钱部长以审计部名义邀请专家王山参与下午的讨论，根据拆分的思想，询问专家对于子产线拆分为零部件的看法，确定这种方案的可行性。会议开始后，钱部长提出："沿着拆分的思路，除了把整条生产线拆分为4条子产线以外，还可以进一步把每条子产线拆分为各个零部件，因为它们是由不同零部件组成的，零部件就是公司熟悉的部分了，对于报价就可以做到心中有数。"赵建国点点头，请专家予以点评。

王山说道："我之前提出的生产线分项，是基于实际可以拆分的基础展开的，刚刚钱部长提出的进一步把子产线拆分为零部件是不可能的，因为这种大型的生产线工艺复杂，如果拆分为多个零部件，安装起来难度非常大，可以说这是一项复杂的技术，安装成本过高。"

经过与王山专家的会上沟通，看到专家态度坚决，赵建国心里已经否定这个方案了。王山补充道："你们的想法，只有理论上的可行性。"对拆分十分执着的钱部长认真听着专家的发言，辩解道："既然实际上不能拆分，那么我们就理论拆分部件，把4条子产线的零部件分解出来，让竞标的企业具体到零部件报价，填写零部件报价表，这样既没有真正把4条子产线拆分，又可以从零部件出发来招标。"

李明解释道："并非真的把4条子产线给拆了，只是要求竞标企业的报价具体到每个零部件。这就好比一辆豪车，在不知道是豪车的情况下，只把豪车拆分为零部件，那么这些零部件单独报价，再组装起来的价格肯定远低于拆分前。"此言一出，赵部长首先鼓掌，然后整个审计组都响起了掌声。赵建国立即提出，邀请王山专家进一步帮助审计部把4条子产线拆分为不同零部件，王山也尽职尽责，将4条子产线各个零部件编制成表。

四、理论拆分部件虽巧妙，状况频出终圆满

1.实施密封报价，艰难再下一城

经过第三次会议的讨论，赵建国安排李明准备第三次招标。6月3日，第三次招标如期进行。这次招标根据专家王山编制的零部件详表，进一步把4条子产线拆分成各个零部件竞标，但这只是理论上的拆分，让竞标的企业把报价具体到各个零部件，填写零部件报价表。审计部人员需要对入围单位报价表的填写要求进行面对面确认：品牌尽量统一；采购件需要提供品牌、型号规格、主要参数、数量、单价；自己出图的须按重量、吨位报价；零部件按含税成本报价，管理费、利润、税不能重复报。

H子产线、I子产线、J子产线、K子产线进一步拆分后的价格主要由以下内容构成：标准件价格+制作件价格+设计调试费+运费+利润。基础设备主要包括功能部件类、标准功能设备类、工装夹具类。这些机器设备和零部件都有市场价格作为参照，A公司市场部能有效地进行评估。相关费用主要包括设计调试费、包装运输费、安装费、管理费等。

第三轮招标结束，审计部召开第四次会议。李明对各供应商的报价情况进行了汇报，见表9-4。

表9-4　　　　　　　　　　　　　　第三次招标报价表　　　　　　　　　　　单位：万元

产　线	入围企业	报　价	
H子产线	U公司	2 108	
	V公司	2 180	
I子产线	W公司	2 010	
	X公司	1 964	
J子产线	W公司	8 995	
	Y公司	7 203	
K子产线	V公司	3 970	
	Z公司	3 862	
合计	—	17 155	15 137

听完李明的汇报，会议室的气氛变得凝重起来，大家纷纷陷入沉思，赵部长更是百思不得其解，"将4条子产线进行理论上的拆分，各供应商报价时把报价具体到各个零部件，填写详细的零部件报价表，这种招标方案是在专家协助下经过多次讨论得出的最优方案，但从供应商的报价来看，价格并没有明显的下降。"

在众人一筹莫展之际，钱部长突然说道："会不会是我们的保密工作没有做好，供应商事先知道了拆分生产线的目的，私下合谋串标，其中一个投标人高价中标后，给予其他陪标人一定比例的金钱作为补偿，共同牟取不法利益，所以报价仍居高不下。"

"是的，招投标过程中最容易出现的问题就是串标问题，尤其是公司这次的项目在竞标之前没有标准可以参照，入围的企业只有8家，串标的可能性大大增加了，要想办法避免这种串标行为。"李明补充了一句。

李明接着说道："还有可能是竞争不充分造成的。本次招标项目只让8家企业入围，竞争4条子产线，且其中有2家企业同时入围了2条子产线，所以实际上只有6家企业入围。竞争对手少，竞争压力小，价格自然很难降下来。"

钱部长提出自己的看法："如果能增加竞标方的数量，那么供应商的竞争压力就会加大，发生串标的风险也会降低，从而报价也能相应降低。同时我们应采用审计部较为熟悉的第一密封报价法，这样竞标的企业就无法得知其他企业的价格，更无法去串标。""好想法！"赵建国拍手称道，众人也赞叹不已。

按照第四次会议的决议，审计部这一次没有局限于上述6家入围企业，而是重新招标，增加参与竞标企业的数量，同时使用密封报价的手段，防止竞标企业之间串标。审计部检查了新进参与竞标企业的生产许可证、资质证书、财务信用等级等，以此作为判断竞标方承接标的能力的重要依据。赵建国自信满满，感觉这次招标能够满足预算，甚至还会比预算低。

6月18日，根据密封报价流程，各家竞标企业将各自的报价通过邮箱渠道发送到审计部指定邮箱，专项审计小组成员严格监督这一流程的进行，防止价格信息泄露。同时执行分析程序，对各家竞标企业的报价进行准确性分析，将零部件的报价与市场价格进行对比分析，判断其是否合理，检查是否存在不正规的报价策略，有无明显的计算失误及错误等。审计部接着进行开标，专项审计小组成员个个脸上都洋溢着轻松，等着开标之后向副总裁交差。负责统计竞标企业报价的李明，打开竞标企业的标书，同时报告竞标企业的报价："H子产线，U公司报价1 827万元，S公司报价2 257万元，V公司报价2 060万元；I子产线，R公司报价1 921万元，W企业1 850万元，X公司报价1 890万元，T公司报价1 960万元……"第四次招标报价表见表9-5。

表9-5　　　　　　　　　　　　　　第四次招标报价表　　　　　　　　　　　　　　单位：万元

产　线	入围企业	报　价	
H子产线	U公司	1 827	
	S公司	2 257	
	V公司	2 060	
I子产线	R公司	1 921	
	W公司	1 850	
	X公司	1 890	
	T公司	1 960	
J子产线	W公司	7 900	
	Y公司	7 200	
	O公司	8 457	
K子产线	V公司	3 758	
	S公司	3 780	
	Z公司	3 810	
合　计	—	16 484	14 635

2.竞标报价获信息，据理力争谈判成

赵建国越听越不对劲，面露难堪。钱部长说道："为什么这次的价格还是没有预期下降得多，仍比预算高出一些，虽然差距已经不大。"组员们发言后，赵建国作了一个总结，"这次生产线招标主要是围绕价格展开的，我们的目标是使竞标企业的报价符合公司财务部的预算。经过四次招标报价和数次调研询价，我们已经掌握了生产线大多数组成部分的价格区间，包含标准件价格、制作件价格、设计调试费和运费，这些已经能够精确地计算出价格，唯一不能确定的就是利润部分。我们通过分析程序的实施，研究生产线大多数组成部分的价格区间，对利润部分作出大致的估算，确定了供应商报价的利润率。他们有的是按成本的百分比计算，有的是按成本和费用总和的百分比计算，比率在10%～12%。"

"10%～12%？这种类型的项目和产品在市场上的利润率是否有那么高，我们应该分析一下生产线利润率的来源和组成。"李明补充道。赵建国说道："从供应商的报价明细来看，除实际成本和相关税费外，还有一部分无形价值，包括品牌价值、技术工艺的价值和他们自己对利润的一个预期回报。但不能全听他们的，要进行专家咨询，也要对这类交易的市场行情进行调研，最后利用专家咨询和调研得到的相关市场信息，根据生产线的成本构成，重新计算生产线的市场利润率，大家散会以后分头行动。"

根据调查情况反馈得出该类交易的市场行情数据，又与资产评估专家多次沟通，最后审计部获得了客观的利润率。钱部长将审计资料文件呈交给赵建国，两人商议之后，决定组织最后的商务谈判。

7月2日，审计部与B分公司参与谈判人员制定了商务谈判策略。刚开始供应商坚持不降价，一再试探谈判人员底线。审计部将生产线构成明细表和对利润率的分析资料摆到桌上，在合理的价格信息面前，供应商们终于松口，双方达成一致。四家中标企业的最终报价合计为1.356亿元，并接受了我方提出的付款条件，本次招投标审计圆满结束。商务谈判报价表见表9-6。

表9-6　　　　　　　　　　　**商务谈判报价表**　　　　　　　　　　单位：万元

各子产线最终报价		
H子产线	U供应商	1 720
I子产线	W供应商	1 680
J子产线	Y供应商	6 680
K子产线	Z供应商	3 480

五、结语

经过多种审计程序的实施和多次招标的进行，这次招投标审计任务圆满完成，为公司节约了7 400多万元的成本，审计部总结本次招投标过程，在将审计报告交给副总裁后，赵建国要求钱部长总结本次招投标审计的经验。钱部长总结出以下问题：（1）"标"新带给招投标审计的挑战以及应对挑战的关键路径有哪些？（2）本案例中审计方案是否为最优，还有哪些值得完善？（3）整体招标和拆分招标的价格差的经济意义是什么？（4）招投标审计为公司价值的创造与提升的贡献在何处体现？

>>>> **案例十　A股份有限公司资产剥离绩效审计案例**[①]

随着世界经济一体化，市场竞争的加剧，企业迫切需要提升对资源配置效率的管理水平。作为独立评价管理以及为企业增值服务的内部审计，如何对A股份有限公司剥离环境产业，聚焦工程机械主业这一举措进行评价，以解除股东们的纷纷质疑。A股份有限公司审计部针对这一剥离环境产业决策进行绩效审计，审计部深度剖析转型前后股东价值的变化，横纵向分析公司财务绩效，回应股东质疑，并在此基础上发现A股份有限公司转型后将面临的问题，提出改进建议。

随着我国继续加强对重大项目、农村公共设施建设的投入以及"一带一路"倡议启动，工程机械行业将持续回暖。这给A股份有限公司工程机械和农业机械板块的发展带来了新的机遇。2016年年末董事会提出聚焦主业的战略，随后，2017年5月22日，A股份有限公司将全资子公司环境产业有限公司80%股权以116亿元的价格转让给4家受让方，保留余下20%股权。"A股份有限公司壮士断腕116亿元出售环境资产剑指何方""环境产业出售后A股份有限公司的财务报表会更好看""卖掉优质资产是好事吗""白花花数以亿计的国有资产流失""卖资产保壳"等发自股东心声的负面新闻铺天盖地。2018年4月18日，A股份有限公司董事长张总在接受《中国新闻周刊》采访时表示："我们经历了5年调整，原来在泥坑里，现在已经站起来了……出售环境板块是A股份有限公司发展战略的重大调整，取工程机械和农业机械，舍环境产业，是为了更加聚焦我们所擅长的核心业务，并让环境产业顺应规律与优势资源结合而持续壮大，工程机械仍然会是我们的主打板块。"

那么，到底A股份有限公司股东的担忧与指责和董事长的宏伟蓝图之间谁是谁非，A股份有限公司董事会任命审计部门对公司此次战略转型的绩效予以审计，以探讨此次战略转型给公司带来的到底是绩效还是损失，以及转型后公司应该如何强化主业。

一、公司基本情况

A股份有限公司始创于1992年9月，在2000年和2010年，先后实现深港两地上市，一跃成为工程机械行业的翘楚和标杆。2013年，A股份有限公司提出战略转型计划，从重点发展工程机械，转型为工程机械、农业机械、环境产业和金融服务四大板块协同发展。2014年，收购QR重工60%股份，全面进军农业机械领域；2015年收购意大利L公司，全面跨入全球环境产业。伴随A股份有限公司的国际化步伐，海外公司业务已覆盖到全球80多个国家和地区，产品远销中东、南美、非洲、东南亚、俄罗斯，以及欧美、澳大利亚等高端市场，公司已在阿联酋、澳大利亚、俄罗斯、印度、越南等10余个国家成立子公司，在阿尔及利亚、南非共和国、沙特阿拉伯、智利、哈萨克斯坦等20余个国家设立常驻机构，同时，以阿联酋、新加坡、巴西等为中心，正逐步建立全球物流网络和零配件供应体系。

2017年5月22日，A股份有限公司公布以116亿元出售环境产业80%的股权，聚焦主业，把资源和精力投置在效率更高、有研发和经营能力的工程机械和农业机械上面，以提

---

① 作者：刘桂良、李梦茹、郭云萍、张博洋、王福顺、周帼林、雷建洪。本案例依据李梦茹2019年湖南大学毕业论文改编。

升企业经营效率。

A股份有限公司进行战略转型已经历时一年，然而股吧中股东的质疑声依旧不绝于耳。此次战略转型是否给公司带来了经济效益？转型之后如何抓住机遇，壮大工程机械板块？董事会决定由审计部针对这一项"剥离环境决策"作出审计评价。

A股份有限公司审计部隶属公司董事会，独立行使审计职权，对董事会审计委员会负责并报告工作，且在公司各事业部增设审计部门，在总部和各事业部经理的双重领导下开展工作，同时在审计业务上接受总部审计部的指导。

经过十多年的发展，公司审计已经全面拓展为经营审计、采购业务审计、建设工程审计的全过程审计。其中经营审计包括经济效益审计、专项审计、任期经济责任审计、目标责任制审计和代理费结算审计；采购业务审计已经覆盖了所有物资的采购价格审计，包括招标监控、参与采购（含服务）结算标准的制定、外协（包）专项审计和采购链审计等；建设工程审计包括清单编制及预算审计、招标监督、合同审计、主材价格审计、进度款审计、现场跟踪、工程结算审计等的全过程审计。

十年间，A股份有限公司积极推动内部审计由事后审计向事前、事中和事后相结合的全过程审计转变；由传统手工审计向IT审计转变；由合规性审计向管理绩效审计转变。

二、"剥离环境"绩效审计精彩呈现

2018年4月28日，审计部接受了董事会的委托，对剥离环境绩效进行审计评价。于是，审计部长立即召集经营审计部成员会议，集体讨论这次审计方案，经过一天的会议，决定了由尹副部长亲自带队，钦点审计小组成员，并拟定了审计总体策略的主要内容：

1.审计目的

审计A股份有限公司剥离环境公司，验证剥离环境公司给A股份有限公司带来的效应；以及未来聚焦主业的对策分析。

2.审计范围

涉及环境公司与A股份有限公司的财务指标，以及剥离环境公司聚焦主业的经营管理所有资料、文件，以及有关经济活动的情况。

3.重点审计事项

剥离环境公司对A股份有限公司长、短期绩效的影响以及剥离后聚焦主业的策略。具体包括：

（1）A股份有限公司企业资源与能力分析：技术与市场分析。

（2）根据《国资委经济增加值考核细则》，对A股份有限公司进行EVA分析：EVA是指企业税后净营业利润减去资本成本后的余额。计算公式如下：

EVA=税后净营业利润-资本成本

　　=税后净营业利润-调整后资本×平均资本成本（其中资本成本原则上定为5.5%）

税后净营业利润=净利润+（利息支出+研究开发费用调整项-非经常性收益调整项×50%）×（1-25%）

调整后资本=平均所有者权益+平均负债合计-平均无息流动负债-平均在建工程

（3）对A股份有限公司进行SVA分析：

$$SVA_t = \frac{\Delta NOPAT_t}{c(1+c)^{t-1}} - \frac{I_t}{(1+c)^t}$$

（4）运用杜邦分析法对A股份有限公司进行主要财务指标分析。

4.审计方法

采用审计分析、对比、评价方法，对A股份有限公司剥离环境公司的绩效进行审计评价。具体运用EVA分析、杜邦分析、SVA分析，并与同行业兄弟企业B公司、C公司的指标比较，全面地评价此次战略转型绩效。

（一）企业资源与能力分析

审计小组成员利用分析、比较的方法，对A股份有限公司以及同行业的B公司、C公司的财务状况和市场进行分析，发现A股份有限公司在战略转型之前的财务状况和市场份额不如B公司和C公司。在2015年，A股份有限公司获得净利润0.91亿元，同行业的B公司为1.38亿元，两者相差不大，甚至C公司处于亏损。但是到了2016年，A股份有限公司利润大幅下降，出现亏损，净利润为-9.05亿元，相比上年度下降了约10亿元，而同行业的B公司和C公司都处于盈利状态，相对于上年度都有所上升。说明战略转型前A股份有限公司经营效率低下，盈利能力不足。2017年，A股份有限公司的业绩得以提升，净利润达到12亿多元，不仅扭亏为盈，而且高速增长，达到改善绩效的目的。2015—2017年A股份有限公司、B公司、C公司的部分财务数据见表10-1。

表10-1　　　2015—2017年A股份有限公司、B公司、C公司的部分财务数据　　　单位：亿元

项　目		剥离前		剥离后
		2015年	2016年	2017年
营业收入	A股份有限公司	207.53	200.23	232.73
	B公司	233.67	232.8	383.35
	C公司	166.58	168.91	291.31
营业成本	A股份有限公司	151.46	152.45	183.04
	B公司	175.77	171.79	268.06
	C公司	132.43	136.07	236.29
营业利润	A股份有限公司	-6.05	-18.03	12.18
	B公司	1.71	11.96	28.76
	C公司	-1.42	1.19	11.4
净利润	A股份有限公司	0.91	-9.05	12.48
	B公司	1.38	1.64	22.27
	C公司	-0.63	2.17	10.29
总资产	A股份有限公司	937.23	891.41	831.49
	B公司	612.28	615.55	582.38
	C公司	427.08	439.77	497.7
流动资产	A股份有限公司	745.85	689.20	620.42
	B公司	373.29	379.92	362.07
	C公司	327.79	304.92	361.79
总负债	A股份有限公司	531.14	513.46	449.22
	B公司	375.97	381.02	318.65
	C公司	221.04	234.95	257.14
流动负债	A股份有限公司	301.83	268.99	244.70
	B公司	278.04	238.00	229.83
	C公司	192.54	195.29	209.05
经营活动现金流净额	A股份有限公司	-33.34	21.69	28.51
	B公司	21.36	32.49	85.65
	C公司	1.08	22.45	31.53

Ａ股份有限公司、Ｂ公司、Ｃ公司2015—2017年EVA指标如图10-1所示。

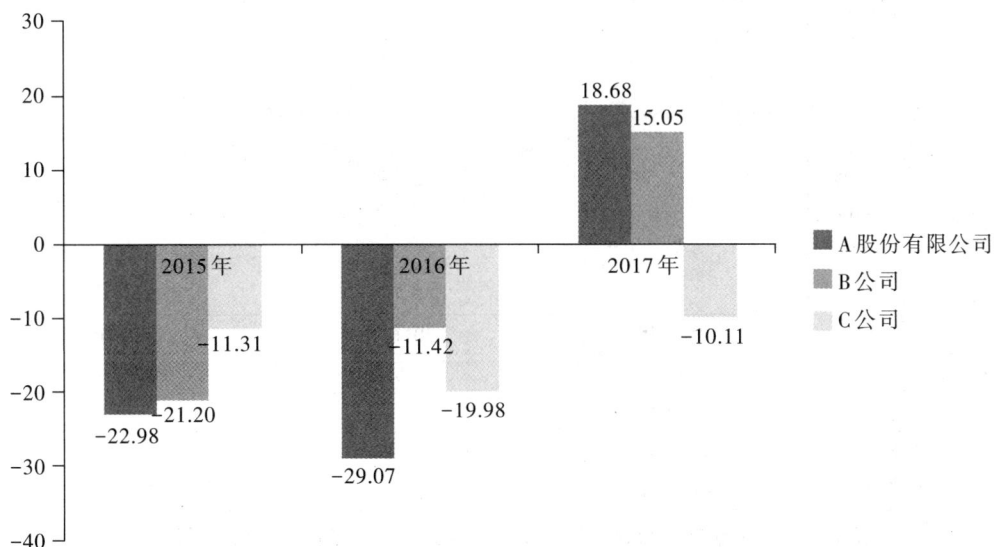

图10-1　Ａ股份有限公司、Ｂ公司、Ｃ公司2015—2017年EVA指标（单位：亿元）

通过图10-1可看出，在2015—2016年行业低谷期，三家企业EVA指标均成负值，即股东财富并没有增长反而在减少。2016年Ａ股份有限公司的EVA值为-29.07亿元，2017年战略转型后，EVA值增加到18.68亿元，增长幅度达到47.75亿元，而Ｂ公司、Ｃ公司2017年EVA值分别为：15.05亿元、-10.11亿元，增长幅度分别为：26.47亿元、9.87亿元，都不及Ａ股份有限公司。由此可见，Ａ股份有限公司在企业战略转型后，股东价值大幅度提升，无论在行业中，还是在与Ｂ公司、Ｃ公司的EVA值对比中，Ａ股份有限公司的EVA增加值都是非常明显的。可以看出，Ａ股份有限公司剥离环境产业是一次比较成功的战略转型，它带来了经济增加值的迅速增长。

（四）杜邦分析法下的绩效分析

审计成员以Ａ股份有限公司2015—2017年的财务数据为基础，采用杜邦分析法进行计算，得出Ａ股份有限公司各财务分析指标见表10-5。

表10-5　　　　　Ａ股份有限公司2015—2017年杜邦分析体系主要指标

财务指标	2015年	2016年	2017年
净资产收益率	0.22%	-2.39%	3.26%
销售净利率	0.44%	-4.52%	5.36%
总资产周转率	0.22	0.22	0.28
权益乘数	2.31	2.36	2.18

Ａ股份有限公司净资产收益率在战略转型后立即扭亏为盈，从-2.39%上升至3.26%。其中权益乘数下降，说明公司的资产负债率下降，长期偿债能力得到提高，也说明净资产收益率上升并不全是由于加大财务杠杆带来的。进一步分析总资产净利率，发现转型后销售净利率和总资产周转率均得到了一定程度的提升，公司的盈利能力和营运能力得到了改善。

1.工程机械营业收入大幅增长

Ａ股份有限公司、Ｂ公司、Ｃ公司及行业均值销售净利率折线图如图10-2所示。

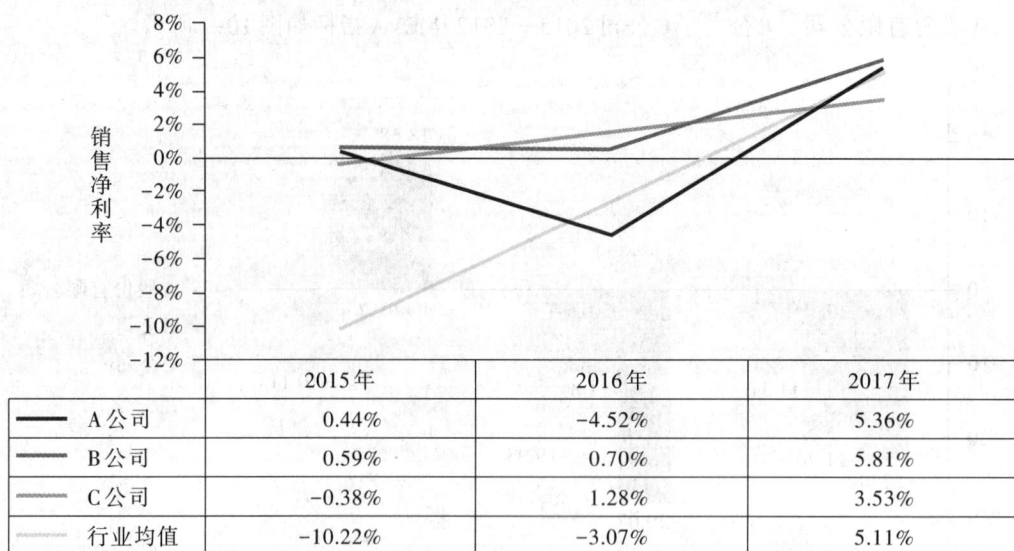

	2015 年	2016 年	2017 年
A 公司	0.44%	-4.52%	5.36%
B 公司	0.59%	0.70%	5.81%
C 公司	-0.38%	1.28%	3.53%
行业均值	-10.22%	-3.07%	5.11%

图 10-2　A 股份有限公司、B 公司、C 公司及行业均值销售净利率折线图

2017 年，A 股份有限公司盈利能力显著改善，净资产收益率达到 3.26%，较去年提升 5.65 个百分点；销售净利率达到 5.36%，较去年提升 9.88 个百分点，比肩 B 公司，超过行业均值，销售净利率、净资产收益率和每股收益均取得了两倍式增长，成功实现将各项盈利指标扭亏为盈。

2017 年工程机械行业受益于"一带一路"倡议，A 股份有限公司抓住这一时机提出"聚焦主业"的战略，出售环境产业公司 80% 股权，交易对价为 116 亿元，本次处置环境产业 80% 股权事宜对 A 股份有限公司会计利润的影响：投资收益总额增加 107.38 亿元，应纳所得税增加 13.83 亿元，处置净收益 93.55 亿元。截至 2016 年 12 月 31 日，公司环境板块总收入达到 56 亿元人民币，占主营业务收入比重已经达到 28%。2017 年，公司的核心业务——工程机械，该板块全系列产品销售强势增长，营业收入达到 179.21 亿元，同比增长 69.77%，较去年同期有较大幅度的增长，由此可见 A 股份有限公司"聚焦主业"战略效果显著。A 股份有限公司 2015—2017 年业务板块收入情况如图 10-3 所示。

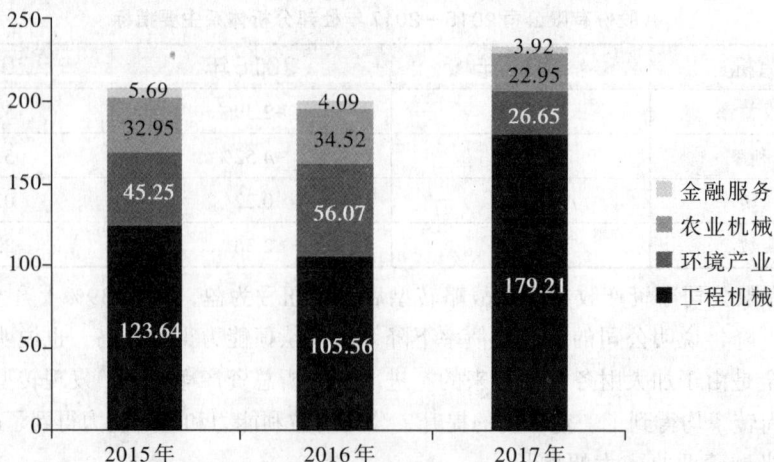

图 10-3　A 股份有限公司 2015—2017 年业务板块收入情况（单位：亿元）

2.经营效率有提升

A股份有限公司、B公司、C公司和行业均值营运能力分析见表10-6。

表10-6 　　　A股份有限公司、B公司、C公司和行业均值营运能力分析

财务指标	报告日期	A股份有限公司	B公司	C公司	行业均值	A股份有限公司与行业均值差额
存货周转率	2015年	1.20	2.75	1.97	2.59	-1.39
	2016年	1.09	2.93	2.20	2.80	-1.71
	2017年	1.51	3.87	2.95	3.32	-1.81
应收账款周转率	2015年	0.65	1.15	0.88	3.14	-2.49
	2016年	0.61	1.19	1.01	3.19	-2.58
	2017年	0.77	2.1	1.95	3.99	-3.22

截至2015年年底，国内工程机械市场设备保有量高达700万台，大量工程机械产品被闲置，这导致了整个行业应收账款与存货均处于一个较高的水平，2015—2016年之间，A股份有限公司的存货周转率和应收账款周转率维持在较低水平。

2017年市场回暖，A股份有限公司开始战略转型，其存货、应收账款周转率虽仍低于行业平均水平，但从纵向来看均有所提高，营运能力较为可观。

3.资本结构优化，财务风险降低

剥离环境产业之前，A股份有限公司的资产负债率维持在57%左右，低于同规模的B公司，略高于C公司。转型后，A股份有限公司的资产负债率下滑了三个百分点，说明战略转型在一定程度上减轻了A股份有限公司的债务负担，缓解了其较高财务杠杆带来的经营风险。

A股份有限公司、B公司、C公司和行业均值偿债能力指标分析见表10-7。

表10-7 　　　A股份有限公司、B公司、C公司和行业均值偿债能力指标分析

数据名称	报告日期	A股份有限公司	B公司	C公司	行业均值	A股份有限公司与行业均值差额
速动比率（%）	2015年	1.52	1.11	1.38	1.29	0.23
	2016年	1.56	1.29	1.20	1.24	0.32
	2017年	1.63	1.14	1.23	1.08	0.55
资产负债率（%）	2015年	56.67	61.41	51.76	49.72	6.95
	2016年	57.60	61.90	53.43	53.32	4.28
	2017年	54.03	54.71	51.67	50.03	4.00

A股份有限公司、B公司、C公司及行业均值速动比率折线图如图10-4所示。

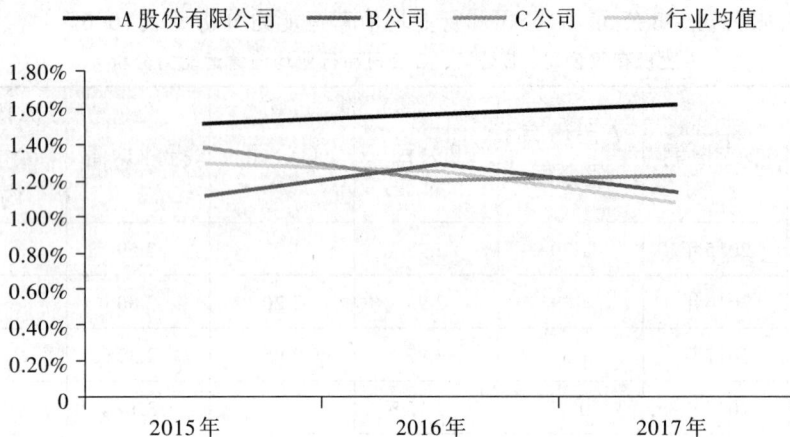

图10-4　A股份有限公司、B公司、C公司及行业均值速动比率折线图

4.资产质量改善

2017年市场有所好转，A股份有限公司对没有处置完的二手设备和应收账款都充分地计提了减值准备，总计87.92亿元，其中应收账款计提坏账准备60.00亿元；存货计提跌价准备18.90亿元；固定资产计提减值准备1.49亿元；商誉计提减值准备0.28亿元；其他计提7.25亿元。

A股份有限公司的应收账款规模一直居高不下，"应收账款每天都在增加，就像是洪峰排山倒海，势不可挡"，A股份有限公司董事长张总独自胆寒。直至2017年计提了60亿元坏账准备之后，应收账款净额降至216.31亿元；A股份有限公司2017年坏账计提比例飙升，是2016年的2.4倍，计提比例达21.72%。A股份有限公司2015—2017年应收账款净值及坏账计提比例变化如图10-5所示。

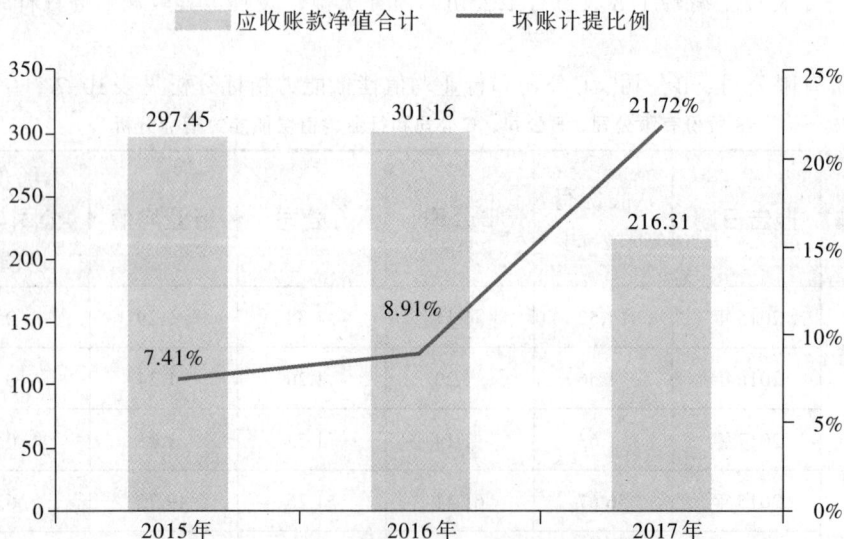

图10-5　A股份有限公司2015—2017年应收账款净值及坏账计提比例变化（单位：亿元）

A股份有限公司的存货净值规模在2015年达到峰值140.83亿元。2016年，公司存货合计127.70亿元，占总资产比例由15.03%下降到14.33%，2017年更是降到10.69%，两年

下降了近5个百分点，主要得益于工程机械及农业机械板块良好的存货控制。2017年，公司计提了18.90亿元跌价准备之后，存货账面净值降至88.86亿元。A股份有限公司2015—2017年存货账面净值及存货跌价准备变化如图10-6所示。

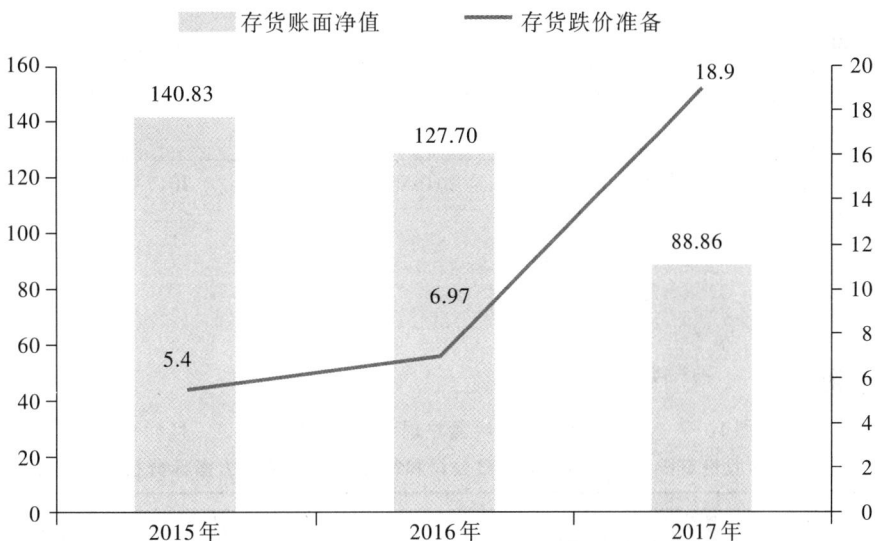

图10-6　A股份有限公司2015—2017年存货账面净值及存货跌价准备变化（单位：亿元）

自工程机械行业调整以来，上市公司对二手设备的处理均对公司毛利率有一定程度的影响，此次公司对存货计提资产减值准备后，预计公司后续产品销售毛利率将会出现明显回升。

A股份有限公司此次剥离环境产业战略实施后，实现了大量利润，并进行了较为庞大、充分的资产减值计提，两个项目的实施最终对公司当前业绩影响较小，但一次性解决了公司较大的负担，"资产减值损失"科目对净利润的影响预计将逐步减少，公司在未来竞争中有望"轻装上阵"。

公司经营性现金流2016年第二季度开始转正，第三、四季度延续了这一趋势，2016年全年经营性现金流达21.69亿元，近3年首次转正，不过主要原因是经营性现金流出大幅减少，同比下降20.70%，经营性现金流入基本没变，这是因为下游需求下滑导致公司收缩了部分产能，大幅降低了采购开支。而公司从2017年开始，经营性现金流入有了明显增长，同比上升16.18%。2017年公司经营性现金流为28.51亿元，同比增长31.47%，大幅增长主要是本期经营性收款增加所致。而这一增长在很大程度上得益于战略的转型。A股份有限公司经营性现金流趋势图如图10-7所示。

发展能力方面，A股份有限公司在2017年战略转型后营业利润增长率一路高歌猛进，保持强劲增长势头。横向对比不难看出A股份有限公司的营业利润增长率已经开始反超B公司，达到行业均值。A股份有限公司、B公司、C公司和行业均值发展能力指标分析见表10-8。

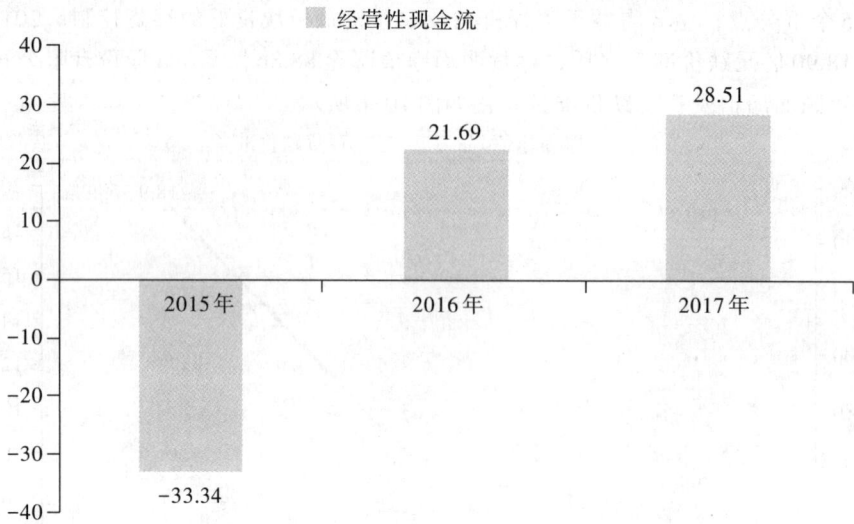

图 10-7　A 股份有限公司经营性现金流趋势图（单位：亿元）

表 10-8　　　　　A 股份有限公司、B 公司、C 公司和行业均值发展能力指标分析

名　　称	报告日期	A 股份有限公司	B 公司	C 公司	行业均值	A 股份有限公司与行业均值差额
营业收入增长率（%）	2015 年	-19.72	-23.05	-28.53	-12.80	-6.92
	2016 年	-3.52	-0.81	1.17	14.36	-17.88
	2017 年	16.23	64.67	72.46	37.64	-21.41
营业利润增长率（%）	2015 年	-191.28	-76.23	-131.52	-292.23	100.95
	2016 年	-198.02	2 519.98	187.36	183.56	-381.58
	2017 年	202.20	130.65	770.87	260.03	-57.83
总资产增长率（%）	2015 年	-0.04	-2.83	-12.57	28.80	-28.84
	2016 年	-4.89	0.53	2.97	14.73	-19.62
	2017 年	-6.72	-5.39	13.17	2.95	-9.67

　　A 股份有限公司、B 公司、C 公司和行业均值营业利润增长率折线图如图 10-8 所示。

（五）SVA 分析

　　1.股价反应

　　A 股份有限公司在 2017 年 5 月 22 日以 116 亿元出售 80% 的环境模块资产，为了研究此次重大交易对公司股价的影响，以收盘价为例，将深证成指、B 公司和 C 公司的收盘价进行对比分析，窗口期选为 2017 年 5 月 1 日—6 月 30 日（剔除非交易日），具体数据如图 10-9 所示：

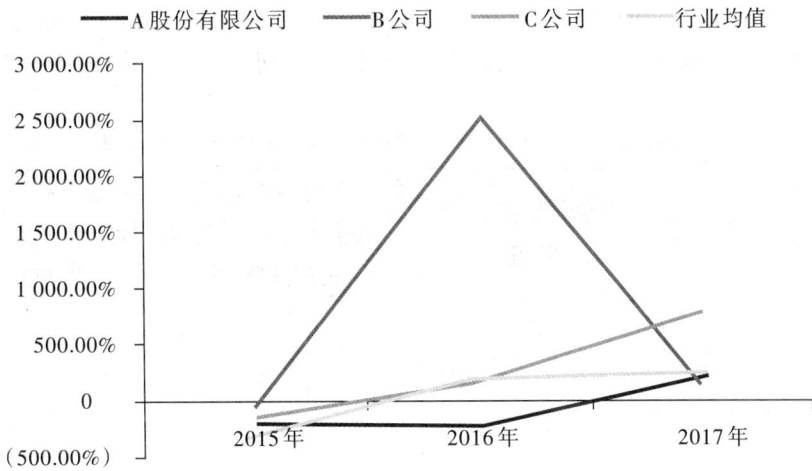

数据来源：同花顺数据库。

图10-8　A股份有限公司、B公司、C公司和行业均值营业利润增长率折线图

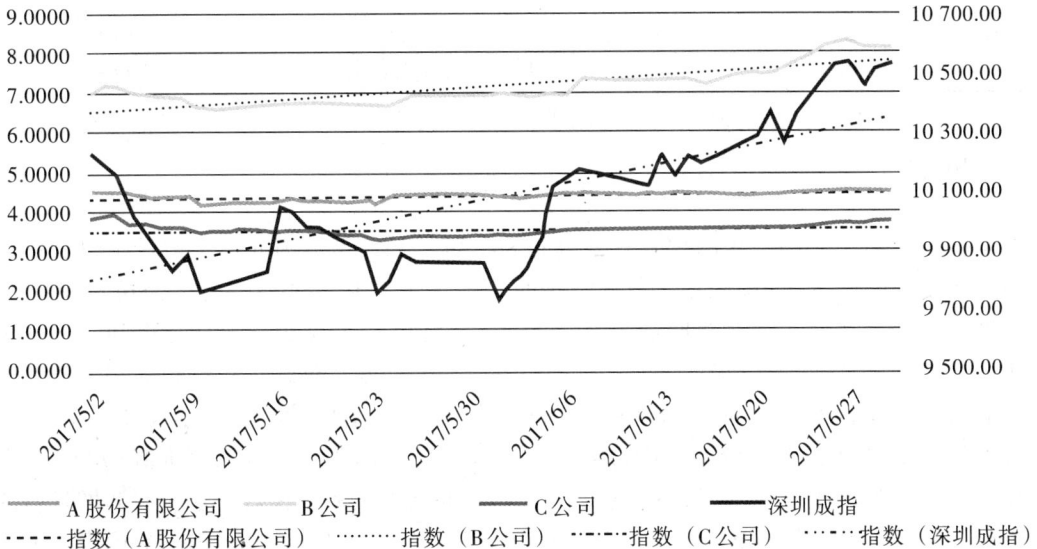

数据来源：根据同花顺iFinD整理。

图10-9　A股份有限公司、B公司、C公司收盘价和深证成指收盘指数

A股份有限公司在公布战略转型前后，股价并没有较大波动，一直处于4.20元/股到4.40元/股之间，并且大盘指数在这一时期也未见异常波动，整体处于上升态势，A股份有限公司的同行业B公司、C公司的股价也表现平稳，没有什么明显的上涨。

2.现金分红

A股份有限公司自2000年上市以来，每年均进行现金分红，截至2017年12月31日，累计现金分红102.46亿元。由表10-9可以看出，A股份有限公司股票现金分红比例远高于同行业同规模的其他公司，2016年虽然净利润为负值，但主要由于拨备计提减值9.97亿元，剔除拨备并不亏损，而且现金流良好，所以依然维持了稳定的分红，每10股派发现金红利1.5元。分红之后仍有近50亿元的资金可以用于再投资，支持技术改造等方面，因此不存在"超能力派现"的问题。在2017年实行战略转型后，更是推出了向全体股东每10股派发现金红利2元的高分红机制，比往期分红比例提高了33%，更是同期C公司现金分红的5倍，B公司的1.25倍。A股份有限公司、B公司、C公司近3年普通股现金分红情况表见表10-9。

表10-9　　A股份有限公司、B公司、C公司近3年普通股现金分红情况表　　金额单位：万元

数据名称	报告日期	现金分红的数额（含税）	分红年度合并报表中归属于上市公司普通股股东的净利润	占合并报表中归属于上市公司普通股股东净利润的比率（%）
A股份有限公司	2015年	114 962.0	8 346.74	1 377.33
	2016年	114 962.0	-93 369.74	—
	2017年	155 881.0	133 192.37	117.03
B公司	2015年	76 16.5	13 858.6	54.96
	2016年	7 658.0	20 345.7	37.64
	2017年	123 317.0	209 225.3	58.94
C公司	2015年	—	5 667.31	—
	2016年	10 511.59	20 858.32	50.40
	2017年	28 030.91	102 061.77	27.46

A股份有限公司注重对股东的投资回报，在战略转型之后通过更为优厚的高分红机制为股东创造价值。

3.各年SVA分析

A股份有限公司2017年的SVA现值高达807.39亿元，是因为此模型假设了以后年度会按照2017年NOPAT的增长量进行永续增长，但由于2017年A股份有限公司NOPAT的增长有一部分来自于非经常性损益，以后年度不会持续，导致2018年计算得到的SVA现值为-659.13亿元，将2017年计算的永续增长部分调整回来，最终计算得到的SVA累计现值一直维持在较高水平，在2020年将达366.69亿元。令基线价值=第0年NOPAT÷K，折现计算得到2017年的股东价值为613.96亿元，与2016年的股东权益账面价值377.95亿元相比，增幅达236.01亿元。A股份有限公司此次战略转型之后，税后净营业利润增长值的资本化价值高于评估期内企业追加投资的累积现值。因此，A股份有限公司的此次"聚焦主业"战略带来的是股东价值创造而不是股东价值创伤。用股东增加值（SVA）计算企业总股东价值见表10-10。

表10-10　　　　　　用股东增加值（SVA）计算企业总股东价值　　金额单位：亿元

项目	第0年 2016年	第1年 2017年	第2年 2018年	第3年 2019年	第4年 2020年
销售额	200.23	232.73	270.92	303.53	322.92
税后净营业利润（NOPAT）	13.60	58.29	20.04	29.48	33.70
税后经营业利润增长	—	44.69	-38.25	9.44	4.22
税后经营业利润增长/$[K*(1+K)^{(t-1)}]$	—	812.55	-659.12	154.21	65.34
投资现值		5.16	0.01	0.94	0.18
股东增加值（SVA）现值		807.39	-659.13	153.27	65.16
股东增加值（SVA）累计现值		807.39	148.26	301.53	366.69
基线价值			247.27		
股东价值			613.96		

综上所述，A股份有限公司在实施"剥离环境产业，聚焦核心业务"战略后，无论进行战略矩阵分析，还是运用EVA指标分析，其股东价值都是在战略转型后大幅度提升的；从财务分析，纵向对比转型实施前后来看，工程机械板块收入大幅度增长，盈利能力有所上升，资产质量有了明显改善，同时从财务风险控制和提高发展能力来看都表现良好，企业收益得到明显增长；从SVA分析结果可以看出，A股份有限公司的此次"聚焦主业"战略带来的是股东价值创造。

（六）剥离环境聚焦主业的困境分析

困境1：核心产品附加值与市场份额

2017年，A股份有限公司在营业收入和净利润上都取得增长，而且其净利润从2016年的负增长到2017年的10亿多元，说明其战略转型取得了一定成效。其2017年综合毛利率为21.35%，同比下降2.51%。分产品看，混凝土机、起重机、环境产业、农机的毛利率分别为18.32%、21.93%、24.93%、13.96%，分别同比下降0.64%、5.12%、1.64%、3.60%。但是公司主导产品混凝土机和农机的毛利率都低于20%。和同行业的B公司、C公司相比，A股份有限公司在主业上的产品市场占有率也有很大的差距。主要竞争对手产品市场占有率见表10-11。

表10-11　　　　　　　　　　主要竞争对手产品市场占有率

主要竞争对手	主要产品的市场占有率
B公司	混凝土机械市场占有率全球第一；挖掘机连续五年为月销冠军
C公司	起重机国内市场占有率第一

主要原因是A股份有限公司的局部核心技术仍受制于人，许多核心部件仍无法自行生产，只能依靠进口，如柴油发动机及关键液压件等高技术含量、高附加值的核心零部件。其次，虽然A股份有限公司并购了一些海外公司，但是并没有真正做到技术上的融合，对于国外的一些先进技术公司没有掌控，因此不能完全达到满足所有客户的要求。再次，现在对于智能化技术的要求越来越高，例如，C公司创造的智能遥控"小天鹅"，是首款无人驾驶室的纯遥控挖掘机，对A股份有限公司现有的产品具有一定的冲击力。最后，环保监管越来越严格，生态环境部发布的《关于实施国家第三阶段非道路移动机械用柴油机排气污染物排放标准的公告》，国三标准机械存在不会太久，那么国四、国五甚至国六标准的发动机价格增长，甚至是成倍增长，使得整机采购成本大大增加。

2016年，A股份有限公司亏损9.05亿元，而其子公司环境公司实现收入56.07亿元，同比增长24%；净利润7.55亿元，同比增长9.22%，净利润率为13.47%。环境公司成为A股份有限公司重要的业绩增长点。然而公司在2017年将环境产业剥离，那么企业需要寻找新的途径来获得利润增长点。

剥离环境产业之后，A股份有限公司把资源和能力都集中在工程机械行业上，但从图10-10可以看出，目前A股份有限公司营收虽然得到了一定的提升，但是和同行业对比仍然有一定的差距。

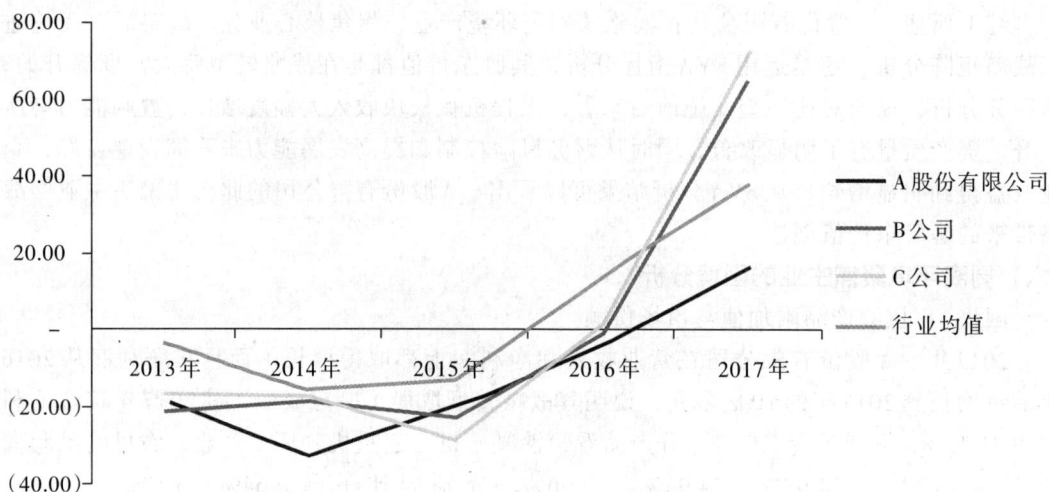

图 10-10　A股份有限公司、B公司、C公司及行业均值营收增长率折线图

从营业收入同比增长率我们可以看出，5年间A股份有限公司的行业增长率始终在行业平均线下，当2017年行业营收普遍增长时，A股份有限公司的营收增长率是16.23%，而B公司、C公司的营收增长率分别是64.67%、72.64%，行业平均营收增长率也达到37.64%，可见A股份有限公司的增长速度是不及行业均值的。

困境2：海外市场份额不足

"一带一路"倡议推动我国企业在沿路国家营收增长，国内机械企业都在积极进行海外市场的拓展。我国企业2015年、2016年、2017年在"一带一路"倡议沿路完成营业额分别为692.6亿美元、759.7亿美元、855.3亿美元，年均复合增长率为11.13%。2015—2017年我国企业在"一带一路"倡议沿路国家新签合同额占同期我国对外承包工程新签合同额比例从44.10%上升至54.40%，增长趋势明显。2017年我国在"一带一路"倡议沿路国家新签合同额占比增加2.8个百分点。"一带一路"倡议沿路国家新签合同额占同期我国对外承包工程新签合同额比例如图10-11所示。

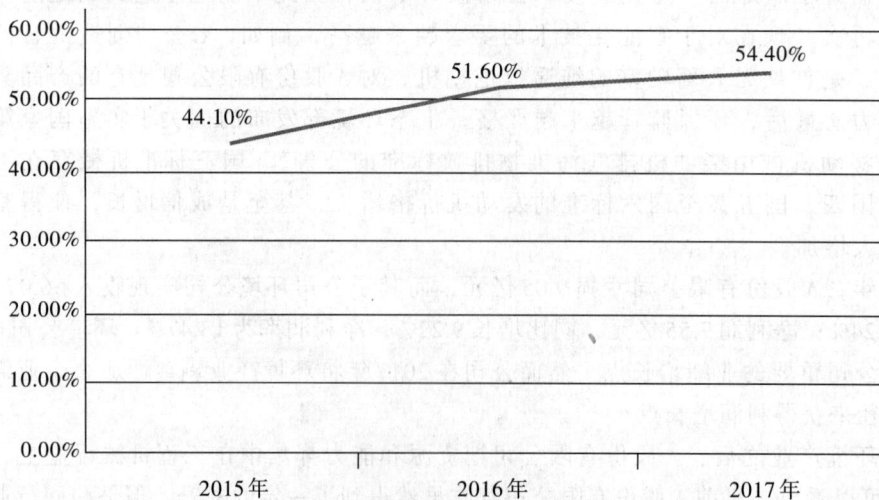

"一带一路"倡议沿路国家新签合同额占同期我国对外承包工程新签合同额比例

图 10-11　"一带一路"倡议沿路国家新签合同额占同期我国对外承包工程新签合同额比例

C公司、B公司、A股份有限公司、D公司2017年海外营收均超过2016年。2017年C公司、B公司、A股份有限公司、D公司海外营业收入分别为21.96亿元、57.99亿元、12.96亿元、11.23亿元，均已超过2016年全年海外营收的50%；从海外营收占比来看，A股份有限公司海外营收占比中国企业海外市场营收比例明显低于B公司等企业。伴随全球工程机械行业回暖和"一带一路"倡议影响力持续扩大，A股份有限公司海外收入虽然增长，但与B公司、C公司等企业仍有差距。A股份有限公司、B公司等海外业务收入占中国工程机械企业海外市场营收份额情况如图10-12所示。

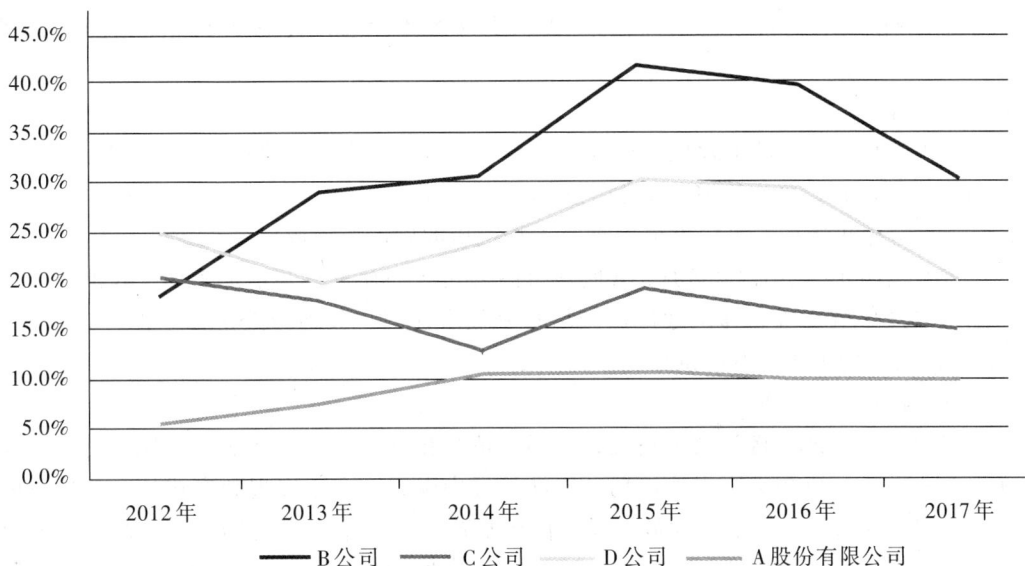

图10-12 A股份有限公司、B公司等海外业务收入占中国工程机械企业海外市场营收份额情况

如图10-12所示，主要原因是A股份有限公司在战略转型之前虽然有海外市场，但是并没有重视起来，比如其并购的一些海外公司，并没有真正达到协同效应，还是各自经营。但是B公司和C公司很早就重视在海外的布局，因此抢先占据了市场。所以导致A股份有限公司的海外收入低于同行业。

A股份有限公司目前海外市场份额不足的主要原因是其没有真正利用前期并购的海外企业，没有做到技术、管理和市场的融合，再加上海外市场的经营本身就存在很大的风险。因此，A股份有限公司如何广泛谋求战略合作关系，积极拓展海外市场版图成为目前公司聚焦主业的主要任务。

（七）未来策略分析

审计小组通过前面的技术分析，确定了业绩，分析了困境，在此基础上运用麦肯锡三层面理论，将A股份有限公司的业务组合划分为三个层面：一是守卫核心业务——聚焦主业：这一业务将为公司带来大部分的营业收入、利润和现金流；二是建立即将涌现增长动力的业务——发掘后市场：利用前端市场的技术优势与市场优势，开启销售后市场，以更好地服务前端市场，扩展产品的标准化与品牌经营管理，最终获得具有高成长性后市场的盈利；三是"一带一路"倡议开拓海外市场，拓展战略蓝图。针对这三个层面业务经营审计分别提出了三个发展层面战略措施，以逐步形成与竞争对手的差异化能力，获取业务阶梯式上升的持续增长过程。

1.深耕主业：技术集成、产品升级

技术集成，双边整合。审计组认为A股份有限公司可以采用技术集成，双边整合的方式，将海外先进的技术和丰富的管理经验移植到"母体"，实现世界最先进技术和中国的低制造成本的结合。

产品智能化，平台互联化。A股份有限公司需把主要精力放在产品智能化上，通过加装嵌入式传感器，使产品能感知、有大脑、会思考，实现自诊断、自调整、自适应，有效创造新的市场需求，逐步提升产品溢价能力。通过工业物联网平台与产品的联结，可以让产品有更多的附加价值，为客户提供更好的体验感，打造基于互联–物联的社群生态。

2.发掘后市场价值

审计组发现在成熟的工程机械市场中，以主机销售为主的主要产品市场销售利润占整体利润的30%左右，余下的70%利润主要来自于后市场。A股份有限公司在此次资产剥离后，一方面应聚焦主业，另一方面应进军工程机械的后市场领域。

从2016年年初至2017年8月，A股份有限公司海外存量总共增加30%，其中菲律宾、海湾地区以及中国香港和韩国地区区域增长率位居前列，分别为250.5%、34.2%及23%，A股份有限公司后市场开发前景广阔。

3.海外业务拓土开疆

沿着国家"一带一路"倡议路线，一国一情。在发达国家，并购为主导，优势互补，实现聚变式发展，更快进军当地市场。而在发展中国家，主张实现裂变式的专业化发展，但每个国家的国情不同，采用的策略同样存在差异，对于重要的核心区域可以采用和当地政府或企业合资建厂的方式，并以此为核心辐射周边区域；而对于非核心国家，我们可以采用事业部模式，中资外带，仅设立仓库和服务团队用以销售产品并提供售后服务。通过"核裂变+核聚变"的发展战略，在全球范围内实现快速扩张，构建全球化制造、销售、服务网络。

经营理念互融互通，提升国际综合管理能力。本着"做主、做深、做透"的海外发展思路，实现全面融入，全面协同。"做主"的含义是既要有包容力，又要有掌控力。一方面用包容的心态和姿态去求同存异，理解、接纳不同文化的差异；另一方面在战略上把握住话语权，把海外企业纳入到整体战略管控体系当中。"做深"的含义是既要深度认同，又要深度协同。

强化海外风险意识，有效应对经营风险。企业在海外市场的政治、经济、文化、管理模式与理念等的差异，会导致许多风险。

三、结语

最后，审计组通过近一个月的市场调研、资料收集、EVA分析、SVA分析计算以及杜邦分析与非财务指标分析，终于完成了董事会交付的剥离环境产业绩效审计工作，并向董事会提交了这份剥离环境产业绩效以及未来聚焦主业的经营审计报告。审计报告肯定了剥离绩效，提出了聚焦主业的经营管理策略，有力地回应了股东们的质疑。但是这一审计结论果真论证了剥离的绩效吗？仍然有股东在质疑：

1.绩效审计结论是绩效提升了，但是否都是剥离环境产业带来的绩效？

2.选取的审计评价方法与指标是否恰当?

3.从财务报告数据分析结论能判断公司遇到的困境吗?

4.提出的建议依据充分吗? 具体如何落实?

>>>> **案例十一　基层审计机关巧破医院数据审计**
　　　　　　　——S医院财务收支及绩效审计案例[①]

　　本案例以S县审计局对S医院财务收支及绩效情况（主要以收费、医疗器械、人才结构、内部管理、信息系统等为重点）展开的审计为线索，讲述了审计人员面对医院庞大的业务数据时如何及时调整审计思路，变被动为主动；针对基层审计面对大型数据式审计时缺乏的相关经验，审计人员集思广益、正确决策，借助计算机辅助技术等一系列有效审计方法，使审计工作得以顺利实施。现场审计结束后，恰当处理审计查出的问题、在更高层次发挥审计的建设性作用，是每一位审计人员值得思考的问题。

　　S医院是X地区集医疗、预防、保健、康复、教学、科研于一体的大型三级甲等公立综合医院、医学院附属医院、国际爱婴医院、卫生部国际紧急救援中心网络医院和中国健康扶贫工程定点医院，综合实力位居全市县级医院第一位、全省县级医院前3位、先后荣膺"全国百佳医院""全国精神文明建设工作先进单位"等称号。医院的宗旨是医治和预防疾病，保护人民健康。其性质是社会主义事业单位。因此医院的改革必须把提高人民群众的健康水平放在首位，在不断提高经济效益的同时，更要注重提高社会效益。因此，对医院的经济活动进行审查、监督和评价，可以促进医院的健康发展，保障经济改革的顺利进行，充分发挥审计的"免疫功能"。

一、项目实施整体流程

（一）AO2011软件及SQL2008数据库应用介绍

　　审计过程全面使用AO2011软件及SQL2008数据库，主要利用了项目管理、采集转换、审计分析、审计证据、审计日记、审计底稿、审计报告、审计台账、导出项目信息等功能。

　　1.审计准备阶段

　　（1）导入人员信息。以admin的身份登录【现场审计实施系统】，单击【项目管理】中的【导入管理】，再按【导入人员信息】按钮，将法制处统一制定的人员信息导入系统中。

　　（2）建立审计项目。以本人用户名和密码登录，进入【项目管理】中的【准备管理】，手动建立审计项目；在【项目人员管理】窗口添加审计人员，根据审计实施方案的要求进行项目人员角色设置；编制审计事项。

　　（3）导入相关资料及数据。通过【项目管理】中的【资料管理】的【从系统引入资料】功能，引入审前调查记录、审计通知书、审计实施方案等资料；通过【采集转换】中的【业务数据】【采集数据】功能，采集相关账簿的电子数据。

　　S医院财务收支审计案例所需数据资料见表11-1。

　　[①]　作者：何跃先、刘桂良、郑毅。本案例依据何跃先2018年湖南大学毕业论文改编。

表11-1   **S医院财务收支审计案例所需数据资料**

序号	数据资料名称	结构化	非结构化	半结构化
1	医疗服务价格收费库	√		
2	药品出库表	√		
3	科室代码表	√		
4	住院非药品明细表	√		
5	药品入库表	√		
6	住院总表	√		
7	住院床位编制表	√		
8	门诊收费总表	√		
9	药品盘点表	√		
10	物资出库表	√		
11	物资入库表	√		
12	药品厂商表	√		
13	凭证库	√		
14	科目余额表	√		

①基础表：医疗服务价格收费库。数据元素：编码、项目名称、收费。

②基础表：药品出库表。数据元素：库存单位编码、领药单位名称、出库时间、出库类型、药品类别、药品编码、药品商品名、规格、当前单位、实进价、零售价、出库量。

③基础表：科室代码表。数据元素：科室代码、科室名称。

④基础表：住院非药品明细表。数据元素：住院号、收费代码、收费名称、次数、单价、总价、操作时间。

⑤基础表：药品入库表。数据元素：库存单位编码、供应商名称、生产厂家、入库类型、药品类别、药品编码、药品商品名、规格、当前单位、实进价、入库量。

⑥基础表：住院总表。数据元素：住院号、姓名、入院日期、出院日期。

⑦基础表：住院床位编制表。数据元素：科室代码、科室名称、简写、床位编制数。

⑧基础表：门诊收费总表。数据元素：病历号、时间、患者姓名、费用、项目代码、项目名称。

⑨基础表：药品盘点表。数据元素：药品编码、药品商品名、规格、当前单位、数量。

⑩基础表：物资出库表。数据元素：出库单号、制单日期、出库日期、领用科室、物资编码、物资名称、规格、数量、单位、单价、金额、零售单价、零售金额、出库数量、领用人。

⑪基础表：物资入库表。数据元素：入库单号、制单日期、入库日期、供应商、生产厂家、物资编码、物资名称、规格、数量、单位、单价、金额、入库量。

⑫基础表：药品厂商表。数据元素：药商代码、药商名称、简称。

⑬基础表：凭证库。数据元素：年度、凭证日期、科目编码、科目名称、凭证号、摘要、借方发生额、贷方发生额、对方科目代码、对方科目名称。

⑭基础表：科目余额表。数据元素：年度、科目编码、科目名称、期初余额、借方发生额、贷方发生额、期末余额、余额方向。

（4）导出相关信息和数据。根据审计实施方案的人员分工，导出项目信息文件和相关数据给审计组成员建立项目，并完成数据收集。

2.审计实施阶段

（1）审计分析。通过AO2011软件的分析功能，进行SQL查询、筛选、数据分析等操作，将中间表生成疑点导出到资料树或输出电子表格。通过【疑点管理】对疑点进行管理，现场查证落实疑点。

（2）编制审计记录资料。严格按照审计署《审计机关审计项目质量控制办法》的要求，通过【审计底稿】菜单的【审计日记】【审计证据】【审计底稿】的功能编制和修改相应的审计记录资料。

3.审计终结阶段

（1）生成审计报告初稿。在【编制报告提纲】窗口的审计报告提纲模板区新建文件夹，形成审计报告总体结构；通过【生成审计报告提纲】菜单生成审计报告提纲，随后生成审计报告初稿。

（2）审计组成员收集资料。审计组成员通过点击【导出项目信息】中的【生成AO数据包】，收集审计组成员资料。

二、审计数据分析具体步骤

（一）财务数据分析

在摸清S医院财务信息系统和业务信息系统的基础上，对财务数据和业务数据结构进行分析，对相关数据进行预处理，将其财务数据和业务数据附加到数据库，进行财务数据和业务数据关联分析，检查有无虚报或隐瞒收入情况，有无混淆往来与收支、有无出借或租用银行账户、有无虚列应收款转移资金、有无长期挂账、有无混淆收入与基金、有无固定资产不入账，审查各项收入的真实性、支出的合规性。

1.收支结构分析，利用多科目图形比对分析财务收入和业务数据收入。通过对住院收入进行分析，揭露S医院在提供医疗服务过程中存在的违法违纪问题，分析医院在药品、医疗服务收费及执行医疗政策方面存在的问题和原因，提出进一步深化医疗卫生体制改革、加强和改进内部控制管理、规范财政财务收支行为的意见和建议。

2011年医疗收入、药品支出柱形图如图11-1所示。

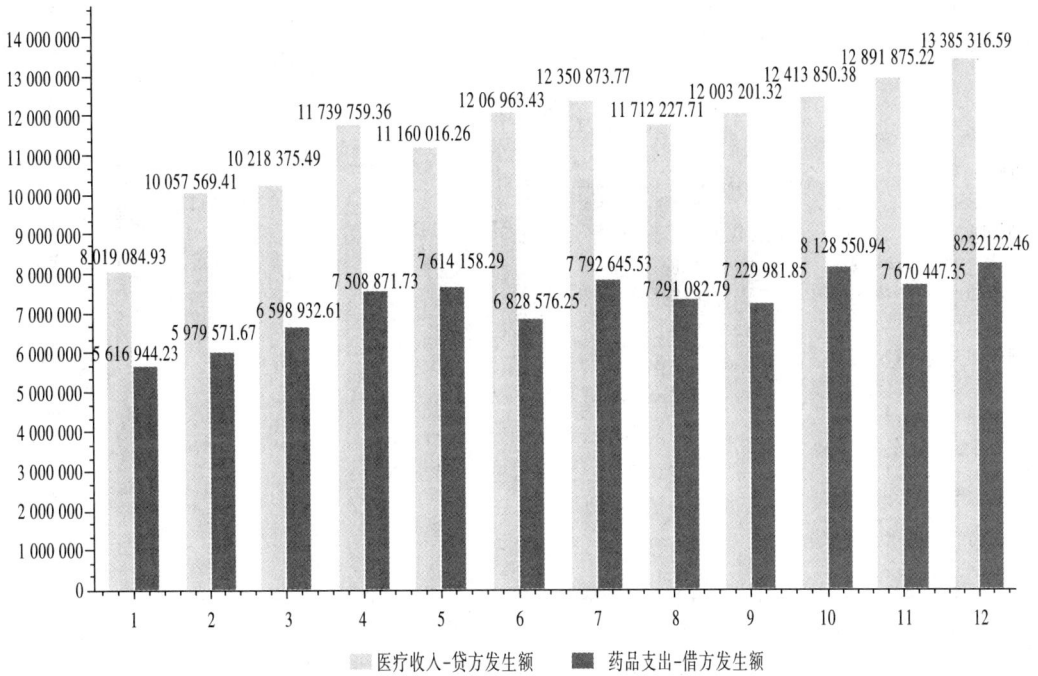

图11-1　2011年医疗收入、药品支出柱形图

2011年药品收入、药品支出柱形图如图11-2所示。

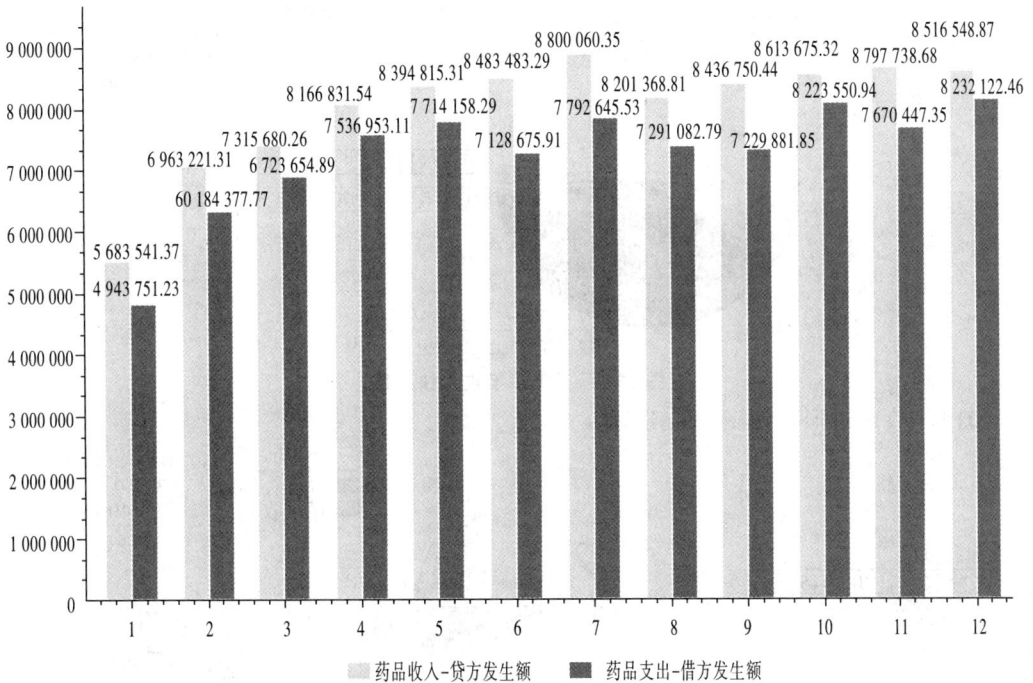

图11-2　2011年药品收入、药品支出柱形图

2012年药品收入、药品支出柱形图如图11-3所示。

2011年收入饼形图如图11-4所示。

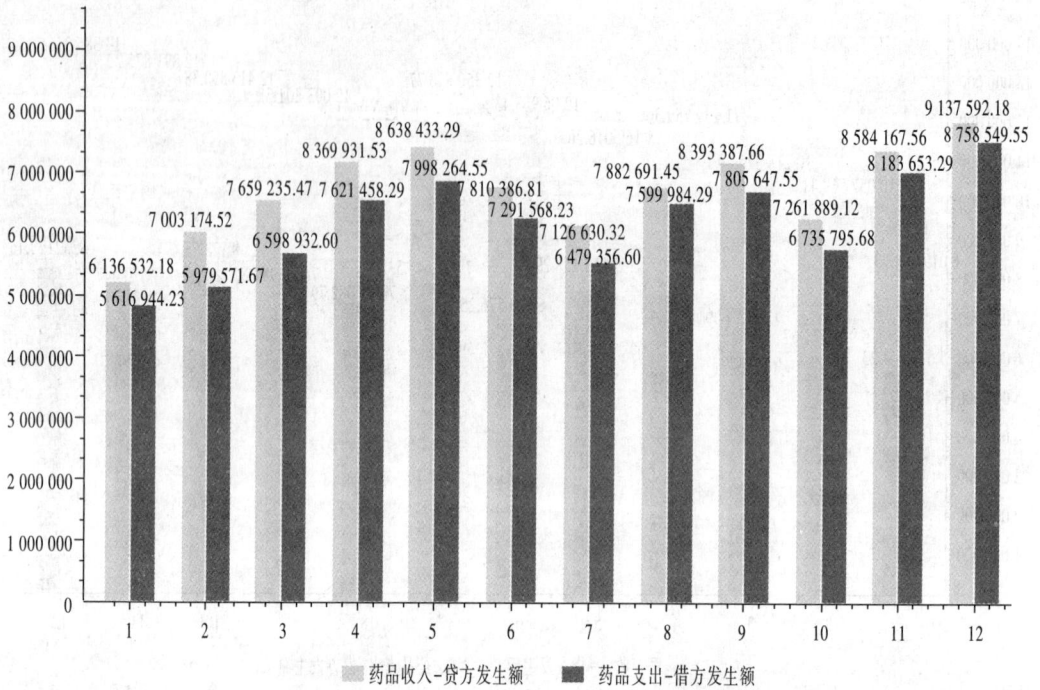

图11-3　2012年药品收入、药品支出柱形图

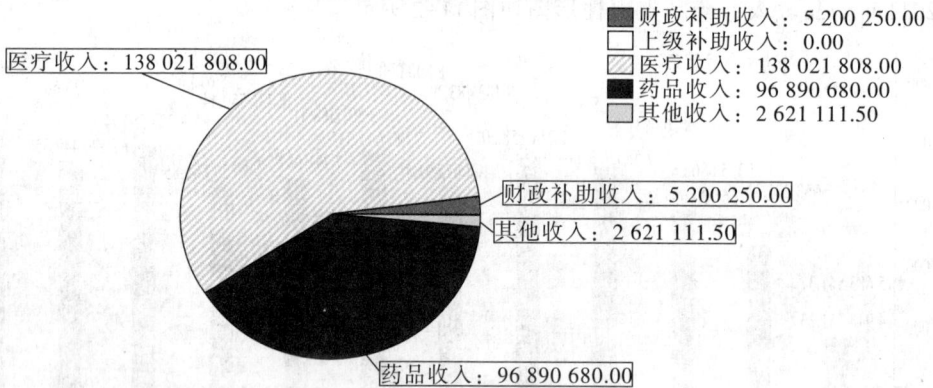

图11-4　2011年收入饼形图

2012年收入饼形图如图11-5所示。

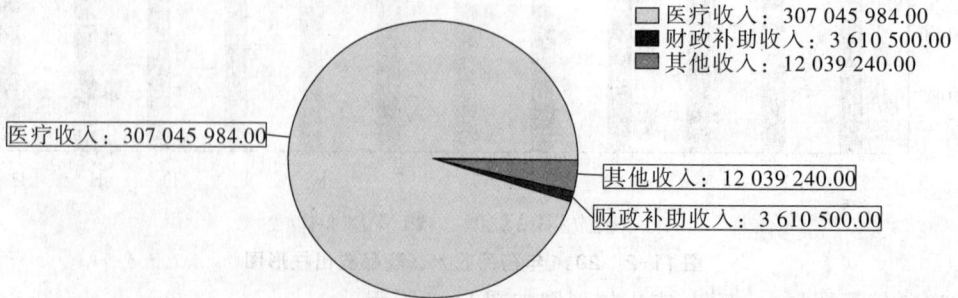

图11-5　2012年收入饼形图

2.分析有无混淆收入与往来，将收入计入其他应收款等，一般医院有门面出租或者车棚、食堂承包，查询结果如图11-6所示。

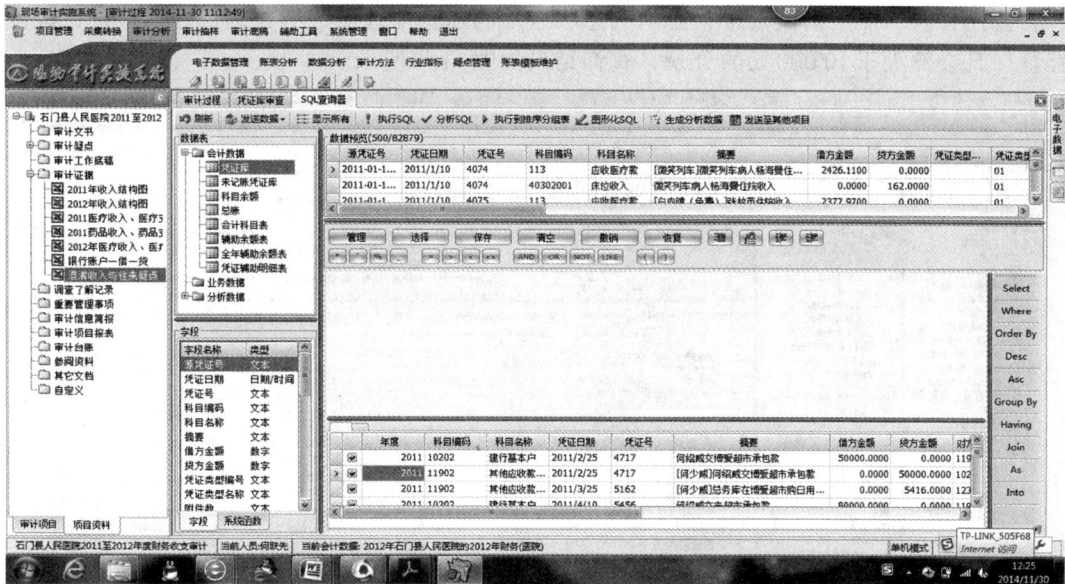

图 11-6　查询结果（一）

查询代码：SELECT 年度，科目编码，科目名称，凭证日期，凭证号，摘要，借方金额，贷方金额，对方科目编码，对方科目名称，凭证类型名称，源凭证号，会计月份，财务主管，记账人，出纳人，审核人，制单人，电子数据编号 FROM 凭证库 WHERE 摘要 LIKE '%承包%'。

3. 审查除从银行提取现金以外，是否有大额现金收入。筛选出"借：现金，贷：不是银行存款"，并且金额大于 10 000 元的记录，查询结果如图 11-7 所示。

图 11-7　查询结果（二）

查询代码：SELECT DISTINCT 源凭证号 FROM 凭证库 WHERE 源凭证号 IN（SELECT DISTINCT 源凭证号 FROM 凭证库 WHERE LEFT（科目编码，4）= '1001' AND 借方金额 > 10000）） AND 贷方金额 < > 0 AND LEFT（科目编码，4）< > '1002'。

4. 与银行对账单进行核对，审查这些转账事项是否真实、合法。有无出租、出借账户，挪用公款，非法出借资金，隐瞒利息收入等问题。筛选出"借：银行存款，贷：银行存款"且金额大于 10 000 元的分录，查询结果如图 11-8 所示。

图 11-8　查询结果（三）

查询代码：SELECT DISTINCT *源凭证号 FROM 凭证库 WHERE LEFT（科目编码，4）= '1002' AND 借方金额 > 10000 AND 源凭证号 IN（SELECT DISTINCT 源凭证号 FROM 凭证库 WHERE LEFT（科目编码，4）= '1002' AND 贷方金额 > 10000）。

5.审查有无超范围、超限额使用现金。筛选出"贷：现金"，且摘要中不含"工资"或"奖金"或"稿费"或"补"或"津贴"或"劳保"或"福利"或"出差"或"差旅费"字段，且现金贷方发生额大于 10 000 元的所有记录，查询结果如图 11-9 所示。

图 11-9　查询结果（四）

查询代码：SELECT DISTINCT * FROM 凭证库 WHERE LEFT（科目编码，4）= '1001' AND 贷方金额 > 10000 AND 摘要 NOT LIKE '%工资%' AND 摘要 NOT LIKE

'%奖金%' AND 摘要 NOT LIKE '%稿费%' AND 摘要 NOT LIKE '%补%' AND 摘要 NOT LIKE '%津贴%' AND 摘要 NOT LIKE '%劳保%' AND 摘要 NOT LIKE '%福利%' AND 摘要 NOT LIKE '%出差%' AND 摘要 NOT LIKE '%差旅费%'。

6.审查有无虚列应收款,转移资金的问题。筛选出借方为"其他应收款",贷方不是"现金"或"银行存款"的记录,查询结果如图11-10所示。

图11-10 查询结果(五)

查询代码:SELECT DISTINCT * FROM 凭证库 WHERE (源凭证号 IN (SELECT DISTINCT源凭证号FROM凭证库WHERE LEFT (科目编码, 4) = '1231' AND借方金额 < > 0)) AND LEFT (科目编码, 4) < > '1001' AND LEFT (科目编码, 4) < > '1002' AND [贷方金额] < > 0。

7.应收医疗款方法:审查应收医疗款增加,已住院而未反映医疗收入的问题。筛选出借方是"应收医疗款",贷方不是"医疗收入"的记录,查询结果如图11-11所示。

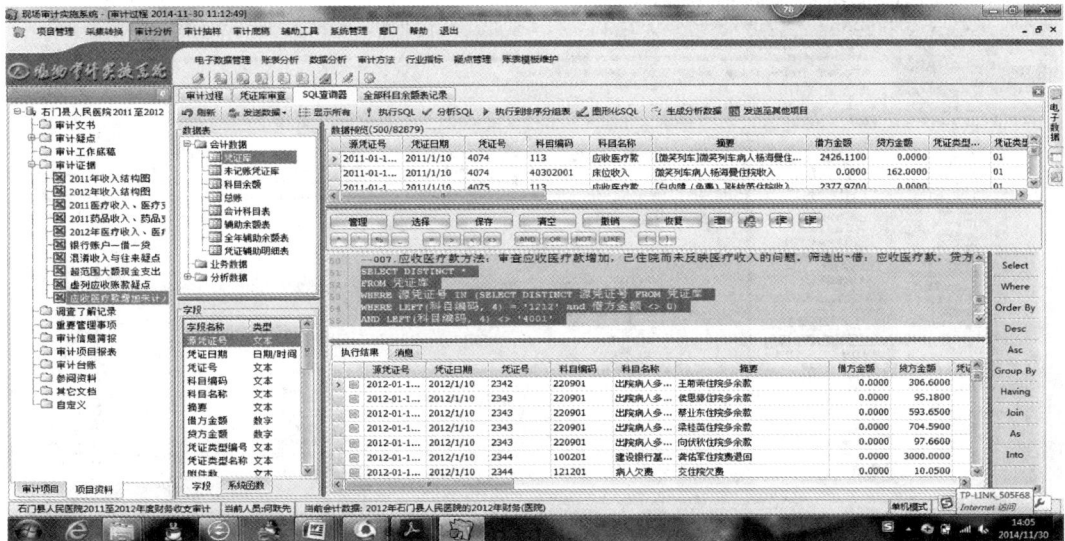

图11-11 查询结果(六)

查询代码：SELECT DISTINCT ＊ FROM 凭证库 WHERE 源凭证号 IN （SELECT DISTINCT 源凭证号 FROM 凭证库 WHERE LEFT（科目编码，4）＝'1212' and 借方金额 ＜＞ 0）AND LEFT（科目编码，4）＜＞'4001' AND 贷方金额 ＜＞ 0。

8.筛选挂账超过一年的往来款，在科目余额表中查询年初与年末数相等且借贷方无发生额的往来账，查询结果如图11-12所示。

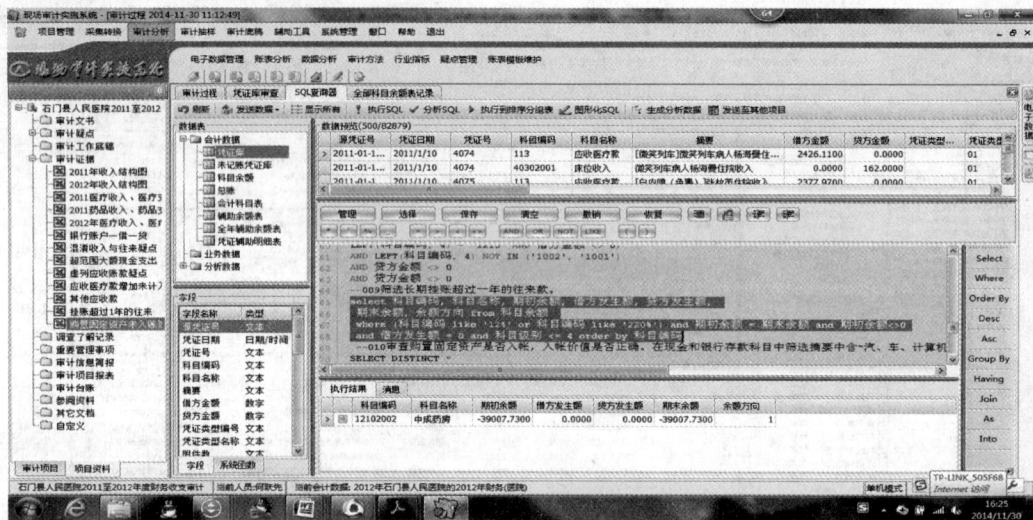

图11-12 查询结果（七）

查询代码：SELECT 科目编码，科目名称，期初余额，借方发生额，贷方发生额，期末余额，余额方向 FROM 科目余额 WHERE（科目编码 LIKE '12%' OR 科目编码 LIKE '220%'）AND 期初余额 ＝ 期末余额 AND 期初余额 ＜＞ 0 AND 借方发生额 ＝ 0 AND 科目级别 ＜＝ 4 ORDER BY 科目编码。

9.审查购置的固定资产是否入账，入账价值是否正确。在"现金"和"银行存款"科目中筛选摘要中含"汽、车、计算机、电脑、空调、微、房、仪器、设备"等字段，且发生额≥5 000元的记录，查询结果如图11-13所示。

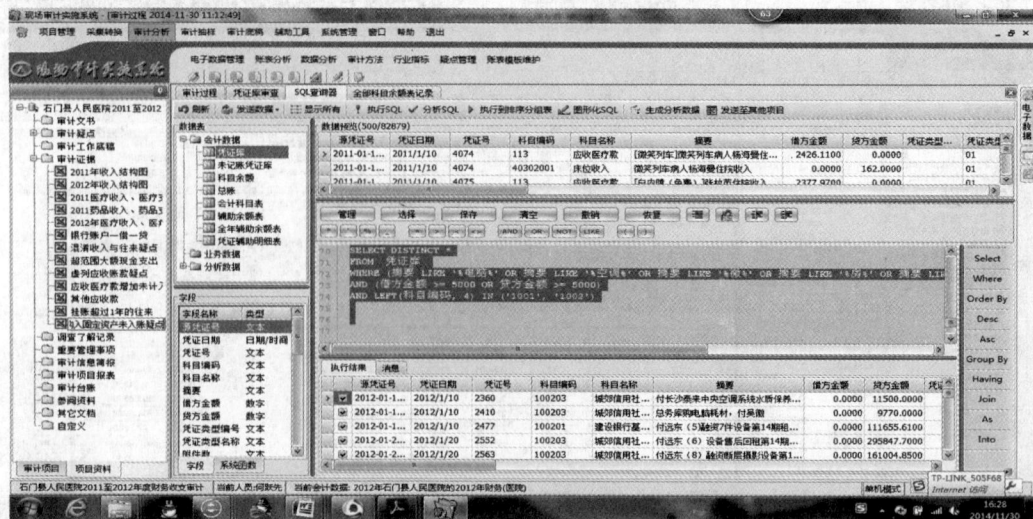

图11-13 查询结果（八）

　　查询代码：SELECT DISTINCT * FROM 凭证库 WHERE（摘要 LIKE '%汽%' OR 摘要 LIKE '%车%' OR 摘要 LIKE '%计算机%' OR 摘要 LIKE '%电脑%' OR 摘要 LIKE '%空调%' OR 摘要 LIKE '%微%' OR 摘要 LIKE '%房%' OR 摘要 LIKE '%仪器%' OR 摘要 LIKE '%设备%'）AND（借方金额 > = 5000 OR 贷方金额 > = 5000）AND LEFT（科目编码，4）IN（'1001'，'1002'）。

　　10.审查有无利用"其他应付款"科目隐匿收入的问题。筛选出借："现金"或"银行存款"，贷："其他应付款"的记录，查询结果如图11-14所示。

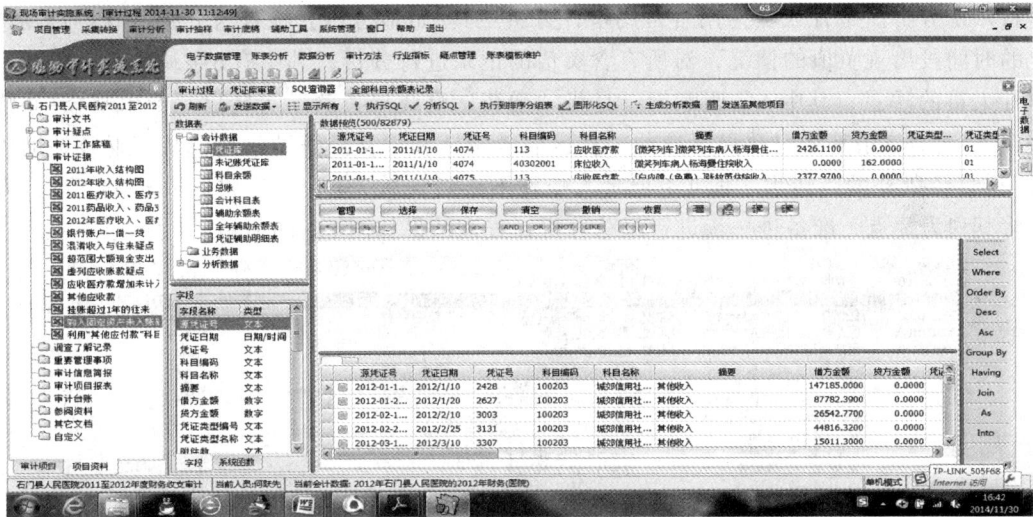

图11-14　查询结果（九）

　　查询代码：SELECT DISTINCT *FROM 凭证库 WHERE（源凭证号 IN（SELECT DISTINCT 源凭证号 FROM 凭证库 WHERE LEFT（科目编码，4）= '2209' AND 贷方金额 < > 0））AND LEFT（科目编码，4）IN（'1001'，'1002'）AND 借方金额 < > 0。

　　11.审查有无通过银行存款一借一贷的会计处理进行出租、出借账户，挪用公款，非法出借资金等违纪问题，请查询相关凭证，查询结果如图11-15所示。

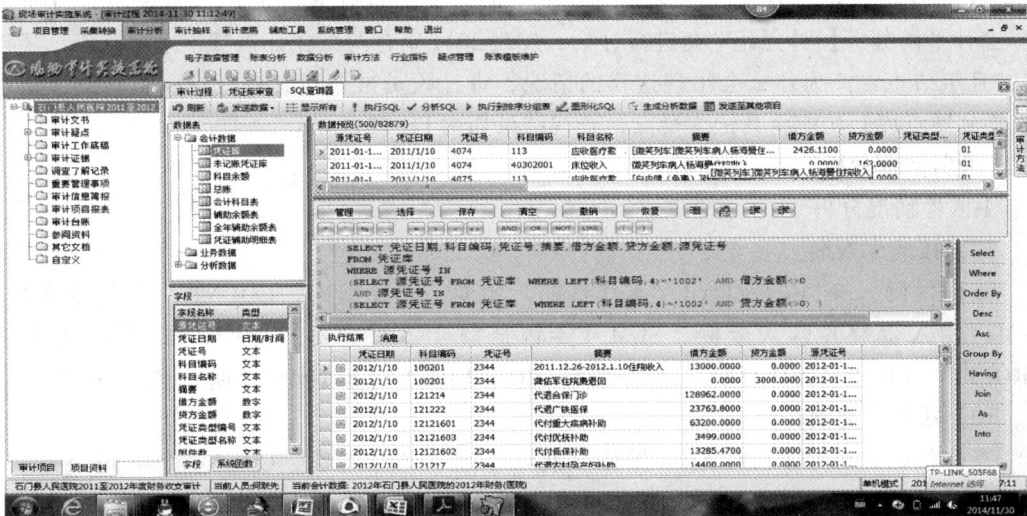

图11-15　查询结果（十）

查询代码：SELECT 凭证日期，科目编码，凭证号，摘要，借方金额，贷方金额，源凭证号 FROM 凭证库 WHERE 源凭证号 IN（SELECT 源凭证号 FROM 凭证库 WHERE LEFT（科目编码，4）= ‘1002’ AND 借方金额 < > 0 AND 源凭证号 IN（SELECT 源凭证号 FROM 凭证库 WHERE LEFT（科目编码，4）= ‘1002’ AND 贷方金额 < > 0））。

12. 审查未将药商赠药、部分财政拨款等列为收入，隐瞒收入267.5万元。通过“负值分析”，检查与分析所有科目在选定的时间段出现负值的情况，对被审计单位所有冲账或调账的情况进行统计分析，以发现异常情况或审计线索，再有针对性地对异常情况或线索进行跟踪分析。审计人员使用【常用审计分析工具-负值分析】检查与分析所有科目在选定的时间段出现负值的情况，对所有含负值的记录进行分析，其中有6条调账记录引起了审计人员的注意，其中4条调账记录是将“赠药、财政局拨款”等转出“专用基金-修购基金”，另外2条是将财政局下拨的“社区服务费”和“艾滋病防治费”从“财政补助收入-项目经费补助”转出。前4条记录入账就不正确，后2条记录则将收入转出，审计人员将其列为疑点，准备进一步进行跟踪分析，查询结果如图11-16所示。

科目编码	科目名称	摘要	借方金额	贷方金额	凭证类型
403001002001	医疗收入\门诊收入\非参保收入\挂号	门诊病人退处方病历	0	-37.5	
403001001009	医疗收入\门诊收入\参保收入\其他收	调整6月份门诊医保收入	0	-1.34	
403001001009	医疗收入\门诊收入\参保收入\其他收	调整2006年2月165号凭证，冲徐万新重新结帐	0	-1029	
403001001006	医疗收入\门诊收入\参保收入\化验收	退陶惠英医药费	0	-51	
403001001006	医疗收入\门诊收入\参保收入\化验收	七区外出化验	0	-831.6	
403001001005	医疗收入\门诊收入\参保收入\手术收	调整2006年2月165号凭证，冲徐万新重新结帐	0	-931	
403001001004	医疗收入\门诊收入\参保收入\治疗收	调整6月份门诊医保收入	0	-37.6	
401002	财政补助收入\项目经费补助	调整8月份105号财政局拨社区卫生服务经费	0	-230000	
401002	财政补助收入\项目经费补助	调整8月份105号财政局拨爱滋病防治经费	0	-120000	
306002	结余分配\待分配结余	结余分配转待分配结余	0	-1454223.13	
306002	结余分配\待分配结余	结余分配转待分配结余	0	-1401078.87	
306002	结余分配\待分配结余	结余分配转待分配结余	0	-3709523.66	
306002	结余分配\待分配结余	结余分配转待分配结余	0	-2271015.52	
306001	结余分配\事业基金弥补亏损	调整03年12月302号凭证年终结转待分配结余	0	-562670.47	
305003	收支结余\财政专项补助结余	结转财政专项补助收入	0	-114000	
303007	专用基金\科研基金	调整9月份359号凭证市卫生局拨重点科学人	0	-36000	
303001	专用基金\修购基金	调整8月份105号财政局拨爱滋病防治经费、	0	-350000	
303001	专用基金\修购基金	调3月285号中南公司赠药（其他增加）	0	-164742.52	
303001	专用基金\修购基金	调整2月份121号凭证南通科华捐赠仪器（其他	0	-100596.33	
303001	专用基金\修购基金	调整2月份122号凭证中南医药公司赠药品（	0	-20454.5	
302	固定基金	冲北京奥迪02年随CT赠送激光相机数量入库	0	-0.03	
209052	其他应付款\医院东区建设资金费用	冲1月332号凭证、2月179号凭证医院东区资	0	-240000	

图11-16 查询结果（十一）

13. 审查医院基础管理到位情况，加强会计平衡分析，对研究被审计单位的资金流向、分析收入构成、规范会计核算具有十分重要的意义。审计人员使用【常用审计分析工具-会计平衡分析】对会计平衡进行分析，发现2011年有两张凭证借贷不平。该年已经年结，且年结正常，为什么会出现这样的情况，审计人员准备对其进行进一步检查，使用【发送到疑点库】功能将其记为疑点，查询结果如图11-17所示。

（二）业务数据分析

1. 入库情况分析

（1）按药库查询。

查询代码：SELECT YEAR（操作日期）年度，药库编码，COUNT（*）记录条数，SUM（购入金额）购入金额，SUM（零售金额）零售金额 FROM DBO. 药品入库表 GROUP BY YEAR（操作日期），药库编码 ORDER BY YEAR（操作日期），药库编码。

（2）按药品类别查询。

查询代码：SELECT YEAR（操作日期）年度，药品类别，COUNT（*）记录条数，SUM（购入金额）购入金额，SUM（零售金额）零售金额 FROM DBO. 药品入库表 GROUP BY YEAR（操作日期），药品类别 ORDER BY YEAR（操作日期），药品类别。

科目编码	科目名称	摘要	借方金额	贷方金额	凭证
102001	银行存款\工商银行	南通礼安医药等药款	0	3364124.87	
202002409	应付账款\药账往来\杭州嘉伟生	杭州嘉伟生物9月份药款	8250	0	
202002002	应付账款\药账往来\江苏省医药	苏北公司9月份药款	33515.15	0	
202002007	应付账款\药账往来\南通 (东方)	南通礼安医药12月药款	446607.5	0	
202002001	应付账款\药账往来\南通苏北医药	南通美北医药11月药款	558899.85	0	
202002006	应付账款\药账往来\南通华氏佳	华氏佳源10月份药款	277031.3	0	
202002009	应付账款\药账往来\南通鑫鑫医药	鑫鑫公司10月份药款	355309.34	0	
202002012	应付账款\药账往来\南通康埃德	康埃德公司9月38649.40元,	104480.4	0	
202002112	应付账款\药账往来\江苏弘惠医药	江苏弘惠10月份药款	34320	0	
202002508	应付账款\药账往来\河南省药材	豫医药药材10月份药款	10240	0	
202002101	应付账款\药账往来\江苏新天地	江苏新天地10月份药款	30520	0	
202002202	应付账款\药账往来\南京健桥医药	健桥公司10月份药款	233165.83	0	
202002317	应付账款\药账往来\无锡长江胶囊	无锡长江11月药款	10625	0	
202002310	应付账款\药账往来\金坛市康盛	金坛康盛9月份药款	3400	0	
202002110	应付账款\药账往来\江苏晨牌药业	晨牌药业10月份药款	6075	0	
202002010	应付账款\药账往来\南通科华医药	科华公司9月份药款	285	0	
202002308	应付账款\药账往来\无锡山禾药业	无锡山禾医药10月份药款	131242	0	
202002303	应付账款\药账往来\国药控股江苏	国药江苏公司10月份药款	14004	0	
202002307	应付账款\药账往来\苏州庆谊包装	苏州庆谊包装9月份药款	2340	0	
202002003	应付账款\药账往来\南通市医药	医药经销10月份药款	1086970.5	0	
403002002003002	医疗收入\住院收入\非参保收入	住院病人1日收入	0	1016	
403002002010	医疗收入\住院收入\非参保收入	住院病人1日收入	0	7017.18	
409004003	其他收入\其他\其他	住院病人收入	0	354.3	
403002002001	医疗收入\住院收入\非参保收入	住院病人1日收入	0	8890	
404002002001	药品收入\住院收入\非参保收入	住院病人1日收入	0	50824.07	
102001	银行存款\工商银行	住院病人1日收入	66086.75	0	
403002002007	医疗收入\住院收入\非参保收入	住院病人1日收入	0	410	
403002002006	医疗收入\住院收入\非参保收入	住院病人1日收入	0	13538	
403002002005	医疗收入\住院收入\非参保收入	住院病人1日收入	0	4660	
403002002004	医疗收入\住院收入\非参保收入	住院病人1日收入	0	4445.9	
403002002003004	医疗收入\住院收入\非参保收入	住院病人1日收入	0	1919.5	
403002002002	医疗收入\住院收入\非参保收入	住院病人1日收入	0	807	
204	预收医疗款	收住院病人预交金	0	74650	

图 11-17 查询结果（十二）

（3）按入库类型查询。

查询代码：SELECT YEAR（操作日期）年度，入库类型，COUNT（*）记录条数，SUM（购入金额）购入金额，SUM（零售金额）零售金额 FROM DBO.药品入库表 GROUP BY YEAR（操作日期），入库类型 ORDER BY YEAR（操作日期），入库类型。

（4）按供货单位查询。

查询代码：SELECT 年度，供货单位代码，供货单位名称，记录条数，购入金额，零售金额 FROM DBO.药品入库表。

（5）按药品种类所在药商查询。

查询代码：SELECT 年度，药品编码，药品商品名，规格，药品类别，包装单位，当前单位，入库量，记录条数，购入金额，零售金额 FROM DBO.药品入库表。

2. 出库情况分析

（1）按出库类型查询。

查询代码：SELECT 年度，出库类型，记录条数，实进金额，出库金额 FROM DBO.药品出库表。

（2）按领药单位查询。

查询代码：SELECT 年度，领药单位编码，领药单位名称，记录条数，实进金额，出库金额 FROM DBO.药品出库表。

（3）按月份查询。

查询代码：SELECT 年度，月份，记录条数，实进金额，出库金额 FROM DBO.药品出库表。

（4）按药品类别（1西药，2中成药，3中草药）查询。

查询代码：SELECT 年度，药品类别，记录条数，实进金额，出库金额 FROM DBO.药品出库表。

（5）按药品用量查询。

查询代码：SELECT 药品编码，药品商品名，规格，当前单位，实进价，零售价，出库量，销售额 FROM DBO.药品出库表。

（6）查询药品超标准加价，根据各价格段加价最高限额与药品出库表中的价格进行比对。

查询代码：SELECT 药品类别，药品编码，药品商品名，规格，当前单位，实进价，零售价，出库量，（零售价–实进价）/实进价 加价率，超标准加价 FROM DBO.药品出库表。

（7）查询生成住院非药品收费价格对比表。因2012年新的医改政策执行导致医院药品加价空间，审计应重点关注非药品收费。

查询代码：SELECT 年度，项目代码，项目名称，数量，单价，B 标准定价，超标准加价，总金额 INTO 住院非药品收费价格对比表 FROM SJ.DBO.住院非药品明细表 A LEFT JOIN DBO.S省医疗服务价格2015年 B ON A.ITEM_NAME= B.项目名称。

（8）查询住院天数、床位费、空调费、吸氧费计算的合规性，根据住院总表和住院非药品收费明细表关联比对。

第一步：根据住院天数差额计算床位费、空调费、吸氧费收取情况；

第二步：计算多计入床位费；

第三步：计算加收床位数

查询代码：SELECT A.科室代码，A.时间，A.床位数，B.床位编制数，A.床位数–B.床位编制数 加收床位数，A.金额 FROM DBO.每天每个科室收取床位费 A JOIN DBO.住院科室床位编制数 B ON A.科室代码= B.科室代码 WHERE A.床位数–B.床位编制数 > 0。

（9）查询同一住院病人同一天收取护理费情况，分析相关疑点，找出重复收取护理费记录。可以按以下流程操作：

第一步：生成住院护理费疑点表；

第二步：生成审计重复收取住院病人护理费表；

第三步：生成查询向同一病人在同一天收取一级护理费及新生儿护理费的情况，生成重复收取护理费情况表。

第四步：同一天收取一级护理费后又收取新生儿护理费。

查询代码：SELECT* INTO 收取一级护理费后又重复收取其他费用表 FROM DBO.重复收取护理费情况表 WHERE 一级护理费 > 0 AND 新生儿护理费 > 0。

第五步：收取特殊疾病护理费。

查询代码：SELECT 护理费表.*，一级费表.一级护理费，特殊疾病费表.特殊疾病护理费　INTO 重复收取特殊疾病护理费情况表　FROM（SELECT 病人住院号，标识符，SUM（金额）AS 收费金额 FROM DBO. 审计重复收取住院病人护理费情况表 GROUP BY 病人住院号，标识符）AS 护理费表 LEFT JOIN（SELECT 病人住院号，标识符，SUM（金额）AS 一级护理费　FROM DBO. 审计重复收取住院病人护理费情况表 WHERE 项目名称 LIKE '%Ⅰ级护理%' GROUP BY 病人住院号，标识符）AS 一级费表 ON 护理费表.标识符＝一级费表.标识符　LEFT JOIN（SELECT 病人住院号，标识符，SUM（金额）AS 特殊疾病护理费　FROM DBO. 审计重复收取住院病人护理费情况表 WHERE 项目名称 LIKE '%特殊疾病护理%' GROUP by 病人住院号，标识符）AS 特殊疾病费表 ON 护理费表.标识符＝特殊疾病费表.标识符　WHERE 收费金额＜＞0。

（三）医院绩效分析

作为 S 县仅有的 4 个三甲医院之一，且为其中规模较大的医院，该院在 S 县具有其独立的地位。根据审计方案，审计组将对该院的经济效益、社会效益、管理水平等方面进行评价。我们发现，其中的经济效益、社会效益、管理水平等指标可以通过对其纵向和横向的数据进行对比来取得分析性数据，从而得出该院效益情况结论。

纵向的数据我们可以从被审计单位取得，横向的数据我们可以从卫生等有关主管部门取得。流程图如图 11-18 所示：

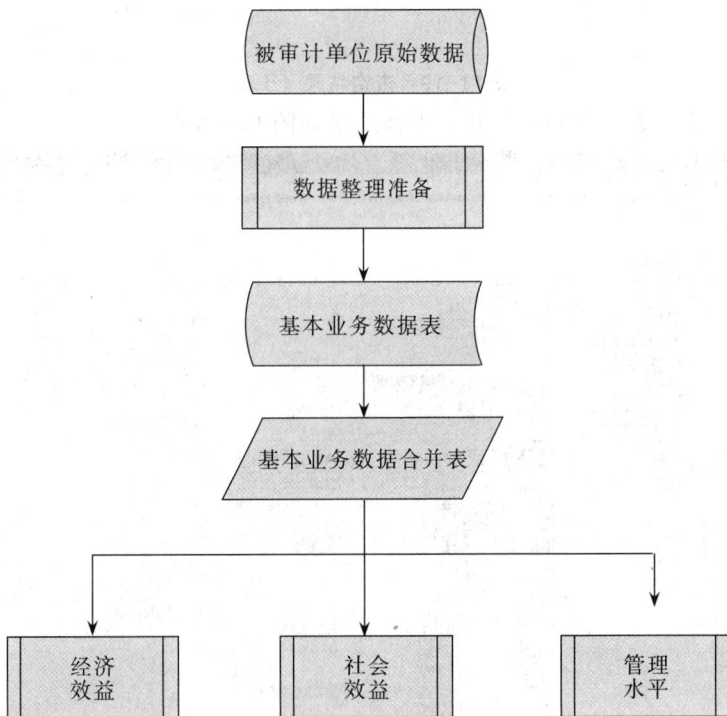

图 11-18　流程图

审计步骤：

步骤一：将从 S 医院和卫生局提供的全县平均水平、人民医院、妇幼保健医院和中医院的基本数字表、收支总表、收支明细表和资产负债表数据分别导入 AO，查询结果如图 11-19 所示。

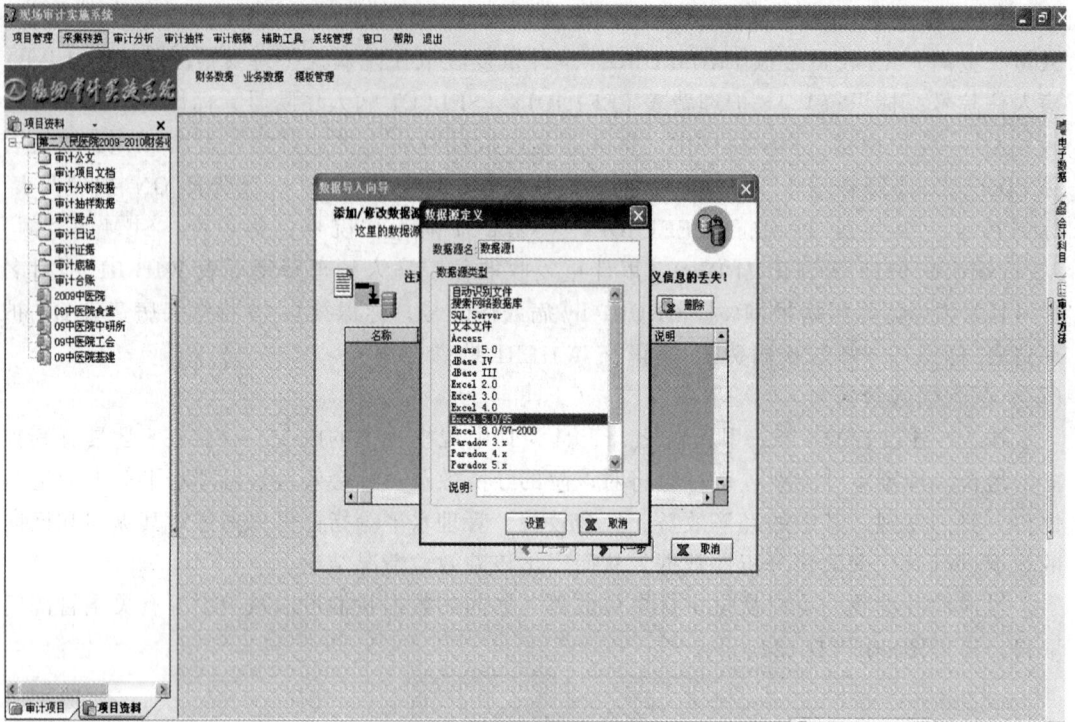

图 11-19 查询结果（十三）

步骤二：将这些表分别归类合并，查询结果如图 11-20 所示。

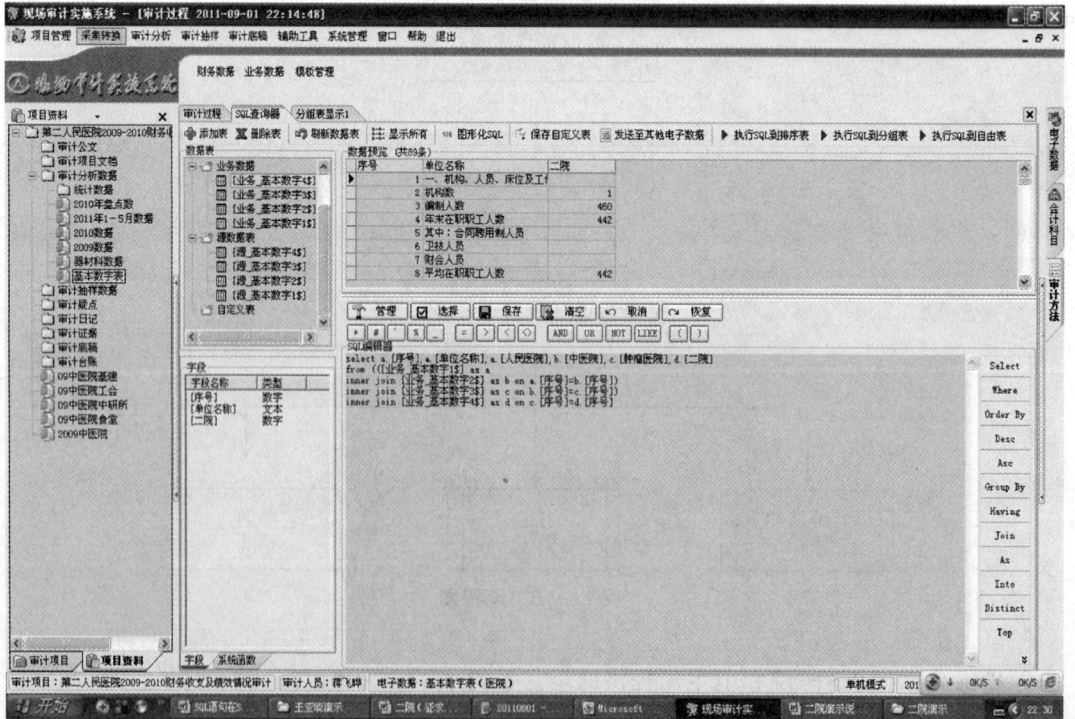

图 11-20 查询结果（十四）

步骤三：生成的新表保存到自定义表中，查询结果如图 11-21 所示。

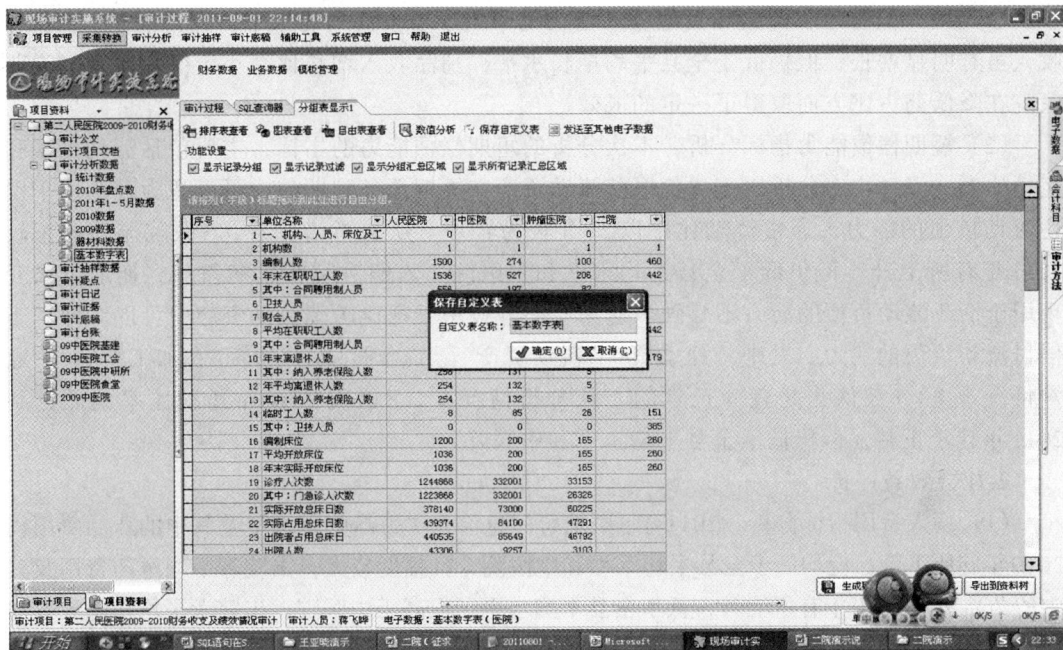

图 11-21　查询结果（十五）

步骤四：对合并的表格进行业务收入、偿债能力、病人费用、医疗成本和固定资产等的分析，查询结果如图 11-22 所示。

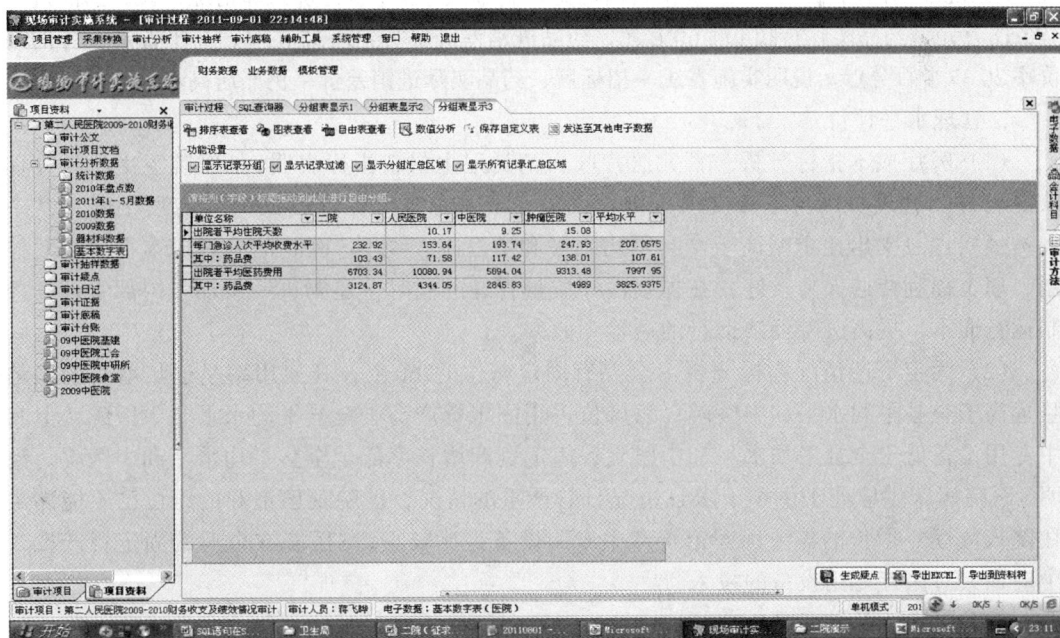

图 11-22　查询结果（十六）

三、审计结论

1.经济效益评价

（1）业务收入增长分析。S 医院 2011 年业务收入增长比较明显，医疗收入增长比率大于药品收入，但医疗、药品和其他收入增长比率均小于全县平均水平。这说明S医院业务收入虽有明显增长，但仍低于全县平均增长水平；药品收入增长比率小于医疗收入，说明医院在降低药占比方面取得了一定的成效。

（2）短期偿债能力指标分析。本次分析的短期偿债能力的指标，主要包括流动比率和速动比率。流动比率分析用于评价医院流动资产在短期债务到期前，可以变为现金用于偿还流动负债的能力，通常流动比率以2∶1较为合理。从分析情况看，S医院流动比率较2011年有所上升，但仍低于全县平均水平和中医院，表明医院在短期债务到期前可以变现用于偿还流动负债的能力不够强。速动比率分析用于衡量医院流动资产中可以立即用于偿付流动负债的能力，其中"速动资产=流动资产–药品净额–库存物资–在加工材料"，通常情况下1∶1被认为是较为正常的。从分析情况看，S医院2010年速动比率偏低，到2011年趋于正常，但仍低于全县平均水平和中医院。

2.社会效益评价

（1）病人费用指标分析。2011年S医院每门急诊人次平均收费水平及其中的药品费用较2010年有所下降，但均高于全县平均水平和中医院，且幅度较大；出院者平均医药费用及其中的药品费较2010年有所上升，低于全县平均水平，但高于中医院；出院者平均住院天数与2010年持平，但高于全县平均水平和中医院。说明病人在S医院门诊就诊费用明显偏高，住院就诊的费用尚在合理的区间内，但仍有降低空间，住院天数较长，应提高住院救治效率。

（2）药品实际折扣分析。审计抽查2011年5月份药品入库单及相关购入药品原始发票发现，S医院在药品购入过程中，与供货商商定让利金额，抽查5月份入库情况发现，药品进价485.18万元，药品实际折扣171.60万元，药品进销差价率实际达35.37%，高于省定15%的差价率20.37个百分点。说明实施省统一招标后，药品实际进销差价率仍然居高不下。

3.管理水平评价

（1）医疗成本指标分析。百元医疗收入消耗卫生材料指标表明，S医院卫生材料管理状况较好。管理费用占业务支出比例、人员经费占总支出比重较2009年有所下降，其中人员经费占总支出比重略高于全县平均水平和中医院。说明S医院的管理成本得到有效控制，职工福利待遇保障较好，在加强医疗质量管理的同时，还要进一步加强内部管理，控制运行成本，提高医院经济运行的质量和效率。

（2）固定资产情况指标分析。全院有固定床位1 260个，其使用率呈逐年增长的趋势且远高于全县平均水平和中医院；每床位占用固定资产高于全县平均水平和中医院，但其中专用设备低于全县平均水平和中医院；固定资产增长率低于全县平均水平和中医院。说明S医院病床供应处于供小于求且情况日趋严重的情况，医院现已饱和的床位已不能满足住院人数逐年增长的需要；固定资产中专用设备占比较小，S医院在今后的固定资产投入中应加大对医疗专用设备的投入。

4.医疗器械更新不够及时

医疗器械的先进程度和使用状态是评价一家医院的医疗水平好坏的关键指标之一，也是本次审计的重点。在对该院医疗设备进行分析的过程中，我们发现该院近年投入的购置医院设备的资金低于全县平均水平和该县同类医院，审计组对器械科的有关医疗设备数据进行分析，查明问题，分析其产生的原因。

流程图如图11-23所示：

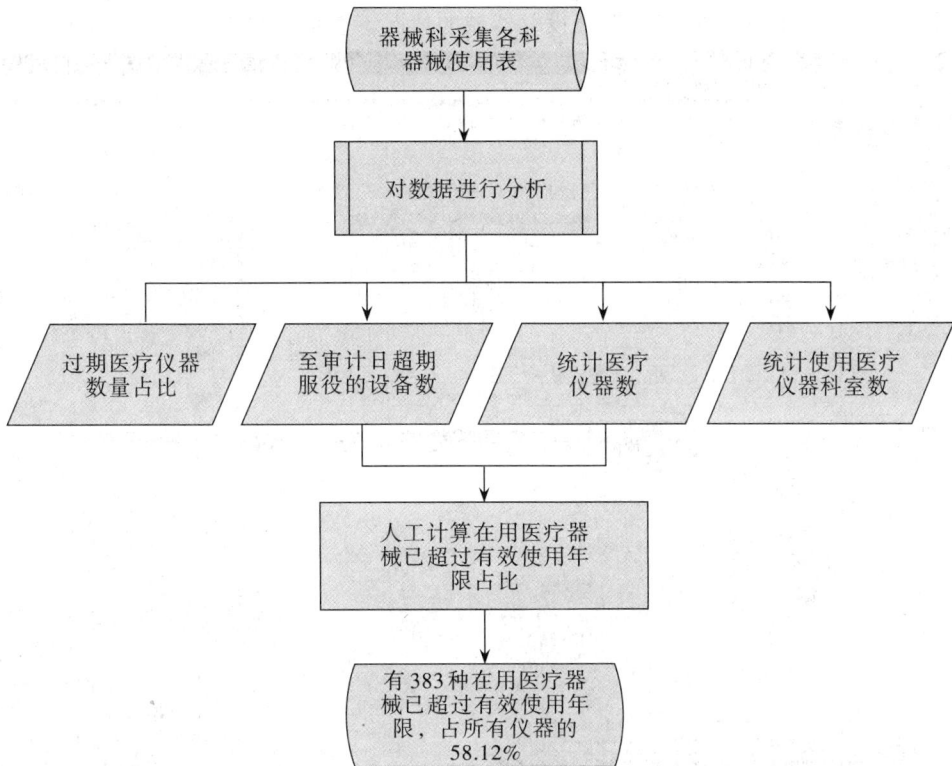

图 11-23 流程图

步骤一：将从器械科采集的业务数据导入 AO。

步骤二：检查医疗器械"超期服役"的现象，查询结果如图 11-24 所示。

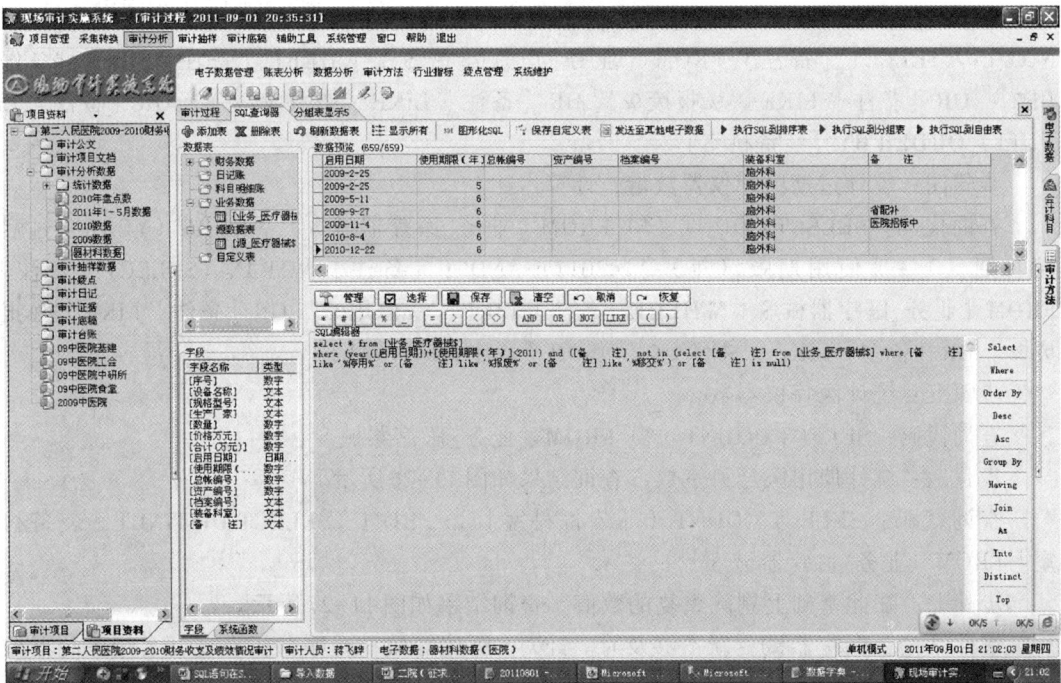

图 11-24 查询结果（十七）

步骤三：检查每个科室"超期服役"器械的情况，查询结果如图11-25所示。

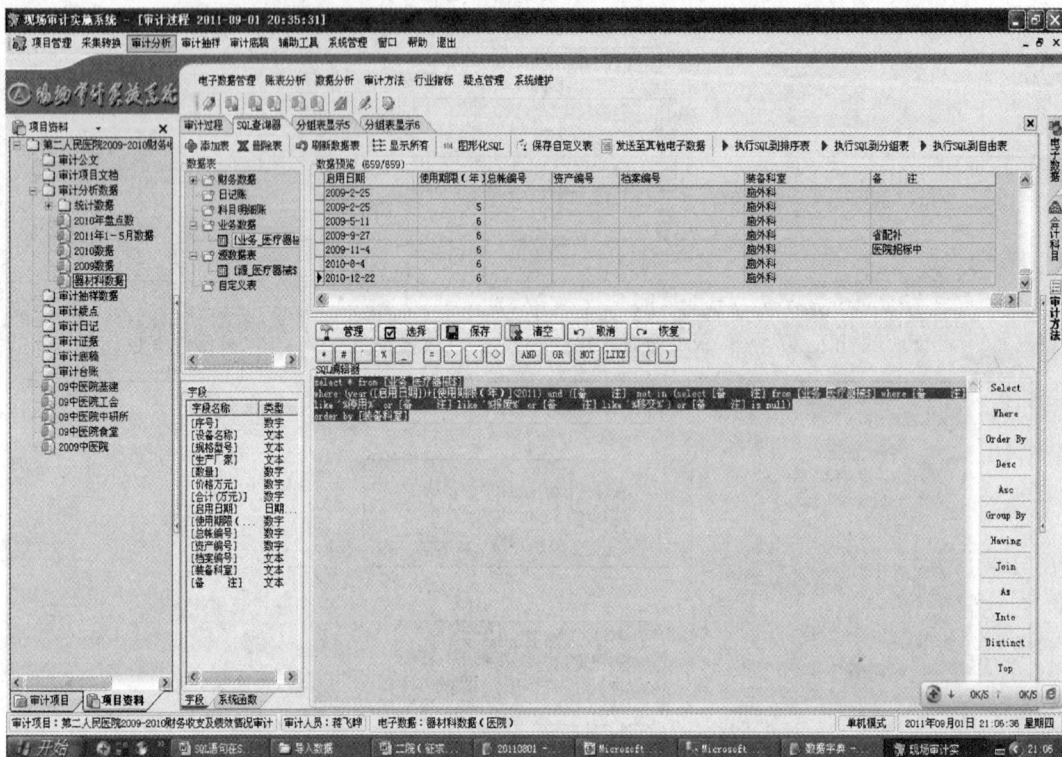

图11-25　查询结果（十八）

查询代码：SELECT * FROM［业务_医疗器械＄］WHERE（YEAR（［启用日期］）+［使用期限（年）］＜2011）AND（［备注］NOT IN（SELECT［备注］FROM［业务_医疗器械＄］WHERE［备注］LIKE '%停用%' OR［备注］LIKE '%报废%' OR［备注］LIKE '%移交%'）OR［备注］IS NULL）ORDER BY［装备科室］。

步骤四：统计过期医疗仪器数量，计算占比。

查询代码：SELECT COUNT（*）FROM［业务_医疗器械＄］WHERE（YEAR（［启用日期］）+［使用期限（年）］<2011）AND（［备注］NOT IN（SELECT［备注］FROM［业务_医疗器械＄］WHERE［备注］LIKE '%停用%' OR［备注］LIKE '%报废%' OR［备注］LIKE '%移交%'）OR［备注］IS NULL）。

步骤五：统计医疗仪器数。

查询代码：SELECT COUNT（*）FROM［业务_医疗器械＄］。

步骤六：统计使用医疗科室数，查询结果如图11-26所示。

查询代码：SELECT COUNT（［装备科室］）FROM（SELECT DISTINCT［装备科室］FROM［业务_医疗器械＄］）。

步骤七：在此基础上剔除重复的数值，查询结果如图11-27所示。

审计结论：医疗器械更新不够及时。经对S医院器械科台账分析发现，大量医院器械存在过期仍在使用的情况。在用过期医疗仪器占比大。经对S医院设备科提供的各科室现用医疗设备台账进行审核，至2010年年底，S医院共有24个科室使用合计659种医疗仪器，其中有383种在用医疗器械已超过有效使用年限，占所有仪器的58.12%。

图11-26　查询结果（十九）

在用医疗器械是否过期

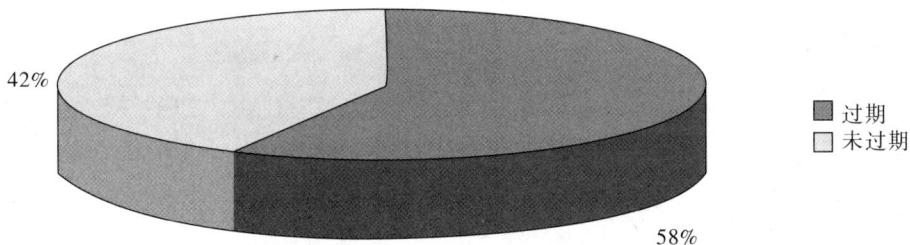

图11-27　查询结果（二十）

四、审计成果

查出S医院将超市、车棚承包收入列支往来款58万元、将应记入"专用基金"科目的财政转移支付专项资金错记为"财政补助收入"，没有反映医院收入361.05万元的全貌，致使收入内容不完整、不真实；大额现金支出299.23万元，挂账超过3年的账款有3.9万元；药品超标准加价89.06万元、未执行上级政策收费89.23万元，门诊非药品超标准加价108.73万元、重复收取护理费40.28万元、多计床位费386.88万元、多计空调费192.49万元、多计吸氧费73.69万元、药品成本结转不规范等违法违规问题，针对医院在收费管理、药品和医药材料管理方面存在的漏洞提出了整改意见和建议。

五、结语

为什么老百姓'看病难''看病贵'问题一直存在？为什么新医改政策不能严格执行？为什么医院超标准收费、巧立名目收费等现象屡禁不止？不难发现，导致问题发生的原因主要是：相关人员法制观念淡薄、管理的漏洞、制度的缺失，这才使得这些"黑手"伸向了老百姓的"救命钱"。反观此次审计过程，也让审计人员明白：正是此次审计利用了计算机审计的优势，借助其他部门的业务数据综合分析，并更多地接触外围信息，调查、询问、现场查看、综合分析，才能查出问题"根源"所在。所以，在大数据审计为必然发展趋势的今天，我们的审计不能只关注财务资料的就账审账，更需要审计工作者具有丰富的理论基础、灵活的审计技巧、多样的审计手段，只有这样，才能更深层次地发现问题并找准问题的症结，真正做到国家资金的守护人。

>>>> 案例十二 "掘金"的ZK公司经营审计之路①

自内部审计定义的最新修订法规颁布以来,对内部审计价值增值功能的研究便受到了实务界和理论界的广泛关注。纵观内部审计定义的历史演变过程可知,其对象已经从传统的"以控制为基础"转变为如今的"以风险为基础",审计目标从监督检查向价值增值转移,增值范围从传统的财务领域向风险管理领域、内部控制领域以及公司治理领域拓展。在国内外经济低迷、工程机械需求疲软的大背景下,2016年,ZK股份有限公司的营业收入为2 002 252万元,营业利润为-180 345万元,公司连续亏损。为了让公司在激烈的市场竞争中赢得稳定的经济增长,ZK公司也在积极寻求内部审计的转型,让内部审计人员成为企业内公司治理、内部控制与风险管理服务等方面的专家。对ZK公司来说,内部审计究竟能否通过发挥自身优势助力企业实现价值增值的目标?

一、案例背景

ZK股份有限公司是经国家经贸委批准,由国有某专业技术研究院改制成立的股份有限公司,注册资本77亿元,雇员15 154人。公司于2000年在深交所上市、2010年在中国香港联交所上市。ZK公司是全球最大的混凝土机械制造企业、全球最大的起重机械制造企业、全球最大的城市环卫机械制造企业。2011年,ZK公司在全球工程机械行业中排名第八,在中国机械工业100强中排名第五。ZK公司年均营业收入保持着50%以上的复合增长率,至2012年营业收入达到了481亿元,并于2013年成功跻身福布斯全球企业800强,成为世界排名第六、国内第一的工程机械行业龙头企业。作为中国工程机械装备制造的领军企业,ZK公司目前拥有国际一流的超大型钢结构厂房、现代化的加工设备和自动化生产线、覆盖全国延伸海外的完备销售网络以及强大的服务体系。

2017年4月的一天,ZK公司财务部长向董事长送来2014年、2015年、2016年的财务简报。报告显示,公司近3年的经营业绩不断下滑,营业利润经年亏损,看着这令人不甚满意的成绩单,董事长眉头紧锁。2011年,ZK公司实现463亿元营业收入,其中459亿元来自于工程机械,以此跻身全球工程机械10强行列,达到行业顶峰。然而好景不长,受宏观经济走弱的影响,2011年以来工程机械行业一直萎靡不振,ZK公司作为行业内的领军企业在这场行业寒冬中也未能幸免,再也没能恢复2011年的荣光。ZK公司财务数据简表见表12-1。

表12-1   **ZK公司财务数据简表**   金额单位:万元

项　目	2016年	2015年	2014年	同比增减	
				2016年	2015年
营业收入	2 002 252	2 075 335	2 585 120	-3.52%	-19.72%
销售毛利	477 783	560 739	720 960	-14.79%	-22.22%
营业利润	-180 345	-60 514	66 292	-198.02%	-191.28%
净利润	-90 481	9 116	62 788	-1 092.55%	-85.48%

---

① 作者:刘桂良、章志方、辛泽熙、张佳昱、王博宇。该案例2017年入库中国专业学位教学案例中心案例库。

此外，财务总监向董事长展示了ZK公司近三年来的销售收入情况。传统的工程机械板块销售状况大不如前，对公司的毛利贡献逐年下降，虽然环境产业、农业机械两大板块的销售收入不断增加，毛利贡献逐年上升；金融服务板块也保持着95%以上的毛利率。但工程机械板块对ZK公司整体业绩的影响实在太大了，虽然其他三个板块有了很好的起色，但目前还不能愈合工程机械板块给ZK公司带来的创伤。2013—2015年ZK公司四大板块收入与毛利贡献表见表12-2。

表12-2　　　　2013—2015年ZK公司四大板块收入与毛利贡献表　　　　单位：百万元

项　目	2015年		2014年		2013年	
	销售收入	毛利	销售收入	毛利	销售收入	毛利
工程机械	12 364	3 101	20 896	5 020	38 540	11 240
环境产业	4 525	1 417	4 025	1 260	—	—
农业机械	3 295	520	—	—	—	—
金融服务	569	569	930	930	2	2
合计	20 753	5 607	25 851	7 210	38 542	11 242

公司如何在凛冽的寒冬中生存下去？在行业不景气的大环境下工程机械板块是否还能找到新的利润增长点？公司是否对工程机械板块的依赖过甚？董事长脑海中不断地思索着这些问题，于是召集了各个部门的主要负责人，期望找到出路。

二、价值发现，审计部门揽重担

ZK公司审计部，直接隶属于公司董事会，独立行使审计职权，同时对董事会审计委员会负责并报告工作。2006年，集团启动流程再造，全面推行以产品及相关系列产品组团、集中决策、专业化经营的事业部制运行模式。为在新的组织结构下有效开展工作，集团在各事业部增设审计部门，在总部和各事业部经理的双重领导下开展工作，同时在审计业务上接受总部审计部的指导。

各事业部审计部门一般设有综合审计室和合同审计室。经过十年的发展，审计部从成立之初仅开展合同审计中非生产性物资的采购价格审计，到如今，已经全面拓展为覆盖经营审计、采购业务审计、建设工程审计的全过程审计。其中经营审计包括经济效益审计、专项审计、任期经济责任审计、目标责任制审计和代理费结算审计；采购业务审计已经覆盖了所有物资的采购价格审计，包括招标监控、参与采购（含服务）结算标准的制定、外协（包）专项审计和采购链审计等；建设工程审计包括清单编制及预算审计、招标监督、合同审计、主材价格审计、进度款审计、现场跟踪、工程结算审计等的全过程审计。

仅2008—2010年三年间，ZK公司工程起重机事业部通过开展各项经营审计，审计核减金额11 259万元、查处违规金额974万元、挽回经济损失527万元、处罚34人次、提出管理建议141条、移送督察处理事项8项，为事业部控制风险、加强管理发挥了积极重要的作用。在采购业务审计上，对不同渠道采购物资采用不同审计方法，同时开展采购链流程专项审计，从风险控制、流程顺畅等角度，对关键外购件的采购业务流程进行检查，从单个合同审核延伸至对采购链流程的全过程审计，重点查找流程和管理方法中的不足，并提出有针对性的改进管理建议，堵塞管理漏洞。2008—2010年审计部门为公司共节约采购成本5 136万元，挽回经济损失2 203万元。

十年间，ZK公司积极推动内部审计由事后审计向事前、事中和事后相结合的全过程审计转变；由传统手工审计向IT审计转变。但要实现企业增值，一方面要阻止企业价值流失，更重要的是应当开辟源头活水。于是，公司总裁在部门负责人务虚会议上，提出了先由审计部对公司经营情况实施审计，以发现目前公司存在的主要问题以及新的利润增长点。于是审计部也决定在下一个十年部署增值审计战略。

三、市场调研：同行翘楚悄转型

审计部接受委托后，审计部李部长立刻根据这次审计的特殊性，成立了新的审计小组。经审计小组集体讨论后，决定采用：先市场调研，再对比分析，最后形成报告这三大步骤开展工作。在对国内外的几大主要竞争对手进行了调研与分析后，审计小组发现，日本的XS公司的主营业务和ZK公司极其类似，而且拥有一条更加强大且完整的产业链，从企业自身向客户和供应商头尾延伸，在销售后市场中构筑了良好的盈利模式，"黄金十年"之后依然马力十足。于是，审计小组决定对XS公司进行深入的市场调研。

首先，审计小组收集了大量XS公司的资料，对XS公司的现有市场设备保有量以及销售情况进行了详尽的调查与分析，并横向对比ZK公司与XS公司的相关数据，他们发现由于我国工程机械市场出现了2009年、2010年的火爆销售形势，使市场上工程机械产品达到了近似饱和的程度。截至2015年年底，中国工程机械主要产品保有量为663万~718万台。工程机械行业的主要产品保有量数额巨大，但实际需求量普遍低于设备的保有量，可见中国主要工程机械设备市场正趋于饱和。然而，巨额保有量的背后却暗藏玄机。与此同时，在2005—2015年间，XS公司的设备存量为144 918台，主机销售额为1 093亿元，与ZK公司236 163台设备存量以及2 124亿元的主机销售额相形见绌，而在备件市场上，XS公司却打了漂亮的"翻身仗"。10年间，XS公司的备件销售额达103亿元，占主机销售额的比例逐年迅速上升，平均单台销售1.6万元，而ZK公司备件销售额仅为18亿元，平均单台销售0.2万元。ZK公司2006—2015年备件销售额、主机销售额及占比情况如图12-1所示。

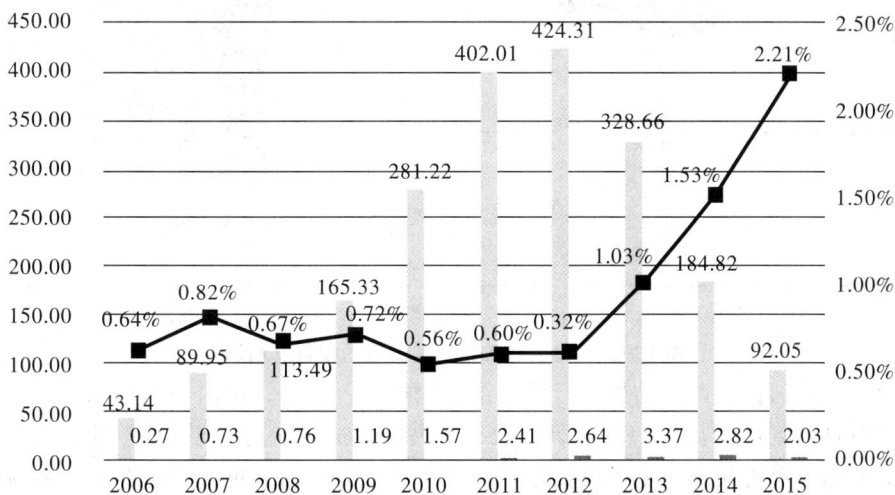

图12-1 ZK公司2006—2015年备件销售额、主机销售额及占比情况

XS公司2006—2015年备件销售额、主机销售额及占比情况如图12-2所示。

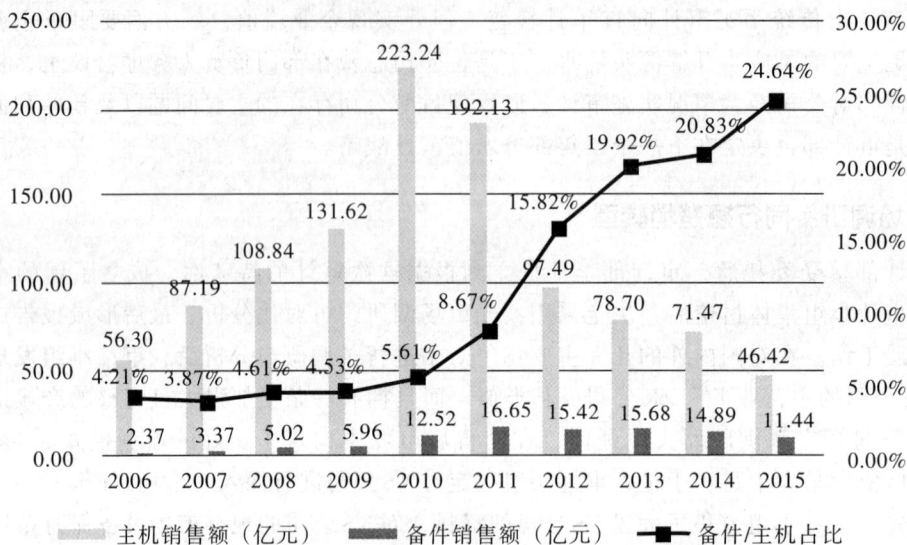

图12-2　XS公司2006—2015年备件销售额、主机销售额及占比情况

通过上述的调研分析，审计小组发现，XS公司非常重视备件的销售。其主机产品销售占65%，只创造28%的利润，而占销售额35%的服务，却创造了72%的利润，这里的服务包含了备件销售、改装、维护、培训以及咨询等。研究至此，后市场这座金矿带来的利润的光芒似乎已经在审计小组成员的眼前浮现。XS公司工程机械制造的销售及利润如图12-3所示。

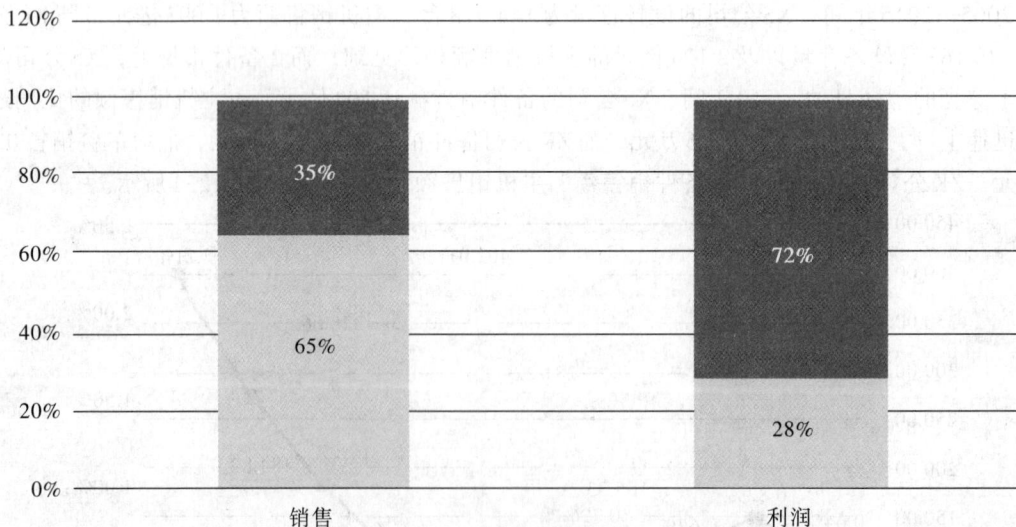

图12-3　XS公司工程机械制造的销售及利润

最后，审计部长对调研结果进行了总结，他指出：目前，国内外不少同行都已经开始积极开发备件市场的产品销售，并且也取得了一定的成果，这对于ZK公司来说是一个机会——未来的工程机械市场不再仅仅是主机销售竞争的市场，更是供应链前后两端竞争的战场，销售后市场将成为新的行业竞争点。国内同行其他企业和国际工程机械行业巨头相比，仍处于探索阶段，这也为ZK公司的后市场营销留下了很大的发挥空间。同时，ZK公司近十年自身累计设备销售达到23.6万台，而这些设备销售之后产生的保养件、油品、易

损件、维修以及突发故障零件等相关需求就是有待ZK公司挖掘的"金矿"。

目前，ZK公司的备件市场占有率仅为6%，审计小组估算了一下，如果23万台所有已经销售的设备对相关备件的需求都由ZK公司自己提供，那么过去十年所积聚的这座后市场"金矿"的能量将达到260亿元！根据国内外销售后市场的发展对ZK公司的未来五年后市场容量进行预测，得出未来四年ZK公司的后市场容量将达到221亿元！未来四年ZK公司后市场总量预测如图12-4所示。

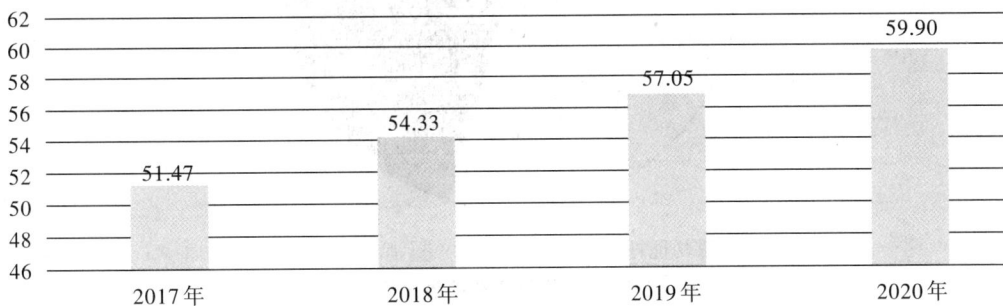

图12-4　未来四年ZK公司后市场总量预测（单位：亿元）

四、面对问题，内审发现后市场"金矿"

在分析了以上情况之后，审计小组从各部门的实际操作角度出发，出具了包含实际建议的审计报告书。报告书指出，工程机械售后市场的潜力巨大，如果挖掘出后市场这一巨大的"金矿"，使之成为企业新的利润增长点，企业会插上新的"腾飞翅膀"。因而，公司需要重视后市场，并制订计划开发后市场。

审计报告书中指出在XS公司每年16亿元的备件销售规模中，油品占30%、消耗件占25%，合计超过55%，维修件占45%左右。同时他们保证这些备件都是XS公司设备100%的纯正件，统一印制XS公司防伪标志，保证客户能够买到正品的XS公司配件，强化品牌在客户心中的地位。另一方面，他们制定车历跟踪表，及时对存量设备进行现场访问，对设备状况跟踪确认，掌握客户的配件与其他服务需求，再搭配促销工具销售备件与服务。因此，市场部结合管理知识与经验，快速识别出有效开发后市场的核心就是做好供应链管理和客户关系管理。

那么ZK公司能够卖什么呢？审计报告书认为，生产部门和一线服务人员应以已有的产品结构、生产能力以及供应商的情况为出发点，比如卖滤芯（柴油滤芯、机油滤芯、液压油滤芯、变速箱滤芯）、易损件（泵管、滑轮、钢丝绳、斗齿、轮胎、履带板）和油品（机油、液压油、变速箱油、桥油）。ZK公司备件销售占比预测如图12-5所示。

对于供应链管理和客户关系管理，就是要抓好供应商和客户这两方面，同时转变服务意识，由客户找我们变为我们找客户，预测他们更换备件以及维修、咨询等方面的需求，正所谓"抓两头，强中间"。在供应商源头部分，公司首先要做到统型。一个产品一旦设计了多种型号，不但企业生产麻烦，对于售后服务也造成了很大的困扰；其次，在产品的供应商选择上，要专供。一个产品最好是由同一家供应商供应，如果为了分散风险而选择多家供应商，那么应该统一标准，保证生产的产品是统一的。最重要的一点就是，公司要和供应商商谈好规则，产品专门生产专门供给，那么就只能由ZK公司作为唯一的渠道进行销售，不能够允许供应商私自向ZK公司下游的客户销售，更不能允许低价扰乱市场。

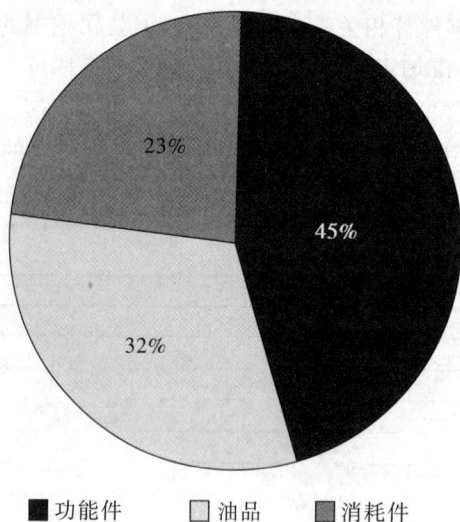

图12-5　ZK公司备件销售占比预测

在客户部分，公司首先要锁定大客户，抓住了大客户的售后市场，在很大程度上就抓住了公司的利润。对于这些客户，公司可以尝试推出几种不同的套餐方案供其选择：对于小客户，我们可以在其有需要时与ZK公司签订有偿服务合同，备件零散供货；对于大客户，我们可以与其签订年度合同，工时费年度收取，加大优惠力度，备件定期供货，同时给予折扣优惠。这样针对不同的客户需要，推出不同的服务，就可以征得客户的信任度和好感。

最后，公司应该成立一个呼叫中心，这个中心能够连接零件部、销售部、维修部和服务管理部，当客户的产品出现问题或者出现售后的服务需求时，通过呼叫中心的连接，可以第一时间联系相对应负责的部门，为客户提供相应的服务。公司对每一台设备的出售，定期进行回访，将设备的信息实时汇总，并不断更新，时刻掌握设备的最新情况，确保客户的需求能够第一时间满足。

五、结语

对于工程机械行业来说，营销后市场非常重要。想要发展后市场，不仅要在发生问题时及时修复，通过积极地访问和维护，将故障发生转移，提前预防并降低故障发生率；更要将单纯的服务变至服务营销，通过活动走访维护客户；并通过活动的开展，扩大零件销售和维修，增加服务收益，从而最终提高用户满意度，让用户能够二次购买新机。让服务由成本中心转变为利润中心，这样售后市场才能真的成为一座"金矿"。

但是，伴随着后市场的逐步开拓，更多的问题也必将逐渐浮出水面。因此，在后市场发展大潮中为企业保驾护航、改善公司治理、及时识别风险、提出增值建议将是内部审计面临的主要问题，也是其不可推卸的责任。

你认为ZK公司审计部门在本案例中的审计范围是否准确，审计方法选择是否恰当，审计证据是否充分与适当？同时，审计报告书中提出的建议是否合理？

相关链接

ZK公司&XS公司设备保有量以及产品销售额等一览表见表12-3。

表12-3　　　　ZK公司&XS公司设备保有量以及产品销售额等一览表　　　　单位：万元

对比项目	ZK公司	XS公司
设备保有量（台）	236 163	144 918
十年主机销售额	21 240 000	10 930 000
十年备件销售额	180 000	1 030 000
最高备件单价	0.20	1.60

ZK公司&XS公司设备主机及备件销售量统计表见表12-4。

表12-4　　　　ZK公司&XS公司设备主机及备件销售量统计表　　　　单位：台

时　间		2010年	2011年	2012年	2013年	2014年	2015年
ZK公司	主机	26 299	44 764	44 915	40 614	21 667	10 258
	备件	96 740	119 217	183 426	156 764	223 712	202 430
XS公司	主机	23 763	20 151	9 183	9 350	7 820	3 776
	备件	89 535	107 804	125 395	136 389	142 271	147 087

ZK公司&XS公司设备主机及备件销售额一览表见表12-5。

表12-5　　　　ZK公司&XS公司设备主机及备件销售额一览表　　　　单位：千元

时间	ZK公司		XS公司	
	主机销售额	备件销售额	主机销售额	备件销售额
2010	28 122 468	154 050	22 323 966	1 252 000
2011	40 200 748	240 658	19 213 088	1 665 000
2012	42 430 804	254 161	9 749 408	1 542 194
2013	32 865 572	337 315	7 869 672	1 538 915
2014	18 481 840	282 146	7 147 432	1 489 252
2015	9 204 544	203 099	4 642 068	1 143 847

>>>> **案例一使用说明**

一、教学目的

1.适用课程：本案例适用于审计理论与实务课程。

2.适用对象：本案例适用于会计、审计专业高年级本科生，MBA、MPAcc学生等。

3.教学目标：本案例旨在帮助学生了解整合审计关键整合点的审计流程，掌握内部控制审计的理论应用，理解如何将财务报表审计中对内部控制的了解及测试延伸到整合审计。

二、思考题及分析要点

1.整合审计流程的要求

该部分主要描述X会计师事务所对N公司及其下属子公司完成整合审计关键整合点的审计过程，包括三个阶段：审计计划阶段、审计实施阶段和审计完成阶段。该部分使学生对整合审计流程产生清晰、直观的了解，对照内部控制审计规范及整合审计要求，引导学生思考流程中所存在的问题。

实施整合审计的目的在于降低审计成本，控制审计风险，提高审计效率。要求审计过程中把内部控制测试与实质性测试有机融合在审计流程中。

X会计师事务所在实施审计过程中还存在着审计人员整体素质不高，内部控制整体层面考虑不全面，审计方法运用不恰当，控制测试的期间和范围不合适，未进行缺陷汇总评价与沟通，以及缺少相互验证并存在重复工作等问题。产生这些问题的原因主要包括：内部控制审计未全面开展、关键整合点审计要求存在差异及内部控制的审计程序未得到重视。对此，在审计计划阶段，应当制定合理的预审时间安排，加强有关整合审计业务培训；审计实施阶段，应当加大对内部控制整体层面的关注，灵活运用恰当的审计方法，明确实施控制测试的期间和范围；在审计完成阶段，应当补充缺陷汇总评价并充分沟通，重视工作相互验证并减少重复审计。对这些问题产生的原因进行思考，并提出改进建议，有利于学生理解如何将财务报表审计中对内部控制的了解及测试延伸到整合审计。

2.三个阶段的审计流程存在的问题、原因及其改进建议

（1）审计计划阶段

①内部控制测试时期证据不够。

本次年报审计制定了总体审计策略，其中对于预审的时间安排主要集中在2014年11月24日至2014年12月30日。内部控制最重要的是运行的一贯性与有效性，集中测试期间证据不够充分。

同时，预审选择的重点子公司包含12家水泥企业和3家混凝土运营中心，3个审计项目小组分别负责3家或4家水泥企业和1家混凝土运营中心的预审工作，每家企业分配的现场审计时间为3~4天。现场审计需按照安排完成整体分配的内部控制3个循环的了解、穿行测试、控制测试程序。很明显，在这么短的时间内是很难做到全面了解被审计单位及其环境、公司整体层面及业务层面内部控制的。

此外，审计单位业务分布在中南五省（河南、广东、广西、湖南、湖北）以及新疆等地区跨度，审计项目负责人在对小组现场审计单位进行分配时，经常需要来回折腾几次，这样的安排缺乏效率，也会过度消耗审计人员的精力。

以上这些都是预审阶段需要考虑的因素，若对预审时间安排不合理会导致难以在有限的时间里很好地完成审计工作。

②审计人员执业能力较弱。

X会计师事务所仅针对需执行内部控制审计出具内部控制审计报告的项目小组进行了有关内部控制审计的培训，该项目组其他成员未接受相关培训。项目组主力审计人员的工作年限集中在2~3年，使用实习生过多且实习生以前未曾有过事务所实习经验，没有内部控制审计经验。加之实习生直接跟随审计项目小组组长进入现场审计，事前没有进行业务培训，也不了解被审计单位的基本情况。这些都会影响审计工作效率，甚至降低审计工作质量。

（2）审计实施阶段

①内部控制整体层面考虑不全面。

本次审计重点关注可能存在重大错报风险领域，包括营业收入、营业成本、应收账款等。通过向销售部门、生产部门、采购部门相关负责人询问本年该企业水泥销售情况、采购情况以及生产情况，将对被审计单位的了解集中于行业状况、宏观环境变化以及相关经营风险上，特别考虑是否存在因业绩压力而虚增收入或提前确认收入的舞弊动机，而对内部控制整体层面关注较少。除设计调查问卷对重要部门负责人进行访谈外，作为水泥企业集中管理中心的综合管理部以及企业重要领导如总经理、副总经理并未纳入访谈范围，以至于无法详细地获知企业各种制度的制定及传达、重要职能部门及分工、人力资源政策、沟通渠道及机制、管理理念及经营风格、管理层对风险的意识、管理层及各部门负责人是否及时履行监督职责等关键信息。企业的各种经营活动也离不开信息系统的支持，如采购与销售环节的过磅系统，生产环节的中控室与ERP系统、财务软件用友NC系统等。对于信息技术的一般控制也需进行了解，尤其是对财务报表影响重大的信息技术。但审计项目组还没有计算机审计以及信息系统审计方面的知识和经验，故并未在此次审计中对企业各种信息系统的处理流程进行了解及评价。

②审计过程中审计方法运用不恰当。

审计项目组在了解、测试水泥企业内部控制时采用了检查、观察、询问等方法，但在运用过程中仍存在一些问题。比如，在对水泥企业进行审计之前，审计项目组通过下发资料让项目组成员大致熟悉水泥企业、混凝土企业的生产工艺流程，而实际操作并非如此简单明了。水泥企业厂区面积大，厂区各仓库、均化库、水泥熟料库、配料和煅烧车间等分布各有不同，要想全面了解生产各环节就必须通过现场走访、观察，但实际考虑天气、厂区环境以及时间紧张等因素，并未进行走访察看，导致在对生产与仓储业务流程进行了解时无法有针对性地提出问题，对相关负责人描述的生产流程也是一知半解。检查通常用于确认控制是否得以执行，提供比询问、观察更加可靠的审计证据，并对其他审计程序起到相互印证的作用。在执行穿行测试和控制测试时，审计项目组根据对流程的了解识别关键控制点，并获取控制活动所描述的电子或纸质记录，而有关部门并未按要求及时提供所需资料，未获取的资料未引起足够重视，之后不了了之，询问的结果得不到很好的验证。虽然取得有关业务流程的规章制度，也未与所了解的情况进行详细对照，来确认某些控制是否按设计予以执行。另外，许多企业第四季度的记账凭证未及时装订，审计项目组出于时间和效率的考虑，检查抽取的样本都集中在1—10月份已装订的记账凭证，而尽量避开选取涉及未装订凭证的月份的样本。实际上，年末舞弊和违规的动机更大，主要风险都集中在最后几个月，避开"麻烦"的同时势必助长了企业舞弊的"胆量"。询问基本占据了主导地位，无论是对经营状况、行业市场还是对业务层面几大重要流程的了解，都依赖于与财务部、采购部、销售部、生产部等几个部门负责人的访谈，但不管是基于哪种目的，访谈基本一次性完成，对于穿行测试和控制测试中发现的问题和存在疑虑的地方也未单独再次询问上述人员进行补充。而且有些部门负责人对于关键控制点的描述比较模糊，审计项目组并没有要求财务部联系执行重要程序和关键控制的人员，以获取相对具体的对程序和控制的描述。更重要的是，对内部控制有重大影响的综合管理部、企业经理级别的领导都没有被纳入访谈范围来了解相关情况，仅靠几个重要部门负责人的描述是无法全面了解企业内部控制的。此外，询问获知的一些情况在穿行测试中并没有找到相应的文件记录，控制的设计是否得以执行基本依赖询问环节获取的调查问卷。

③控制测试的期间和范围不合适。

根据审计计划安排的时间，对N公司及下属子公司的预审集中在2014年11月24日至2014年12月30日。因安排现场审计的顺序不同，对最先进入现场的企业实施控制测试的时间在11月底，对结束预审之前的企业实施控制测试的时间则临近基准日，即资产负债表日。审计项目组采用第一种方法测试控制在整个会计年度运行的有效性，虽然按照N公司内控关键点及样本量分配（水泥企业）进行了期中测试，但并未考虑在已获取的审计证据基础上还需要获取哪些补充证据，在结束预审进入年审阶段没有补充预审截止日到资产负债表日的内控测试底稿，同时也没有考虑剩余期间长短对不同企业期中测试结果的影响，仅以临近期末的期中测试结果得出控制有效的结论明显是不合理的。

从范围上考虑，虽然审计项目组根据内控同质化要求对同质化的公司作为整体"1"分配样本量，样本量多少取决于拟信赖值得分，样本量区间也符合《企业内部控制审计指引实施意见》规定的最小样本量区间。然而，在对每个重要业务流程关键控制点分配样本时，部分样本量超出最小样本区间。据统计，控制运行频率每月1次的样本量在货币资金业务流程、销售与收款业务流程、生产与仓储业务流程、固定资产业务流程分别为9、8、6、7，分配到每个需要测试的水泥企业的样本量分别为3、1、1、1。对于超出最小样本区间的，可以认为是扩大样本量，却又没有给出合理的解释。还需指出的是，对于不同企业某些循环分配的样本量缺乏灵活性，样本量的分配在预审之前已确定，没有考虑到企业层面内部控制环境、风险评估结果对样本量的影响。在实际审计工作中，发现某些水泥企业对银行存款的管理非常严格，统一采用网银收付款项，没有库存现金，付款申请也需经财务部部长进行授权才可以支付。而控制测试仍要按事先确定的样本量进行测试，若考虑整体层面对关键控制点的影响，现金盘点控制环节明显是可以省略的，此外，收款与付款环节风险较低，其样本量也可以适当减少。从选择所需测试的业务流程来看，进行现场审计的水泥企业并非将所有重要业务流程纳入测试范围，预审安排要求每家水泥企业选择三个业务流程进行了解及测试，这明显是不合理的。此外，水泥企业拥有各种信息系统，尤其对财务报告有重大影响的用友 NC 系统，审计项目组人员缺乏这方面的专业知识，没有了解程序变更、访问权限及计算机操作方面的一般控制，也没有测试自动化应用控制是否有效。

（3）审计完成阶段

①缺陷汇总、评价与沟通。

对缺陷的汇总和评价是不可缺少的环节。N 公司 2014 年年报审计策略书中列明预审阶段工作内容，要求在预审阶段完成汇总重大内部控制和审计问题，给出拟解决方案，并与公司管理层进行沟通。在预审阶段完成控制测试后，审计项目组省略了对审计过程中发现问题的汇总，也就没有评价所发现的问题是否构成一项缺陷，更加没有运用职业判断评价控制缺陷的严重程度，不需要而是直接根据现场获取的审计证据得出内部控制有效的结论。

②缺少相互验证并存在重复工作。

在年审阶段，审计项目组对重点水泥企业的存货进行监盘，纳入存货监盘范围的有原材料、半成品（熟料）、产成品（水泥）、固定资产、备品备件以及在建工程。通过现场监盘发现，某些水泥企业的在建工程项目已经投产却仍挂账在建工程未转入固定资产、某些固定资产如旧设备已无法使用仍未进行报废或减值处理、部分备品备件实际数与账面数不符等。然而这些情况并没有引起审计项目组的重视，也未在存货监盘底稿中体现，更没有考虑其对固定资产相关内部控制有效性的影响。年审期间，某水泥企业财务部部长告知审计项目组该企业采购部还存在金额较多的发票未及时报账并进行账务处理，因而需要调整年度财务报表相关科目数据，这一举动表明了采购业务流程中某些环节存在控制执行不当的情况，审计项目组却没有考虑这一问题是否构成内部控制重大缺陷，进而来验证和重新评价其对内部控制有效性的影响。从表面上来看，内部控制有效能够降低审计风险并减少实质性程序的工作量，但在实际审计工作中，实质性程序的工作量并没有减少，审计项目组认为内部控制再怎么有效也无法规避串通舞弊，为了降低审计风险，更多的仍是依靠实质性程序直接发现财务报表重大错报。

三、教学组织方式

1.问题清单及提问顺序、资料发放顺序

本案例的讨论题目依次为：

（1）整合审计的要求是什么？

（2）三个阶段的审计流程分别存在哪些问题？

（3）三个阶段所存在问题产生的原因是什么？

（4）针对提出的问题有哪些可以改进的建议？

本案例的参考资料及其索引在讲授有关知识点后一次性发放给学员。

2.课时分配

（1）课前自行阅读资料：约60分钟。

（2）分组汇报：每组约10分钟。

（3）其他小组对汇报小组进行点评：约20分钟。

（4）教师点评，并进行归纳总结：约20分钟。

3.讨论方式

本案例可以采用小组讨论的方式进行。

4.课堂总结

课堂讨论总结的关键是：归纳发言者的主要观点；重申其重点及亮点；提醒大家对焦点问题或有争议的观点进行进一步思考；建议大家对案例素材进行扩展研究和深入分析。

>>>> **案例二使用说明**

一、教学目的

1.适用课程：本案例主要适用于审计学、审计理论与实务课程。

2.适用对象：本案例适用于会计、审计专业高年级本科生，MBA、MPAcc学生等。

3.教学目标：本案例旨在向学生介绍新审计准则对审计报告要求的变动、这些变动的目的及对审计人员提出的新要求，着重引导学生理解关键审计事项的概念，熟悉和应用识别、沟通关键审计事项的技巧，尤其是从案例出发探索与针对资产计价政策的审计判断有关的关键审计事项判断程序，以更好地适应新审计准则下的审计工作。

二、思考题及分析要点

1.什么是关键审计事项？为什么新审计准则要求在审计报告中增加关键审计事项？

从审计准则到信息有用性，再到信息使用者的不同层次，分析为什么要沟通关键审计事项；从风险识别到注册会计师专业判断，再到审计准则，全面分析什么是关键审计事项。

要点：

关键审计事项是指注册会计师根据职业判断认为对本期财务报表审计最为重要的事项。关键审计事项从注册会计师与治理层沟通过的事项中选取。

在审计报告中沟通关键审计事项，可以提高已执行审计工作的透明度，从而提高审计报告的决策相关性和有用性。

沟通关键审计事项能够为财务报表使用者提供额外的信息，以帮助其了解被审计单位、已审计财务报表中涉及重大管理层判断的领域，以及注册会计师根据职业判断认为对当期财务报表审计最为重要的事项，还能够为财务报表预期使用者就与被审计单位、已审计财务报表或已执行审计工作相关的事项进一步与管理层和治理层沟通提供基础。

2.如何确定关键审计事项？如何在审计报告中沟通关键审计事项？

从风险识别评估，到对信息使用者的影响程度判断，从管理当局的重大判断到公司不确定事项的判断，确定关键审计事项。

要点：

一是关键审计事项从与治理层沟通的事项中产生。

二是关键审计事项是从"与治理层沟通的事项"中选出的"给予过较多审计关注的事项"。审计师需要特别考虑下列事项是否构成"给予过较多审计关注的事项"：（1）具有较高重大错报风险的领域或根据《国际审计准则第315号——通过了解被审计单位及其环境识别和评估重大错报风险》识别出的特别风险。（2）与财务报表中较重要管理层判断（包括被识别为具有高度估计不确定性的会计估计）领域相关的、较重要的审计判断。（3）在所审计期间发生的较重要交易和事项对审计的影响。

三是关键审计事项是从"给予过较多审计关注的事项"中选出的最重要的事项。

根据《中国注册会计师审计准则第1504号——在审计报告中沟通关键审计事项》第

十二条的规定：按照《中国注册会计师审计准则第1502号——在审计报告中发表非无保留意见》的规定，某些事项导致注册会计师应当发表非无保留意见，注册会计师不得在审计报告的关键审计事项部分沟通这些事项。

《中国注册会计师审计准则第1504号——在审计报告中沟通关键审计事项》第十三条指出：在审计报告的关键审计事项部分逐项描述关键审计事项时，注册会计师应当分别索引至财务报表的相关披露（如有），并同时说明下列内容：

（1）该事项被认定为审计中最为重要的事项之一，因而被确定为关键审计事项的原因。

（2）该事项在审计中是如何应对的。

除非存在下列情形之一，注册会计师应当在审计报告中描述每项关键审计事项：

（1）法律法规禁止公开披露某事项。

（2）在极少数情形下，如果合理预期在审计报告中沟通某事项造成的负面结果超过在公众利益方面产生的益处，注册会计师确定不应在审计报告中沟通该事项。如果被审计单位已公开披露与该事项有关的信息，则本项规定不适用。

3.结合案例材料，分析2017年度GD公司审计报告中关键审计事项的确定依据是什么？事务所对上述关键审计事项实施了什么审计程序？案例中事务所实施的审计程序和作出的审计判断是否恰当？为什么？

针对公司具体环境与财务数据，对照审计准则以及注册会计师的审计程序进行分析，判断审计程序的适当性。

要点：

GD公司2015年上半年面临亏损，积极筹备并购，力求通过并购改善公司业绩，实现公司产业转型与产业链升级，在2015年年底顺利收购CSJ公司，因为收购CSJ公司产生商誉1 653 523 650元，金额相对公司资产而言非常重要，对财务报告整体影响较大，且由于对商誉进行减值测试时所采用的主观判断以及估计未来现金流量具有固有不确定性，因此，在2015年审计程序中注册会计师把商誉的计量问题列入重要审计事项，实施了必要的审计程序。在2016年、2017年的财务报告审计中，注册会计师询问了管理当局，获取了管理层对商誉减值测试的结果，也关注了CSJ公司的业绩与承诺，最后认可了管理层对商誉减值测试的结果，判断商誉不存在减值。但是由于商誉额度相对公司资产而言很重要，所以在2015年、2016年的财务报告审计中都成为注册会计师关注的重点，新审计准则2017年开始实施，于是在2017年财务报告审计中注册会计师视之为关键审计事项。

2015年，由于GD公司与某著名手机生产商签订一份大额合同，随即为了及时供货采购了大量原材料，不久客户宣布重新布局市场发展战略而单方面毁约，导致GD公司计提大额存货跌价准备。2015年年报显示，GD公司当年亏损严重。注册会计师对管理当局的存货计量进行分析判断，认可其存货跌价准备的计提与结转。在2016年、2017年的财务报告审计中，存货跌价准备的计提取决于对存货可变现净值的估计。存货可变现净值的确定，需要管理层对存货的售价，至完工时将要发生的成本、销售费用以及相关税费的金额进行估计。由于存货跌价准备对财务报表影响重大，在2015年、2016年的年报审计中都是注册会计师关注的重点，因此在2017年财务报告审计中，注册会计师将其识别为关键审计事项。

资产组可回收金额根据管理层批准的财务预算之预计现金流量折现而得。现金流预测期为5年，税前折现率为13.75%。折现率分别根据资产组的加权平均资本成本确定，折现率反映了货币的时间价值和资产组各自业务的特定风险，资本结构采用企业自身资本结构。现金流量的预测考虑了被收购方的历史财务资料、预期销售增长率、市场前景以及其他可获得的市场信息，基于管理层对特定市场的历史经验，并参考外部信息资源，认为5年以后的现金流量达到稳定。注册会计师认可管理层判断：商誉不存在减值。

2017年度商誉的账面余额为1 653 523 650元，商誉减值准备余额为0。注册会计师对商誉减值予以测试，其商誉减值测试过程、参数及商誉减值损失的确认方法如下：

（1）了解商誉减值评估管理的流程和控制；

（2）评估管理层向外聘专家提供的数据的准确性及相关性；

（3）评估管理层采用的估值模型中关键假设的恰当性及输入数据的合理性；

（4）将预计未来现金流量现值时的基础数据与历史数据及其他支持性证据进行核对，并考虑其合理性；

（5）基于我们对事实和情况的了解，评估管理层在减值测试中预计未来现金流量现值时运用的重大估计和判断的合理性。

2017年度，注册会计师审阅、分析公司合并财务报表，发现2017年度存货账面余额为3 871 020 416元，存货跌价准备余额为55 230 945元，存货账面价值为3 815 789 471元，账面价值较高，占合并财务报表资产总额的34.11%。注册会计师进一步查阅存货跌价准备，发现公司计提的存货跌价准备金额为52 896 076元，年末累计存货跌价准备金额为55 230 945元。通常，公司存货跌价准备的计提取决于对存货可变现净值的估计。而存货可变现净值的确定，需要管理层对存货的售价，至完工时将要发生的成本、销售费用以及相关税费的金额进行估计。注册会计师判断：存货跌价准备对财务报表影响重大，因此将存货跌价准备识别为关键审计事项。

针对存货跌价准备实施的审计程序主要包括：

（1）了解计提存货跌价准备的流程并评价其内部控制；

（2）对存货盘点进行监盘并关注"残次冷背"的存货是否被识别；

（3）通过检查原始凭证对存货货龄的划分进行测试；

（4）对管理层计算的可变现净值所涉及的重要假设进行评价，例如检查销售价格，至完工时发生的成本、销售费用以及相关税金等。

经上述审计程序，以及审计项目组与治理层的沟通，公司对存货跌价准备的列报和计量得到一致认可。

对商誉减值实施的审计程序，以及是否将其列为关键审计事项的审计判断：

通过分析可以确信，并购后公司商誉初始计量偏高、存在严重的商誉减值，而审计项目组并没有提出异议，因此商誉计量的审计判断存疑。

在商誉项目的审计中，虽然注册会计师自认为实施了适当的审计程序，获取了证明商誉账面价值的充分、适当的审计证据。但由于公司管理层不认可、不接受商誉存在减值的事实，管理层为了证明商誉不存在减值，会通过盈余管理手段大幅度提升CSJ公司收入以实现其业绩承诺。同时，由于两家公司是产业链上的上下游公司，可以通过上游产品转移到下游产品的手段，转移上游公司产品研制失败的损失，这样 CSJ 公司可成功地把费用转移到 GD 公司，以掩盖 CSJ 公司的产品技术成熟度与领先度。

仔细分析注册会计师在财务报告审计中对商誉实施的程序可以发现，注册会计师轻信了管理当局对 CSJ 公司的良好业绩预计的美好承诺，忽略了管理当局的盈余管理行为，在实施审计程序时也未能结合对行业经济与技术成熟度的分析，更缺失对管理当局经营战略布局动机的分析。同时，忽视业绩承诺与收购评估时收益预计的差异导致注册会计师未能怀疑公司商誉资产被高估。因此，商誉的审计程序存在缺陷，审计结论存在风险。

而 CSJ 公司高估的商誉资产成为了 GD 公司资产负债表中的主要资产。一方面，商誉高估导致公司资产规模增大，抬高了 GD 公司在资本市场中的估价。另一方面，商誉是否计提减值或计提多少减值，需要管理当局的专业判断，注册会计师只能分析管理当局的判断是否合理；商誉减值对公司业绩会造成影响，所以注册会计师将其视为关键审计事项，这一审计判断是恰当的。

对存货跌价准备实施的审计程序，以及是否将其列为关键审计事项的审计判断：

分析发现，注册会计师在 2015 年、2016 年、2017 年均将存货后续计量列为审计重点关注的内容，并实施必要的审计程序，且在 2017 年将其列为关键审计事项在审计报告中予以披露。乍一看，这在形式上没有任何问题。但是，GD 公司计提大量存货跌价准备是否真的不存在盈余操纵行为？这就十分值得考量了。通过分析审计项目组实施的审计程序可以发现，注册会计师在审计存货跌价准备时没有结合并购动机、并购双方产业链等进行分析，也没有认真分析产品成本结构与成本计算的合理性，更没有做行业成本差异分析，缺少分析程序。所以，注册会计师未能识别其造成存货减值的真正原因，而认可了管理当局对存货跌价准备的处理方法与结果。

4.简要分析与资产计价政策有关的管理当局的判断和审计师的判断之间的关系。

从管理当局的判断，到审计师的判断，分析他们在依据和方法方面的差异。

要点：

审计师对关键审计事项的结果和看法到底描述到什么程度，这在实际执行时可能并不统一。IAASB 和 PCAOB 都曾提出过将"审计师的评论"作为解决信息差距的备选方案之一。该方案为审计师对被审计单位运用的会计政策、作出的会计判断和估计发表自己的看法提供了载体。这对于信息使用者而言，应当是最"解渴"的方案。但是，该方案最终没有得到 IAASB 完全采纳，PCAOB 在征求意见稿中也明确表示该方案存在几个问题：一是审计师的评论可能与管理层在财务报表中作出的列报和披露不一致，导致针对同一事项有两个版本的结果，即存在"双重会计"（dual accounting）的冲突，会给信息使用者带来莫衷一是的困惑。二是该方案容易颠覆传统的管理层和审计师之间的职责分工定位。编制和列报财务报表是被审计单位管理层的责任，审计师负责以第三者的身份进行独立鉴证。该方案容易混淆管理层与审计师的责任，使审计师由鉴证者转向财务报表分析者或投资咨询者，审计师可能会披露"原始信息"。三是审计师的评论可能被滥用，用来掩盖审计师与管理层之间的意见分歧。四是该方案可能损坏审计报告的可比性和一致性。

ISA 701指出，审计师可以通过描述所采取的应对措施（与该事项最为相关的方面，或针对评估的重大错报风险）、实施的审计程序、审计程序的结果、对该事项的关键看法等，来描述关键审计事项。如果审计师在描述关键审计事项时对审计程序的结果进行说明，则需要注意避免被认为是就某个关键审计事项发表独立的意见，或避免引起对财务报表整体意见的质疑。

审计师在审计报告中沟通关键审计事项并不意味着取代财务报表中的相关、充分披露，因为关于财务报告和实体的信息应由管理层负责提供。在审计报告中描述关键审计事项需要指出财务报表所作的相应披露。提及财务报表的相关披露，能够使得报告使用者进一步了解管理层在编制财务报告过程中是如何应对该事项的。除指出相关披露外，审计师对关键审计事项的描述可以引起对这些披露的关键方面的注意。因此，管理层在财务报告中对某一事项特定方面的披露，可以帮助审计师描述这些特定方面在审计中是如何处理的，以使财务报告使用者能够理解某一事项为何成为关键审计事项。

5.本案例给你带来哪些思考与启示？

通过分析GD公司财务报告审计中对关键审计事项的审计判断与沟通案例，我们不难看出审计师应该如何应对会计期间内的并购商誉与存货等资产的减值问题，如何沟通审计期间内的关键审计事项。

第一，对重要事项（复杂的交易、风险领域、重大管理层判断）的判断要跳出审计固有的流程框架，要从动机、原因到结果进行逻辑分析。例如，案例中的存货跌价准备，要追溯到并购前是否存在少转成本的嫌疑、是否存在损失转嫁的行为，将存货跌价准备这一重要事项与其关联业务、关联盈余管理行为结合分析其合理性，以判断存货跌价准备计提的适当性、合理性。又如，商誉的减值要与获取商誉时的预计收益与现实收益以及业绩承诺与盈余质量相结合进行审计，以判断商誉是否减值，以及发生多少减值。

第二，并购时的商誉初始计量的合理性判断应该视为关键审计事项。针对商誉初始计量的审计程序虽然不需要再进行评估，但是要查阅评估报告，分析其收益预计的合理性。审计师可以自己进行行业分析、收益预测，以验证以评估报告为基础入账的商誉计量信息是否合理。

第三，针对业绩承诺期，审计师需要判断业绩承诺公司的盈余质量、比对预计收益与支付方式分析业绩承诺的合理性。如果怀疑存在盈余管理行为，应该将其视为关键审计事项。审计师应该依据业绩承诺公司业绩增长的质量进行分析，重点审核是否存在收入的确认不合理不合规、应收账款增长与销售收入增长不一致、销售费用转移到其他公司等情况，针对业绩承诺，要分析业绩承诺的变动趋势，与收购时评估的预计收益的趋势比较，并将业绩承诺的金额与预期收益金额进行比较，以分析业绩承诺的合理性。

第四，审计过程中关注过的事项不一定视为关键审计事项。比如在本案例中，固定资产减值等事项同样是在审计中关注过的事项，但是经过审计判断，固定资产并未列入关键审计事项，也并未在审计报告中披露。从关注过的事项中识别关键审计事项是审计人员的重要职责之一。

第五，审计报告中披露的关键审计事项是通过审计师与治理层讨论后审计师认为最重要的事项，因此，审计师有必要坚守谨慎原则与客观公正原则，在审计报告中沟通最为重要的事项时，有必要恰当披露判断过程与依据。另外，在关键审计事项的披露中，应当清晰地反映该事项对财务报告的影响程度，以及审计师采用的是特别程序而非一般程序。

三、教学组织方式

1.问题清单及提问顺序、资料发放顺序

本案例的讨论题目依次为：

（1）什么是关键审计事项？为什么新准则要求在审计报告中增加关键审计事项？

（2）如何确定关键审计事项？如何在审计报告中沟通关键审计事项？

（3）结合案例材料，分析2017年GD公司审计报告中关键审计事项的确定依据是什么？事务所对上述关键审计事项实施了什么审计程序？案例中事务所实施的审计程序和作出的审计判断是否恰当？为什么？

（4）简要分析与资产计价政策有关的管理当局的判断和审计师的判断之间的关系。

（5）本案例给你带来哪些思考与启示？

对于本案例的参考资料及其索引，教师应在讲授有关知识点后一次性发放给学生。

2.课时分配

（1）课前自行阅读资料：90分钟。

（2）小组讨论：约40分钟。

（3）分小组发言：约40分钟。

（4）课堂总结：约20分钟。

3.讨论方式

本案例可以采用小组讨论的方式进行。

4.课堂总结

课堂讨论总结的关键是：归纳发言者的主要观点；重申其重点及亮点；提醒大家对焦点问题或有争议观点进行进一步思考；建议大家对案例素材进行扩展研究和深入分析。

>>>>> 案例三使用说明

一、教学目的

1.适用课程：本案例主要适用于审计学、审计理论与实务、会计学课程。

2.适用对象：本案例适用于会计、审计专业高年级本科生，MBA、MPAcc学生等。

3.教学目标：本案例旨在引导学员关注上市公司并购重组高估值、高溢价、高业绩对赌承诺的现象，以及商誉的减值风险，进而深入学习会计准则与审计准则。根据案例资料，首先，学员可以梳理商誉的会计计量基础知识，加深对理论知识的理解；其次，学员可以多角度分析高商誉可能对企业带来的"双刃剑"影响；再次，通过本案例的分析，学员可以了解审计实务的执业流程，深入了解审计理论与实务；最后，建议学员在掌握会计、审计相关知识的基础上进一步分析，从会计人员角度和审计人员角度看待商誉减值测试，比较二者之间职业判断的区别与联系，并提出提高职业判断质量的建议。

二、思考题及分析要点

教师可以根据自己的教学目的来灵活使用本案例。这里提出本案例的分析思路，仅供参考。

1.如果你是ML公司的CFO，ML公司不计提商誉减值准备的依据是什么？

分析思路：从被审计单位管理层的角度看，可侧重分析其利用商誉减值准备进行盈余管理的动机，突出管理层对未来业绩的乐观程度及乐观程度的主观性、不确定性，从而反映出当下资本市场中企业的常见做法，即不计提商誉减值准备或推迟计提商誉减值准备。

问题解决：

理由一：并购整合期短

2016年10月，公司完成HL金融90%股权的收购。由于公司取得HL金融控制权的时间晚于预期，使得HL金融相关业务受到较大影响。报告期内，HL金融在公司的控制和布局下经营的时间仅有2个月，导致管理团队的融合、扩充进度及各业务开展进度慢于预期，公司招募的支付领域的专业管理团队及人员未能及时到位，使得公司支付业务未能按计划进行有效拓展。

同时，为了充分防止发生短期内交易数量快速上涨导致的系统软硬件及技术风险，支付业务除了在原有系统上对支付业务系统进行全面升级外，还开发建设新的业务系统，这在一定程度上影响了业务量的增长。

基于上述原因，自2016年10月公司完成对HL金融90%股权收购以来，第三方支付业务未能按原计划开展，加之公司在团队建设、系统开发、产品研发、销售渠道建设等方面加大投入，导致报告期内HL金融实际业绩与预测业绩存在较大差异，对HL金融业绩产生一定的影响。

未来，公司将通过不断加强内部控制管理、积极拓展各类业务、完善业务所需的技术系统建设、打造各业务板块的专业团队等措施，全方位、多元化提升HL金融的经营业绩。

理由二：评估机构认可管理层乐观的业绩预测

ML公司在筹备并购事项期间，资产评估机构出具了W评报字（2016）第1号评估报告。2016年年报审计期间，会计师事务所利用评估机构的工作，由评估机构出具了W评报字（2017）第100号评估报告，此报告认可了管理层针对乐观情况下的预测。两份评估报告的主要差异在于，第二份报告中收入和成本的降低系管理层根据审慎性原则对未来收入及成本进行的调整。

理由三：未来的市场拓展计划

HL金融作为公司重点打造的大型金融科技平台，公司将以支付为起点，通过内延式生产和外拓式发展，打造金融科技生态圈，完善金融科技产业链。未来HL金融将形成以支付产品、互联网产品和行业方案为核心的产品体系，充分发挥第三方支付全牌照的优势，通过第三方支付与产业链紧密结合，作为消费场景和金融场景的入口，提高上下游结算和资金流转效率，与产业链各业务板块形成协同效应。线上支付向线下场景延伸，线上支付与线下收单、近场支付结合，满足线上线下多种场景需要。同时配合保理、征信等其他子公司，实现对客户的综合开发利用，积极打造金融科技全服务平台。HL金融母公司不承载具体业务，目前具体业务主要由其子公司进行。

未来5年的业绩增长假设设定了一个区间，在较为乐观的业绩增长假设下，预测的第三方支付业务和保理业务均能达到预测的最大值，即：第三方支付业务2017—2021年营业收入分别为47 858万元、82 641万元、109 995万元、137 321万元、156 899万元，收入增长率分别为1150%、73%、33%、25%、14%；保理业务2017—2021年营业收入分别为17 420万元、39 000万元、39 000万元、39 000万元、39 143万元（在2016年度保理业务尚未实际开展）。在此基础上，2017—2021年归属于母公司所有者的净利润分别为11 016万元、21 109万元、26 368万元、31 956万元、36 640万元。

理由四：业绩补偿协议的保障

针对W评报字（2017）第100号评估报告，即会计师事务所利用专家工作出具的报告，ML公司最大控股股东于2017年4月签订了《业绩承诺补偿协议》，控股股东对2017年度与2018年度的净利润作出承诺，就承诺期内实际实现的净利润数与承诺净利润数的差额予以补偿。承诺HL金融2017年度及2018年度预测净利润数额分别不低于11 400万元、21 800万元。

2. 如果你是Z会计师事务所的合伙人，你认为ML公司的商誉是否应计提减值准备？

分析思路：可作为开放性问题，分别从不计提商誉减值准备和计提商誉减值准备两条线展开讨论。不计提减值准备，可考虑ML公司的未来发展前景、管理层的信心及业绩承诺的签订等外部因素。计提减值准备，可从审计风险、审计的谨慎性、重要性水平的角度考虑。

（1）ML公司不计提商誉减值准备的依据

理由一：公司各项金融业务的巨大潜力

HL金融有限公司互联网支付和移动支付业务新增签约客户达数十家，较之前线上客户数量大增，线上业务的市场开拓较为显著。截至2017年4月，各项工作部署包括现阶段系统升级改造、团队建设、产品开发、通道开拓、市场渠道建设等，线上客户逐步接入，较2016年有显著增长。公司通过深耕移动支付和互联网支付领域，开拓网关、快捷、无卡、扫码等线上产品，预计线上业务将达到预期增长水平，互联网支付业务的盈利能力将得到提升。

理由二：第三方支付业务牌照的可观预估价值

目前，全国范围内同时拥有互联网支付、移动电话支付、银行卡收单业务全牌照的企业只有不到30家。2016年8月12日人民银行网站公布的《中国人民银行有关负责人就〈支付业务许可证〉续展工作答记者问》中提到：下一阶段，人民银行将坚持"总量控制、结构优化、提高质量、有序发展"的原则，一段时期内原则上不再批设新机构"，这凸显了第三方支付的牌照价值。

审计项目组收集了近期发生的支付牌照交易案例，见表1。

表1　　　　　　　　　　　根据同类交易推测第三方支付牌照价值

时　间	收购方	第三方支付机构	牌照范围	价　格	牌照价值（100%股权）
2017.04	51信用卡	雅酷时空	全国范围的互联网支付、移动电话支付和北京市、广东省、江苏省、浙江省的预付卡发行与受理	现金支付11亿元（100%股权）	11亿元
2017.03	国美	银盈通	预付卡发行与受理（仅限北京、山西、云南、贵州）、互联网支付	现金支付5亿元（70%股权）	7.14亿元

由表1可知，单项第三方牌照的市场价值为5亿元以上。按照较为乐观的业绩预期收益的估值为158 800.00万元，基本符合目前市场对第三方支付牌照的价值判断。

理由三：认可评估机构的工作并接受评估机构的解释

评估机构分析师已经给出了前后两次评估报告主要指标的差别，并作出解释。收购时的评估报告与商誉减值审计时的评估报告的差异见案例正文表3-8。

收入及毛利率预测差异的原因系HL金融有限公司根据审慎性原则对未来收入及相应成本的调整。营业费用预测差异的原因系收购时评估预测的营业费用较高，当时是基于分公司建设模式所作的判断，需要在全国各地自营建设分公司，各分公司需投入大量的业务人员和技术及运营人员，收购评估时判断需要在各地的分公司进行业务、运营和技术人员落地，考虑到直营地推需要大量人员，预估的人数较多，人员成本支出很大。因运营和技术实际人数低于收购时评估预测预期，第二次评估时营业费用占收入比显著降低。

两份评估报告存在差异是合理的。首先，评估目的不同，第一份评估报告的目的是股权收购，第二份是商誉减值测试；其次，两次评估的评估基准日相差9个月，第一次是2016年3月31日，第二次是2016年12月31日；再次，委托方不同，第一次是ML公司，第二次是会计师事务所；最后，评估类型不同，第一个是评估报告，第二个是评估咨询报告。第二次评估咨询报告中，评估机构提供在乐观情况下的预测以及在较不乐观情况下的预测供 ML 公司及审计项目组参考。

理由四：管理层的乐观态度及业绩对赌协议的签订

ML 公司的控股股东公司为表示对 HL 金融有限公司的信任，于 2017 年 4 月自愿作出业绩补偿承诺，并于 2017 年 4 月 26 日与公司签署了相关协议，承诺收购标的 2017 年、2018 年预测净利润数额分别不低于 11 400 万元、21 800 万元，低于承诺的净利润由控股股东公司以现金方式补偿。基于未来两年的利润承诺，公司的经营风险有所降低。

根据 IResearch 艾瑞咨询统计数据，2016 年中国第三方互联网交易规模达到 19 万亿元，同比增长 62.2%；第三方互联网支付交易规模达到 38 万亿元，同比增长 215.4%。因此，相比行业的平均水平而言，HL 金融有限公司的增长率在一定程度上是合理的。

（2）ML 公司计提商誉减值准备的依据

Z 会计师事务所在确定商誉减值测试的影响数时执行了其所描述的审计程序，并获取了相关审计证据。在此基础上，Z 会计师事务所认为进行商誉减值测试所依据的业绩增长假设与评估咨询报告中较为乐观的业绩增长假设一致。由于客观条件限制，审计项目组无法对 ML 公司商誉减值的确切金额作出定量判断，同时项目组审计人员未能对管理层作出的较为乐观的未来年度业绩增长假设的合理性取得令人满意的审计证据。在此情况下，审计项目组信赖且利用了评估师的工作成果，并根据评估下限值测算出商誉减值（如存在）的影响数，影响金额在 0～2 525 万元之间，该事项如存在，将影响"商誉"和"资产减值损失"科目，超过整体重要性水平，故存在商誉减值的迹象。

截至 2016 年度财务报告批准报出日，HL 金融仍处于亏损状态，但 ML 公司进行商誉减值测试所预测的 HL 金融 2017—2021 年营业收入分别为 65 278 万元、121 642 万元、148 996 万元、176 321 万元、196 042 万元，收入增长率分别为 1605%、86%、22%、18%、11%。审计项目组虽对 ML 公司管理层的商誉减值测试资料进行了必要的分析和充分讨论，但无法对商誉减值测试所依据的业绩增长合理性获取充分、适当的审计证据，因此无法对商誉减值测试结论的适当性进行评判。

3. 如果你是 Z 会计师事务所的质量控制部部长，你认为审计执业过程有何改进之处？

分析思路：结合案例背景，分析审计人员从承接审计业务至出具审计结论的过程中所涉及的核心判断的合理性、公允性，提出针对案例的改进意见。跳出 ML 公司的商誉审计程序，站在提高事务所审计人员的职业判断能力的角度提出建议，旨在提高商誉减值审计的执业质量。

问题解决：

（1）ML 公司商誉减值审计案例中审计执业过程的问题分析

问题一：会计估计审计的主观性

根据《中国注册会计师审计准则第 1321 号——审计会计估计（包括公允价值会计估计）和相关披露》的规定，在商誉减值测试审计中，外部审计人员应当充分了解管理层作出会计估计的详细过程。同时，注册会计师应当评价采用的计量方法在特定情况下是否恰当，以及根据适用的会计准则和相关会计制度确定的计量目标，管理层使用的假设是否合理。审计人员应当收集证据去判断管理层是否评估了自身会计估计的不确定性以及不确定性的影响。

面对管理层提供的业绩预测，审计人员受制于自身专业能力的有限性可能无法充分评价客户的未来经营情况，特别是在瞬息万变的当下，企业经营随时可以做到扶摇直上或者是遇到突发重创。因此，如何判断管理层作出的估计是否准确是一个难以让审计人员把握的难题。首先，由于信息不对称的影响，管理层所掌握的公司内部信息永远多于审计人员所了解的信息，管理层向审计人员输出较多乐观信息可能会影响审计人员的判断。其次，许多公司的盈利预测，如案例中的 ML 公司，往往基于对未来年度的经营情况预测，时间跨度较大，而准则未明确规定审计人员应重点关注的年限区间。最后，管理层对评估不确定性的影响的评估形式多元化，可能是口头形式、会议文件、内部报告、财务报告披露等方式，具体评价的形式及评价的深度没有硬性要求。

本案例中，审计人员基于管理层在并购交易发生时采用 W 资产评估机构的评估报告，以利用专家工作的动机聘请 W 资产评估机构进行第二次评估，其做法并未违反审计准则的要求，但在是否利用专家的成果、多大程度上参考专家的成果方面，审计项目组具有较大的选择权，在审计证据相对匮乏的情况下，评估人员的专业胜任能力直接影响了审计结果。ML 公司前期高速的增长预期是否表明管理层有操纵估计参数值的嫌疑，审计人员应当保持职业怀疑的态度，质疑管理层的重要参数，而非轻信管理层及评估机构的估计。其次，管理层并未评估预测不确定性的影响，且准则规定的评估不确定性形式多样，没有明确的标准，给审计人员较大的自由裁量空间，不利于评价管理层认定。

问题二：低估重大错报风险

目前，商誉在并购交易中形成了"计价容器"，高溢价的商誉在很多情况下并不能为企业带来等值的盈利能力，并购方往往未能正确区分支付的并购对价中哪些是真实的商誉，哪些仅是购买高业绩而发生的成本，应进行摊销。在并购后期，巨额商誉的减值风险会给报表带来"变脸"的可能，并购方在享受高商誉的同时，也要承担起后期严重拖累报表指标的苦果。根据深圳证券交易所创业板公司管理部的报告，2016 年年末到达业绩承诺要求的公司共 63 家，跨界并购占 38%，实际完成的业绩占当年承诺总金额的 58%。业绩承诺未实现的公司将面临计提商誉减值准备，例如某有色金属公司 2016 年计提减值的金额占当年净利润的 46.77%，造成财务报表"滑铁卢"式巨变，对公司经营产生巨大影响。本案例中，ML 公司产生高溢价并购商誉 119 389.24 万元，审计人员在执行审计程序的过程中并未判断高溢价商誉产生的合理性，仅仅简单地浏览了其会计处理过程，忽视了高溢价商誉这一值得关注的"危险信号"。

在确认重要性水平方面，审计项目组确定的计划的重要性水平为利润总额的 5%，即756 万元，实际执行的重要性水平为 567 万元。而 ML 公司 2015 年利润总额为 1 122.04 万元，2016 年利润总额为 15 120.72 万元，由于 2016 年的并购造成此指标数值变动达1247.61%，激增的利润总额并不适合作为重要性水平的参考基准，不利于衡量商誉减值测试中潜在错报对财务报表整体的影响。并且审计项目组确定重要性的方式，体现出审计人员在风险评估阶段存在的问题。识别并评估风险，有利于审计师正确评价重大错报风险，有利于审计师把控项目的整体风险。在 ML 公司年度内存在重大资产重组以及收益严重不敌预期的情况下，审计人员仍按照普通审计业务的模式，生搬硬套重要性水平的计算标准，没有做到变通处理。

此外，审计人员忽视了高溢价商誉对报表结构的影响。截至 2016 年 12 月 31 日，ML

公司合并财务报表显示，其净资产为 114 915.87 万元，总资产为 225 483.55 万元，商誉 119 389.24 万元是净资产的 1.04 倍，商誉占总资产的比重为 52.95%。高溢价商誉凸显出 ML 公司资产负债表"外强中干"的特点，资产质量低，资产流动性弱。但高溢价商誉却美化了 ML 公司的资产负债率，ML 公司的资产负债率低于 50%。面对高溢价并购，面对并购带来的股票价值的迅速攀升，审计人员没有发现其背后隐藏的巨大风险，没有评价管理层行为的动机，仅仅给出了重大错报风险评估结果为低水平的结论。

最后，一旦计提商誉减值准备，高溢价商誉可能带来毁灭性的打击。在实务中，产生高溢价商誉的公司要么选择不计提减值准备以期不影响利润水平，要么则"一锅端"式地一次计提完商誉减值准备，给报表带来突发"变脸"的影响。ML 公司于 2016 年 10 月并购 HL 金融，2016 年 10—12 月 HL 金融的净利润为 -266.83 万元，呈现亏损状态。虽然截至 2016 年 12 月底，并购双方尚未签订业绩补偿协议，但是盈利水平未达管理层预期已展现出商誉减值风险。2017 年 4 月，ML 公司签订业绩补偿协议，承诺了 2017—2018 年的利润水平，以打消市场上投资者的质疑，有避免商誉计提减值准备的嫌疑。然而，市场形势是否如管理层所愿，倘若经营达不到预期，ML 公司将会承担业绩补偿，同时计提商誉减值准备，这将会给财务报表带来双重打击。

问题三：缺失应有的职业怀疑

职业怀疑，是审计人员在实务中的谨慎心态，是形成客观职业判断的基础。在本案例中，审计人员没有保持应有的职业怀疑，放松了执业的警惕心。

Z 会计师事务所是以"后任会计师事务所"的身份承接 ML 公司 2016 年年报审计工作的，虽然 2016 年 3 月负责了 ML 公司并购审计的相关工作，但对 ML 公司的了解尚不充分，特别是未与前任会计师事务所进行良好、有效的沟通。ML 公司曾在并购交易中同时更换掉会计师事务所和资产评估机构，这一行为举措应当引起 Z 会计师事务所审计项目组的关注。审计人员应当思考 ML 公司是否有购买审计意见、评估报告结果的嫌疑，或者是否由于前任注册会计师在会计、审计上与管理层有重大分歧而解约。前任会计师事务所的解约事项可能涉及 ML 公司管理层的诚信问题，而诚信问题影响审计业务的承接，Z 会计师事务所轻视了业务承接阶段职业怀疑的重要性，在与前任注册会计师沟通以及评估重大错报风险上掉以轻心。

针对管理层选择乐观的业绩预测，审计人员应当警惕是否存在管理层的主观偏向，及偏向背后存在错误或舞弊的风险。审计项目组应独立搜集审计证据，当无法判断 ML 公司出具的业绩预测是否合理时，审计人员应尽可能搜集独立的外部证据，若无充分、适当的外部证据作为佐证，审计人员应对 ML 公司管理层出具的评估结果保持职业怀疑，不轻信来源于公司的内部证据及评估机构出具的报告，尤其是当对评估机构的独立性存在疑虑时。

问题四：审计证据证明力不足

审计证据需要满足充分性和适当性的特点，前者是对证据数量上的衡量，后者是指证据的信息与审计程序的目的、相关认定之间具有逻辑联系，并且证据应当真实可靠。审计证据的数量多并不意味着证据的质量好，而质量较高的审计证据一定程度上可以使审计人员减少样本数量。在利用被审计单位生成信息时，审计人员应当确认生成的信息足够完整和准确，应当保持职业怀疑，实施额外的程序确保生成信息的质量。

在审计证据的充分性方面，商誉减值测试不属于企业内部日常频率高的计量活动，且企业之间具有差异性不具有借鉴价值。由于商誉减值测试涉及多项主观判断，资产组价值的评估需要大量的假设数据，例如，第三方支付牌照的估值，收入、成本及利润的预测，管理费用、销售费用的增长率预测，资本支出的预测等，故审计人员需要搜集较多证据。Z会计师事务所虽然聘请W资产评估机构为其评估HL金融的股权价值，但Z会计师事务所未获取充分的审计证据去证明基于乐观情况下的业绩预测是合理的，特别是在2016年度HL金融亏损的情况下，严格意义来讲，审计项目组并未收集足够的审计证据佐证评估预测的合理性。

在审计证据的适当性方面，审计证据应当具有相关性和可靠性。一方面，在考虑证据的相关性时，审计项目组运用资产评估及管理层的预测与审计结论具有相关性，但没有考虑其他来源或者不同性质的审计证据可能与商誉计价同样相关，导致关于商誉减值与否的审计证据较为单一，证明力不足。另一方面，在考虑证据的可靠性时，资产评估报告出自于W资产评估机构，该机构在一年内出具了两份关于ML公司资产组的评估报告，当第一份评估报告出具时，后续的经营情况在一定程度上削弱了评估结果的准确性，当审计项目组拟利用专家的工作时，应考虑到专家的专业胜任能力和独立性问题，审计项目组若聘请其他资产评估机构可能会获得更加可靠的证据。

问题五：审计结论弹性大

在结束所有审计程序后，审计人员应当评价所有已发现的错报，考虑每一单项错报对重要性的影响，并考虑错报的互相影响。在某些情况下，即使错报低于重要性水平，但与错报相关的情况单独或者连同审计过程中累积的其他错报一并考虑，或者考虑到未发现错报、未更正错报的影响，审计人员仍要考虑错报的重要性，得出恰当的审计结论，避免执业风险。

本案例中，Z会计师事务所未能对公司管理层作出较为乐观的未来年度业绩增长假设的合理性取得令其满意的审计证据，因此审计师信赖且利用了评估师的工作成果，但审计结论也受到了主观预测的较大影响，在不同的预测心态下，审计结论截然相反。根据乐观情况，HL金融的估值为191 000万元，此种情况下高于商誉账面价值154 805万元，无须计提商誉减值。ML公司及W资产评估机构认为按照最为乐观的业绩增长符合公司的实际情况，故公司无须计提商誉减值准备。根据保守的业绩增长预测，HL金融的估值为152 000万元，而包含分摊商誉的资产组账面价值为154 805万元，此时需要计提减值2 805万元，因为ML公司持有HL金融90%的股权，剔除少数股东权益后归属于ML公司的商誉减值损失为2 525万元，据此，判断商誉减值损失在0~2 525万元之间，在不能掌握其他证据缩小区间值的情况下，潜在错报的影响超过了计划的重要性水平756万元与实际执行的重要性水平567万元。即：根据乐观情况，商誉无须计提减值准备；根据保守情况，商誉需要计提减值准备。

落地到审计意见，根据乐观情况预测，商誉无须计提减值准备，管理层的认定无须更正，在没有发现其他重大错报的情况下，审计人员可出具标准的无保留意见审计报告。根据保守情况预测，测算出商誉减值（若存在）的影响金额在0~2 525万元之间，在没有获取其他充分、适当的审计证据佐证管理层预测的合理性时，审计人员因受限于无法获得充分、适当的审计证据而出具无法表示意见审计报告。审计结论随着对ML公司前景的预测不同而不同，结论的变动弹性较大。

（2）提高审计人员职业判断质量的建议

措施一：重视风险评估程序

在审计年度财务报表时，若当年度内发生重大资产重组等特殊事件，审计人员更应当重视风险评估程序。商誉属于特定的认定账户，商誉的列报数据出现错报，往往同时影响"资产减值损失"科目的完整性或存在认定，通常属于认定层次的重大错报风险。某些特定情况下，如高溢价商誉，后期减值计提可能较大程度地影响财务报表体现的盈利能力、偿债能力等，计提商誉减值后利润表显示由盈利转为亏损状态，此时则对财务报表具有广泛的影响力，认定为财务报表层次的重大错报风险。商誉产生于并购交易，其复杂的会计处理和计算使得其固有风险处于高水平，检查风险较高。其次，商誉科目的审计工作具有复杂性、主观性，管理层可能存在盈余管理的行为，如管理层凌驾于控制之上或内部串通粉饰报表的风险，导致该科目的重大错报风险很高。最后，审计人员在进行商誉减值与否的定性判断时，主观性评价较多，职业判断出现偏差的可能性较高，在对未来期间收益进行预估时，很大程度受到管理层态度的影响，导致检查不出商誉存在错报的可能性。综上所述，出于商誉审计的不确定性、主观性、数据可获得性、管理层诚信等方面的考量，"商誉"科目的审计风险通常较高，出现重大错报的可能性较大。

措施二：保持合理的职业怀疑

在实施风险评估程序时，审计人员不应满足于前期对客户的了解，应当重新评估客户的经营风险、可能存在错报的会计处理，特别是由于舞弊导致重大错报的可能性。并购重组交易属于公司非日常交易，在交易出现的年度审计工作中，审计人员应投入更多的精力去实施风险评估程序，更好地应对风险。

在风险应对阶段，审计人员评估管理层的认定也应保持高度的谨慎，即使在信息不充足的情况下，也不轻易信服管理层提供的内部证据。使用管理层提供的证据时，应当有其他的证据予以佐证。即使利用专家的工作，如评估机构的报告，审计人员也应当考虑专家的独立性，避免专家与管理层串通所带来的影响。

在出具审计意见时，由于商誉不能单独产生现金流量，需要站在企业整体层面把握，这就要求审计人员不能在单一视角下看待商誉的错报，而应站在客户的宏观层面来衡量其对财务报表整体的影响，审慎地分析已收集的证据，证据不足时也不能轻易出具无保留意见审计报告，而应考虑未发现错报的可能性，出具可以降低自身法律责任的恰当结论。

措施三：客观复核管理层商誉的认定过程

按照审计底稿的编制思路，复核商誉减值测试的流程可大致如下：

第一，由审计人员了解并获取被审计单位商誉减值测试的内控流程，对内控流程进行测试，确保相应的内控设计有效并得到执行。第二，审计人员获取客户的商誉减值测试底稿，检查该底稿的完整性，检查底稿是否按照内控流程的要求编制和进行账务处理。第三，由事务所内部估值团队或借助外部评估师的工作对被审计单位的计算方法、现金流、折现率等参数的来源、计算、主要假设进行审阅。若利用外部评估师的工作，需要单独出具评估报告。第四，由审计人员对现金流的要素，如收入、成本、费用及其预期值和实际值进行检查和分析。第五，由审计人员基于审阅后的现金流和折现率运用模型重新计算企业价值，进而计算获得商誉和商誉减值分析结果，并与管理层的认定进行比较。第六，审计人员对商誉减值的具体数值分配及其会计处理进行审计，可采用细节测试。

在复核管理层商誉的认定过程中，审计人员要格外注意：收入增速、毛利率、经营利润率、净利润率等相关参数，需要同时兼顾行业发展增速、宏观经济环境、企业发展周期、企业管理水平、企业战略、企业内部资源等多方面因素。其中，收入增速指标最为重要，还需要考虑企业目前的生产能力、市场容量、替代产品、研发状况等的影响。审计人员可考虑借助专家的工作对被审计单位所处的竞争环境进行全面的了解和分析。这类证据的收集将影响商誉减值测试的客观性。

措施四：正确看待业绩承诺协议

审计人员在进行商誉减值测试时往往会受到被审计单位签订的业绩承诺的影响。然而，审计人员应当明白，商誉是否减值与是否签订业绩承诺、业绩承诺是否实现并无必然关系。即使并购标的完成了业绩承诺，甚至创造了高于商誉账面价值的利润，但站在未来的角度，只要预期未来经营能力不佳，预测的现金流量现值小于包含商誉在内的资产组账面价值，同样需要计提商誉减值准备。

在实际并购交易当中，不乏有并购标的出售方为了获取高并购对价，作出难以达成的业绩承诺，以促进并购交易的进行。审计人员应保持清醒的头脑，业绩承诺并不等于管理层对未来预期乐观的体现，有时只是平复投资者、促成并购交易的手段。在未充分衡量标的资产成长能力和盈利能力的情况下，高业绩承诺可能藏有商誉减值隐患。审计人员应保持独立性、客观性和专业胜任能力，正确看待业绩承诺，不受业绩承诺对商誉减值测试的干扰。

措施五：拓宽信息收集渠道与正确利用审计证据

拓宽信息收集的渠道，包括内部信息和外部信息。审计人员应全面收集内部与外部审计证据，不应偏向一方。例如，即使外部证据显示行情利好，也需要收集内部证据来证明企业可以利用利好形势逐年盈利。再如，当内部管理层认定未来收入高增长，审计人员需要对外部的经营环境、市场份额等进行调查了解。对于案例中的商誉减值问题，在对标的公司股权价值进行预测时，不应仅依赖于管理层与评估机构提供的资料，还应当多收集同行业企业的经营情况及行业整体发展趋势，结合国家有关政策，提高判断质量。在商誉减值审计中，审计人员应当重视对被审计单位非财务信息的收集。商誉不能够单独存在，它的价值是根据企业整体的发展情况来判定的，往往与企业整体层面的发展战略、经营情况、行业趋势相关联。

此外，在证据的选用上，审计人员应当选择可靠性较高的审计证据。在本案例中，管理层的乐观预测有一定的倾向性，而评估机构由于9个月前出具过类似的评估报告，可能有自我评价的嫌疑，因此审计人员应谨慎使用这些信息，多利用独立收集的审计证据加以印证。

三、理论依据

1.商誉的评估方法与价值类型

（1）资产的价值类型与评估方法

资产的价值表现会发生改变，即价值属性变化，不同情境下的资产评估价值并不相同。在得出资产评估价值的过程中，评估人员需要使用适合该情境下的评估方法，以符合对应价值属性的要求，出具适宜的评估报告。评估报告是一种评估咨询报告，并不是价值决策报告，评估报告使用者在利用报告时应当明确被评估资产是在何种价值属性下以何种方法评估的，以提高使用者的利用效率。

实务中常见的评估方法主要有成本法、市场法、收益法，以收益法居多。成本法也称重置成本法，虽最易理解，但评估时涉及重置成本与价值损耗，操作起来未必简单。市场法注重市场价格，无疑是最简单、高效的方法，但有赖于资产的市场交易情况。收益法从理论来讲是最科学的方法，将未来预期收益折现容易被交易双方接受，但未来预期现金流量与折现率的主观性预测增大了评估的不准确性。评估方法体系的重点不是各种复杂的计算公式、计算程序，而是以评估价值类型为基础，联系财会知识，选择适宜的评估方法。成本法涵盖重置成本、实质性贬值、技术性贬值、经济性贬值四个参数，是基于付出的成本费用水平的评估思路。市场法的重点在于比较待评估资产与参照物之间的异同，并通过参照物的市场价格估算被评估资产的价值，代表买卖双方均衡交易时市场价格的评估思路。收益法涉及三个核心输入参数，是通过对资产未来收益进行折现来反映当下资产是否值得投资，以及评估资产的未来效用情况。

（2）商誉的评估方法

财政部发布的《企业会计准则第39号——公允价值计量》，要求企业定期对无形资产、投资性房地产和金融工具的公允价值进行确定，商誉这类特殊的资产，多数情况下需要外部评估师的介入。在企业并购交易中，特别是非同一控制企业合并下，并购方看中的是被并购企业在未来期间内的超额收益能力，因无法考虑商誉的取得成本，以及商誉无市场参考价，因此并购方通常使用收益法。在并购交易中，评估值虽不同于公允价值，但是由于公允价值的难获得性，交易双方一般以评估值参考确定交易对价。使用收益法评估商誉的价值，具体分为割差法和超额收益法两种。

割差法，即先采用收益法评估出企业整体的资产价值，扣除企业全部有形资产和可确认无形资产的价值，余值为商誉的价值。其计算公式如下：

商誉的评估价值=企业整体评估价值-各单项资产评估值之和

割差法通常需要用到成本法或市场法来确认企业单项资产的价值。

超额收益法，即基于企业对可预测的若干年超额收益按照折现率进行折现，折现值就是商誉的价值。其计算公式如下：

$$商誉的价值=\sum_{i=1}^{n}\frac{S_i}{(1+r)^i}$$

式中：S_i是预期的超额收益，是指企业收益与行业平均收益的差额，即净资产与超额收益率的乘积。超额收益率的计算公式如下：超额收益率=净资产收益率-行业平均净资产收益率。r是折现率，也是资本的预期投资回报率，通常评估人员可选择调整后的行业平均利润率或者项目平均利润率作为参考。i是受益年限，基本上是企业的存续期间。在实务中，通常采用分段处理的方式，在可预测的短期内，分别预测各年超额收益；此后较长期限，往往采用收益稳定的方式预测。

2.商誉的初始确认与减值测试

（1）商誉的初始确认

目前，企业并购商誉的处理主要参照企业会计准则的规定，并购企业支付的超过被合并企业可辨认资产的对价部分，称为并购商誉。企业合并分为同一控制和非同一控制两种类型。不同类型的企业合并，商誉的初始计价也有所不同。

在同一控制下，支付对价与可辨认净资产账面价值之间的差额冲抵"资本公积"科目，资本公积不足抵减的调整留存收益。在非同一控制下，通常采用购买法进行会计处理，以购买行为来看待企业合并，与企业购买原材料及设备等同，并购企业在采用购买法计量合并行为时，需要按公允价值将得到的被合并企业的净资产入账，在合并日，企业以可辨认的被合并企业的净资产公允价值所占份额与并购对价进行比较，支付对价若大于所占份额，差额作为并购商誉。本案例中涉及的企业合并为非同一控制下的情形。

（2）商誉的减值测试

国际上商誉的后续计量经历了从摊销到减值的转变。FASB最早在2001年提出，商誉的后续计量不再摊销，而是每年进行最少一次的减值测试。IASB在2004年后续提出相同的规定。然而FASB在2011年9月再次修订准则，提出企业可先定性再定量判断，即若发现有减值迹象再进行商誉减值测试。我国会计准则采取与国际做法趋同的方式，但又有不同之处。《企业会计准则第6号——无形资产》于2006年2月颁布，商誉成为一项单独的计量科目出现在合并财务报表中。《企业会计准则第8号——资产减值》第四条明确指出，在会计期末，企业需要对资产是否存在可能出现减值的迹象进行判断。无论是否存在表明减值的迹象，企业每年至少在年末对商誉进行减值测试。一旦计提商誉减值准备，不得在以后期间转回。商誉不足抵减的部分，在各资产组之间、资产组内资产之间进行分摊，进而对账面价值进行抵减，以单项资产的减值损失计入当期损益。

我国目前企业会计准则中要求的对商誉进行减值测试的基本流程如图1所示。

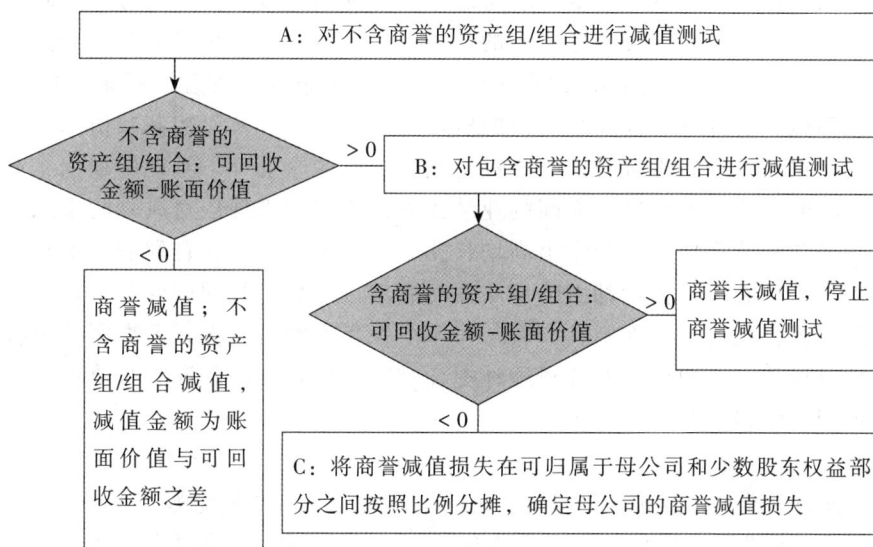

图1　商誉减值测试流程

3.商誉的会计处理与盈余管理

商誉减值后续计量方法经历了从逐年摊销到减值测试的转变，在一定程度上，减值测试更加符合经济实质，提高了决策有用性。但在企业会计准则实施后，商誉的确认、后续处理和减值测试又赋予了企业管理人员一定权限，商誉会计处理存在大量的主观判断，为企业管理人员的机会主义提供了空间。盈余管理是指管理层通过人为的操纵和干涉，利用资产减值会计中的主观判断机会，使得会计信息所体现出来的价值与其实际价值有差距。在商誉会计处理中，盈余管理主要体现在以下几个方面：

（1）通过商誉的初始计量进行盈余管理

在非同一控制下的企业合并交易中，商誉的初始计量价值采用购买法得出，并购交易的首要任务是确定被购买方可辨认净资产的公允价值，进而倒挤出商誉的价值。购买法下的合并交易，需要对被合并企业的资产、负债进行评估，评估过程受制于市场信息不透明从而导致主观性较强，尤其是对于一些非实物资产的辨认及评估上，企业管理者有较多的权限。例如，并购方可能有意高估被并购企业的资产价值，强调被并购企业评估价值与账面价值的差距，形成高溢价并购交易，合并报表上体现巨额商誉资产。同时，并购交易的对价依据交易双方的谈判而定，购买价格又直接影响了商誉的数值，所以企业管理者可通过协商交易价格来控制商誉的初始计量，进而进行利己的盈余管理行为。

（2）通过商誉的减值测试进行盈余管理

自《企业会计准则第8号——资产减值》实施后，企业每年至少在年末对商誉进行减值测试，计提的商誉减值在以后期间不得转回。这一规定虽然封锁了管理人员常用的盈余管理手段即资产减值冲回的可控性，但又为管理层开辟了新的盈余管理方式，企业可利用减值测试中的弹性部分操纵报表盈余情况。

首先，利用资产组或资产组组合的确定进行盈余管理。若资产组或资产组组合的可回收金额小于其账面价值，则要对包含商誉在内的资产组或资产组组合进行减值测试，然而如何划分各资产组具有极大的操作空间。其次，利用总部资产及商誉金额分配至资产组进行盈余管理。商誉减值测试要求将总部资产和商誉按照适当的方式分配至各资产组或资产组组合，分配时需要考虑所属的最小现金流入单元，衡量适当的分配比例，在总部资产及商誉的分配比例上给予了管理层一定的决策权，管理层可通过控制分配金额，人为调整包含总部资产及商誉在内的资产组账面价值，从而控制减值测试结果。此外，利用资产组或资产组组合可回收金额的确定进行盈余管理。管理层根据企业的经营情况和公司战略，作出未来经营期间的业绩预测，不同的管理层对风险的态度和前景的把握不同，乐观的管理层倾向于作出高增长速率的现金流量，并且利润的增长率、增长期限、折现率等核心关键指标都由管理层先行确定。最后，管理层可择机选择商誉减值测试的时点。根据现行会计准则，商誉每年至少在年底测试一次，但准则并未将测试的时点和次数具体化，管理层可有选择地计提商誉减值准备，控制资产减值损失的计提时点，从而控制当期利润水平。

（3）突击美化财务报表

企业可通过并购，迅速扩大规模，扩充报表资产，提升偿债能力、盈利能力、成长能力等财务指标，短期突击提高企业的市场价值，达到调节利润、粉饰报表的目的。而在合并完成后的年度，逐渐恢复报表的真实情况，此时计提商誉减值准备还可同时达到避税的目的。

合并商誉的确认与披露向外界传递了企业未来可观的发展前景、超额利益的积极信号，有助于提升企业的声誉、影响股票市值，引导投资者的经济决策。同时，合并商誉的产生使企业在报表及附注的相关披露增多，随着信息披露度的提高，在财务信息中融入管理者乐观的经营预测，有利于管理层美化财务报表传递给公众的信息。

4.审计风险

审计准则将审计风险定义为一种发表不恰当审计意见的可能性，具体而言是审计人员在财务报表存在重大错报的情况下，未能发现对报表产生重大影响的错报而出具不恰当的审计意见。国际审计和鉴证准则委员会将审计风险定义为：审计风险=重大错报风险×检查风险。重大错报风险不以审计人员的差异而不同，是指在审计前财务报表就存在错报的潜在可能。检查风险因审计人员的专业胜任能力不同而不同，是指审计人员未发现财务报表存在错报的可能性。审计风险受重大错报风险与检查风险共同影响。

为了将审计风险降低至可接受的水平，审计师必须进行风险评估，提出风险应对方案，采取应对风险的有效审计措施，降低审计风险。审计人员应当分别从两个层次评估重大错报风险，降低未发现错报的检查风险，根据风险提出综合性方案或实质性方案。现代风险导向下的审计风险模型业务流程如图2所示。

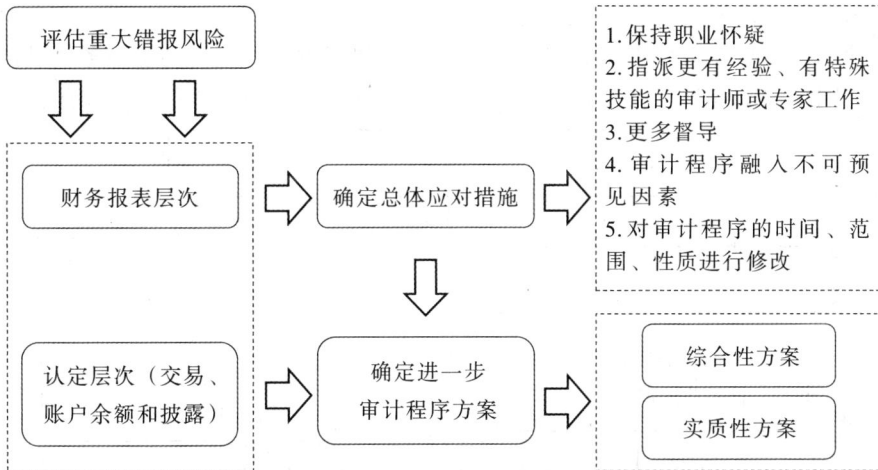

图2 现代风险导向下的审计风险模型业务流程

在风险导向模型下，审计人员在审计之前要执行风险评估程序，目的是了解被审计单位及其环境。在对风险有一个预判的情况下，将风险评估的情况和初步审计计划在项目组内部讨论，识别出的财务报表层次重大错报风险可能与报表整体广泛相关，认定层次的重大错报风险与某类特定的交易、账户和期末余额相关。审计风险模型的公式又可表示为：

审计风险（k）=重大错报风险（x）×检查风险（y）

即：$y=\dfrac{k(低水平)}{x}$

若评估的重大错报风险x为高水平，意味着预计财务报表存在重大错报的可能性高，为了将审计风险k维持在较低的合理水平，检查风险y必须低，则在审计程序的数量、时间、性质上都有较高要求。若评估的重大错报风险x为低水平，意味着预计财务报表存在重大错报的可能性低，财务报表整体真实、完整、可靠，在既定的审计风险下，检查风险y可以在适当范围内升高，审计程序可以相应减少。

5.审计判断在审计风险模型中的运用

审计职业判断是指在审计执业过程中，审计人员根据现行的会计、审计准则的规定，以及行业职业道德要求，运用职业经验、专业胜任能力、财会知识，在工作过程中所作出的决策判断，这些判断共同指向了审计目标。

（1）初步业务活动

初步业务活动主要是解决审计师能否保持客户关系和承接审计业务的疑问，以此来控制和降低审计风险。

此阶段的审计职业判断涉及以下三个方面：第一，是否存在影响审计人员独立性的因素，审计人员的能力是否可承接具体审计业务；第二，是否存在管理层的诚信问题，该问题是否可能影响审计人员承接审计业务；第三，审计人员与管理层已就审计业务约定书达成一致。若以上三点经过审计职业判断均满足要求，审计人员方可开展后续的审计业务。若对以上任何一点存有疑虑，审计人员都应审慎考虑是否承接审计业务。

（2）制订审计计划

审计计划包含总体审计策略和具体审计计划，制订审计计划是初步业务活动的后续阶段，它们共同构成了计划审计工作的内容框架。制订审计计划流程图如图3所示。

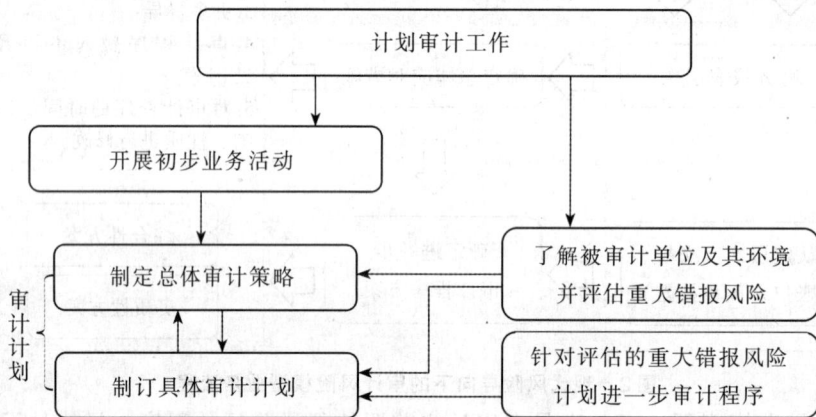

图3 制订审计计划流程图

制定总体审计策略涉及的审计职业判断包括：首先，确定审计工作范围，了解该范围内适用的财务报告编制基础和适用的审计准则。其次，确定审计目标、时间安排和所需要沟通的性质。再次，考虑影响审计业务的重要因素，确定项目组工作方向，包括重大错报风险较高的领域、以往识别出的内部控制缺陷、对内部控制依赖的程度。最后，审计资源的确定，包括项目人员的选择、项目预算等。

（3）风险评估程序

审计人员实施风险评估程序，目的是识别并评估财务报表重大错报风险，以制定符合被审计单位的风险应对措施，在这一阶段的审计职业判断主要是通过观察和检查、询问管理层和被审计单位内部其他人员、执行分析程序，从被审计单位内部信息来评估风险。

了解被审计单位及其环境。从外部宏观环境为切入点，如法律、政治、行业规章等，了解被审计单位会计政策的选择，被审计单位的战略及经营风险。审计职业判断举例如下：根据行业内能源供应与成本的资料，判断原材料价格波动情况，同时参考售价，检测毛利率是否正常；是否存在对被审计单位经营活动产生重大影响的或有事项未披露；是否与其他外部因素如总体经济情况匹配，若客户所在行业产能过剩，导致产品价格下降，存货存在减值风险，是否足额计提资产减值损失。再如：通过了解客户的关联方，获知报表编制环境有关信息，评估合并报表编制存在错漏的风险；通过了解客户关键业绩指标压力，判断存在舞弊动机的可能性等。

了解被审计单位的内部控制。审计人员并非要了解所有内部控制，而是关注与财务报表审计相关的内部控制，评价控制的设计情况，具体流程如图4所示。

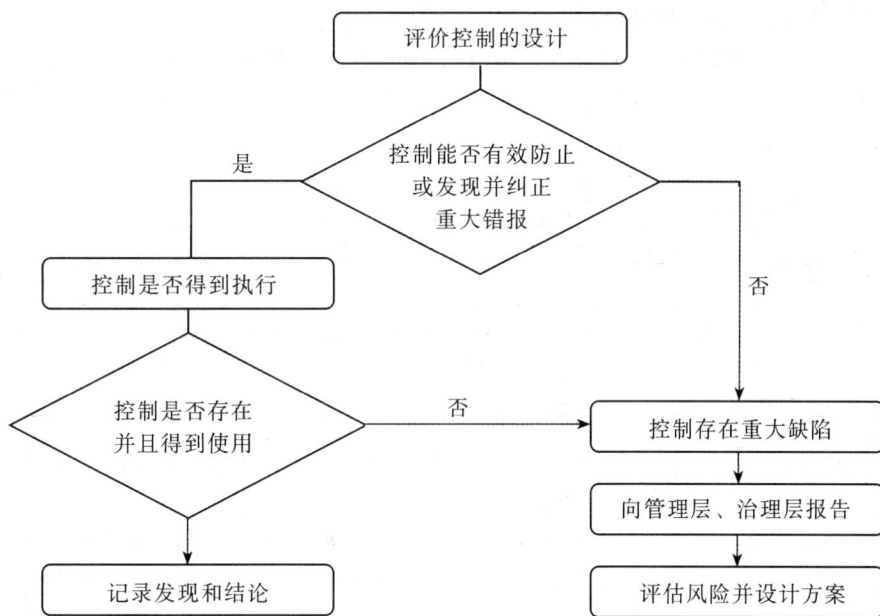

图4 了解被审计单位内部控制流程图

评估重大错报风险。根据风险的内容、错报的重要性、错报发生的可能性三个维度评价重大错报风险。在这个环节审计人员涉及的职业判断主要有：风险是来自财务报表层次、认定层次还是内部控制程序；可能产生的错报是否重大，单独或累计的错报是否超过可承受的重要性水平；是否存在管理层风险应对要素来预防可能发生的风险。

（4）实施进一步审计程序

进一步审计程序主要包括控制测试与实质性程序。实施控制测试可以确定控制运行是否有效，实质性程序主要针对认定层次的错报。在此环节，审计人员的职业判断主要集中在：何时开展进一步审计程序；是否进行控制测试；如何安排进一步审计程序的开展时间、开展范围和具体性质；审计证据的数量与质量等。

对于控制测试，首先应判断是否需要进行控制测试，测试时间是靠近期末还是期中等。前期了解内部控制时的判断会影响后续控制测试的开展，例如发现其内部控制制度设计完善，观察内部人员正使用控制，评估的重大错报风险为低水平，则后续控制测试的范围、收集的证据数量可适当缩小。对于实质性程序，这是审计人员必须执行的审计程序。实质性程序的开展是基于前期对被审计单位的了解以及控制测试的结果，审计人员应根据评估的风险判断实质性程序的范围、测试样本量的大小、选取样本的方式、发现错报应当考虑的重要性水平和计划的保证水平。

（5）完成审计工作

在完成上述前期工作后，审计师应当综合考虑未更正错报、已发现错报、未发现错报，并考虑错报单独或连同其他错报重大的可能性。对于财务报表日至审计报告日直接发生的事项，审计人员应当主动识别，并判断是否会影响前期已得出的审计结论。审计报告日后，如果审计人员知悉了某项事实，如果在审计报告日之前知悉会更改审计报告，那么应当提请管理层修改报表并提请利益相关者注意。

6.审计判断框架

（1）《财务报告职业判断框架》

2012年，苏格兰特许会计师协会（ICAS）首次发布《财务报告职业判断框架》，拟提高职业判断能力，培养职业判断意识，提升审计质量。框架中明确提出了四大步骤、四项判断原则。具体框架如图5所示。

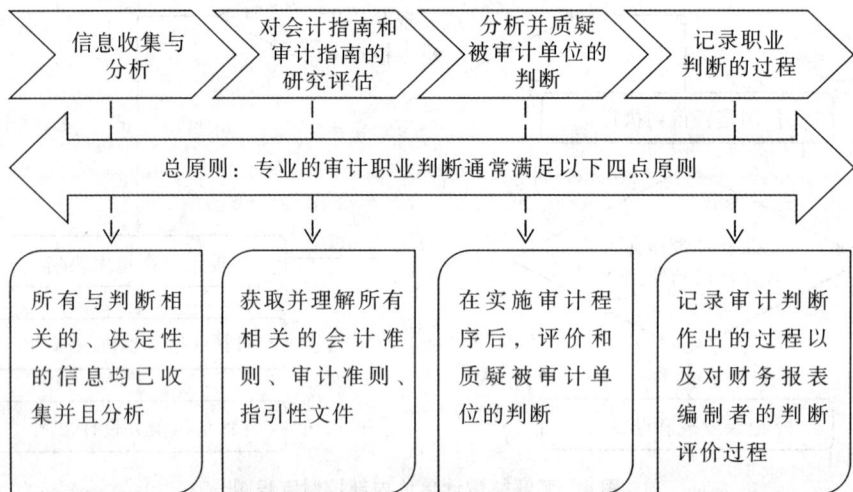

图5 《财务报告职业判断框架》审计人员的判断要点

从《财务报告职业判断框架》可以看出，职业判断的第一步是收集信息，了解相关交易的经济目的、涉及法律规章，评价交易实质，保证信息收集的质与量。第二步是熟悉准则规定，了解实务操作中会计人员、审计人员的常见做法。第三步是对比的过程，审计师可使用点估计或区间估计，看看客户认定的值是否落入区间值内，相差的部分是否超过实际执行的重要性水平。第四步是记录判断的过程，有助于验证判断的正确性并使审计师的执业过程具有可溯性。

（2）《注册会计师职业判断指南》

2014年，我国港澳台与大陆地区会计师创办"海峡两岸及港澳地区会计师行业交流研讨会"。行业研讨会肯定了职业判断的地位，认可改进职业判断质量对执业环境具有重要作用。研讨会中提到在实践中存在不同的审计人员对同一交易或事项得出不同职业判断结论的情况，职业判断的客观性受到质疑。在研讨会上首次发布的职业判断指南，提出了注册会计师职业判断决策过程框架。《注册会计师职业判断指南》提出，上述的决策过程没有严格的次序关系，有时候可能要返回到前面的步骤。《注册会计师职业判断指南》职业判断决策过程框架图如图6所示。

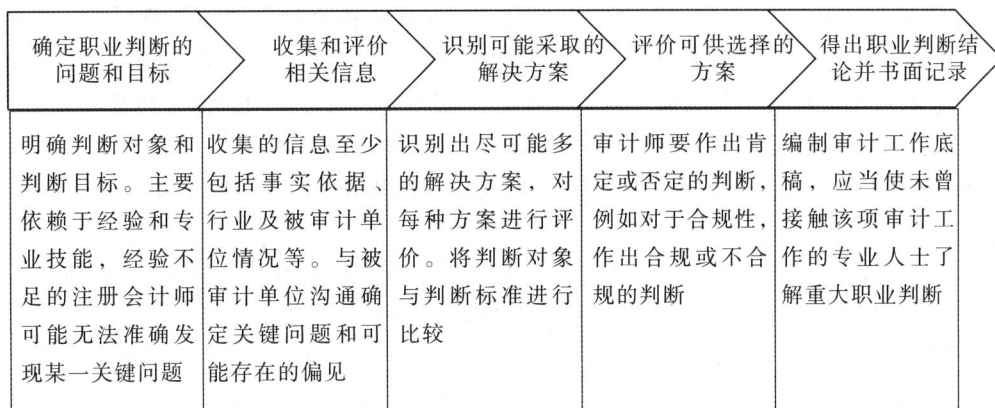

确定职业判断的问题和目标	收集和评价相关信息	识别可能采取的解决方案	评价可供选择的方案	得出职业判断结论并书面记录
明确判断对象和判断目标。主要依赖于经验和专业技能，经验不足的注册会计师可能无法准确发现某一关键问题	收集的信息至少包括事实依据、行业及被审计单位情况等。与被审计单位沟通确定关键问题和可能存在的偏见	识别出尽可能多的解决方案，对每种方案进行评价。将判断对象与判断标准进行比较	审计师要作出肯定或否定的判断，例如对于合规性，作出合规或不合规的判断	编制审计工作底稿，应当使未曾接触该项审计工作的专业人士了解重大职业判断

图6 《注册会计师职业判断指南》职业判断决策过程框架图

四、背景信息

1.政治背景

当前，中国经济面临供给侧改革"三去一降一补"的艰巨挑战，并购重组成为企业整合资源、快速升级转型、获取市场竞争力的"快车道"。为全面推进并购重组市场化改革，国务院于2014年发布《关于进一步优化企业兼并重组市场环境的意见》（国发〔2014〕14号）（以下简称《意见》），对企业收购从行政审批、交易机制、财税政策等多个方面进行了制度创新。为贯彻落实《意见》，鼓励企业利用资本市场开展并购重组，促进上市公司行业整合和转型升级，证监会于同年10月修订了《上市公司收购管理办法》（证监会第108号令）与《上市公司重大资产重组管理办法》（证监会第109号令），取消除借壳上市外的重大资产重组行政审批，旨在充分发挥资本市场促进资源流动和优化配置的基础性功能。政策"松绑"以及相关配套制度的出台为上市公司并购重组创造了宽松、有利可图甚至进行监管套利的外部环境，激发了企业通过并购重组进行外延式扩张的强烈意愿。然而，上市公司并购重组高估值、高溢价、高业绩对赌承诺的现象，使商誉的计量与减值风险引人争议。

2.并购交易背景

2012—2014年，我国IPO处于封闭状态，阻挡了大批公司的上市步伐，这也催长了我国资本市场的并购热潮，使并购成为我国上市公司进行市值管理、提升竞争力的常用方式。自2014年后，我国企业的并购进入了一个激增性的高潮期。2014—2016年，并购重组交易分别为1.56万亿元、2.2万亿元及2.39万亿元。并购重组的热潮促进了商誉在合并报表中的快速增长。据Wind资讯统计，2014—2016年，披露商誉的上市公司数量分别为1 340家、1 559家、1 732家，它们分别占上市公司总数量的51%、55%、57%。在近年来的并购交易中，高估值已经成为了常态，2014—2016年沪深两市重大资产重组的估值溢价率分别为655%、712%和862%。

3."迎合式"资产评估现象

上市公司在并购交易中往往利用评估价格推定并购重组的定价。根据沪深交易所各版块公司重大资产重组的统计数据，2014—2016年期间，高达63%的并购重组交易价格在评估价格的90%~110%之间，26.6%的并购重组交易价格直接以评估结果定价，资产评估报告一定程度上催生了高估值、高溢价的并购商誉。潜在的利益输送驱动了高估值并购产生。上市公司存在利用并购交易的信息不对称滋生利益输送行为，侵害利益相关者的权益。一方面并购交易可短期突击美化财务报表，成为拯救公司业绩的工具；另一方面，并购题材可作为炒作股票市值的有利工具，大股东可借机抬升股价再寻找机会大规模减持套利。

据统计，公众普遍认为评估报告存在高估现象，并提出随着越来越多的传统制造型企业跨界并购以谋转型，新型轻资产行业的评估在并购重组中普遍具有高溢价现象。近年来，并购重组交易中采用收益法的比例逐渐提高，不同评估方法产生的评估标的估值差异较大，采用收益法的评估溢价率最高。2014年以来的平均溢价率达到937%，远高于市场法的373%和资产基础法的410%。在利益输送的驱动下，公司管理层可能利用资产评估报告的结果达成目的，资产评估机构可能为迎合客户出具不恰当的评估报告。监管机构应当强化对评估机构的管控，制定一套机制来有效地检验评估报告中的关键评估参数，严厉打击评估机构"走过场"式的执业行为，严厉惩处依据不足的高溢价评估结果。2014—2016年评估方法使用情况见表2。

表2　2014—2016年评估方法使用情况

年　份	收益法	市场法	资产基础法	混合方法
2014年	70%	4%	17%	9%
2015年	70%	5%	18%	7%
2016年	66%	5%	21%	8%

数据来源：根据Wind数据库统计整理。

五、教学组织方式

1.问题清单及提问顺序、资料发放顺序

本案例的讨论题目依次为：

（1）如果你是ML公司的CFO，ML公司不计提商誉减值准备的依据是什么？

（2）如果你是Z会计师事务所的合伙人，你认为商誉是否应计提减值准备？

（3）如果你是Z会计师事务所的质量控制部部长，你认为审计执业过程有何改进之处？

本案例的参考资料及其索引，在教师讲授有关知识点之后一次性布置给学员。

2.课时分配

（1）课前自行阅读资料：约60分钟。

（2）小组讨论并提交分析报告提纲：约40分钟。

（3）课堂小组代表发言、进一步讨论：约40分钟。

（4）课堂讨论总结：约20分钟。

3.讨论方式

（1）本案例可以采用情景模拟的方式，学生以不同身份发表不同意见和建议。

（2）问题无领导小组式进行讨论。

4.课堂讨论总结

课堂讨论总结的关键是：归纳发言者的主要观点；重申其重点及亮点；提醒大家对焦点问题或有争议观点进行进一步思考；建议大家对案例素材进行扩展研究和深入分析。

>>>> **案例四使用说明**

一、教学目的

1.适用课程：本案例主要适用于审计理论与实务、注册会计师审计、财务管理等课程。

2.适用对象：本案例适用于会计、审计专业高年级本科生，MBA、MPAcc学生等。

3.教学目标：本案例旨在引导学员了解企业发行债券的相关业务，理解外部审计机构在企业发行债券过程中的作用和需要完成的工作，熟悉企业外部审计的审计程序。首先，学员可以通过自行查找企业年度报告和相关资料，获取案例所涉及发行债券项目的相关数据信息；其次，引导学员对比发现外部审计机构在审计过程中采用的不同审计程序，识别并关注不同的审计风险，会导致的不同审计结果，思考其缘由和利弊；最后，通过本案例的学习与讨论，了解为了预防债券违约风险，外部审计机构在审计程序中应加强对哪些方面的审计风险识别和关注。

二、思考题及分析要点

1.从财务结构和盈余质量来看，在发行债券的前后几年中，这两家公司的偿债能力到底如何呢？

（1）分析思路

在解决该问题时，学生应通过多种方式查找案例正文中两个目标公司在财务结构和盈余质量方面的相关资料，主要为公司年度报告和相关公告等。仔细研读资料找出目标公司在财务结构和盈余质量方面存在的问题，对比相关财务指标在发行债券前后几年的变化，从而分析出其真实的偿债能力。

（2）问题解决

案例中的CC太阳和HH风电在发债前后的几年业绩变脸，其实质是：一段时间内，企业通过过度的盈余管理等多种方法进行业绩粉饰至逐渐暴露的全过程的表面留痕。业绩变脸的动因是双重的，包括"保壳"和"维持良好形象"，中间主要涉及股东、投资者和市场相关者的利益，真正的目的都是保证公司具有能使用多种融资手段的入门资格，顺利融资，得以填补资金的空缺，帮助其渡过难关。下面从财务结构变化和盈余质量变化的角度分别进行深入分析。

①从财务结构变化角度解析

财务结构实质上揭示了企业全部资本的多种构成比例，从不同角度对企业的资本构成进行分析，不仅反映了资本来源方式的不同（债务资本和权益资本），还反映这些资本来源渠道的不同（内部、外部）以及期限的不同（短期资本和长期资本）；不仅能够反映资本的数量构成，还可以反映资本的所有权和控制权属性构成；不仅反映了企业筹资决策的结果，还反映了企业筹资决策的过程；不仅基于筹资活动反映资本结构，还从资本投入者的角度反映资本结构。财务结构决定着企业全部资本来源的构成比例，决定着全部资本的取得成本，即资金成本，通过影响各要素投入的构成比例决定着这些要素对企业利益的要求比例即分配活动，决定着企业全部资本的使用成本。因此，对企业财务结构的研究是企业长期生存和发展的关键因素，意义重大。

对案例公司的财务结构分析主要分为3大部分，即债务资本结构、资本结构和权益资本结构。债务资本结构又分为短期债务比例、长期债务比例，包含短期负债/总负债、长期负债/总负债等指标。资本结构的指标包含资产负债率、产权比率和长期负债率。权益资本结构包含了股权结构（国有股、社会法人股和流通股的占比）和留存收益、股本占权益资本的比例等。表3、表4分别对两家公司2010—2016年的财务结构情况进行了分析。

CC太阳2010—2016年的财务结构指标变化表见表3。

表3　　　　　　　　　　CC太阳2010—2016年的财务结构指标变化表　　　　　　单位：%

财务结构	分类	相关指标	2016年	2015年	2014年	2013年	2012年	2011年	2010年
债务资本结构	短期债务结构	短期负债/总负债	83	84	95	65	64	95	87
		有息短期负债/总负债	27	24	0	19	28	59	77
		无息流动短期负债/总负债	56	60	95	46	36	36	10
		（短期借款+其他应付款）/总负债	34	32	36	31	31	63	77
	长期债务结构	长期负债/总负债	10	15	0	31	34	4	11
		长期借款/总负债	8	5	0	11	13	1	0
		公司债/总负债	0	0	0	14	15	0	0
资本结构		资产负债率	79	76	90	104	84	56	31
		产权比率	386	313	859	−154	550	129	46
		长期负债率	8	11	0	89	29	2	4
权益资本结构		留存收益/权益资本	−84	−98	−1 280	62	−117	13	18
		股本/权益资本	121	141	779	−18	70	18	9
	股权结构	国有股/股本总额	0	1	0	0	0	0	1
		社会法人股/股本总额	100	99	100	100	100	100	99
		流通股/股本总额	100	100	100	100	100	100	100

HH风电2010—2016年的财务结构指标变化表见表4。

表4　　　　　　　　　HH风电2010—2016年的财务结构指标变化表　　　　　　　　　单位：%

财务结构	分类	相关指标	2016年	2015年	2014年	2013年	2012年	2011年	2010年
债务资本结构	短期债务结构	短期负债/总负债	87	100	48	55	50	84	100
		有息短期负债/总负债	0	0	4	20	9	21	0
		无息流动短期负债/总负债	87	100	44	35	41	63	100
		（短期借款+其他应付款）/总负债	50	63	12	30	17	28	6
	长期债务结构	长期负债/总负债	0	0	52	44	50	16	0
		长期借款/总负债	0	0	9	0	0	16	0
		公司债/总负债	0	0	43	44	50	0	0
资本结构		资产负债率	87	128	89	105	64	43	29
		产权比率	681	-455	820	-1 926	179	77	41
		长期负债率	0	0	0	55	28	22	5
权益资本结构		留存收益/权益资本	-599	3 271	-5 314	1 909	-70	14	16
		股本/权益资本	511	-2 524	4 100	-1 385	133	32	16
	股权结构	国有股/股本总额	0	0	0	0	0	0	0
		社会法人股/股本总额	100	100	100	100	100	100	100
		流通股/股本总额	100	100	100	100	100	100	100

在权益资本结构方面，两家公司的国有股占比均极低，主要是社会法人占股，流通股占比均为100%。国有股占比低，意味着这两家公司没有国有资本的强力支持，当行业不景气或危机来临时，抵御风险的能力不够，大幅降低了其偿债能力。

在债务资本结构方面，2010—2016年公司的短期负债占比均远大于长期负债，因2011年或2012年发行债券，长期债务占比得以大幅提升，债务结构得到一定的改善。如

CC 太阳由 2010 年的 11% 提升至 2012 年的 34%，HH 风电由 2010 年的 0 升至 2011 年的 16%。由于市场和公司的双重原因，发债后其有息债务（短期借款、长期借款和应付债券等）占比迅速扩大，CC 太阳 2014 年短期负债占比 95%，HH 风电 2015 年占比 100%。这导致公司利息支出扩大，加重了财务负担。

在资本结构方面，发债后公司资产负债率迅速升高，CC 太阳于 2013 年超过了 100%，HH 风电分别于 2013 年、2015 年超过了 100%。其中流动负债占比极高，短期负债/总负债指标基本未低于 50%，经常维持在 70%～90% 之间。这对公司短期流动性形成了很大压力，极易发生债务危机。

②从盈余质量变化的角度解析

会计盈余是上市公司经营成果的总结，反映了盈利的稳定性、持久性、收现性。这些信息可用于评价现有的经营业绩并预测未来业绩，下面从盈余持续性、现金保障性和收益安全性等方面，以公司的财务数据来评价其盈余质量。

第一，盈余持续性。

盈余持续性是指企业持续发展的能力，强调扎根主业，保持核心盈利能力，这样才能增大保持收益持久的可能性，使得收益质量更高，这体现在非经常性损益占净利润比例、主营业务利润比重、净资产收益率和营业利润率等指标上。

2010—2016 年公司盈余持续性指标变化表见表 5。

表5　　　　　　　　2010—2016年公司盈余持续性指标变化表　　　　　单位：%

公司简称	盈余持续性指标	2016年	2015年	2014年	2013年	2012年	2011年	2010年
CC太阳	非经常性损益占净利润比例	28.10	648.80	−0.70	−27.50	179.20	−0.90	−14.60
	主营业务利润比重	488.80	62.50	6.50	4.10	−13.70	12.60	−4.50
HH风电	非经常性损益占净利润比例	3.80	−38.60	261.30	0.40	2.50	11.10	3.30
	主营业务利润比重	−44.50	−748.30	742.70	−30.70	−282.90	542.60	292.10

在非经常性损益占净利润比例方面，非经常性损益占净利润比例=（1-扣除非经常性损益后的净利润/净利润）×100%，反映上市公司非经常性损益对当期净利润的影响，非经常性损益占净利润的比例越高，则盈余质量越低。CC 太阳 2010 年、2011 年、2013 年、2014 年净利润均为负，非经常性损益占净利润比例也为负，即非经常性损益为正且平均高出当年净利润的 1.1 倍左右；2012 年则净利润为正，非经常性损益是当年净利润的 1.8 倍左右。HH 风电在 2010—2015 年期间，非经常性损益占比急速升高，由 2010 年的占比 3.3% 升至 2014 年高出净利润 1.6 倍。

主营业务利润比重=（主营业务利润-管理费用-财务费用）÷利润总额×100%，该指标是衡量收益质量水平的重要指标。CC 太阳 2010—2014 年期间，主营业务利润比重平均为 1%，最高不超过 15%；HH 风电 2010—2015 年期间，主营业务利润比重起伏严重，整体趋势为下降。

总之，非经常性损益为公司净利润所作贡献越来越多，主营业务利润则反之。由表 6 可知，净资产收益率和营业利润率都呈下降趋势。可得出结论：发债前后年度年报中显示的盈余的持续性明显减弱。

表 6　　　　　　　　　　2010—2016 年公司相关财务指标变化表

公司简称	财务指标	2016年	2015年	2014年	2013年	2012年	2011年	2010年
CC太阳	营业利润率（%）	−0.20	6.50	24.90	−805.70	−107.80	−1.30	9.50
	净资产收益率（%）	2.50	9.40	−75.60	−57.80	137.60	141.60	−133.20
	每股经营现金流（元）	−0.87	−0.21	−0.44	0.18	−0.11	−2.03	−1.74
HH风电	营业利润率（%）	−256.79	−232.97	−27.06	−75.04	−18.94	3.37	15.42
	净资产收益率（%）	−125.30	−6.82	3.33	−105.73	−7.64	2.48	6.96
	每股经营现金流（元）	−0.07	0.15	−0.10	−0.52	−0.10	−2.92	−1.13

第二，现金保障性。

与现金保障性相关的是净利润现金净含量和营业收入现金净含量。净利润现金净含量是指生产经营中的现金净流量与净利润的比值，该指标越小，表明销售回款能力越弱，成本费用越高，财务压力越大，盈余质量越低；营业收入现金净含量是指经营活动产生的现金流入与主营业务收入的比值，反映了主营业务获取现金的能力，该比值越大，主营业务获取现金的能力越高。

2010—2016 年公司盈余现金保障性指标变化表见表 7。

表 7　　　　　　　2010—2016 年公司盈余现金保障性指标变化表　　　　　　单位：%

公司简称	现金保障性指标	2016年	2015年	2014年	2013年	2012年	2011年	2010年
CC太阳	净利润现金净含量	16.80	122.20	−10.10	−16.90	−38.60	45.70	−15.40
	营业收入现金净含量	97.30	115.00	117.30	114.50	79.20	115.60	113.30
HH风电	净利润现金净含量	−44.10	−491.30	1 586.80	−25.60	−306.20	584.80	232.90
	营业收入现金净含量	109.40	115.20	119.50	114.00	118.10	117.90	113.50

由表7可知，2010—2014年间，CC太阳的净利润现金净含量大多为负数，CC太阳平均值为-7%；HH风电2010—2015年的净利润现金净含量起伏很大，最高时达十几倍，最低时为几倍。

总之，净利润现金净含量和营业收入现金净含量要么常年呈负数，要么在或大或小的起伏中呈明显的下降趋势；再结合表6中的每股经营现金流和表6中的净资产收益率的变化趋势可知，公司销售回款能力减弱，成本费用升高，财务压力变大；主营业务获取现金的能力虽然没有较大变化，但是随着主营业务收入骤降，主营业务带来的现金流不足以支撑公司的进一步发展。盈余质量的现金保障能力存在长期较弱或逐步减弱的现象。

第三，收益安全性。

收益安全性指标主要衡量企业负债融资的风险水平，综合杠杆系数越大，基本每股收益和净资产收益率变动幅度越大，企业收益的安全性越差。由表8可知，CC太阳2012年的综合杠杆系数为1.41，较上年升高2.3倍；HH风电2012年的综合杠杆系数为-2.55，较上年的5.15下降了1.5倍，2014年则同比上涨了15倍，达到8.33，2015年迅速下降了1.86倍，降至-7.14。2010—2016年公司盈余收益安全性指标变化表见表8。

表8　　　　　　　　　　2010—2016年公司盈余收益安全性指标变化表

公司简称	收益安全性指标	2016年	2015年	2014年	2013年	2012年	2011年	2010年
CC太阳	综合杠杆系数	3.93	5.29	0.33	-0.18	1.41	0.43	-0.01
	基本每股收益变动幅度（%）	-96.00	-76.60	162.20	13.60	-1 890.00	-109.20	-8.40
	净资产收益率变动幅度（%）	-73.40	112.40	-30.80	-142.00	-2.80	206.30	—
HH风电	综合杠杆系数	0.31	-7.14	8.33	0.52	-2.55	5.15	2.77
	基本每股收益变动幅度（%）	31.10	-7 500.00	101.20	-514.30	-135.90	-87.70	53.90
	净资产收益率变动幅度（%）	-1 738.10	-305.00	103.10	-1 283.50	-408.30	-64.40	—

发债前后年度，CC太阳在2011年、2012年、2014年基本每股收益变动幅度绝对值均超过2011年、2013年的净资产收益率变动幅度；HH风电在2012—2015年间，基本每股收益变动幅度和净资产收益率变动幅度的绝对值均极大。

可以看出，收益安全性指标异常的年度均集中在发债前一年、发债当年、发债后一年和违约当年。在这些年度中，综合杠杆系数普遍超过1，基本每股收益变动幅度和净资产收益率变动幅度的绝对值也超过1，有的甚至为几十或上百倍，即在此期间，公司的盈余收益安全性值得怀疑。

在这些违约债券发债前一年至兑付（回售）年期间，都可以发现这样的规律：公司会计盈余的持续性、现金保障性明显减弱，在主要年度盈余的收益安全性指标异常，收益安全性值得怀疑。即在这期间，公司的盈余质量较低，某些指标极为异常的年份可能存在投机性盈余管理或盈余操纵的可能性。

由以上分析可知，公司发债前一年至违约当年的盈余质量低下，特别是发债前一年至发债后一年这3年。再综合以上两个方面的分析，可得出：CC太阳、HH风电在发债前关联方交易数量、应收账款坏账准备的计提金额和存货水平都明显升高，发债前后年度表现异常；公司通过加大关联方交易、增提应收账款坏账准备和增加产量、提高存货水平，以方便发债后增加公司的盈利水平，进行盈余操纵。

在这整个过程中，盈余管理起着至关重要的作用。公司为进入资本市场获取大量资金，必然要满足一定条件，盈余指标便是其中最重要和关键的限制性条件。为了达到这些条件，公司进行盈余管理，运用会计方法和非会计方法，从以上两个方面入手，通过"加工"以经营业绩为基础的会计信息和构造交易事项等，严重损害会计信息的真实性，增大了整体审计风险。本题是财务指标分析类问题，学生们可以自由选择指标对偿债能力进行相关分析，言之有理即可。

2.对比分析两家公司的审计机构所采用的审计程序，没有关注审计风险的HH风电其问题出在什么地方，成功实现兑付的CC太阳其审计控制程序的优势又在哪里？其中存在哪些未识别的风险？

（1）分析思路

在解决该问题时，学生首先应该熟悉两家公司的财务报告，找出本案例中两家公司可能出现或已出现的风险点。然后思考审计机构对这些风险点是否给予了应有的职业关注，进一步分析两家公司的审计机构采用的审计程序之间的差异。最后，结合公司公告和其他相关资料，指出还存在哪些未识别的风险，如业绩预告修正等。

（2）问题解决

①识别、评估公司可能出现或已出现的风险点

审计师应遵循一定的方法来识别、评估公司可能出现或已出现的风险点，并给予应有的职业关注。之后依据相应的风险点与风险程度，进行早期审计计划的拟订，确定重点的审计证据与相关程序，确保采取有效措施以应对风险。

在本案例中存在以下四个方面的业绩变化因素，这些因素会带来相应的审计风险。

第一，收支确认。

CC太阳在2011—2012年年报中，没有披露关于在海外收购光伏电站项目的情况，涉及金额3.7亿元（占CC太阳2011年经审计净资产的12.69%）；未披露有关合计6 480万欧元（折合人民币5.29亿元，占CC股份2011年经审计净资产的18.14%）的股权质押协议；虚假确认销售收入2.39亿元，并遗漏亏损的海外子公司的财务信息；未及时披露公司第一大股东股权被冻结和生产线停工的情况。

而HH风电在2011年年报中，通过伪造单据等方式提前确认收入，虚增营业收入、营业成本2亿多元，并过多预提运费和计提坏账，造成当年利润虚高37%；同时，在2012—2014年年报的更正内容中也大量涉及利润、收入确认、应收账款坏账准备计提信息。

收支确认特别是收入确认是审计过程中常见的审计重点。在本案例中，由于公司负债经营带来较大经营风险，且收入确认与企业偿债能力、盈利能力、持续经营息息相关，审计师更应该保证实施适当的审计程序，确保其落在实处，控制此类审计检查风险。

第二，关联方交易。

CC太阳在2008—2010年与关联方企业有大量的交易，其中以2010年最为明显。2010年CC太阳采购关联方企业产品合计47 728.50万元，占同类交易的24.90%，占营业成本的18.20%；同年CC太阳向关联方销售的金额为23 092.50万元，占同类交易的7.50%，占公司全部销售收入的10%；此类情况在2011—2013年戛然而止，令人生疑。

同样，HH风电2010年采购关联方企业产品合计746 977.20万元，占同类交易的56.70%，占营业成本的50.20%；2012年起，此类交易骤然下降。2008—2014年公司关联方交易情况表见表9。

表9 　　　　　　　　　　　　2008—2014年公司关联方交易情况表　　　　　　　　金额单位：万元

公司简称	CC太阳			
相关指标	关联采购	占同类交易比例（％）	关联销售	占同类交易比例（％）
2008年	10 635.80	6.80	6 844.70	1.00
2009年	27 523.10	9.90	11 267.60	4.00
2010年	47 728.50	24.90	23 092.50	7.50
2011年	—	—	3 621.30	2.50
2012年	312.00	0.20	—	—
2013年	85.50	0.50	261.10	1.00
2014年	201 559.10	89.90	125 294.90	46.40
公司简称	HH风电			
相关指标	关联采购	占同类交易比例（％）	关联销售	占同类交易比例（％）
2008年	—	—	—	—
2009年	613 840.90	46.50	—	—
2010年	746 977.20	56.70	—	—
2011年	258 083.10	41.80	—	—
2012年	3 008.10	8.20	—	—
2013年	68 585.20	38.00	—	—
2014年	8.00	4.50	—	—

CC太阳在发债前展示出的良好收入情况，其销售收入很大程度上依赖于关联方，利润来源不稳定，盈利基础不扎实；发债后此类收入的大幅下降显示其有在发债前通过关联方交易调节营业收支的嫌疑。也就是说，在这两家公司的总销售额中，占据较大部分的为关联方交易，其对净利润的影响很大；当关联方交易发生很小的变动时，都会引起净利润大幅度的变动。由此也可以看出，在投机性盈余管理或者盈余操纵方面，关联方交易有着举足轻重的作用。

第三，应收账款及坏账准备。

2009—2011年CC太阳、HH风电计提的坏账准备大幅攀升，坏账准备占应收款项的比例也逐步攀升。CC太阳由2009年计提坏账准备0.15亿元占比4.7%攀升到2013年计提坏账准备10.56亿元占比37.4%；单独金额重大的应收项目计提的坏账准备占总坏账准备的比例在 2009—2011 年均在 50% 左右；CC 太阳计提的 1 年以内应收款项坏账准备从 2011 年的 5% 提升至 2012 年的 10%，远远超过行业内的规定标准。

HH 风电由 2009 年计提坏账准备 5.13 亿元占比 5.9% 攀升到 2013 年计提坏账准备 13.45 亿元占比 13%；且计提的 1 年以内应收款项坏账准备从 2009—2011 年的 5% 提至 2012 年的 6%。2009—2014 年公司应收账款及坏账准备计提情况表见表 10。

表 10　　　　　　　　2009—2014 年公司应收账款及坏账准备计提情况表　　　　　金额单位：亿元

公司简称	相关指标	2009 年	2010 年	2011 年	2012 年	2013 年	2014 年
CC 太阳	应收账款与其他应收款之和	3.21	8.20	27.97	29.90	28.23	21.00
	坏账准备	0.15	0.41	2.43	5.44	10.56	8.66
	坏账准备/应收款项（%）	4.70	5.00	8.70	18.20	37.40	41.20
HH 风电	应收账款与其他应收款之和	87.52	96.43	129.92	106.50	103.48	76.84
	坏账准备	5.13	6.05	10.23	7.96	13.45	8.66
	坏账准备/应收款项（%）	5.90	6.30	7.90	7.50	13.00	11.30

由以上分析可以看出，坏账准备在发行前后业绩大变脸中起到了至关重要的作用。公司通过坏账准备的激增使得当期利润下降，为投机性盈余管理或者盈余操纵利润埋下伏笔。

第四，存货水平。

CC 太阳在 2010 年的存货水平为 2.58 亿元，在债券发行前一年即 2011 年突增至 8.02 亿元，增幅为 210.85%，发债后两年中存货水平降幅均超 60%。HH 风电在发债前两年即 2009 年、2010 年存货水平增幅保持在 40% 以上，发债后存货水平开始下降并且降幅逐渐加大，违约当年的存货水平为发债前一年的 50%。2009—2015 年公司存货水平及其变化情况表见表 11。

表 11　　　　　　　　2009—2015 年公司存货水平及其变化情况表　　　　　金额单位：亿元

公司简称	指标	2009 年	2010 年	2011 年	2012 年	2013 年	2014 年	2015 年
CC 太阳	存货水平	1.70	2.58	8.02	3.04	0.40	4.24	22.66
	同比变化幅度（%）	71.90	51.76	210.85	-62.09	-86.84	960.00	434.43
HH 风电	存货水平	78.43	112.15	91.36	87.82	72.83	56.60	30.62
	同比变化幅度（%）	47.40	42.99	-18.54	-3.87	-17.07	-22.28	-45.90

由以上分析可以看出，两家公司都在发债前2~3年有不同程度的存货水平上升，且发债后存货水平一直在加速下降，即其在通过增加产量来操控生产水平，来提高公司的盈利水平。

②分析两家公司的审计机构采用的审计程序之间的差异

总体来说，CC太阳的审计方（TJ和DX）较HH风电的审计方（LL）更好地识别出了风险点，且及时准确地反映在了审计报告和审计意见中。对风险点识别的不同直接导致了两家公司的审计机构在审计程序上的差异。

第一，对环境因素的重视程度不同。

在CC太阳审计项目中，TJ和DX均对环境因素保持了足够的重视，充分考虑了海外市场、相关政策、调查诉讼等环境因素的变化，即欧洲债务危机、欧洲光伏补贴政策变动以及国际光伏市场萧条、欧美对中国光伏企业展开"双反"调查的情况；在前期对海外应收账款及其坏账计提保持了应有的职业谨慎，最终其谨慎的评估在后期得到了验证。

而LL会计师事务所的审计师未能注意到风电行业的政策变化和行业转型这些消极的环境因素，未能对企业所处的环境进行了解和分析，也未能对政策变动造成的风险进行评价，对"客户需求大幅度下降，总体经济环境或所在行业中经营失败的情况变多"的风险评估结果产生了误判，最终未取得相应审计证据的风险识别轨迹，失去了识别、评估审计风险和给予应有的审计关注的机会，严重影响了之后审计程序的制定与执行，未准确识别和评估舞弊风险因素。

第二，分析性复核审计程序的执行力度不同。

根据光伏行业账期长、账款数额大的特点，CC太阳的审计机构利用分析性复核审计法，敏感地注意到了境外子公司在合并情况和相关数据上的异常，关注了公司关联方的境外业务，极为重视应收账款函证这一审计程序的执行；经分析性复核后认为关于境外合作项目和境外客户的巨额应收款项存在极大不确定性，难以获得足够的审计证据进行收入和销售数据的确认，以及应收账款的计价与分摊存在问题；并且对于境外子公司审计范围遭遇限制的情况，认为其做不到获取充分、适当的审计证据。

然而，LL会计师事务所的审计师未对收入确认依据的真实性、可靠性实施合理的验证程序，不重视应收账款函证程序，在发函、回函、样本选择等重要环节未保持审计师的谨慎性、严谨性。在应收账款函证过程中，审计师没有亲自发函，选择的样本也存在问题，又忽略了处理回函比例过低的问题，未对应收账款余额、收入确认的真实性进行有效验证。

第三，是否采用合理的验证程序。

CC太阳的审计机构通过抽样审计与详细审计相结合的审计方法，关注到了其生产情况、账户与资产的异常，通过多方了解和实地观察，了解到了公司的诉讼情况和资产、账户被查封等情况，观察到了企业生产线停工的情况，准确认识到了公司的真正现状，对公司的持续经营能力存疑。

但是在分析性复核中，LL会计师事务所的审计师未能及时观察和反思之前的失误，未充分利用分析性复核审计法、抽样审计与详细审计结合审计法，对业绩变脸的相关问题未能及时进行查找与验证。比如在吊装单可靠性的验证上，并没有保持应有的职业怀疑，对吊装单的真实性、可靠性未实施合理的验证程序，即审计师未对吊装单存在严重不确定性保持谨慎，未进一步取得项目日动态表、发货验收单等资料进行对比验证，未取得关于吊装情况的更多审计证据。

审计机构的审计程序之间是否还存在其他差异，学生们可以充分发挥发散思维，言之有理即可。

③审计程序中未识别的风险

在企业实际业绩变化的明线下，隐藏着业绩预告变化这一暗线。本案例中的两家公司相关时期业绩预告变化的情况分别见表12、表13。

表12　　　　　　CC太阳2011—2014年业绩预告变化情况表

针对年度	修正次数	修正前业绩预告情况（归属于上市公司股东的净利润）	修正的业绩预告情况（归属于上市公司股东的净利润）	变化趋势	当年审计意见类型
2011年	4	上年同期增长幅度为50%～70%	盈利7 715.27万～14 328.36万元，比上年同期下降35%～65%	盈利同向下降	保留意见
2012年	2	实现净利润1 000万～3 500万元	预亏9亿～11亿元	预盈变预亏	保留意见
2013年	1	亏损99 000万～83 000万元	亏损145 000万～105 000万元，比上年同期上升13.48%～37.34%	亏损同向上升	无法表示意见
2014年	1	—	盈利0～2 000万元	扭亏为盈	标准无保留意见

表13　　　　　　HH风电2012年、2014年业绩预告变化情况表

针对年度	修正次数	修正前业绩预告情况（归属于上市公司股东的净利润）	修正的业绩预告情况（归属于上市公司股东的净利润）	变化趋势	当年审计意见类型
2012年	1	1—9月的累计净利润与上年同期相比将下降50%以上，盈利低于4.5亿元	1—9月将出现亏损，亏损额度不超过26 000万元	预盈变预亏	标准无保留意见
2014年	1	可能转为亏损	净利润1 900万元左右，预计公司年末净资产为正值	扭亏为盈	带强调事项段的无保留意见

首先，在两家公司经历债券违约危机的2014年，业绩预告修正的变化趋势均为扭亏为盈；其次，两家公司在2012年均有业绩预告"预盈变预亏"的现象。在我国设立的业绩预告预警机制中，"预盈变预亏"是一个强烈的变化信号，暗示公司企图通过降低业绩预告的质量，故意控制股价，欺骗投资者和市场；此时，公司往往是为了"苟延残喘"，进而操纵持续性非常弱的"盈余"。

CC太阳业绩预告修正次数最多的年度为2011年，总数有4次之多。最开始其发布业

绩预告称，公司预计亏损9亿~11亿元。2011年CC太阳实际亏损5 479万元，此时如再度亏损，将面临"戴帽"的命运和偿付9 000万元债券利息的困境。2012年第三季度，其业绩预告急剧变化——CC太阳预计2012年将实现净利润1 000万~3 500万元；此后，2013年1月17日，其业绩预告再次发生急剧变化，发布的业绩修正公告中预计2012年亏损额度高达9亿~11亿元，比2011年同期下降1 542.67%~1 907.71%。

至于业绩变化的原因，公司在公告中解释称：一是正常经营损失，2012年光伏行业尚未走出"寒冬"，公司产能过剩严重；二是2012年下半年，公司经营状况下滑严重，损失高达3亿~3.5亿元。然而，CC太阳对业绩变脸的解释并不能令人信服。而且早在CC太阳2012年10月份发布三季报时，其靓丽的业绩就遭到广泛质疑。在光伏行业景气度持续下行的2012年下半年，CC太阳却在当年第三季度打了个漂亮的"翻身仗"，单季度盈利1.48亿元，一举扭转2012年上半年的亏损局面。虽然公司2012年三季度末应收账款环比增加7.56亿元，达到33.42亿元，但是公司单季度经营活动产生的现金流量净额仅为1.5亿元，资产整体状况出现恶化。

HH风电2012年的情况是，其发布业绩修正公告称，公司2012年1—9月的净利润将出现亏损，亏损额度不超过2.6亿元；其三季度业绩实际首亏2.8亿元。这是HH风电上市以来业绩首次出现亏损。此前，HH风电在2012年8月28日披露的中报中显示，预计前三季度净利润与上年同期实现的高达9亿元的净利润相比将下降50%以上。据称，公司三季度业绩修正的原因主要是：相较于预期，宏观经济波动、行业和产业政策调整较大地影响了风电产业；受上述因素影响，在手订单延迟执行的情况超出预期，由于客户付款延迟对财务费用与坏账准备的影响也较大超出预期。

所有的业绩预告和业绩预告修正公告都未经审计，且业绩预告修正公告的公布时间均较平均时间有很大的延迟。在业绩预告出现多次或大幅变化的异常情况时，特别是"预盈变预亏"这一最严重的信号出现，HH风电的审计师未能引起足够重视，也未能观察到公司业绩相关因素上的审计风险，并给予应有的职业关注。

结合已给出的风险点，可以让学生试着搜集资料，探究有无其他风险点。如果学生提出其他风险点，只要言之有理即可。

3.为预防债券违约风险，应当采取哪些审计防范措施？

（1）分析思路

在解决该问题时，学生首先对案例中两家公司的债券违约情况进行对比分析，并分析两家会计师事务所在审计程序上的不同之处，包括环境因素、应收账款函证、审计范围超限制、经营能力等。从两家公司审计过程中更换事务所以及出具的审计意见对比可以得知，为了预防债券违约风险，可以加强哪些方面的审计流程。

（2）问题解决

在本案例中，我们可以发现LL（HH风电的审计机构）相较于TJ和DX（CC太阳的审计机构）因对业绩相关因素与审计环节缺乏相应的审计关注、职业怀疑和职业谨慎，而导致对股东、投资者、市场和政府产生相应的直接或间接的影响。

在本案例中，产生债券违约危机的原因是双重的：首先是企业为满足自身融资需求，通过过度的盈余管理来刻意在发债前的"起点"拉高业绩，过高的"起点"在发债后自然会跳水回原位；加上之后企业内外部环境恶化，加剧了业绩的下滑，形成了这样的业绩变脸轨迹，最终导致了持续经营能力的减弱和自身资金链条的崩溃。虽然最后通过企业重组和债券回售等方式，实际避免了债券违约最坏的影响，但该事件的影响和对市场的冲击仍不能避免。

在本案例中，企业通过各种方法和手段试图延迟发布真实业绩的时间，减弱真实业绩发布对投资者和市场的影响。对于这些企业来说，其融资需求极大，但相对的融资手段却极为有限，其中发行债券是其极为重视的融资手段，但期间监管和到期还本付息的压力也极大。为了达到这一目的，企业有可能采用粉饰报表、拒绝或拖延提供高风险投资的相关资料、大幅提高当年审计费用、突然换所等方法。审计师应对以下方面多加注意：

第一，审慎接受客户。在接受客户的风险方面，会计师事务所在接手企业时，如面临"有争议的突然换所""大所换小所""审计费用骤升"等情况，应重视与前任审计机构的沟通，通过询问被审计单位人员、与前任会计师交流、查阅以前年度年报等方法，主动了解企业及其行业，识别企业的换所和提薪意图，为分配合适的人员和制订合理的计划做好准备。

第二，分配合适的审计人员。在委派人员的风险方面，主要靠审计师的能力支撑，只有在清楚了解企业和行业背景，配备合适的人员，才能制订出准确严谨的审计方案，依据不同企业的不同情况制定恰当的审计程序。审计师始终需要对这一业务保持审慎的态度，避免因不够了解企业情况而被假象蒙蔽，同时审计人员应加强自身独立性和谨慎性，防控道德风险，防止损害审计独立性。

第三，关注内外部环境因素及其变化，制订合理的审计计划，关注企业的持续经营性。在审计方案制订的风险方面，审计师应在充分了解企业所在行业和企业自身发展情况的基础上，更加关注外部环境因素的变化，警惕行业特性引发的审计风险，着重关注企业在负债经营下可反映企业持续经营性的相关指标，进而合理判断被审计单位的持续经营能力。特别是当行业特性与外部变化的环境因素重合时，应格外注意对其的风险评估。比如案例中的行业均有较大的国外市场和政策倾斜的依赖性，当这两个因素发生变化时，对企业的后续影响极大，相关风险随之增大。审计师还要正确评估审计检查的范围和可以接受的检查风险，从而给予应有的审计关注，选择适合的审计程序，控制审计风险。

除了以上防范措施之外，学生们可以从其他各个角度进行分析，言之有理即可。

三、理论依据

1.委托代理理论

随着现代企业制度的确立，企业的所有者往往会聘请专业的管理人员来对企业进行经营管理，这样就导致了企业的所有者和管理者不是同一人，所有权和经营权实现了分离。

债券融资领域中也存在代理问题。首先在债券融资的过程中，融资企业的高层关注的是如何降低融资成本并使债券成功上市。而在融资问题中，除了发行债券的融资企业，还有债券投资者这样一个对应的关系存在，这两方之间必然会存在委托代理的问题，这个问题产生的原因是这两类人对债券本身的目标和所承担的风险是不一致的，所以委托代理问题也成了发债企业进行盈余管理的一个动机。由于市场上的债券持有人意识到委托代理的问题存在，因此债券持有人会希望对债券发行人在债券发行前后的行为进行监管和约束，所以就产生了对独立审计的需要。在债券融资领域，审计可以提高债券发行人财务信息的可信性，降低信息风险，增加财务信息价值，促使债券投资者作出合理的经济决策，从而提高债券市场的资源配置效率。而LL在对HH风电项目的审计中，由于审计程序执行不力，忽略了相关审计风险，导致过审的财报未真实、及时反映公司现状，干扰了投资者的正确决策，使股东、投资者等利益相关者的利益受损。

2. 信息不对称理论

逆向选择在本案例中体现为案例中的两家公司通过关联方交易、增提应收账款坏账准备等方法粉饰其盈余指标，促使投资者购买该公司债券；反之，如果债券投资者一开始就和企业管理者同等地获取企业经营和项目风险收益的真实信息，他们可能会放弃或要求增加债券收益率。而道德风险在本案例中是指在购买了这两家公司债券的债权人不能实施事前控制或事中监督的情况下，两家公司通过隐瞒信息、采取机会主义行为或违背原有承诺等方式，最终产生损害委托人利益的债券违约风险。

此理论主要用于解释企业盈余管理的内在原因，审计人员在审计即将发债的企业时，应对舞弊风险因素进行识别和评估，降低投资者和债券发行人之间的信息不对称，从而防范债券违约风险。

3. 信号传递理论

为了降低融资成本，绩效越好的发债公司越有必要向市场传递信息，以证明自身信用能力强。发债前本案例中的CC太阳能科技股份有限公司的主体信用等级及本期债券信用等级均为AA；HH风电科技（集团）股份有限公司主体长期信用等级和本期债券的信用等级均为AAA。它们纷纷通过得到来自信用评级机构的较高信用评级及会计师事务所对公司近三年财务报告出具的"标准无保留意见"的审计报告构成利好于自身的信息，引导投资者作出相应决策。

该理论解释了债券发行人在披露信息中的另一个盈余管理动机，即通过向市场传递积极的信号，以充分发挥市场的价格发现功能，降低融资成本。

4. 契约理论

由于契约不完全性、信息不对称性、债券发行人与持有者地位不同这三个原因，债券发行人在发行过程中才有进行盈余管理的动机与条件。CC太阳在债券发行后，围绕2011年业绩公布了5个版本的净利润数据，而这些数字没有一组相同，从最初预计净利润增长50%~70%，到最后同比下降60%以上，业绩变脸如翻书。无独有偶，2013年4月，HH风电发布会计差错更正的公告对2011年年报进行追溯调整，其中净利润调减1.77亿元，降幅达22.8%。这些信息披露的缺陷，都导致投资者在购买债券时不易识别和无法防范风险。

四、背景信息

2014年为案例中的两家公司经历债券违约危机的年份。同年，我国的公募债券市场中，首例公开且正式的债券违约事件发生，我国债券市场零违约神话自此被打破了。中小企业私募债券市场中同样出现了一些债券违约事件。

这一年，我国公募市场总共有5家债券发行人发生符合发行人主体违约定义的主体违约，公募债券市场发行人主体违约率为0.17%。当年的私募市场上总共有5家债券发行人发生主体违约，中小企业私募债券市场发行人主体违约率为1.95%。A-级违约率为

7.14%，BBB-级违约率为1.49%，B级和CCC级违约率分别为50%和100%。投资级别中，A-级违约率较高，为近三年来违约率最高的投资级别。

截至2017年4月30日，统计范围内违约债券数量共计50只，涉及金额共计409亿元。债券违约概况表见表14。

表14 债券违约概况表

项 目	违约发行人数量（家）	违约债券数（只）	违约债券金额（亿元）
公募公司债	3	3	20.70
企业债	7	7	60.40
非金融企业债务融资工具	19	40	327.90

全市场公募债券违约情况表见表15。

表15 全市场公募债券违约情况表

项 目	2014年12月	2015年12月	2016年12月	2017年4月
期间违约债券（只）	1	10	26	24
期间违约发行人（家）	1	9	15	15
期间违约债券票面金额（亿元）	10.00	84.70	195.00	191.30

整体来说，自2014年CC太阳债券违约后，市场开始出现少量债券逾期，2015年的违约笔数和金额明显上升，2016年以后违约数量和金额猛增。

五、案例的后续进展

截止到2014年12月19日，CC太阳已经向深圳公司登记在册的全体"11CC债"债券持有人，全额派发了债券本金、应付利息及相应的复利与罚息，即已依法向"11CC债"全体债券持有人履行了还本付息的义务，"11CC债"存续期间届满；2014年，HH风电对市场上部分债券进行"打折"回购，在2015年恢复债券上市交易，因为公司经营问题，在2016年被联合评级继续列入信用评级观察名单。

六、关键要点

1.结合债券违约风潮发展趋势及外部经济环境特点，指导学生通过查找财务报表等相关数据，从多个方面进行分析，揭示CC太阳和HH风电两家公司的真实偿债能力，培养学生透过表面看实质的能力，掌握运用财务数据分析企业经营问题的方法。

2.在两家公司发行债券及违约的全过程中，外部审计机构充当了重要的角色。本案例引导学生对比分析两家公司外部审计的执行过程，了解在不同债券发行结果下的审计程序、对风险的识别和关注的异同。

3.在中国债券市场违约风潮的发展趋势下，学生需要站在外部审计机构的立场上看待和评估整个事件，为了预防债券违约风险，避免公募债券的违约损失，应当采取哪些有效的审计防范措施。

七、教学组织方式

1.问题清单及提问顺序、资料发放顺序

本案例的讨论题目依次为：

（1）从财务结构和盈余质量来看，在发行债券的前后几年中，这两家公司的偿债能力到底如何呢？

（2）对比分析两家公司的审计机构采用的审计程序，没有关注审计风险的HH风电其问题出在什么地方，成功实现兑付的CC太阳其审计控制程序的优势又在哪里？其中存在哪些未识别的风险？

（3）为了预防债券违约风险，应当采取哪些审计防范措施？

本案例的参考资料在讲授有关知识点之后一次性发给学员，请学员在课前完成阅读和初步思考。

2.课时分配

（1）发放资料，提前阅读案例：60分钟。

（2）回顾案例和思考题：约10分钟。

（3）小组讨论并提交分析报告提纲：约40分钟。

（4）课堂小组代表发言、进一步讨论：约30分钟。

（5）课堂讨论总结：约20分钟。

3.讨论方式

本案例可以采用小组讨论的方式进行。

4.课堂讨论总结

课堂讨论总结应归纳发言者的主要观点，重申其重点及亮点，提醒大家对焦点问题或有争议观点进行进一步思考，建议大家对案例素材进行扩展研究和深入分析。

>>>> **案例五使用说明**

一、教学目的与用途

1.本案例主要适用于审计理论与实务等课程。

2.本案例要实现的教学目标：训练学员巩固审计理论与实务知识，培养学员多角度分析问题的能力。一方面，引导学员进一步思考函证审计的作用与流程，尤其是遇到回函不及时或者回函不符情况的处理方法。另一方面，学员可以通过案例分析，进一步理解函证审计方法的选择与运用，以及对审计范围、审计证据的确认。

二、理论基础

1.委托-代理理论

委托-代理理论起源于20世纪30年代末，当时，美国的企业，所有者作为公司的管理者兼经营者，不管从精力还是能力上都存在诸多问题。随着企业生产力的不断提高和规模的不断扩大，所有者意识到需要更专业的人代替他们管理公司，主张所有权和经营权相互分离，于是学术界在非对称信息博弈论的基础上提出了"委托-代理理论"。如图7所示，多数股东不参与公司的经营管理，要想了解公司财务状况和经营成果，需要经营者对企业的经营情况以财务报告的形式进行汇报，还需要聘请独立的第三方——会计师事务所，监督和评价经营者的经营状况。但是，由于委托人和代理人之间的目标不一致、信息不对称，导致股份制企业委托-代理关系出现了问题，即委托人追求企业利益最大化，而代理人追求自身利益最大化，会有粉饰财务报表的行为，很可能损害委托人的利益，这就需要有独立的第三方对报表进行审计。委托-代理审计关系如图7所示。

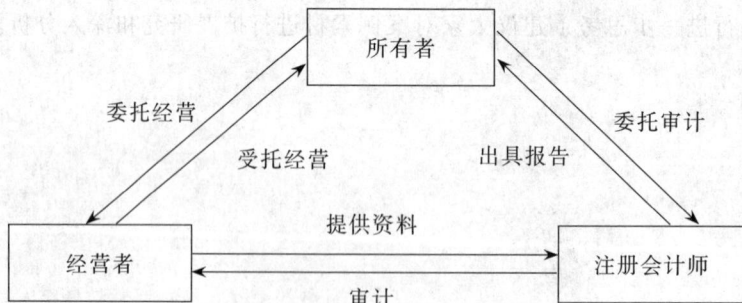

图7 委托-代理审计关系

2.舞弊三角理论

舞弊三角理论最早由美国注册舞弊审核师协会的创始人提出，他将舞弊因素凝练为三项：压力、机会和借口，其中：压力诱发舞弊者的行为动机，机会提供实施舞弊的条件和时机，借口则为行为人实施舞弊找到了与其道德观念、行为准则相吻合的理由和解释（无论这些理由和解释本身是否真正合理）。

具体而言，压力指舞弊者所受到的一切压力。其中外在的压力主要包括工作压力和经济压力，即舞弊者可能面临经济困难、承受高额负债等，也可能受到提升、加薪、解聘等工作压力；内在的压力则是由舞弊者自身的贪婪或虚荣造成的。机会是舞弊行为发生的第二个条件。舞弊者在面临压力时，如果遇到合适的机会，也即不会被人发现或能获得丰富的报酬，这些都会促使其将舞弊动机变成现实。借口则是舞弊者在面对压力、获得机会的情况下为自己不合法的行为找到的一个很好的保护伞，在得到了这个理由后，舞弊行为的发生将顺理成章。舞弊三角理论认为舞弊的产生由压力、机会和借口三因素共同作用，缺少了其中任何一项都不能形成舞弊。

三、具体分析思路

1.对于BB会计师事务所未对FG公司存在银行存款抵押的情况进行审计，是银行的责任还是审计师的责任？审计师是否履行了审计准则？函证银行回函证据的适当性如何？

（1）分析思路：对于BB会计师事务所未对FG公司存在银行存款抵押的情况进行审计，属于审计师的责任。可以从以下方面考虑：

首先，对银行存款抵押情况的审计，是事务所进行审计的一部分，事务所应该对其进行审计，而BB事务所函证程序的范围不全面，缺失对银行存款是否被质押与担保情况的函证程序。其次，BB事务所在函证程序缺失后没有进一步追加审计程序，没有获得充分、适当的审计证据。再次，即使是银行没有用事务所模板，选择使用银行自己的回函模板，审计师收到回函之后对于银行存款"是否被质押、用于担保或存在其他使用限制"回函情况的缺失要采取措施，验证回函信息的真实性，审计人员的责任不因银行回函的情况而减轻。最后，BB事务所审计人员没有在审计过程中保持应有的职业怀疑，没有对获取的审计证据持审慎态度。

（2）审计师没有严格履行审计准则，首先，BB事务所仅通过公司使用共享中心KDC发函，统一的模板，统一的收发流程，针对不同公司的情况，并未作出合理的调整。其次，对于回函模板不一致的银行，回函只有银行存款余额的结果，却并没有关于银行存款的担保、抵押的相关信息，在这种情况下，BB事务所没有进行二次函证或追加审计。最后，审计师也没有在审计工作底稿中注明未对银行存款担保、抵押情况进行询证，未写明不进行审计的理由。

（3）函证银行回函证据不可靠、不充分。首先，函证信息不全面；其次，银行改动函证模板，隐藏信息；最后，审计师未保持应有的谨慎态度。

2.在审计函证的过程中，未收到回函或回函不符，应采取什么措施？

分析思路：审计函证程序，未收到回函或回函不符，注册会计师应当考虑与被询证者联系，要求对方作出回应或再次寄发询证函，如果未能得到被询证者回应，注册会计师应实施替代程序。特别需要强调的是，替代审计程序的抽证应具有针对性、连续性和系统性的特点，与其他一般性的抽凭测试有着明显的区别，以便能够从总体上对被抽查账户记录的真实性和完整性作出推断。

必须特别注意第1312号准则第二十条的规定，即"如果CPA认为取得积极式函证回函是获取充分、适当的审计证据的必要程序，则替代程序不能提供CPA所需要的审计证据。在这种情况下，如果未获取回函，CPA应当按照第1502号准则的规定，确定其对审计工作和审计意见的影响。"从该条规定可以看出，如果CPA依据职业判断认为，对应收账款及银行存款等项目取得积极式函证回函是获取充分、适当的审计证据的必要程序，即判断这些报表项目对财务报表很重要，且与银行存款等项目相关的重大错报风险可能很高，则属于第1312号准则第十二条、第十三条所规定的应当实施函证的情形。

在这种情况下，即使CPA确实寄发了询证函，但只要被询证者未回函或回函不完整，CPA不应该再使用替代审计程序（此为日常实务中的常见错误），因为替代审计程序已不能为CPA提供相关报表项目所需要的充分、适当的审计证据。此时，应当按照第1502号准则的规定，确定其对审计工作和审计意见的影响。

3. 审计师如何分析函证回函结果？

分析思路：首先，收到回函时，应核对回函发件人和发件地址是否正确，回函时间是否合理。其次，检查回函信息是否完整，尤其是银行询证不仅包括某一截止时点有余额的银行，还包括存款、借款、托管证券、应付票据已结清的账户。因为有可能存款账户已结清，但仍有银行借款或其他负债存在；也有可能借款账户已结清，但仍有未付利息。最后，检验签章，发复函方应根据实际情况分别在"数据证明无误""数据不符及需加说明事项"处签署单位公章，并由经办人员签名或盖章，不能以单位内部公章代替单位公章。上述步骤任一点出现不符，应首先向函证对象进行询问，接着进行二次函证，必要时应采取谨慎原则进行替代程序，并在底稿中进行说明。

若审计师在实施函证后的合理时限内未能收到回函，则应对被询证人进行二次函证。

对函证结果应进行验证，询证函若有差异，CPA对此要进行差异分析，寻找差异原因，作进一步核实，并要求被审计单位作必要的调整。若审计师就同一审计目标向多位被询证人进行函证，则应在收到回函后，编制《函证结果汇总表》作为综合性的审计证据和审计工作底稿，并记录对函证结果作出的评价。CPA应将函证的过程和结果记录在工作底稿上，工作底稿上应说明每种形式的函证发出数和回收数。询证工作底稿要齐备，包括：询证的名单、寄发询证函的邮费单据复印件、回函时间、回函分数、回函结果等。

4. 审计师如何控制函证过程？

分析思路：首先，在实施函证审计程序时，相关审计人员应从思想上重视审计风险，具备较强的风险意识，使其能准确识别、评估以及应对审计风险，能将审计风险控制在可接受的低水平。然后，询证函可以根据审计目标的不同设计不同的询证内容，不用仅仅拘泥于函证模板的内容，询证函经被审计单位盖章后，由注册会计师直接发出。在实际审计工作中，审计人员应当认真履行审计程序，进行控制测试和实质性测试，在进行实质性测试时，可以结合对控制测试的分析，调整具体的重要性水平，加大对控制较弱环节的审计。另外，需要依据对回函质量的分析判定是否要执行替代审计程序。对于某些事项，在发出询证函后，需要实施替代审计程序，以防止函证失败无法获得真实有效的审计证据。最后收回的询证函若有差异，CPA对此要进行差异分析，寻找差异原因，作进一步核实，并要求被审计单位作必要的调整。CPA应将函证的过程和结果记录在工作底稿上，工作底稿上应说明每种形式的函证发出数和回收数。肯定式函证还应进一步说明函证的账户金额比例、没有答复和回函认可金额的比例；对否定式函证，应说明回函中表示有争议的金额比例。通过这些汇总比较的数据，CPA能够评价执行这些审计程序所取得的证据是否充分、可靠。

同时，函证过程中存在着很多的审计风险，审计师对函证过程的控制应采取措施来应对这些审计风险，主要包括：①向项目组强调保持职业怀疑的必要性。针对函证发出、回复、收到等各个环节中存在的异常情况都要保持应有的职业怀疑。例如BB事务所通过传真取得的9家不同单位的询证函回函上所记录时间，最早为2014年4月17日下午3：44，最晚为同日下午3：49，中间间隔仅5分钟。针对询证函回函（均系传真件）时间高度集中的异常现象，会计师应当给予应有的关注。②提供更多的督导。对于财务报表层次重大错报风险较高的审计项目，审计项目组的高级别成员，如项目合伙人、项目经理等经验较丰富的人员，要对其他成员提供更详细、更经常、更及时的指导和监督并加强项目质量复核。比如FG公司为掩盖股改业绩承诺款未真实履行的情况，虚构付款33 482万元购入面值34 705万元的银行承兑汇票，BB事务所未完成到票据承兑银行对票据真实性进行查询并获取银行确认函的审计程序，审计工作底稿中也未说明未执行该项审计程序的原因。项目合伙人或者项目经理应当对此重大错报风险较高的项目予以监督、复核。③在选择拟实施的进一步审计程序时融入更多的不可预见的因素。CPA可以通过以下方式提高函证的不可预见性：对某些未测试过的低于设定的重要性水平或风险较低的账户余额和认定实施函证程序；调整实施函证的时间，使被审计单位不可预期；采取不同的审计抽样方法，使当期抽取的函证样本与以前有所不同等。④对拟实施审计程序的性质、时间安排或范围作出总体修改。财务报表层次的重大错报风险很可能源于薄弱的控制环境，如果控制环境存在缺陷，注册会计师在对拟实施审计程序的性质、时间安排和范围作出总体修改时应当考虑：在期末而非期中实施更多的审计程序；通过实施实质性程序获取更广泛的审计证据；增加拟纳入审计范围的经营地点的数量。⑤针对特别风险实施实质性程序。如果认为管理层面临实现盈利指标的压力而可能提前确认收入，注册会计师在设计询证函时不仅应当考虑函证应收账款的账户余额，还应当考虑询证销售协议的细节条款（如交货、结算及退货条款）。注册会计师还可考虑在实施函证的基础上针对销售协议及其变动情况询问被审计单位的非财务人员。

四、教学组织方式

1.问题清单及提问顺序、资料发放顺序

本案例的参考资料及其索引，在讲授有关知识点之后一次性布置给学员。

2.课时分配

（1）课后自行阅读资料：约30分钟；

（2）小组讨论并提交分析报告提纲：约20分钟；

（3）课堂小组代表发言、进一步讨论：约20分钟；

（4）课堂讨论总结：约15分钟。

3.讨论方式

（1）本案例可以采用多案例的方式进行讨论，让学生更多地认识到函证审计失败的案例。

（2）无领导小组式地进行问题讨论。

4.课堂讨论总结

课堂讨论总结的关键是：归纳发言者的主要观点；重申其重点及亮点；提醒大家对焦点问题或有争议的观点进行进一步思考；建议大家对案例素材进行扩展研究和深入分析。

▶▶▶▶ 案例六使用说明

一、教学目的

1.适用课程：本案例主要适用于审计学、审计理论与实务、会计学课程。

2.适用对象：本案例适用于会计、审计专业高年级本科生，MBA、MPAcc学生等。

3.教学目标：本案例旨在引导学生进一步关注资产组和资产组减值审计方面的问题，特别关注审计专业判断在这方面的应用，即：学员可以进一步思考在发电企业这类重资产型企业的资产组减值审计中，审计专业判断的实际应用和容易出现的问题等，进而思考理想的审计专业判断，加深对资产减值审计和审计专业判断实际应用的认知和理解。

二、案例讨论的准备工作

(一) 资产组与资产组减值

给企业带来未来经济利益的体现就是能够在未来产生现金流量，当单一资产难以单独产生现金流量时，企业应认定持续使用中产生现金流入的最小资产组合，也就是资产组，或者称为现金产出单元。

资产组的概念最初来自于国外。《国际会计准则第36号——资产减值》中使用的说法是现金产出单元，强调了现金产出单元可以通过使用产生独立于其他资产和资产组合的现金流入，并且这样的组合是最小的可辨认的资产组合。《美国财务会计准则第144号——长期资产减值与处置》中则使用资产组合，认为在确认和计量时，某些资产应与其他资产、负债组合起来共同考虑，同样强调了组合产生的现金流量独立于其他资产、负债，并且该种组合是最小的资产组合。

我国企业会计准则主要借鉴了上述两者关于资产组的概念。《企业会计准则第8号——资产减值》中规定："企业可以认定的最小资产组合，其产生的现金流入应当基本上独立于其他资产或者资产组产生的现金流入。资产组一经确定，各个会计期间应当保持一致，不得随意变更。如需变更，企业管理层应当证明该变更是合理的，要在附注中作相应说明。"

通过以上的定义和强调的内容，我们可以总结出资产组的特点：

（1）多样性。资产组通常包括两项以上资产，而且资产与资产之间有着紧密的联系，离开某一项，另一项就无法发挥作用，产生较为理想的现金流入。

（2）稳定性。资产组是以特定方式组合起来的或者出于管理层的特殊管理需求而构成了一个整体。这个整体中的每个部分因为在整体中才具有实际的意义，其功能才能得到发挥，因此资产组中的资产构成是相对稳定的，不应随意变动，这也是出于对滥用资产组概念进行会计利润操纵进行限制的目的。

（3）现金流的不可分割性。资产组带来的现金流入，是独立于其他外部资产的，但是却与资产组组合内的每一项资产都息息相关，因为资产组的概念中还强调了一点：最小组合。资产组的现金流可以同其他资产进行区分，但是在内部却无法进行分割，更准确地说是离开资产组组合中的某项资产，现金流的产生将会受到重大影响。

（4）存在的特殊性。只有当且仅当出现了减值迹象，且单项资产又无法确定减值金额时，才会出现资产组的概念。也就是说，在日常的经营管理、披露报告中，我们都不会用到资产组的概念。资产组存在的意义就是出于减值的考虑以及更好地确认减值的金额。

资产减值最初的提出是为了满足报表使用者的需要，主要的作用在于帮助其更好地实现会计目标。通常而言，会计目标具有代表性的观点包括受托责任观和决策有用观。前者强调的是会计信息应当真实反映受托人对受托责任的履行情况；后者强调的是会计信息应当对于利用该信息决策的投资人和债权人有用，会计信息是服务于决策的。随着资本市场的发展和经济社会的进步，目前更为广泛被接受的观点是决策有用观。

对于资产的计量，只有越接近其真实的价值，才能越有利于报表使用者作出明智的决策。采用历史成本计量，只能反映成本发生时点的资产价值，无法有效代表当下以及未来。时代在发展，环境在变化，技术在进步，资产的价值随着时间的推移可能发生了巨大的变化，如果此时仍采用账面价值作为资产的实际价值，往往相差甚远，导致基于资产价值所作出的决策出现失误。因此要想更好地达到决策有用的效果，就应当根据资产未来可以带来的现金流入调整资产的账面价值，使其反映资产和企业的真实情况，提供决策有用的信息。

（二）资产减值是相关性与可靠性之间的权衡

对会计信息质量的要求主要有两点：相关性和可靠性。无论是学术研究还是会计实务中，大家都会非常关注相关性和可靠性。理想的状态，应当是相关性与可靠性并重，并且有机地统一在一起；然而现实的情况却是二者处于此消彼长的状态，大多数情况都无法统一在一起，必须有所侧重。在进行资产减值的考虑时，则更多考虑的是相关性。

当资产的可回收金额低于其账面价值时，准则要求我们对其计提减值准备，也就是对历史成本进行调整，将其未来经济利益的损失在可以预见的当期进行披露，这样就有利于报表使用者进行有效决策。决策是面向未来的，当资产发生的减值在当期进行充分的确定、计量和披露时，就无须等到未来资产毁损的时候再进行，将这个损失的风险提前，弥补了历史成本法计量时在及时性方面的缺陷。然而，准则关于可回收金额的预计，采用的是公允价值与未来现金流入的现值二者之间的较高者，但是此二者的金额的确定却存在不精确的地方：公允价值要求是完全可比的公开市场上的交易价格，这在当下的市场经济中很难获得；可回收金额通常涉及长时间、多个指标的预测和估计，作出估计的主观性大，对结果的影响也很大。

因此，资产减值在为了满足会计信息相关性的同时，降低了信息的可靠性，但是总体上能更好地服务于决策。

（三）资产减值是谨慎性的运用

会计原则中的谨慎性原则强调的是企业对交易或事项进行会计处理时，应当把握这样一个原则：不高估资产、收益；不低估负债、费用。由于企业的活动面临着很多不确定性，因此要求管理人员在进行会计处理时，要保持谨慎的态度。因为低估的企业价值在未来风险真正出现时，会有更好的抗风险能力。资产减值制度是谨慎性的一种体现，它反映了资产的风险所在，能够更好地保护利益相关者的利益。

（四）审计专业判断及其在资产组减值判断中的应用

审计专业判断是一种连续的判断活动，是审计人员为了完成一项审计任务，根据有关的判断标准，运用个人专业知识和实践经验，通过一系列的方式和方法，对所获取的信息进行评价并得出结论最终实现审计目标的一个过程。

根据上述定义，本文对专业判断的决策过程定义如下：

1.确定审计目标，识别审计任务。审计专业判断是服务于特定的审计目标的。

2.根据识别的审计任务，结合现有的规定（主要是会计准则和审计准则），建立专业判断标准。在进行一项专业判断时，会形成相应的专业判断的标准。

3.从外部环境中获取审计专业判断相关的信息，此处涉及审计专业判断的一个重要因素：信息的获取。

4.审计人员结合自身的个性与专业知识，对获取的信息作出判断，此处涉及审计专业判断的主体，是审计专业判断质量最重要的影响因素。

根据此定义，我们可以得出审计专业判断的决策图，如图8所示。

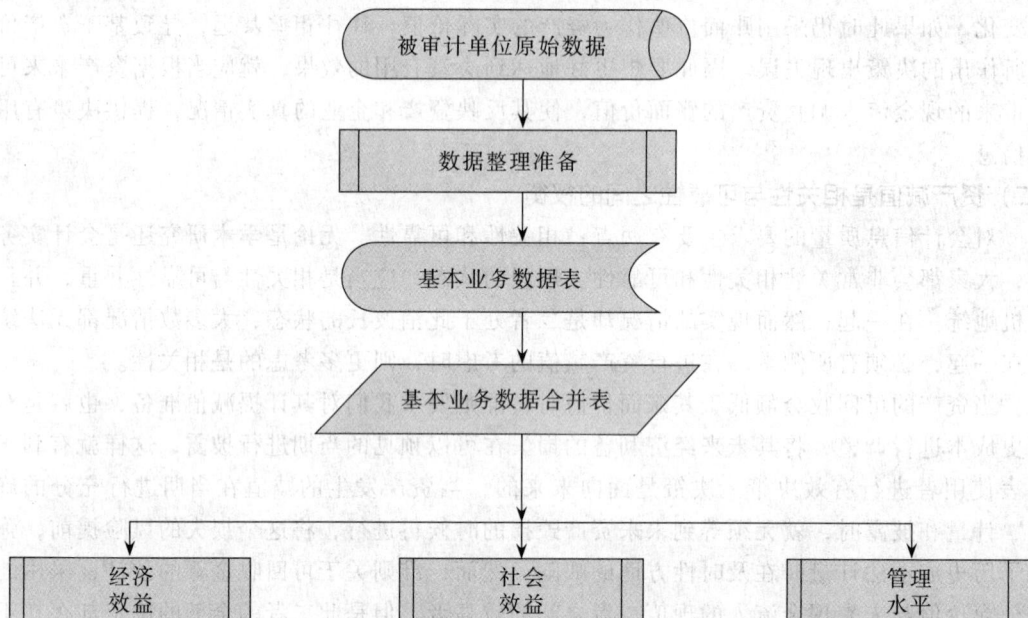

图8　审计专业判断决策图

《企业会计准则第8号——资产减值》的发布标志着我国资产减值会计进一步与国际趋同。资产组减值审计专业判断问题无论在理论上还是在实务上都需要进一步深化。资产组减值审计既有与一般审计问题中关于审计专业判断的应用，即初始承接审计业务时的关于是否承接审计业务以及对专业胜任能力与独立性的判断问题，也因资产组减值的特殊性，对审计专业判断的质与量提出了更高的要求。在具体实施资产组减值审计时，审计专业判断的应用主要包括以下几个方面：

第一，审计专业判断在减值迹象判定时的应用。

根据《企业会计准则第8号——资产减值》，表明资产可能发生了减值的迹象主要包括来自内外部的六种因素加上其他因素。但是由于电力产品的特殊性，发电企业的电厂资产具有专门的用途且多为基础设施类建设，电厂资产的账面价值与工程造价息息相关，而电厂所能创造的效益与上网电量总量、上网电价密切相关，这就要求审计人员在进行减值迹象的判定时，要依据企业内部、外部两个方面的信息进行判定。

第二，审计专业判断在资产组的认定时的应用。

资产组减值审计不同于一般资产减值审计，如公司的存货、应收账款、固定资产等具有明确范围，在进行减值测试时，账面价值的确定可以直接根据会计核算资料获得，并不需要审计人员较多的专业判断。但是自《企业会计准则第8号——资产减值》提出了资产组的概念后，审计人员在面对资产组减值审计时，对资产组范围的认定成为资产组计提减值准备的基础。根据《企业会计准则第8号——资产减值》，资产组的认定应当以资产组产生的主要现金流入是否独立于其他资产或者资产组的现金流入为依据，同时考虑企业管理层管理生产经营活动的方式和对资产持续使用或者处置的决策方式等。管理层管理意图的抽象性以及认定依据现金流入是否独立的判定的主观性都要求审计人员在进行资产组认定时作出较高质量的审计专业判断。

第三，审计专业判断在资产组减值测试时的应用。

资产组的可回收金额应当按照资产组的公允价值减去处置费用后的净额与其预计未来现金流量的现值两者之间较高者确定。由于发电企业的电厂资产的交易并不活跃且不常见，无法获得以电厂为资产组的公允价值情况，故本案例对资产组减值测试的讨论采用的是以预计未来现金流量的现值作为电厂资产组的可回收金额。在预计未来现金流量的现值时，管理层需要根据目前的经营情况，结合行业的发展与管理需求，作出许多主观的会计估计。

根据《中国注册会计师审计准则第1321号——审计会计估计（包括公允价值会计估计）和相关披露》应用指南，如果投资的可回收性存在不确定性，对其账面价值计提的减值准备需要作出会计估计。本案例讨论的资产组减值即属于此类会计估计。对于这类会计估计，在进行审计专业判断时需要对作出估计时的不确定事项作出假设。注册会计师没有责任预测那些一旦在审计时知悉就可能对管理层的行为或假设产生重大影响的未来情况、交易或事项，因此，审计人员在进行资产组减值测试审计时，专业判断应用的领域主要是判断管理层在作出会计估计时是否存在偏向、所依据的信息是否可靠以及管理层是如何作出会计估计的。

三、分析要点

（一）上述对资产组减值的审计专业判断是否存在问题

推荐从以下3个角度来分析：

1.信息质量

在本案例中，审计人员收集和获取的信息在质与量上都存在问题。信息量的不足表现为信息收集的不充分，信息质的缺陷在于所获取的信息适当性较差。

首先，信息收集不充分。审计人员获取信息主要来源于企业内部和外部。内部信息包括企业内部的资料与文件等，但是出于某些管理层意图或者出于保密的要求，企业内部信息的可获得性较低。而且审计人员在审计过程中，忽略外部信息的获取。即局限于企业的内部资料，没有站在整个国民经济发展的高度上，没有很好地寻找可比公司的数据，信息收集的充分性差。一旦管理层有意图进行错误的引导，审计风险将会增大。

其次，信息的适当性较差。在本案例中，审计人员对于获取的信息，缺乏评价的过程，而直接在所获取的信息的基础上进行判断，也会导致审计专业判断出现偏误。信息主要来自于企业内部，以及跟企业有交易的第三方，其信息的可靠性风险较高。

2.审计专业判断的标准

在本案例中，对于资产组减值的审计流于形式，审计目标不明确，判断的标准制定不科学。在资产组减值审计中，由于存在较多的会计估计，会计准则与审计准则在这方面的厘定并不十分清晰与准确，这使得在审计人员作出专业判断时依据不足，资产组减值审计的目标就与真正的审计目标存在偏差，在具体的审计过程中，审计专业判断的专业性也因此受到了损害。

在进行资产组减值审计时，审计人员在复核过程中涉及对多个指标的估计，指标数目众多，但是指标选取的依据较为薄弱，没有很强的说服力，审计人员也没有充分解释指标选取的合理性，有失审计人员应有的谨慎。

3.审计人员专业判断能力

从人员构成和相关审计细节来看，审计人员实质上缺乏独立性、主观努力程度不够，项目组整体专业胜任能力略显不足。

(二) 审计专业判断存在问题的原因分析

1.会计信息

可以从以下三个方面分析会计信息出现问题的原因：委托代理中信息不对称，资产减值审计需要获取大量的假设信息，电力行业资产组减值公开信息较少。

首先，委托代理关系存在以下两个层次：第一是管理层与所有者之间的委托代理关系，第二是所有者与审计人员的委托代理关系。在委托代理关系中，各个主体都有各自的权利与义务，各个主体的经济利益和目标不一致，较容易出现逆向选择与道德风险。

其次，资产减值审计不同于一般的项目审计，如存货的审计，有较为成熟的监盘程序可以实施，在销售与收款循环审计中，可以通过函证等较为成熟的技术手段得以实现，但是在资产减值审计中，审计人员作出判断的信息多基于假设，假设又有其固有的缺陷，具有较低的说服力，这就对审计人员获取的信息数量要求更大，而此类信息涉及面较为广泛，这就增加了信息获取的难度。

最后，资产减值信息的难以获得主要是因为会计准则对资产减值披露的内容没有进行具体规范，而企业出于信息保密的需求总是以满足信息披露的最低要求为准，因此电力行业资产组减值的公开信息难以获得，所有资产组减值的情况都处于一个较为模糊披露的状态。

2.会计准则

推荐从以下角度分析会计准则方面的问题产生的原因：

首先，会计准则中赋予资产减值较多的主观估计。

制度赋予企业的会计处理空间，是考虑到每个企业可能存在的特殊性，也是为了通过一定的选择空间，使得会计信息更加符合企业的真实情况。并且由于电力行业的特殊性，行业目前处于一种半开放的状态，不仅有浓重的政府引导色彩，由于基础建设巨大还形成了一定程度上的垄断。水力发电企业通常依托的是天然的水纹条件和地理优势，发电厂的生产力与自然条件息息相关，并且容易受到自然气候的影响，这给本来就存在许多主观估计的资产减值增添了更多的不确定性，无疑增加了相应审计事项的审计风险与审计工作任务的难度。

其次，现代审计中运用大量的审计专业判断。

在对发电厂资产组减值的专业判断中，由于公允价值难以获得，采取未来现金流量现值作为可回收金额为管理层增加了更多的作出会计估计的机会，也对审计人员的专业判断提出了更高的要求。通过定性与定量的综合判断，审计人员需要得出一个合理的且具有说服力的上网电量、上网电价、经营现金流出、折现率以及折现的年限。由于经济事项和审计任务的复杂性，会计、审计准则只能通过定性的规定来进行规范，从而在量的考虑上存在模糊性，这使得专业判断的标准无法十分明晰。

最后，审计准则中关于独立性的规定不严谨。

审计准则中关于独立性的解决思路是一种消极的方法，以排除法的方式列举了影响独立性的主要因素，但是这只能保障审计人员形式上的独立性，缺乏对实质性的独立的评价与考核，并且采取列举的方式，难免有不能穷尽的地方。

3.审计人员专业判断能力

推荐对审计人员的考量主要从两个方面进行：专业胜任能力和独立性。本案例中审计人员出现了以下问题：对专业胜任能力和独立性的判定流于形式、没有保持应有的谨慎、缺乏有关审计专业判断的训练与指导以及审计专业判断能力的激励机制。

基于以上三大原因，B公司资产减值审计中的审计专业判断出现了问题。

（三）其余可关注的问题

对于案例中可以关注的问题，除了以上几点之外，学员们还可以思考关注以下问题：从加强信息收集与评价方面、改进审计人员专业判断的标准方面和提高审计人员的主要判断能力方面，提出提高资产减值审计专业判断质量的建议。并且思考如果按照理想的审计专业判断进一步分析该资产组，那么是否存在减值迹象？如果存在，减值是多少？

四、教学组织方式

1.问题清单及提问顺序、资料发放顺序

本案例的讨论题目依次为：

（1）针对上述对于发电企业的资产组减值审计，审计专业判断是否存在问题？

（2）审计专业判断存在问题的原因是什么？

（3）如果按照理想的审计专业判断进一步分析该资产组，那么是否存在减值迹象？如果存在，减值是多少？

（4）从长远看，如何提高资产组减值审计专业判断的质量？请为此提出建议。

本案例的参考资料及其索引，在讲授有关知识点之后一次性布置给学员。

2.课时分配

（1）课前自行阅读资料：约60分钟。

（2）小组讨论并提交分析报告提纲：约30分钟。

（3）课堂小组代表发言、进一步讨论：约30分钟。

（4）课堂讨论总结：约20分钟。

3.讨论方式

（1）本案例可以采用情景模拟的方式，以不同身份发表不同建议。

（2）问题无领导小组式进行讨论。

4.课堂讨论总结

课堂讨论总结的关键是：归纳发言者的主要观点；重申其重点及亮点；提醒大家对焦点问题或有争议观点进行进一步思考；建议大家对案例素材进行扩展研究和深入分析。

>>>> 案例七使用说明

一、教学目的

1.适用课程：本案例适用于审计学、管理控制与审计、风险管理与内部控制等课程。

2.适用对象：本案例适用于MBA、EMBA、企业高级管理学员等。

3.教学目标：本案例旨在引导学生思考企业合并对企业商誉的影响，从商誉价值与资产组价值的关系、企业合并对企业资产价值的影响、商誉价值形成与减值的测试的方法等方面的会计、财务、审计、资产评估等基础知识入手，引出对企业权益价值评估方法与结果运用的思考，然后，结合评估结果，分析商誉减值测试方法选择中可能存在的问题。

二、案例讨论的准备工作

为了有效实现本案例的目标，学员应该具备下列相关知识背景：

1.理论背景

企业合并的分类与企业合并方式的界定；收益法中企业自由现金流量的预测过程和折现率的计算；通过权益价值评估结果计算商誉减值；商誉价值在评估方法不同的前提下可能会影响评估结果的因素；资产评估中资产减值测试环境与会计政策选择。

2.行业背景

（1）宏观因素分析

2011年第三季度以来，受欧债危机向银行业扩散引发欧洲经济下行风险加大等外围不利因素的影响，外需总体出现走弱态势，同时国内基建和房地产投资作为重要的终端需求在政策收紧环境下也出现明显放缓态势，而受前期内外终端需求扩展的影响，制造业投资在去年一直保持高速增长，在产能扩张而终端需求突然由强转弱的背景下，导致工业产成品库存在趋势上持续上升，因而影响了工业的生产活力。2011年第三季度以来工业增加值同比增速出现明显下滑，为稳定增长，自2011年年底以来预调微调政策逐步展开，货币趋松，基建投资力度加大，房地产政策也出现分化，加上2011年第四季度至2012年第一季度大宗商品价格回调以及季节性因素带来的企业库存回补，产成品库存自2011年第四季度至2012年第一季度在趋势上出现小幅下降，工业生产也在2012年第一季度出现低位趋势迹象。但是受2012年3月物价水平意外上行等因素的影响，政策放松幅度在4月相对偏弱，而外需及房地产投资等终端需求依旧不振，难以消化高企的工业产能，产成品库存再度出现趋势性上升，工业生产因而再次出现明显放缓，其中4月份工业增加值同比增速由3月的11.9%大幅下滑至9.3%。不过伴随着2012年5月以来政策预调微调力度的进一步加大，随着基建投资需求的明显增加和房地产销售的回暖，经济增速逐步稳定，至2012年第四季度呈现触底反弹，中国经济成功实现"软着陆"。

（2）行业因素分析：

有利因素：

① "十二五"期间仍是水泥行业发展的黄金时期。

根据我国当前所处的经济发展阶段，以及"十二五"规划纲要提出的国民经济发展指导性目标和国家对经济发展进行宏观调控的实践综合判断，"十二五"期间水泥需求增速将稳中有降，而需求的上升空间仍然较大，因此"十二五"期间仍是水泥行业发展的黄金时期，预计水泥行业在满足国家经济建设需要的同时，在基本完成技术结构调整的基础上将重点转向组织结构调整，新型干法水泥比例有望达到95%以上，大企业集团实力继续增强，产业集中度进一步提高，水泥行业整体实现现代化，有实力的大型水泥企业集团开始走向世界。

②水泥行业市场竞争格局进一步改观。

根据工业和信息化部发布的《建材工业"十二五"发展规划》，水泥行业将继续淘汰落后产能、严控新增产能扩张，并支持优势企业跨地区、跨行业、跨所有制实施联合重组，到2015年年末，力争水泥企业户数比2010年减少三分之一，水泥行业前十家企业生产集中程度由2010年的48%提高到2015年的62%。未来水泥行业的竞争将是以雄厚资金为基础、以主要的水泥龙头企业为主体、以优良的技术和成本控制能力为根本、以市场占有率为内容的竞争。

③水泥行业将在转变方式上迈出较大步伐。

"十二五"期间，国家经济结构战略性调整要求水泥行业在转变发展方式上有所突破，由简单粗放的"增量扩张"模式向"提质增效"模式转变。单一的产品结构、重复建设的扩张模式囿于国内市场的经营对大型水泥企业进一步发展的制约将日益显露，资源、能源的约束和环境压力与日俱增。在上述形势下，水泥企业拓展新的发展空间唯有转变发展方式，将生产经营向上下游产业链延伸，扩张方式向并购重组方向转移，同时大企业集团走出国门。此外，节能环保将逐渐成为企业发展追求的目标、水泥窑纯低温余热发电以及水泥窑协同处置工业废弃物，污泥和城市生活垃圾等技术将得到进一步推广和应用。通过不断地技术创新，使水泥由"两高一资"产品向节能环保的方向转移，实现可持续发展。

不利因素：

①行业高耗能特征。

水泥行业是典型的高耗能行业，整个水泥行业对煤炭、电力等资源的依赖程度非常高，在生产成本中，煤炭、电力所占成本在60%左右，因此，水泥行业也是"节能减排"的重点监控行业，虽然技术壁垒较低，但政策壁垒较高，受国家政策制约程度以及社会的关注度较高。

②行业区域性特征。

水泥行业有很强的区域性特征。受原料和产品运输量大、运费占售价比重高、产品保质期较短等因素的影响，水泥产品在销售范围上存在一定的地域限制，合理的运输半径约为200千米以内，某些特种水泥由于生产技术难度较大、产品附加值及销售价格较高，其运输半径超过普通水泥，但仍然受运输半径的限制，因此，水泥行业的竞争基本上属于区域性的局部竞争。

3.制度背景

企业会计准则关于企业合并及其会计处理方法的现行规范；公司法等有关法规对企业合并的相关规定。

三、具体思考题的分析思路与要点

1.思考的问题

（1）资产组权益增值是否源自某项资产增值？是否存在资产协同效应？

（2）资产组权益增值是否源自企业并购带来的企业价值飙升？

（3）商誉减值测试日与合并日测试方法是否具备一致性？

2.解决问题的可供选择方案

以上三道启发思考题力图结合本案例，从商誉价值与资产组价值的关系、企业合并对企业资产价值的影响、商誉价值形成与减值的测试方法等方面的会计、财务、审计、资产评估等基础知识入手，引出对企业权益价值评估方法与结果运用的思考，然后，结合评估结果，分析在商誉减值测试方法的选择中可能存在的问题。

具体分析思路：

思考题（1）：根据《企业会计准则第8号——资产减值》的规定，在实务处理时，常常借助资产组是否减值来判别资产组商誉是否减值。资产组增值额＝资产组合并日评估价值－资产组入账价值。假如评估价值高于入账价值，则可以判断资产组处于增值状态，并推断商誉处于增值状态；相反，资产组需要进行减值测试，计提减值准备，并将减值金额分摊至商誉。

由于商誉无法产生独立的现金流量，资产组的各项具体资产与它们共同形成的商誉是不可分割的共同体，资产组的现金流量也是二者共同作用产生的。资产组的评估价值是"共同现金流量"的增量折现获取的价值，是资产组每项资产与资产组商誉的协同"贡献"。因此，资产组的增值或减值并非商誉的单纯作用，而是各单项资产与商誉的"协同效应"。在准则中，包含了资产组及其商誉的价值变动是"同向的"这一假设。即包含商誉的资产组未减值，则商誉未减值；反之，资产组减值，则商誉一定减值，并将减值准备在资产组和商誉之间进行分摊。那么，该假设是否成立呢？

商誉是预期未来超额盈利能力的贴现值（葛家澍、杜兴强，2007）。资产组增值，未来超额盈利能力也可能下滑。因此，假设不合理。资产组中的各项资产与商誉的"协同效应"存在反向的可能，不能仅凭资产组整体增值或减值而得出商誉增值或减值的结论。在商誉减值测试过程中应当考虑剔除资产组中各单项资产增值或减值的影响。

思考题（2）：上市公司并购非上市公司，可能引起被合并公司企业价值的飙升，从而导致被合并公司企业价值提高，通过传统的商誉减值测试的方法来计算被合并公司商誉是否存在减值可能是不准确的。公司企业价值的飙升必然导致与商誉相关联的资产组的可收回金额提高，由此可收回金额必然大于账面价值，假设B公司对于A公司的合并是一项双赢的合并，那么，随之而来的就是B公司股价的飙升，从而导致B公司整体经营规模的扩大和经营状况的改善。而严格地讲，在产权变动的条件下，企业商誉的价值既不由产权变动前企业（卖方）过去已实现的超额收益而定，也不由产权变动后（买方）的未来超额收益而定——因为后者还必然包括产权变动后买方自己创造的部分商誉（有时可能表现为负值）。产权变动时企业商誉的价值应当取决于变动产权时所具有的超额获利能力。当控股合并后，B公司股价拉升，资产增值，那么在测试B公司对A公司控股合并形成的商誉是否减值时，运用A公司的未来自由现金流量作为A公司资产组可收回金额，必然会导致可收回金额大于合并日的账面价值，由此就得出了商誉不存在减值的结论，该判断存在不合理性。

思考题3：合并日，采用市场法评估商誉的入账价值以及资产组的权益市价；在商誉减值测试日，采用收益法评估资产组的权益价值；最终，将两次的评估结果比较，得出商誉是否减值的结论。

在评估界，关于不同评估方法评估的结果是否具有可比性的认定，多数学者支持"不同论"，即评估方法不同，评估结果就不具有可比性。由于市场法和收益法的假设和使用条件不同，其评估结果必然具有差异性，其可比性受到质疑。

评估方法的不同会导致评估结果的差异，不同的评估方法决定了计价理论不同（劳动价值理论与效用价值理论），价值类型的不同决定了评估方法的不同，从而导致评估结果的差异。在减值测试日，价值类型为收益现值，决定了资产组可收回金额评估方法为收益法，因此，为实现不同时点评估值的可比性，需要将合并日的价值类型同样设定为收益现值，采用收益法"重塑"减值测试日的资产组账面价值，消除不同价值类型和估值方法带来的结论差异。

3.推荐解决问题的方案

根据上述思考题及其分析思路，我们在会计准则和资产评估准则的基础上进行修正，力图消除上述问题导致的商誉价值高估或低估，以及评估方法的不一致带来的测试结论差异。

（1）会计准则测试流程及测试模型

目前，企业会计准则及准则解释中阐述的商誉减值测试的基本程序是：

第一步，对不含商誉的资产组或资产组组合进行减值测试，计算其可收回金额，并与其账面价值进行比较，如果其可收回金额小于其账面价值，则将两者之差确认为该资产组或资产组组合的减值损失，并按照资产组中除商誉外的其他各项资产的账面价值所占比重分摊，按比例抵减其他各项资产的账面价值。

第二步，如果第一步的测试结果是资产组或资产组组合的可收回金额大于其账面价值，则要对包含商誉的资产组或资产组组合进行减值测试，比较这些相关资产组或资产组组合的账面价值（包含所分摊的商誉的账面价值部分）与其可收回金额，若前者大，则将其差额确认为商誉减值损失；如果是对合并资产负债表上的商誉进行减值测试，则最后将商誉减值损失在可归属于母公司和少数股东权益部分之间按比例分摊，确定母公司的商誉减值损失。

商誉减值测试评估模型

$$EV = \sum_{i=1}^{n} + A_1 - L_1 + A_2 - L_2$$

其中：EV代表商誉减值评估日的资产组价值；C代表企业自由现金流量；A_1、L_1、A_2、L_2分别代表溢余资产价值、溢余负债价值、经营性资产价值、经营性负债价值。

EB = FVL

其中：EB代表评估日资产组的账面价值；FVL代表合并日资产组的公允价值。

当EV≥EB时，商誉未发生减值；

当EV<EB时，发生的减值在资产组和商誉之间进行分摊。

（2）对准则及评估模型的修正

①修正各项资产价值变动的影响

对于在准则减值测试流程的第二步中存在的各项资产价值变动导致资产组价值变动的问题，我们应当分析判断资产组与商誉的价值变动是否具有"同向性"，即资产组的价值变动究竟是资产价值变动导致的，还是商誉价值变动导致的。对此，需要依据《企业会计准则第8号——资产减值》的规定，将各单项资产的增值或减值的金额进行测试，将各项资产对企业整体价值的影响予以消除。

为了降低各项资产增值或减值带来的影响，我们需要对EV进行修正。将整个被合并方的资产根据其能否独立产生现金流量，划分为n个部分（资产或资产组，均能独立产生现金流量），并对这n个部分分别运用收益法进行减值测试，获取其增值或减值的金额p_i，n部分汇总得Δp_i，通过Δp_i降低各项资产、负债的价值变动对减值测试日权益价值评估的影响。

②收益法修正合并日权益价值

在准则测试流程中，将包含商誉的资产组的可收回金额与其账面价值进行比较时，不同时点的两个价值采用了不同的价值类型，即收益现值和现行市价，减值测试的价值类型不一致决定测试方法和结论的差异，因此，需要将合并日加以比较的两种价值统一为收益现值，采用收益法进行计量。

对于采用市场法和收益法造成的评估结果不可比的问题，应当采用收益法重新评估合并日被合并方的权益价值。以合并日为零时点，估计合并日之后的企业自由现金流量，用收益法进行折现取得合并日经营性资产价值，再通过合并日溢余资产价值、溢余负债价值、经营性资产价值、经营性负债价值计算得出合并日权益价值EV_0。

$$EV_0 = \sum_{i=0}^{n} \frac{C_i}{(1+r)^i} + A_{10} - L_{10} + A_{20} - L_{20}$$

3.修正后的商誉减值测试模型

$$EV = \sum_{i=1}^{n} \frac{C_i}{(1+r)^i} + A_1 - L_1 + A_2 + L_2 - \Delta p_i$$

$$EV_0 = \sum_{i=0}^{n} \frac{C_i}{(1+r)^i} + A_{10} - L_{10} + A_{20} - L_{20}$$

当$EV \geqslant EV_0$时，商誉未发生减值；

当$EV < EV_0$时，发生的减值在资产组和商誉之间进行分摊。

四、教学组织方式

1.问题清单及提问顺序、资料发放顺序

本案例讨论题目依次为：

（1）资产组权益增值是否源自某项资产增值？是否存在资产协同效应？

（2）资产组权益增值是否源自企业并购带来的企业价值飙升？

（3）商誉减值测试日与合并日测试方法是否具备一致性？

本案例的参考资料及其索引，在讲授有关知识点之后一次性布置给学员。

2.课时分配（见表16）

表16　　　　　　　　　　　　　　　　　课时分配

安排内容	主讲人	安排时间	具体介绍
学生阅读案例资料	学生	30分钟	分发案例资料，并要求学生进行分组，完成案例阅读
小组讨论	学生	40~50分钟	学生按案例设置的问题参与讨论，并提出改善建议，记录讨论过程
小组总结	小组代表	20分钟	每组派一名代表总结本组成员的观点
教师总结	教师	20~30分钟	教师进行总结点评

3.讨论方式

本案例采取小组讨论的形式进行。各组先进行自由讨论，最后派一名代表对小组的讨论内容进行归纳总结。在老师的指导下，还要求总结在本案例学习中获得的启示，对有独到见解的学生应进行鼓励，也可对其独到认识进行分析或者深入的讨论。最后要求提交一份Word文档形式的分析报告。

4.课堂讨论总结

课堂讨论总结的关键是：归纳发言者的主要观点；重申其重点及亮点；提醒大家对焦点问题或有争议的观点进行进一步思考；建议大家对案例素材进行扩展研究和深入分析。

>>>> 案例八使用说明

一、教学目的

1.适用课程：本案例适用于审计学、管理控制与审计、风险管理与内部控制等课程。

2.适用对象：本案例适用于MBA、EMBA、企业高级管理学员等。

3.教学目标：本案例旨在引导学员明确内部审计的地位和作用，学会识别公司经营风险，特别是供应链管理风险，掌握经济责任审计与招标审计的基础知识，提升对谨慎性原则的运用能力，进而提升审计综合分析能力与沟通能力。同时，为强化公司治理、提升内部审计增值功能提供参考对策。

二、思考题及分析要点

教师可以根据教学目标（目的）灵活使用本案例，以下分析思路仅供参考，如图9所示。

发现疑虑	• 金牌会员 • 海运费波动大
选择审计种类	• 经济责任审计 • 招标审计
遇到审计难题	• 无参与标准 • 缺乏原始数据
使用审计技术	• 行业对比 • 访谈
得出审计结果	• 相关人员被追责 • 挽回经济损失

图9　分析思路图

1.在开展本次审计调查前如何选择审计种类和审计实施途径。

（1）分析依据

隐蔽性与针对性：隐蔽性指内部审计人员在审计的过程中，通过各种方法秘密获取信息；针对性则是指内部审计人员在审计的过程中，有针对性地实施审计程序，获取需要的相关信息。本案例中，对于审计种类的选择，LZ公司的审计人员采用形式上的任期经济责任审计，但实质上进行舞弊审计，体现出了内审中的隐蔽性与针对性。谨慎性原则：审计的职业谨慎要求审计人员在办理审计事项时要树立风险意识，提高审计质量，降低审计风险，态度上要客观公正、实事求是，在确定审计范围和审计方法、报告审计结果时，都应该运用专业判断，保持专业谨慎，审计师在整个审计过程中对蓄意隐瞒的舞弊应保持职业谨慎态度，"职业怀疑主义"精神应贯穿整个审计过程。

（2）分析思路

本案例中多次对在审计环节遇到的困难进行解决。面对不同的选择，审计部为了保证该次内部审计的隐蔽性和针对性，选择更加巧妙的审计种类与审计实施途径进行审计。

（3）分析方法

①审计种类的选择。LZ公司审计部对企业的海运费用有了初步的判断，但是缺乏确切的证据来推断和分析，直接实行舞弊调查的专项审计容易打草惊蛇。管理者可能在知道审计部对其存在怀疑的情况下，提前删除相关的信息，这就使内部审计的证据获取变得更加困难。所以审计人员应以什么名义对其开展调查？怎样才能最大限度地在对方没有察觉的前提下进行？如何才能获取真正有价值的信息？只有考虑到以上几点的审计手段才能与案例切合实施。在审计种类的选择上，审计人员最终决定采取形式上的任期经济责任审计，实质上进行舞弊审计。任期经济责任审计是审计人员对资产管理者受托管理资产的活动效果进行的审查、评价和鉴证活动，是一项集财务审计和绩效审计于一体的综合性审计，它针对的对象是企业高管，而不是直接针对可能存在舞弊的海运部，这样，保证了审计的隐蔽性。在实际执行的过程中，审计人员则是重点对海运费相关项目进行检查，进行舞弊审计，有针对性地获取审计证据。

②无标准审计项目的审计实施途径。LZ公司审计部发现海运不同于传统的陆运或空运，它没有明确的衡量价格标准：一是涉及多条国际航线，不同航线、不同港口、不同月份，甚至是不同的政治环境，价格都相差甚远；二是受天气影响极大，海运公司的报价依据天气情况的不同而产生变化；三是专业性非常强，海运费包括基本费率和附加费，基本费率是指每一计费单位（如一运费吨）货物收取的基本运费，附加费由燃油附加费、转船附加费、超重附加费、港口拥挤附加费、绕航附加费、选港附加费等多项附加费组成。种种因素综合，导致它的价格不确定性非常高，审计人员难以参照市场统一价格进行核查，通常使用的比较法、比率分析法、账户分析法、趋势分析法、模拟法、预测法、决策法、控制法、因素分析法和成本法等在海运费上都没有太大用处。LZ公司审计部为获取海运费可用的市场参照价格，创新地采用了以下方法：

第一，充分利用自身的资源。利用人脉关系，以合作调研的名义，获取同行业类似公司且同期间的海运费数据。

第二，求助于海运公司本身。审计人员联系到两家著名的海运公司，与它们进行学术调研，从而获取行业的平均数据。通过采用访谈与合作科研以及核查客户邮件等手段，LZ公司审计部在短时间内就取得了有对比性的海运费相关数据。这种审计手段整合了周围可利用的资源，在与同行业信息共享的情况下，对无标准审计项目进行了核查。这种具有隐蔽性和针对性地对无标准审计问题实施的审计方案，是一次有效的审计手段的使用。

③招投标审计的审计实施途径。LZ内部审计人员在调查报价邮箱来获取供应商的报价信息时，发现邮箱中关于与供应商往来的沟通报价函均已经被有意删除，关键信息无法获得，导致无法确认周主任是否对全部供应商发出邀约，更不能确认收到各个供应商回函的时间以及具体价格等。审计小组采用的审计手段是转换视角达到同一目的：供应商发送的回函，通常保留有相应的邮件往来记录。通过任期经济责任审计的名义，要求各个供应商提供具体每一单回函时间以及价格的邮件。分析发现：XL公司与MSH公司的报价存在

问题，从而收集到关键证据。LZ公司内部审计人员在遇到数据被删除的情况下，并没有选择与内部人员沟通和财务数据分析等方式进行调查，而是对往来供应商进行数据收集，这种较为创新的方式能够不通过对被审计人员询问的情况下取得审计证据，达到了审计隐蔽性的需求。

2.审计过程中如何识别企业串标行为带来的审计风险。

（1）分析依据

逆向思维理论：在招标报价邮件均被删除的情况下，审计人员采取向供应商询问的策略，从供应商处获取报价时发送的邮件，以获取各供应商报价时间、报单价格等审计证据。串标：串标是招标活动中隐蔽性、欺骗性和危害性较强的一种现象，是指某个投标人通过一定的途径、秘密伙同招标人或一些投标人商量投标策略及投标报价，哄抬或故意压低投标报价，以达到排斥其他投标人，使约定的投标人中标的目的，从而损害招标人及其他投标人合法权益的一种违法行为。合谋理论：该理论认为，合谋生成的原因是它能够给组织成员带来收益，以及合谋私下合约可执行。合谋生成的主要因素是收入（或酬金）和成本，如果预期的收入大于支付的成本，就会产生合谋收益，形成对合谋的激励。合谋存在两个难题：第一，合谋者之间如何私下转让；第二，私下合约如何执行。私下合约主要依靠一种声誉机制来执行。合谋理论还指出，委托人可以通过提高合谋成本、减少合谋收入、加强对监管者激励等三方面措施防范合谋的产生。

（2）分析思路

结合本案例的具体情况，结合海运费内容、招投标标准流程以及投标串标的相关知识，引导学生思考，在物流部未使用报价系统，使用邮件单独报价且邮件均被删除的情况下，缺乏审计证据时，从供应商报单时间、报单价格、综合比对各项目报单价格及综合价格、企业询价范围等方面对企业招投标活动进行审计，发现隐藏的违规招标问题。

（3）分析方法

①审查企业是否严格按照内部控制制度使用信息化系统进行规范的招投标程序。招投标活动通常是由项目采购（包括货物的购买、工程的发包和服务的采购）的采购方作为招标方，通过发布招标公告或者向一定数量的特定供应商、承包商发出招标邀请等方式发出招标采购的信息，提出所需采购项目的性质及其数量、质量、技术要求、交货期、竣工期或提供服务的时间，以及其他供应商、承包商的资格要求等招标采购条件，表明将选择最能够满足采购要求的供应商、承包商与之签订采购合同的意向，由各有意提供采购所需货物、工程或服务的报价及其他响应招标要求条件的投标者，参加投标竞争。经招标方对各投标者的报价及其他的条件进行审查比较后，从中择优选定中标者，并与其签订采购合同。该企业物流部在招投标时原本应使用自行开发的报价系统，物流部在系统中发布招标信息后，所有供应商的报价信息都将在系统中自动反映，并将所有供应商的报单时间、报单价格由高到低排序，该报价系统能够有效规范招投标活动，但在实际进行招标时该部门员工在周主任的指示下未使用应有的报价系统，而通过邮箱进行单独报价，报价之后邮件均被删除，由此进行违规招标。由于缺乏证据，内部审计人员只好采取向供应商询问的策略，获取各供应商在报价时发送的邮件，以此获得招投标时的报价信息。因此内部审计人员应加强对招投标过程的审计，审查企业是否严格遵循内部控制制度采用信息化系统进行招投标活动。

②比对每一供应商进行报单的时间及价格。内部审计人员在获取各供应商提供的报单邮件后，通过比对每一家海运公司报单发送邮件的时间及价格，发现XL公司存在着报单时间最晚、报单价格最低，或是进行二次报价，二次报价的价格最低的问题。通过比对数据后发现：XL公司在19单报价中都为最后报价且报价价格最低，最后获得了承运资格。铁证如山，物流部的经办人及主任也承认存在着在收集其他投标公司价格后再透露信息给XL公司的现象，使得XL公司在报单时最后报价且报价价格最低。如果企业有报单系统并按规定使用，内部审计人员则可以根据系统中自动生成的报价与报单时间进行审计。但物流部使用手工方式登记报单时间及价格，内部审计人员应以供应商出具的时间及价格为准认真审查供应商报单的时间及价格，防止出现类似的XL公司串标问题。

③对合同中各供应商对各项目的报价以及综合报价进行比对。除XL公司以外，MSH公司海运费的中标价也存在问题。海运费由运费及附加费构成，其中，运费由箱型、所需箱型数量、单价等因素确定。例如，不同箱型的单价不同、数量不同，最后报价也不同。经比对发现，MSH公司也多次存在报单时间最晚的问题。其次，对于所需箱型数量多的箱型，MSH公司的报价都低于其他竞争者，而对于所需箱型数量少的箱型，MSH公司的报价往往稍高于其他竞争者，在单独比对合同中各项目的运费时无法发现MSH公司报价存在的问题，但综合计算运费时可以发现MSH综合运费的报价是所有供应商中最低的，因此MSH公司多次中标，进行承运。除此之外，对于可执行货运代理数量众多的订单，物流部存在询价范围过于狭窄的问题，多次出现询价范围仅为两家的情况：一家为MSH公司，另一家为不具备竞争能力的海运公司，在这种对于MSH公司极为有利的情况下，MSH公司还进行最后报单，报单综合价低于竞争对手，使得MSH公司最终承运多笔可执行货运代理数量众多的订单。因此，审计人员在进行报价审计时，除比对各项目供应商的报单价格之外，还应比对综合报价的高低，防止出现单个项目报价对比其他供应商无明显异常，但综合报价最低的情况。审计人员应对可执行货运代理数量众多的订单加强关注，除此之外，审计人员对于询价范围也应进一步进行审计，关注是否存在询价范围过窄、供应商无竞争能力的情况，防止出现违规中标现象。

3.企业内部控制失效的原因及改进对策。

（1）分析依据

《企业内部控制基本规范》《企业内部控制应用指引》《企业内部控制评价指引》等规定，企业应保证内控的完整性（是否有内控制度缺失）、有效性（内控制度是否能有效防范经营风险）和执行性（内控制度的执行情况）。

（2）分析思路

LZ公司海外事业部在未报备总部的情况下，擅自取消系统报价，并删除相关数据，借机进行舞弊。这反映了企业内部控制过程中存在的一系列缺陷。通过这样的案例引导学生思考企业如何保证内部控制的完整性、有效性和执行性。

（3）分析方法

①完整性及有效性分析。内部控制失效原因：LZ公司相应的内部控制存在设计上的缺失。海外事业部在招标过程中，通过邮箱进行单独报价，报价之后邮件均被删除而无相应备份，由此进行违规招标。没有专门人员进行系统备份，以及信息恢复性测试。管理层也未对备份结果进行检查以确保备份有效。改进建议：根据公司内部控制手册，应每日

进行系统数据库自动备份并作完整性查验，每周一次手动备份到移动硬盘或其他电脑的硬盘，每两周一次由专人将移动硬盘送往档案室予以存放，并按照档案室的规定填写相关表格，由系统维护人员及信息中心主任签字，每年进行一次备份的恢复性测试，并填写"数据恢复性测试记录表"，由信息中心主任签字。

②执行性分析。内部控制失效原因：LZ公司相应的内部控制存在运行上的缺陷。运行缺陷是指设计合理及有效的内部控制，在运作上没有被正确地执行，包括由不恰当的人员执行、未按设计的方式运行（如频率不当）等。海外事业部在系统不稳定的情况下，擅自舍弃系统，未报备信息中心进行维护，导致存在内部舞弊空间。改进建议：根据公司内部控制手册，应当设立信息中心负责日常软硬件系统维护、网络安全、环境保持、应急处理等工作，保证信息系统安全、稳定运行，并及时登记"应急事故处理记录""运行维护记录"等。"应急事故处理记录"和"运行维护记录"等应由信息中心主任签字。

4.内部审计在企业价值管理中的作用。

（1）分析依据

①2001年，IIA（国际内部审计师协会）第七次定义指出：内部审计是一种独立、客观的确认和咨询活动，旨在增加价值和改善组织的运营。它通过应用系统、规范的方法，评价并改善风险管理、控制和治理程序的效果，帮助组织实现其目标。

②内部审计在单位内部监督制度中的重要作用主要体现在以下三个方面：预防保护作用：内部审计机构通过对各部门工作的监督，有助于强化单位内部管理控制制度，及时发现问题纠正错误，堵塞管理漏洞，减少损失，保护资产的安全与完整。服务促进作用：内部审计机构作为企业内部的一个职能部门，熟悉企业生产经营活动等情况，工作便利，因此，通过内部审计，可在企业改善管理、挖掘潜力降低生产成本、提高经济效益等方面起到积极的促进作用。评价鉴证作用：内部审计是基于受托经济责任的需要而产生和发展起来的，是经营管理分权制的产物。随着企业单位规模的扩大，管理层次增多，对各部门经营业绩的考核与评价是现代管理不可缺少的组成部分。通过内部审计，可以对各部门活动作出客观、公正的审计结论和意见，起到评价和鉴证的作用。

③我国内部审计的职业价值主要体现在以下方面：解决企业内部信息不对称问题，增加审计价值；完善内部控制，增加审计价值；降低企业支出成本，增加审计价值。

（2）分析思路

LZ审计部在此次海运费审计中充分发挥了自身价值，最终贾总经理及相关经办人均被免职或调离岗位，同时，LZ公司根据内部审计人员的建议对信息系统进行了改进，加强了对海运费招投标过程的内部控制，有效避免今后相同舞弊事项的发生。结合本案例的具体情况，引导学生进一步思考内部审计在企业中的重要作用，以提高内部审计在企业中的受重视程度。

（3）分析方法

①内部审计的预防保护作用。内部审计记录控制政策不合理或是失效的关键点，评价现有控制政策是否设计合理，并将评价结果反映给管理层，对现有内部控制制度提供建议和意见，并与管理层一起分析建议的可操作性，完善内部控制政策和程序，保证内部控制制度设计的合理性，堵塞管理漏洞。在本案例中，LZ公司审计部针对招投标内部控制提出了相应的建议：加强公司上下部门间信息系统的完整性，开发一套全新的招投标系统，

并配备专人进行定期检查，系统内的数据自动上传至公司总部数据库。通过以上措施完善招投标的内部控制程序，堵塞违规招投标的漏洞，很好地实现了内部审计的预防保护作用。

②内部审计的服务促进作用。内部审计在保护企业财产的安全、完整、保值、增值方面和健全领导干部的监督管理、促进廉政建设方面，取得了成效，发挥了重要的作用，且对改进企业的经营管理起到了较好的促进作用。LZ公司审计部通过实施形式上的任期经济责任审计，实质上的海运费舞弊审计挖掘出贾总经理及其背后隐藏的海运费舞弊手段，在促进海运部廉政建设方面取得了一定的成效，促进了LZ公司的经营管理。

③企业内部信息不对称问题。内部审计是在受托经济责任关系下，基于经济监督的需要而产生和发展的，它是经营管理实行分权制的产物。由于内部审计部门不直接参与企业的日常生产经营管理活动，同时具有一定的独立性，通过开展深入细致的审计项目，了解各项生产运营的具体情况，缩小信息不对称的差距，帮助企业建立通畅的信息沟通渠道，促进企业目标的实现。在本案例中，由于海运费自身不确定性高，且参与海运费合同订立的人员较少，公司其他部门对海运部的了解少之又少，企业内部信息存在较大的不对称问题，LZ公司内部审计部门通过此次海运费审计进一步了解海运费招投标流程及市场基本报价的具体情况，缩小了企业内部信息不对称的差距。

④降低企业支出成本。组织价值包括经济价值、社会价值和顾客价值等，具体体现为利润增长、成本节约、社会责任和环境保护，其中成本节约是组织价值增长的重要一项。审计部通过将2016年1月至9月海运费的数据与同行业及海运公司数据对比发现LZ公司海运费高出市场价几倍，实施海运费舞弊审计有助于规范海运费价格，节约企业成本，实现内部审计带来的价值增长。

三、关键要点

1.关键点：在海运费无标准、系统信息录入不完善等的情况下，内部审计形式上对公司总经理进行任期经济责任审计，而实质上对海运费进行舞弊审计，通过市场调研分析、中标标底公司比较分析等方式获取相应审计证据，核实海运费舞弊这一事项。

2.知识点：任期经济责任审计、舞弊审计的识别与判断，审计方案实施途径、审计方案的选择，无参考标准下的审计程序，信息系统失效时的审计策略。

3.能力点：审计方案的选择能力，无参考标准时审计策略的选择能力，信息系统失效时审计证据的收集能力。

四、教学组织方式

本案例可以作为专门的案例讨论课程来进行，以下是按照时间进度提供的课堂建议计划（案例课程时间控制在80~90分钟），仅供参考：

开场（10分钟）：简要的课堂前言，一定的阅读时间保证对材料的熟悉程度。

分组讨论和小组发言（25分钟）：告知讨论和发言要求，分4—5组进行讨论，形成统一意见后，每组派一名代表进行展示。

课堂讨论（控制在40分钟内）：

讨论问题1（10分钟）；

讨论问题2（10分钟）；

讨论问题3（10分钟）；

讨论问题4（10分钟）。

案例讨论关键点总结（10分钟）：归纳发言者的主要观点，重申其重点及亮点，提醒大家对焦点问题或有争议的观点进行进一步思考，建议大家对案例素材进行扩展研究和深入分析。

>>>> **案例九使用说明**

一、教学目的

1.适用课程：本案例主要适用于审计学、公司治理与内部审计等课程。

2.适用对象：本案例适用于MPAcc、MBA、企业高级管理学员等。

3.教学目标：本案例旨在引导学员掌握企业进行标的无标准招投标业务管理与审计的精要思路与方法，理解招投标审计在企业价值提升与创造中的作用，熟悉招投标审计工作。首先，学员可以通过市场调研、询价、沟通、借助专家的工作等手段，获取招标项目的价格等相关数据信息；其次，引导学员发现审计过程中出现的挑战和应对挑战的关键路径，思考应对的思路和方法；最后，通过本案例的学习与讨论，认识到内部审计的增值功能。

二、分析思路及理论依据

（1）分析思路

教师可以根据教学目标（目的）灵活使用本案例，以下分析思路图仅供参考，如图10所示：

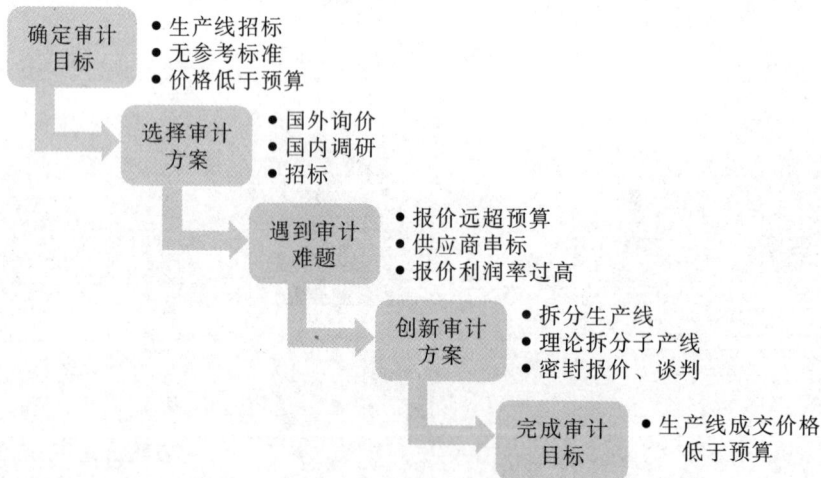

图10　分析思路图

（2）理论依据

合谋理论。基于经济交易活动中的委托-代理关系，主要存在两类合谋；第一类是代理人之间的合谋，由于代理人之间效率水平不同，在面对委托人时会有权衡，因而容易形成结盟，在工程招投标中，这类合谋主要表现为投标人与投标人间的合谋；第二类是委托人与代理人之间的合谋，由于在委托代理机制下，如果委托人没有给予代理人足够的激励，代理人就有动机寻求更大激励，从而与监管者形成合谋，在工程招投标领域中，这类合谋主要表现为招标人与投标人的合谋。本案例主要出现的合谋就是第一类合谋，通过密封报价等手段，防止投标人之间的合谋。

协同理论。因为不同单位间的相互配合与协作，部门间关系的协调，企业间相互竞争的作用，以及系统中的相互干扰和制约等情况的存在，整体不等于部分的简单相加，整体在功能上大于各部分之和。协同理论认为，系统能否发挥协同效应是由系统内部各子系统或组成部分的协同作用决定的，协同得好，系统的整体性功能就好。如果一个管理系统内部，人、组织、环境等各个系统内部以及它们之间相互协调配合，共同围绕目标齐心协力地运作，那么就能产生1+1>2的协同效应。协同理论主要解决整体招标和拆分招标的价格差问题。

三、案例分析

1. "标"新带给招投标审计的挑战以及应对挑战的关键路径有哪些？

（1）分析思路

在解决该问题时，学生应该找出本案例中存在的挑战。"标"新带给招投标审计的挑战主要在于：①进口国际一流、国内无先例的生产线，没有标准可以参考，没有相应的参考数据；②预算有限，整条生产线招标远超预算而心中无数；③审计部采用拆分生产线招标的方式，按子产线分开竞标，但竞标价格与预算仍有一定差距；④审计部采用理论拆分后，价格下降不明显；⑤A公司不了解供应商的利润情况，难以探得供应商利润底线。随后介绍理论依据在应对挑战时的具体应用，得出运用理论之后的结果。

（2）问题解决

①在进行无参考标准的生产线项目招投标时，获得参考数据的方法。

A公司是我国一家传统机械制造企业，计划购进新生产线。A公司审计部负责新园区生产线的招投标及相应的招投标审计，A公司预算有限，审计部必须在预算内以最低的价格完成该项目。A公司新园区生产线采用的是国际上最先进的技术，项目十分新颖，没有可供参考的前例，采购价格区间难以确定，所以A公司审计部首先要解决的就是获得市场上类似生产线的价格，并将其作为基础，逐渐降低，直至达到预算要求。

审计部与A公司瑞士技术开发公司海外技术研发部进行沟通，获得了2家瑞士企业和3家意大利企业的类似生产线价格，瑞士的I企业、J企业的价格分别是2.10亿元、1.58亿元，意大利的K企业、L企业、M企业的价格分别是2.20亿元、2.00亿元、2.15亿元。这些数据是在A公司审计部与海外技术研究院沟通的过程中获得的，是A公司审计人员在审计过程中就相关审计事项与相关人员进行沟通的结果。数据来源于己方公司人员，并且是技术研发部，所以该数据信息较为可信。

审计部选择了国内4家拥有技术资质的供应商进行询价，得到N企业、O企业、P企业、Q企业的价格分别是2.10亿元、3.00亿元、2.60亿元、2.50亿元。通过这些询价得来的价格可以看出，国内供应商的类似生产线价格远高于A公司预算，降低价格便成了A公司审计部要解决的重大问题。询价的优点主要是操作简单，效率较高，只需要进行简单询问即可，但是供应商出于获取更多利益的考虑，可能故意报高价格。

审计部通过对同行业同规模企业的类似生产线价格的收集和研究分析，调研得出，R企业、S企业、T企业、U企业的类似生产线价格分别是1.90亿元、2.20亿元、1.80亿元、2.40亿元。通过对同行业较小规模企业的类似生产线价格的收集和研究分析，调研得出，V企业、W企业、X企业的类似生产线价格分别是1.00亿元、1.30亿元、1.15亿元。通过调研结果我们可以看出，只有国内规模较小企业的类似生产线价格低于预算价格，但这些规模较小企业的生产线质量与我们的要求相差甚远，所以摆在 A 公司审计部面前的问题是质量达标的、价格过高，价格低的、质量不达标。不同规模企业的生产线看似相同，实则在工艺、生产方式等方面有差异，不能一概而论。这种方式获得的报价参考价值有限。

A 公司招标部门在全国范围内发起竞标，通过发布招标公告发出该生产线招标采购的信息，提出所需采购的生产线项目的性质及其要求，有意参与竞标的企业参加竞标，审计部审核后，其中 8 家符合资质的供应商报价分别是 1.90 亿元、1.85 亿元、2.10 亿元、2.00 亿元、2.50 亿元、2.25 亿元、2.00 亿元、2.30 亿元，竞标企业的生产线报价也远高于 A 公司预算，A 公司审计部亟须降低这些价格，节约成本。在公开招标中参与竞标的企业较多，竞争也较充分。

②整条生产线招标价格太高，拆分成子产线分别招标。

审计部第二次会议的主要结果是将整条生产线拆分开，以此来降低供应商报价，并且在技术研究院专家的支持下，确认可以将整条生产线拆分，并且 A 公司技术研究院根据审计部的要求，分别得出按技术、流程、工艺将整条生产线拆分为 2 条、4 条和 6 条三个方案。

A 公司审计部负责的生产线招标面临的主要问题是生产线价格无法降低，必须采用有效的审计手段降低价格。拆分招标是降低价格、增加竞标企业之间竞争的重要方式。审计部其实并不清楚哪一种拆分方式合适，只能通过再一次组织招标来确定。但是这里的分析，需要注意技术研究院专家给出的一个重要信息"生产线拆分得越细，后续的安装调试成本越高，平均每多细分一条会增加 100 多万元的成本"。在第二次招标之后，需要结合这个约束条件来分析。分段招标或拆分招标最直接的目的就是降价，但是拆分也有弊端。一个工程项目，拆分得越多，则影响项目进度的因素就越多，拆分就涉及安装、调试的问题，拆分过细就会增加安装等成本费用，最后降低的价格尚不足弥补安装的成本费用。审计部综合考虑之后选择了性价比最高的按 4 条子产线拆分的方案。

固化方案。这次招标不同于上一次招标，因为将整条生产线拆分成不同的部分，这些部分是技术研究院在竞标企业设计的基础上固化得来的，报价直接具体到拆分的子产线，并且每条拆分的子产线只让两家竞标企业入围，目的还是使竞标企业互相竞争博弈，降低报价。

③拆分成子产线后报价依旧远高于预算，理论拆分进行分项招标。

整条生产线根据分段招标理论确定可以拆分，并且选择了拆分为 4 条子产线的方案，但是最棘手的问题——价格，仍然没有得到有效解决。尽管拆分成子产线报价比整条生产线直接招标时已经下降，但比起 1.36 亿元的预算仍有较大距离。虽然价格没有降低到 A 公司财务部预算的要求，但拆分能够降低价格却是这次招标的一个最重要的结果，审计对于分得越细致的东西就越熟悉，越能够获知详尽的信息，高价中标的风险就降低了。既然价格没有降低，那么问题不是在于拆分，而是在于需要进一步地改进拆分。审计部提出将 4 条子产线继续拆分为零部件，让供应商按零部件进行报价，但这个方案被技术研究院的专家直接否决，原因是拆分越细，安装成本越高，这就陷入了困境。

"只有理论上的可行性"，审计部要的是可以拆分，因为只有继续拆分报价才有可能下降。因此，审计部提出理论拆分。审计的方法包括检查、观察、询问、函证、重新计算等，在沟通中审计很容易获取关键信息，理论拆分也源自沟通之中。理论拆分只是让竞标企业在填写报价时，不再是粗略地填写子产线的价格，而是要将子产线零部件的价格写清楚，汇总得到子产线总的价格。那么，针对A公司较为熟悉的零部件，审计部可以通过对获取的资料进行比对，供应商也知道A公司具有这方面的实力和经验，在填写零部件报价时，必然不敢再以高价竞标。

④理论拆分后报价下降不明显，密封报价防止串标。

理论拆分后报价下降不明显的原因可能包括：

第一，串标。理论拆分之后，对于A公司较为熟悉的零部件，A公司有能力和经验对其价格进行评估，因此供应商在填写零部件报价时，会将价格降低进行竞标。

入围的供应商只有8家，并且在8家企业中，有2家企业同时入围了2条子产线，其实只有6家企业入围，H子产线入围的是U公司和V公司，I子产线是W公司和X公司，J子产线是W公司和Y公司，K子产线是V公司和Z公司，竞标价格相较于上一次并没有明显的下降，存在供应商事先知道拆分产线招标而私下合谋串标的可能。其中一个投标人高价中标后，给予其他陪标人一定比例的金钱作为补偿，共同牟取不法利益，损害A公司的利益。

第二，竞争不充分。只评选8家企业入围，竞争对手少，供应商之间竞争压力小，互相没有构成很大的威胁，竞争不充分，报价难以降低。

解决方法：第一，密封报价。本案例中采用的就是第一密封报价的方法，买方之间互不知道彼此的报价，有效地防止了串标。报价最低者中标，因此招标人在选择评标方式时应尽可能选择最低报价者中标。招标控制价为最高限价，是招标人的保留价格，招标控制价的设立可以有效减少密封招标中的合谋与败德行为，保证密封招标机制的正常运作，实现招投标价格最优。第二，增加竞标方数量。增加竞标者人数可以降低招标人成本，加大竞争力度，也可以增加串标的难度，从而降低供应商的报价。案例中增加竞标企业的数量，进行第四次招标，报价进一步降低，但由于生产技术和经验方面标准高，新进参与招标的企业未能满足A公司的要求，最后入围的仍是原来6家企业，但扩大竞争有效地降低了这6家供应商的报价，与预算的差距进一步缩小。

（3）剖析竞标明细表，聚焦利润率

为了将招标价格降低到预算以下，审计部已作出了很多努力：调研、询价、拆分产线、理论拆分、密封报价等，但是密封报价后的结果仍和预算有较大偏差，那么如何设计方案将价格进一步降低成为最后的难点。

审计部在不断将生产线进行拆分招标的过程中，供应商报价确实有所降低，但是密封报价时已经按照4条子产线理论拆分成零部件进行招标了，不可能再利用拆分降价的思路来进行，零部件即使能再细分成更加精细的部件，不仅方案会变得烦琐，而且后续的成本也将大幅度增加，不符合成本最低原则。审计部采取密封报价和扩大供应商范围的方法，已经在很大程度上解决了串标的问题，可见价格没有降低并不是因为串标。同时，如果继续采取密封报价方案，可能不仅白白增加招标成本，还会使供应商有一种不信任的感觉，挫伤供应商的积极性。

在密封报价后，子产线价格仍未降下去的时候，审计部采取的方案：

①分析供应商报价构成，分析其利润率。经过多次招标报价和调研询价，该公司已经

掌握了生产线大多数组成部分的价格区间，可以大致计算出子产线的价格区间，唯一不能确定的就是利润部分。从供应商的报价明细中得到其利润率区间为10%~12%。审计部分析这部分属于无形价值，包括品牌价值、技术工艺和预期回报。

②调研市场利润率，分析合理区间，并与供应商谈判。审计部认为，这类项目和产品的市场利润率并没有达到10%，由于对于该部分利润率不了解，他们进行了专家咨询和市场调研，获得了较为客观的利润率。最终与供应商谈判时，拿出子产线价格构成明细以及利润率分析的资料，供应商松口降价，生产线报价终于低于了预算。

③优势分析。分析生产线利润率，首先，可以对审计部不熟悉的利润部分进行调研、询问来了解价格，对价格、利润的构成明细表进行分析，从而让审计部在谈判时增加筹码。其次，对生产线利润率的分析，也加深了审计部对生产线价格构成的了解，可以将这种思路应用到更多生产线招标审计中，给其他的审计工作提供借鉴和参考，提高审计效率。对于同行业公司以及今后进行类似的招投标项目，应建立相关体系与指标，保证招投标活动规范有序地实施。

2.本案例中审计方案是否为最优，还有哪些值得完善？

（1）分析思路

在解决该问题时，学生应了解到招投标审计过程中以下两个阶段存在并行方案：①在整条生产线拆分成子产线时，案例中是拆分成4条子产线分别招标，按照不同的拆分标准，还可以拆分成2条和6条子产线进行招标；②防止竞标企业之间串标、围标行为时，案例中采用的是第一密封报价法，除此之外，还可以采用荷兰式拍卖、第二密封报价法、竞争性谈判和竞争性磋商等方法。学生在思考这个问题时，应对各阶段这些具有可行性的审计方案进行优劣对比分析，从而判断最后实施的审计方案是否最优，提出改进建议。

（2）问题解决

①整条生产线招标价格太高，拆分成4条子产线分别招标。

评价三个拆分方案的优劣：第一，拆分为2条的方案。生产线拆分越少，其整体性越好，安装调试的成本就越低，安装工艺越简单。但是，拆分越少，价格就越是和没有拆分的价格接近，拆分少就不能满足降价的需求。第二，拆分为4条的方案。生产线拆分越细，产线合计的价格应该越低，并且4条的价格合计应该较2条的价格降低。但是拆分越细，整体性越低，安装调试的成本就越高，安装工艺越复杂。第三，拆分为6条的方案。拆分为6条的方案，已经拆分得很细，整体性是最差的。就安装调试的成本和工艺而言，都是最高、最复杂的，尽管在价格上比拆分为2条和4条的价格都低，拆分招标能使产线价格降低，数个供应商竞标成功后分别生产，投产进度也将大大加快，对于A公司的B分公司新园区建设投产更加有利，但案例中通过第二次招标得到的报价情况显示：拆分为2条子产线的方案报价远高于其他方案，拆分为6条子产线的方案虽然价格略低于拆分为4条子产线的方案，但技术研究院之前说过生产线拆得越细，后续的安装成本基本上递增，对比两个方案的最低报价，高出的安装成本自然远高于173万元，这样看来拆分成4条子产线的方案暂时最佳，审计部最终选择了拆分成4条子产线这一方案。

结合给出的三种拆分标准，可以让学生试着搜集资料，探究有无其他拆分方案。如果学生提出其他方案，只要言之有理即可。

②在防止竞标企业之间串标、围标行为时，采用第一密封报价的方法。

本案例中4条子产线拆分为零部件之后的密封报价属于"第一密封报价"，就是由出价最低的企业中标，获得产线的承包权。下面介绍其他几种方法：

第一，"荷兰式拍卖"。在案例中，可以使用这种方法，参与竞标的企业就不敢贸然举牌应答高价，因为只有一次机会，一旦自己觉得有高于自己心理预期的价格有利可图举牌时，自己就不可能获得机会了，竞标企业会慎重考虑举牌，这样对招标企业而言价格势必会有所降低。目前，这种方式理论上可行，此项目中在竞标方谁最先应价的认定方面争议较大，只适合一些特殊招标项目。

第二，密封报价招标模式。按照这种招标模式，招标方要求各投标人提交密封的投标书，工程将发包给出价最低的投标人，并以次低投标报价的价格与该投标人签订合同。在案例中，参与竞标的企业要想中标，必须保证自己的报价最低，即便可能是成本价中标，但是最后签订合同时，合同价格是次低的报价，对于自己的"损失"也有一定的弥补，在中标企业心理上也能接受。

第三，竞争性谈判。根据财政部财库〔2014〕214号《政府采购竞争性磋商采购方式管理暂行办法》的规定，在政府采购中不适合公开招标，进而引入竞争性谈判和竞争性磋商。竞争性谈判主要指公司谈判小组和已通过初始条件的货源商家在货物预订、工程实施和提供服务方面进行协商，商家根据谈判小组的具体要求作出回复，提供最终价格。负责采购的人员从符合条件的商家中选择确定最终的货源供应商以及供货方式。谈判小组所有成员与每一家供应商分别谈判，在规定时间内进行二轮报价以及最终报价，采购人根据采购需求、质量等，且报价最低的原则，从谈判小组提出的成交候选人中确定供应商。

第四，竞争性磋商。这是指负责采购的人员或代理机构建立竞争性磋商小组，在货物预订、施工规划、提供服务方面和有合作可能的货源商家进行商议，而货源商家则根据磋商小组的具体要求进行回复，修改最终报价，而负责采购的人员经过研讨后最终选出货源商家的名单，选择相应采购方式。磋商小组成员与每一位供应商进行磋商，明确采购需求之后，要求所有供应商提供最终报价，然后按照磋商文件规定的各项评审因素进行量化指标评审，得分高的供应商作为中标候选人。

这几种方式都应用于特殊类别的、技术先进的、确定不了具体参数和详细步骤的、市场尚不成熟的招标。普通招标和竞争性谈判主要还是看"价格"。竞争性磋商，主要看的是"综合"，第一步磋商是明确采购需求，使投标更符合实际，第二步是最终报价，综合打分，更多的是对供应商综合能力的考评。本案例具有无标准、无前例可供借鉴的特征，可以借鉴上述两种方式。在进行审计方案的选择时，应进行优劣对比分析，充分考虑各方案的可行性。该类型的招投标项目，专家的建议是十分重要的。

3.整体招标和拆分招标的价格差的经济意义是什么？

（1）分析思路

学生在思考这个问题时，首先要对比各次竞价的标的物，从而聚焦于单项资产和资产组，了解单项资产和资产组的概念和内涵，分析出报价差异的根源在于整装工序中的整装成本、整装利润和技术收益。在此基础上对比各次招标的报价明细，总结出在整条生产线、拆分后的子产线中内含的各项无形资产的价值是不同的；最后再对各报价中所包含的无形资产价值进行思考和评价：其价值是否合理，为什么在不同的招标方式下，价值总额差异巨大，怎样更加科学地评估无形资产的价值。

（2）问题解决

①对比各次竞价的标的物。

分析案例正文可知，第一次招标的标的物为整条生产线；第二次招标的标的物为拆分后的子产线；第三次招标直到最后商务谈判的标的物均为理论拆分后的分项，其中有零部件，也有不能拆分的设备组合。相对于整条生产线而言，子产线是单项资产，生产线是资产组；相对于子产线而言，设备组合和零部件是单项资产，子产线是资产组；而就定义而言，零部件是单项资产，其他则都是资产组。资产组相对于单项资产，除了相同的实体设备价值外，还包括一些无形资产的价值。

在进行工程项目招标时，整体招标是资产组形式的招标，而拆分招标是单项资产形式的招标。整体招标与拆分招标相比，整体招标多了一道非常重要的整装工序，其中包含技术含量，在整装过程中需要付出整装成本，也蕴含着供应商对整装利润和技术收益的要求。在整装工序中，整装成本为安装时的人力、物力、劳务支出，体现为报价明细中的安装调试等费用，整装利润为供应商商标权带来的品牌价值，技术收益则是技术工艺价值，品牌价值和技术工艺价值即为前文中提到的资产组相对于单项资产多出的两项无形资产价值。

它们之间的关系可以用下列公式表示：

资产组价值 = 各单项资产价值之和 + 无形资产

②对比各次竞价的报价。

无形资产是一种隐形存在的资产，这种资产往往依托于一定的实体才能得以体现。在对标的物进行分析之后，我们得出各次招标价格之间的差异主要是由无形资产引起的，所以我们进一步分析各次招标的报价。由报价表可知，第一次招标的最低报价为1.85亿元；第二次招标以拆分成4条子产线的方案为例，其最低报价为1.65亿元；理论拆分后的招标最后报价即商务谈判报价为13 560万元。

由第一次报价和第二次报价对比可知，其最低报价的差价为0.2亿元。这里选择拆分成4条子产线的方案是以流程为分类标准进行的，各自建成后并不需要再进行产线的组装，而是在各自生产出产品后再将产品进行组装，无形资产中的技术工艺价值已经包含在子产线的报价中。所以，相对于拆分之后的子产线，生产线整体招标的报价中无形资产的价值主要是品牌价值，也就是上述0.2亿元的主要构成。

由第二次报价和商务谈判价格对比可知，其最低报价的差价为2 940万元，商务谈判时的招标标的物已经是零部件和不可拆分的设备组合，它们是需要进一步组装成完整的生产线的。虽然在明细表中已经支付了安装调试费用，但是安装调试的效果因公司而异，所以这里还是存在无形资产的，无形资产的构成是技术工艺价值和品牌价值，但是相对于整条生产线中包含的品牌价值，这里的品牌价值显然要少很多，是次要组成部分，2 940万元的差价主要是无形资产中的技术工艺价值。

③对无形资产价值的思考和评价。

从上述分析可知，各次报价之间的差价主要来源于无形资产，它绝大部分是由品牌价值和技术工艺价值组成的。而案例正文中提到，在第四次招标结束之后，报价总额仍略高于公司预算。审计部讨论提出了无形价值的概念，无形价值包括无形资产和供应商对产品的预期回报利润。然后审计部对无形价值的高低提出了质疑，并采取一系列的措施，最后让供应商们再退一步，在预算内完成了任务。

根据前文分析可知，对比几次招标，供应商的报价中存在近2 000万元的品牌价值，近2 940万元的技术工艺价值，以及第四次报价明细表中供应商以产品成本或总成本的10%～12%作为利润。因为招标方式的不同，招标标的物的不同，案例中A公司对整装工序中的品牌价值和技术工艺价值进行规避、剔除，再对它们单独计价，获得了成功。那回过头来想，在这次招投标过程中，供应商们的报价体现出来的技术收益价值和整装利润价值是否合理呢？是不是存在供应商利用信息不对称，而牟取超额利润的行为呢？在以后的招投标审计决策中又应该怎样展开招标，更加科学地评估无形资产的价值呢？学生们可以开放式回答，言之有理即可。

4.招投标审计为公司价值的创造与提升的贡献在何处体现？

（1）分析思路

结合案例正文，从内审部门需要完成的审计目标入手，考虑其实现目标的过程及结果，分析给公司带来了哪些增值，增值是如何体现的。引导学生探索学习内部审计在公司治理中的作用以及对其的价值认可。

（2）问题解决

此次招投标审计的目的是在预算价格内完成国际一流标准的生产线的招标，面对无标准、报价高等重重困难，审计部采取了巧妙的手段将困难一一克服，最终实现了审计目标。招投标的完成很好地突出了内审部门的作用，其为公司的价值创造作出了很大的贡献，具体体现在以下两个方面：

直接作用：生产线最终成交价格低至预算范围内，为公司节约了7 400多万元，这便是内部审计的直接作用体现。为公司节约了成本，完成了这个棘手的产线招标，为公司后续的生产经营活动提供了很大的便利，提升了公司经营的效率。

间接作用：首先，此次招投标活动属于无参照无标准并且产线成本和质量的要求都处于较高的水平，内审部门通过完美地完成审计目标，为公司以及同行业其他公司的类似招投标项目提供了参照。其次，高水平的内审工作以及国际一流产线的成功建设为公司赢得了良好的形象。再次，审计部在克服瓶颈的过程中，其审计思路、方法和手段的提出本身就具有一定的借鉴价值，为公司内部管理活动积累了经验。最后，招投标内部审计在降低风险方面作出了贡献。审计部要审查投标人的合法性，包括投标人是否为正式注册的法人或其他组织，是否具有独立签约的能力，是否处于正常的生产经营状态。在要求资质的招投标中，要特别重视对投标人的资质认证的核实。此外，审计部提出密封报价行为避免了关联方共同投标的"陪标"现象。通过以上的审查，检验投标人实施投标项目的能力，筛选出最具竞争力的投标人。

此次招投标审计不仅为A公司以后类似的招投标项目提供了思路和方法，对于同行业的其他公司也具有丰富的参考价值。

四、背景信息

A公司主要从事工程机械如混凝土泵车、挖掘机、起重机等的研发制造，已经成为工程机械行业的翘楚。一鸣惊人的A公司并不满足当前取得的成绩，制定了更上一层的战略目标，要作装备制造业的世界级企业。2013年，A公司并购了一家瑞士的技术开发型公司，设立了研发部，实现走出去战略。

2013年，受宏观经济影响，我国工程机械行业开始告别高速增长的黄金时代，进入行业收缩期，A公司的业绩开始下滑，面临着前所未有的挑战。

2017年在C市竣工的B分公司新工业园区项目是A公司在未来经营中的关键一环。B分公司以前设在城区，由于近几年C市要作城镇规划，不得不考虑搬迁。新工业园区建成后，接下来要考虑内部工艺设计，A公司希望达到国际先进水准，树立品牌形象，在经济环境不乐观的情况下尽可能保持领先地位。但是国际先进水平的建设不一定适应中国，而本土化后的建设也缺乏可参照的对象，这样就没有可以估算的招标价格区间。因此A公司决议通过招投标审计，采用将生产线进行合理拆分，分项招标的方法保证此次招标顺利完成。

五、关键要点

1.关键点：无标准无参照的招标是困难的，生产线的拆分，尤其是理论拆分的方法对这个项目的顺利进行至关重要，对A公司的产线拆分依据和分项标准加以分析，并提出如何进行完善拆分的方法。

理解A公司招投标审计的审计决策背后的隐患问题，意识到在该方案实施过程中竞标顺利进行并完成的最主要原因是理论拆分下子产线分项竞标的合理性，既能降低购置成本又不影响其完整性、使用性和可持续性，同时竞标内容绝佳的保密性防止了供应商们串标情况的发生。经过多次密封报价和商务谈判，一次次降低供应商的报价，并且不仅仅从标价考虑，还要从供应商能力考虑，即低价竞标之后，是否能够提供质量有保证的产线，以及后续的安装、维修等。

在此项目的招投标审计的进行过程中，分别需要把握住哪些关键点，如何保证物美价廉、保证最后竞标结果的性价比，防范可能因拆分生产线投标而出现的风险。

A公司招投标审计实现了内部审计的增值功能，这部分在何处得到了体现，对今后的类似项目有怎样的启示。

2.知识点：项目招投标审计，审计方案的拟订，无参考标准情况下的审计程序、审计方法的实施途径，生产线拆分、子产线理论拆分招标、密封报价。

3.能力点：审计方案的拟订和改进能力，无参考标准时的信息获取能力与应变能力，审计方法的选择能力，审计方案实施效果欠佳时的方案修正能力。

六、案例的后续进展

A公司审计部在2016年7月份提交了《B分公司生产线招投标审计报告》给公司副总裁，公司高层研究决定采用审计部的方案，与中标的几个供应商签订项目合作书，正式开始进行生产线的采购。2017年12月8日，A公司组织召开B分公司生产线安装投产的汇报会议，副总裁在会议中高度赞扬审计部的工作，生产线已经安装完成。截至2018年5月案例提交时，新工业园区生产线已经开始生产产品。

七、教学组织方式

本案例可以作为专门的案例讨论课来进行。如下是按照时间进度提供的课堂计划建议，仅供参考。

整个案例的课堂时间控制在90分钟以内。

1.问题清单及提问顺序、资料发放顺序

本案例讨论题目依次为：

（1）"标"新带给招投标审计的挑战有哪些？如何应对挑战？

（2）本案例中审计方案是否为最优，还有哪些值得完善？

（3）整体招标和拆分招标的价格差的经济意义是什么？

（4）招投标审计为公司价值的创造与提升的贡献在何处体现？

本案例的参考资料在讲授有关知识点之后一次性发给学员。

2.课时分配

课前计划：发放问题清单和参考资料，请学员在课前完成阅读和初步思考。

课中计划：

（1）回顾案例和思考题：约10分钟；

（2）小组讨论并提交分析报告提纲：约20分钟；

（3）课堂小组代表发言、进一步讨论：约40分钟；

（4）课堂讨论总结：约20分钟。

课后计划：请学员采用报告形式给出更加具体的解决方案。

>>>> 案例十使用说明

一、教学目的

1.适用课程：本案例主要适用于审计学、审计理论与实务等课程。

2.适用对象：本案例适用于 MBA、EMBA、企业高级管理学员等。

3.教学目标：本案例旨在向学生介绍公司资源配置最优的绩效审计分析方法，介绍内部审计在公司经营管理中的作用。着重引导学生理解绩效审计如何面对具体的项目，提出不同的指标与方法和不同的管理建议。

二、思考题及分析要点

1.绩效审计结论是绩效提升了，但是否都是剥离环境产业带来的绩效？

从相关者利益的角度分析剥离环境产业带来的绩效，包括对股东价值而言、对企业价值而言、对资本市场而言、对潜在的股东而言的财务与非财务的绩效。

同时，由于剥离环境产业产生了大量的现金流，那么理财收益是否考虑，资金使用效益是否考虑？

机械行业回暖、"一带一路"倡议沿线海外市场收益的提升，这些都影响了剥离后收益。

另外，股权激励计划的实施也应该产生了一定的绩效，这也影响了剥离效益。

因此，在分析剥离绩效时，要考虑不同利益者的不同指标，而且剔除不属于剥离产生的绩效。

2.选取的审计评价方法与指标是否恰当？

比较绩效时，要考虑剥离环境产业获取的收益，其资金的使用效益是否大于剥离后环境产业产生的盈利？同时，考虑剥离绩效，是否要考虑剥离前 A 股份有限公司的价值是否大于剥离后的 A 股份有限公司加环境公司价值呢。

计算绩效时，主要是横向比较，没有对剥离前后的股份公司与环境公司绩效的整体假设比较。

搞清楚股东价值与企业价值的差异，以及股价与企业价值、股东价值的联系。

3.从财务报告数据分析结论能判断公司遇到的困境吗？

公司遇到的困境可以考虑：政治经济环境（"一带一路"倡议）、公司国际市场、公司技术储备、公司国际化人才、不同国家的政治文化与经济背景；考虑公司创新能力、智慧制造、信息化平台以及公司内部协同效应；考虑公司产品标准研究。

4.提出的建议依据充分吗？具体如何落实？

对面对的困境，公司的具体战略：深耕主业、扩展海外市场、开辟后市场。公司深耕主业的技术屏障与资金保障、公司管理成本与风险控制、公司人力资源配置与国际化发展、智能制造的规模与先进度等都是公司面临的困境。

面对机械产业深耕，应从客户个性需求、市场占有率、技术领先度、成本优势等方面分析；海外市场：主要是如何跟随国家战略，获得国家的推出名片；如何处理海外市场价格竞争与技术转移问题；国际化人才的培养与稳定问题；后市场：主要保持后市场产品品牌的整体效益、规模化降成、物联网跟踪、互联网销售与结算。

三、教学组织方式

1.问题清单及提问顺序、资料发放顺序

本案例讨论题目依次为：

（1）绩效审计结论是绩效提升了，但是否都是剥离环境产业带来的绩效？

（2）审计的评价方法与指标是否恰当？

（3）从财务报告数据分析结论能判断公司遇到的困境吗？

（4）提出的建议依据充分吗？具体如何落实？

本案例的参考资料及其索引在讲授有关知识点后一次性发放给学员。

2.课时分配

（1）课前自行阅读资料：约60分钟。

（2）小组讨论：约40分钟。

（3）分小组发言：约30分钟。

（4）课堂总结：约20分钟。

3.讨论方式

本案例可以采用小组讨论的方式进行。

4.课堂总结

课堂讨论总结的关键是：归纳发言者的主要观点；重申其重点及亮点；提醒大家对焦点问题或有争议的观点进行进一步思考；建议大家对案例素材进行扩展研究和深入分析。

>>>> **案例十一使用说明**

一、教学目的

1.适用课程：本案例主要适用于审计实务、计算机审计技术等相关课程。

2.适用对象：本案例适用于MBA、EMBA、企业高级管理学员等。

3.教学目标：本案例旨在引导学员面对单位庞大的业务数据和财务数据时如何及时调整审计思路，变被动为主动；怎样借助计算机辅助功能等一系列有效工作方法，使审计工作得以顺利实施。通过本案例教学，既向大家展示出一个基层审计机关面对庞大的审计数据，遇到审计困难时的决策思路和工作技巧，也试图告诉大家：审计人员除了要掌握必要的理论知识和相关的业务知识外，也需要借助一些前沿的审计手段，细心关注工作中每一个可能有关的细节，查明问题、提出建议、完善制度。本案例通过提问方式（如面对阻力如何打开审计局面？缺乏经验如何着手？查出问题如何处理？如何提升审计成果？），激发大家思考并提出采取的有效措施，达到相互交流、相互学习、相互借鉴的作用。

二、思考题及分析要点

教师可以根据自己的教学目的来灵活使用本案例。这里提出本案例的分析思路，仅供参考。

1.根据案例中的情景，结合被审计单位的实际情况，请分析，如果你是审计组长，医院的收入大部分是医疗收入，财政拨款比例只占很小部分，你觉得医院要不要审？审或不审会面临哪些风险？

教学要求：

（1）分组后，引导教师简单介绍一下医院的特点。

（2）学员开展讨论，同时请各组推荐出一名代表收集、汇总本组讨论意见，并进行发言或补充发言。（20分钟）

（3）授课教师小结。（10分钟）

①归纳、提炼学员们提出的处理方法；

②公布本案例的做法：审计组长决定审计。一是《中华人民共和国审计法》规定及李克强总理讲话指出，审计工作人员为重大政策落实的"监督员"和人民利益的"守护神"，国家审计既要关注财政资金，又要关注领导的重大决策、政策的落实，而医院审计关系到医改政策的执行情况。二是医疗救助涉及老百姓的切身利益，其资金使用是否真实、补偿标准是否执行到位等问题，都需要通过审计来落实。三是审计应服务于政府，审计需要了解老百姓"看病难""看病贵"的根源，是否存在幕后交易和腐败问题。四是对于缺乏大型数据审计经验的项目，可以学习、探索、积累相关审计经验，为以后审计相关事项打下良好基础、提供人才保障。

2.审计组长听取了审计组的情况汇报。对于庞大业务量，以及审计组自身缺乏相关审计经验等情况，应该采取哪些措施解决审计组面临的困难？在解决审计力量与审计事项或审计任务不匹配的问题上，你有何高招？

教学要求：

（1）引导学员开展讨论，各组派专人收集、汇总各组讨论意见，并进行发言。

（2）授课教师小结。

①归纳、提炼学员们提出的好方法：

一是加强对医疗政策、规定与业务流程的了解。二是转变审计思路，采集相关业务数据，充分利用计算机辅助审计。三是借助外围数据，采集其他与医疗收费相关的数据，如新农合业务数据、公安或计生人口数据等。四是内外结合，充分利用计算机成果与财务资料综合分析。五是注重调查，医疗涉及面较广，从参保、住院人员入手，调查收费是否合规，补贴是否合法，对下拨资金一查到底，如有腐败，请纪检部门配合审计工作。

②公布本案例的做法：

在解决不配合问题上，一是鉴于数据量大的问题，应借助计算机辅助审计的功能，采集医院收费系统及相关部门的业务数据比对、分析。二是造声势，以向县委、县政府汇报等方式，利用政府的威慑作用和舆论的导向作用为审计调查寻求工作支持，解决有关科室对审计的不支持、不配合问题，以走出目前审计局面难以打开的困境。三是在解决基层审计局自身缺乏大型数据式审计经验问题上，采取了以下措施：首先，用请进来的方式，请其他区、县、市或上级审计机关有经验的审计人员讲解审计方式，让审计人员充分了解目前医疗保险审计工作的业务流程、社会背景和政策环境，并在兄弟市、县经验的基础上，摸索出适合本项目的切实可行的审计工作方法；其次，由专人负责收集（通过上网搜索方式和查阅报纸杂志等方式收集）、整理出目前医院审计中常见问题，再组织大家对这些问题追根索源，认真剖析，找出问题的关键部位，作为审计调查的切入点。

③补充如何打开审计局面、变被动为主动方面的内容：

审计机关要会用权、用好权：审计的行政监督权、公告权、披露权、移送处理权等，让政府成为审计的坚强后盾、让媒体成为审计的喉舌、让纪检监察部门成为审计的帮手。

3.假如你是审计人员，你将如何处理审计发现的相关问题？在作出处理决定时，通常需要考虑哪些因素？

教学要求：

（1）分组后，引导教师简单解读一下审计实施方案。

（2）学员开展讨论，并请各组派专人收集、汇总各组讨论意见，并指派代表陈述意见。（20分钟）

（3）授课教师小结。（10分钟）

①归纳、提炼学员们提出的处理方法；

②公布本案例的做法：

审计调查现场工作结束后，S县审计局就上述问题如何进行处理召开了大型业务会。处理处罚可以参照《财政违法行为处罚处分条例》《中华人民共和国审计法实施条例》等相关法规。

4.面对已取得的审计成果，审计组要采取什么方法发挥审计作用？

教学要求：

（1）分组后，引导教师简单介绍审计情况：审计成绩是显著的，但发现问题的同时也要思索问题发生的"根源"，如何充分发挥审计功效，使审计成果最大化值得审计组思考。

（2）引导学员开展讨论，并请各组派专人收集、汇总各组讨论意见，指派代表陈述意见。（20分钟）

（3）授课教师小结。（10分钟）

①归纳、总结学员们的意见；

②公布本案例的做法：

采取以审计要情方式上报县政府，请政府主管领导批示，根据审计建议出台新政策，完善相关制度。通过审计结果公示或在主要网站发布审计信息，强化社会关注与监督；制订相关问题清理工作方案，对违法行为予以通报，引以为戒；对于严重违纪行为应移送县纪委进一步查处，追究主管领导及相关责任人责任；成立相关领导小组，变事后审计为事前监督，将审计关口前移，从而更好地发挥审计免疫系统功能作用，实现最大的绩效审计。

5.医院绩效审计可以从哪几方面入手？用什么方法审？

教学要求：

（1）分组后，引导教师简单介绍审计情况。（5分钟）

（2）引导学员开展讨论，并请各组派专人收集、汇总各组讨论意见，指派代表陈述意见。（20分钟）

（3）授课教师小结。（10分钟）

①归纳、总结学员们的意见；

②公布本案例的做法。

三、总结

1.介绍审计处理结果情况

此次审计历经两个多月，审计决定将S医院侵占的医保基金144.36万元、收费人员骗取的医保基金11.89万元追缴财政，超市、车棚承包收入列支往来款58万元、将应记入"专用基金"科目的财政转移支付专项资金错记为"财政补助收入"，没有反映医院收入361.05万元全貌，致使收入内容不完整、不真实；大额现金支出299.23万元，挂账超过3年的3.9万元；药品超标准加价89.06万元、未执行上级政策收费89.23万元，门诊非药品超标准加价108.73万元、重复收取护理费40.28万元、多计床位费386.88万元、多计空调费192.49万元、多计吸氧费73.69万元、药品成本结转不规范等违法违规问题，针对医院在收费管理、药品和医药材料管理方面存在的漏洞提出了整改意见和建议。相关涉案人员均被立案查处，医院分管医保工作的总支书记、分管财务的副院长和其他涉案人员共7人均受到相应的处分。

审计结束后，以"审计要情"专题上报县政府，县长对此次审计给予充分肯定并作了重要批示，县政府根据审计建议出台了相关政策，S医院制订了相关问题清理工作方案，并以此次审计为契机，保障了医疗收费的公开透明。

2.简要回顾讨论情况，并就案例本身总结

为什么老百姓"看病难""看病贵"问题一直存在？为什么新医改政策不能严格执行？为什么医院超标准收费、巧立名目收费等现象屡禁不止？不难发现，导致问题发生的原因主要是：相关人员法制观念淡薄、管理的漏洞、制度的缺失，这才使得这些"黑手"伸向了老百姓的"救命钱"。反观此次审计过程，也让审计人员明白：正是此次审计利用了计算机审计的优势，借助其他部门的业务数据综合分析，并更多地接触外围信息，调查、询问、现场查看、综合分析，才能查出问题"根源"所在。所以，在大数据审计为必然发展趋势的今天，我们的审计不能只关注财务资料的就账审账，更需要审计工作者具有丰富的理论基础、灵活的审计技巧、多样的审计手段，只有这样才能更深层次地发现问题并找准问题的症结，真正成为国家资金的守护人。

》》》 案例十二使用说明

一、教学目的

1.适用课程：本案例适用于审计理论与实务、公司治理与内部审计等课程。

2.适用对象：本案例适用于 MBA、EMBA、企业高级管理学员等。

3.教学目标：训练学员巩固审计理论与实务知识，培养学员的多角度分析能力。引导学员进一步思考内部审计在企业中的作用与地位，尤其是在行业整体低迷期，公司原有主营业务陷入瓶颈，通过经营审计，对企业增值作出贡献。另外，学员可以通过案例分析，进一步理解内部审计的审计方法选择与运用，以及对审计范围、审计证据的确认。

二、案例讨论的准备工作

1.后市场

"后市场"这一概念最早由美国汽车公司提出，其原意是指：1美元的汽车被销售，就会产生8美元的相关服务市场，包括汽车的配件供应、汽车改装、维修保养、精品美容和车载电器等。简言之，后市场是指产品销售后，围绕着产品使用过程的各种服务。工程机械后市场是工程机械产品生产、销售市场的向后延续，即工程机械产品销售后所涉及的市场，以售出的工程机械产品为载体的服务贸易。业界普遍认为工程机械后市场构成为服务（维修及保养）、配件、租赁、二手机、再制造五大部分。

当前，行业竞争的白热化使得很多工程机械产品趋于同质化。产品层面上的优势越来越不明显使得产品服务的重要性逐渐凸显。而工程机械后市场巨大的发展空间和"利润刺激"对工程机械企业而言，是发展的"二次"机遇。

2.内部审计的功能

从供给因素看，内部审计的本质决定其职能应该包含确认，而内部审计目标定位的提升与工作范围的扩大则体现其有能力并且应该提供咨询服务；从需求因素看，识别各类风险、评价内部控制的有效性、提高资源利用效率成为内部审计工作的内容，同时还包括对被审计对象的正确性、真实性、合法性、合规性、合理性和有效性等的确认，而为了达到需求，内部审计人员还应该充分利用所掌握的技能与信息执行咨询职能。综上所述，内部审计职能应定位为确认和咨询职能。

2015年最新修订的《国际内部审计专业实务框架》对确认职能的解释是：确认性服务包含内部审计人员对证据的客观评估，以便针对某个体、某项运营、某项职能、某项流程、某个系统或其他主题提出独立的意见或结论。根据 IIA 的定义，咨询就是指为客户提供建议及相关的服务活动，这种服务的性质和范围与客户协商确定，其目的是实现组织增值，改善控制过程、治理和风险管理。内部审计人员不承担企业管理层的职责。内部审计作为企业各项活动最全面的观察者与连接企业基层职能部门、高层管理者、委托人三方的信息传递者，内审人员掌握的信息无疑成为企业达到风险管理与治理目标的宝贵的资源。地位不同、能力不同、立场不同、知识结构不同的人对待同一件事物会产生不同的看法，而内部审计人员掌握信息的丰富性、真实性与相关性以及其地位的独立性保证了内部审计人员有能力并且能够客观地提供咨询职能。

3.内部审计分析方法

内部审计分析是在搜集素材的基础上对审计发现的问题进行比较与分析，一般分为比较分析法、综合分析法、因果分析法和计算机辅助分析法。在本案例中，审计人员对ZK公司存在的问题采用比较分析法，通过纵向对比公司近三年来营业收入、净利润的发展趋势发现公司业绩增长乏力的问题，通过行业机械设备保有量与宏观经济需求的因果逻辑分析，发现业绩增长乏力的原因来自于宏观经济导致的行业不景气。因此，审计人员推测出公司需要寻找新的利润增长点，通过横向对比行业竞争对手和综合分析本公司情况，并结合计算机辅助分析法发现销售后市场这一利润增长点。最后，通过结合上述分析法，得出了一个完善的如何开发后市场的具体方案。

三、分析要点

1.本案例的审计范围是否准确

ZK公司的内部审计模式是在公司内部设立审计部门，直接对企业实际控制人负责，对公司的财务收支状况、生产活动和经营活动进行全面跟踪监督，评价和审查公司内部控制制度的执行情况。因为审计部门由企业实际控制人掌控，内部审计人员的全局性更好，更能有效深入地了解整个公司的具体工作，从而产生战略性的审计意见。

我们知道，ZK公司目前开展的内部审计主要包括财务收支审计、销售与收款审计、经济合同审计、内部控制审计和采购与付款审计。可以看出，ZK公司的内部审计工作并没有局限于财务审计而是向"监督者"这个角色靠拢。在平时的审计工作中，审计人员不仅着重于检查公司财务数据的真实性、合法性、合理性和对存货采购等经营环节的监督，关注于各类原始凭证、单据的日常稽核以及相关制度的执行情况等方面，更对管理领域和经营领域进行了参与。审计项目包括对管理过程进行合规性审查，也参与管理咨询活动。比如，ZK公司的业绩增长乏力的问题，本身并不是由财务问题导致的，但是审计人员依然可以关注这种管理问题，比如发展战略是否完整，公司投资方向是否符合市场的需求方向，以及考察投资可能面临的风险。企业经营者的"军师"——内部审计，可以帮助经营者在应对各种风险时有充分准备。ZK公司内部审计已经具有风险审计和战略审计的经验和实力，审计人员参与了公司战略决策的制定，这使得公司在面对当前复杂多变的经营环境时更加游刃有余。

2.本案例的审计方法是否选择恰当

通常，审计包括七大基本程序，即观察、检查、询问、分析程序、重新执行、重新计算、函证。在本案例中，内部审计人员在行业不景气与公司业绩下滑的双重压力下接受公司董事会的委任，为企业寻找新的利润增长点，执行的是内部审计的确认与咨询职能，并没有执行鉴证职能，因此在审计程序的选择上，审计人员主要选择了观察、询问与分析程序，而没有选择检查性质的审计程序，应当是合理而有效的。

观察程序是指审计人员察看相关人员正在从事的活动或执行的程序。观察提供的审计证据仅限于观察发生的时点，并且在相关人员已知被观察时，相关人员从事活动或执行程序可能与日常的做法不同，从而会影响审计人员对真实情况的了解。因此，审计人员有必要获取其他类型的佐证证据。在本案例中，审计人员在调查公司现有供应链管理和客户管理的执行情况时,采取了观察程序。通过观察公司一线服务人员的服务过程、公司筛选供应商的过程等以了解目前公司供应链管理和客户管理的方式方法以及可能存在的问题。

询问是指审计人员以书面或口头方式,从被审计单位内部或外部的知情人员获取财务信息和非财务信息,并对答复进行评价的过程。在本案例中,审计人员通过向财务部门人员询问获取公司历年的财务数据,并向市场部、生产部、采购部等收集公司客户管理、供应商选择方面的文字资料,作为一手资料以及分析程序的基础。此外,审计人员还访谈了各部门的员工,以了解公司业务可能存在的情况和问题,另外,由于审计人员并不直接参与公司的业务经营,许多信息的获取(比如对公司业务情况的深入了解)都需要借助访谈来进行。

分析程序是指审计人员通过分析不同财务数据之间以及财务数据与非财务数据之间的内在关系,对财务信息作出评价或者为存在的疑难寻找解决方案。分析程序还包括在必要时对识别出的、与其他相关信息不一致或与预期值差异重大的波动或关系进行调查。分析程序是本案例中审计人员采用最多也是在其工作过程中发挥最重要作用的审计程序,审计人员通过分析公司财务数据和行业规模数据发现利润下降的趋势,并在调查公司业绩增长乏力的原因过程中,首先想到对行业整体规模进行调研,通过调研报告、公司以往积累资料等信息,采用趋势分析法发现业绩增长乏力的原因在于工程机械行业因宏观经济不景气。在主业受行业整体下行压力而萎靡不振时,寻找新的利润增长点成为亟待解决的问题。此时,调查研究同业竞争对手的既往经验成为有效的手段。由于ZK公司本身已是我国行业龙头企业,在选择比较对象时,应当选择与之规模差异较小同时具备多年经营经验的公司,因此,成立于1921年的XS公司进入审计人员的视野。由于经历了近一个世纪的经营,XS公司也同样经历过行业不景气的类似情况,因此通过对比以及长尾理论的研究,审计人员发现XS公司与ZK公司最突出的差别在于对销售后市场的开发,再通过对行业主要公司利润分配的数据进行汇总研究分析,发现销售后市场虽然销售份额不高,但利润贡献成绩非常优异,因此提出开发销售后市场的建议。

3.本案例的审计证据是否充分与适当

充分性是对审计证据数量的衡量,在本案例中,内部审计人员收集和获取了充分的信息作为审计证据,主要来源于企业的内部和外部。内部信息包括企业内部的资料和文件,以及通过实地调研得到的第一手信息。此次内部审计部门是受到董事长的委托,事关公司的战略决策,内部审计部门高度重视,派出大量骨干审计力量,对公司的价值链和经营状况作出全面的调研,得到的材料真实而充分。外部信息包括经济形势和行业背景,以及主要竞争对手公司,比如XS公司的经营状况。这些信息在市场上内容繁多,且公开可查,足够内部审计人员将之与ZK公司进行对比分析,得出审计结论。

适当性是对审计证据质量的衡量,即审计证据在支持审计意见所依据的结论方面具有的相关性和可靠性。相关性和可靠性是审计证据适当性的核心内容。相关性,是指用作审计证据的信息与审计程序的目的和所考虑的相关认定的逻辑联系。在本案例中,内部审计人员收集到的公司内部和外部的资料,都与公司的业绩下滑以及寻找新的利润增长点紧密相关,对ZK公司经营状况资料的收集,以及对经济形势、行业背景和XS公司资料的整理，均与公司现有的问题紧密相关。可靠性，是指证据的可信程度。ZK公司内部审计的职能部门为审计部，直接隶属于公司董事会，独立行使审计职权；同时对董事会审计委员会负责并报告工作，内部审计权限很大，可以独立调研公司的价值链和业绩资料，获取的公司内部信息真实可靠；而相关外部信息如经济形势、行业背景、XS公司的经营状况均是通过公开可查的市场资料整合分析而来的，并经受住了市场的考验，被投资者所认可。此外，审计人员对获取的信息均先评价再判断，因而审计证据是可靠的。

4.本案例审计报告书中提出的建议是否合理

目前，ZK公司所处的工程机械行业正处于行业生命周期的成熟期，市场上工程机械产品达到了饱和或近似饱和的程度，再没有容纳多余产品的空间。而受宏观经济及行业现状影响，ZK公司产品市场利润空间急剧缩小，财务业绩近年大幅下降，想要靠销售市场帮助公司走出困境的可能性不大，因此将战略转向尚未完全开发的销售后市场不失为一个很好的选择。

通过对工程机械行业的调研，了解到在工程机械行业中ZK公司的竞争对手XS公司后市场开发已经处于国际领先水平。XS公司利用备件市场打开后市场的大门，在工程机械行业整体陷入泥潭之时，发展态势迅猛，表明工程机械行业后市场存在巨大的开发空间，并且在一定程度上也为ZK公司开发后市场提供了相应的借鉴意义。一方面，ZK公司已经形成四大成熟的业务板块，具有开发后市场的良好基础；另一方面，后市场的发展有助于整合现有板块的资源，充分发挥板块间的协同效应，提升企业的经营效率。

四、其他可关注的问题

对于案例中可以关注的问题，除了以上几点外，学员还可以关注以下几点：从加强信息收集评价方面、改进审计人员专业判断的判断标准方面，审计人员还可以怎样对企业战略形成有效支撑，并进一步分析，如果各部门需要对后市场进行进一步开拓，内审部门是否有什么优势可以参与并协助各部门的拓展，如果有，有哪些？

五、教学组织方式

1.问题清单及提问顺序、资料发放顺序

（1）本案例的审计范围是否准确？

（2）本案例的审计方法选择是否恰当？

（3）本案例的审计证据是否充分与适当？

（4）本案例审计报告书中提出的建议是否合理？

本案例的参考资料及其索引，在讲授有关知识点之后一次性布置给学员。

2.课时分配

（1）课前自行阅读资料：约60分钟；

（2）小组讨论并提交分析报告提纲：约40分钟；

（3）课堂小组代表发言、进一步讨论：约30分钟；

（4）课堂讨论总结：约20分钟。

3.讨论方式

（1）本案例可以采用情景模拟的方式，以不同身份发表不同建议。

（2）以无领导小组的方式进行讨论。

4.课堂讨论总结

课堂讨论总结的关键是：归纳发言者的主要观点；重申其重点及亮点；提醒大家对焦点问题或有争议的观点进行进一步思考；建议大家对案例素材进行扩展研究和深入分析。

参考文献

[1] 方焱冬，罗文兵．审计失败案例：形式、成因与治理［J］．郑州航空工业管理学院学报，2018，36（4）：94-102.

[2] 苗茹月．我国上市公司关联方交易审计失败研究［D］．北京：首都经济贸易大学毕业论文，2018.

[3] 傅雪逸子．基于康华农业审计失败案例的启示［D］．长沙：湖南大学毕业论文，2018.

[4] 任雅茸．兴华所对欣泰电气审计失败问题研究［D］．兰州：兰州理工大学毕业论文，2018.

[5] 吕羚．ABC会计师事务所函证审计程序存在的问题及优化研究［D］．青岛：青岛科技大学毕业论文，2017.

[6] 郭祎．会计师事务所实施函证程序存在的问题及其改进建议［D］．北京：首都经济贸易大学毕业论文，2016.

[7] 何燕飞．注册会计师应善用函证审计［J］．湖南财经高等专科学校学报，2000（2）：64-66.

[8] 梁晓宇．MS公司商誉减值审计判断案例研究［D］．长沙:湖南大学毕业论文，2017.

[9] 陈柳絮．债券违约中企业业绩变脸轨迹的审计关注［D］.长沙：湖南大学毕业论文，2017.